Zorobabel Rodríguez: Diccionario de chilenismos

Historia y contacto en textos indorrománicos

Edited by / Editada por

Martina Schrader-Kniffki and José Carlos Huisa Téllez

Vol. 4

PETER LANG

Berlin - Bruxelles - Chennai - Lausanne - New York - Oxford

Darío Rojas (ed.)

Zorobabel Rodríguez
Diccionario de chilenismos

Edición crítica

PETER LANG

Berlin - Bruxelles - Chennai - Lausanne - New York - Oxford

Información bibliográfica publicada por la Deutsche Nationalbibliothek
La Deutsche Nationalbibliothek recoge esta publicación en la Deutsche Nationalbibliografie; los datos bibliográficos detallados están disponibles en Internet en http://dnb.d-nb.de

Catalogación en publicación de la Biblioteca del Congreso
Para este libro ha sido solicitado un registro en el catálogo CIP de la Biblioteca del Congreso

Esta publicación ha sido financiada por la Facultad de Filosofía y Humanidades de la Universidad de Chile, a través de su Concurso de Apoyo a la Publicación de Libros, convocatoria 2021.
Esta publicación forma parte del proyecto de I+D+i PID2020-117659GB-100, financiado por MCIN/AEI/10.13039/501100011033

FACULTAD DE FILOSOFÍA Y HUMANIDADES
UNIVERSIDAD DE CHILE

MINISTERIO DE CIENCIA E INNOVACIÓN

AGENCIA ESTATAL DE INVESTIGACIÓN

ISSN 2511-7165
ISBN 978-3-631-90993-5 (Print)
E-ISBN 978-3-631-90994-2 (E-PDF)
E-ISBN 978-3-631-90995-9 (EPUB)
DOI 10.3726/b21280

Published by Peter Lang GmbH, Berlin, Deutschland

info@peterlang.com - www.peterlang.com

Esta publicación ha sido revisada por pares.

Contenidos

I. Estudios preliminares y textos introductorios

I. Estudios preliminares y textos introductorios

Darío Rojas

Sobre la presente edición

1. Propósito y relevancia

No solo quienes tengan curiosidad por la etimología e historia de las palabras podrán sacar provecho de esta edición del *Diccionario de chilenismos* de Zorobabel Rodríguez (en adelante, *DiCh*). Su relevancia excede con creces la de ser una posible fuente de consulta para saber cómo se hablaba el castellano en Chile y otras partes de América en la segunda mitad del siglo XIX. Se trata de nada menos que de uno de los textos fundamentales para entender los imaginarios sobre la lengua castellana, los hablantes y la sociedad chilena en momentos culminantes de la formación de la comunidad imaginada conocida como la República de Chile. Su autor enuncia un discurso sobre la singularidad lingüística de los castellanohablantes chilenos, pero, como bien sabemos, "statements about languages are never only about languages -and are never only statements" (Gal y Irvine 2019: 1).

En uno de los estudios preliminares que acompañan esta edición (Rojas, "En las lenguas…"), argumento que el *DiCh* merece ser leído como un discurso que no solo *se refiere* a la diferencia y la desigualdad lingüística y social, sino que al mismo tiempo contribuye a *constituirlas*; de ahí que pueda entendérselo como un discurso *ideológico*. El propósito y punto de vista principal que me inspiró a llevar adelante esta edición, en consecuencia, es de carácter glotopolítico. Como explico en ese mismo estudio preliminar, el enfoque glotopolítico obliga a pensar el lenguaje y la política no como dos cosas separadas que se pueden relacionar o que tienen un punto de encuentro, sino más bien como dos caras de una misma moneda. El lenguaje es una práctica social que participa de modo protagónico en la constitución de relaciones de poder, y por tanto tiene una naturaleza radicalmente política, que se puede apreciar de forma muy clara si ponemos atención al metalenguaje (Del Valle *et al.* 2021). La manera en que imaginamos y hablamos sobre el lenguaje, la manera en que lo reificamos y asociamos distintas formas de hablar con distintas categorías sociales, se imbrica indisolublemente con los discursos de distinta índole que en general nos articulan como lo que Benedict Anderson llama *comunidades imaginadas*.

A partir de lo anterior, podrá comprenderse mi convicción de que el *DiCh* merece volver a ser puesto en circulación, porque no solo puede interesar a los lingüistas, lexicógrafos y lexicólogos, sino, especialmente, tengo en mente, como lectores de esta edición, a todas las personas a las que les interese conocer, a partir de la lectura de fuentes originales, de documentos históricos, el devenir de la historia social y política de Chile, de América y del mundo castellanohablante. Aunque no excluyo el interés que puede suscitar fuera de Chile, no puedo negar que no hay casualidad en que la parte culminante y más trabajosa de la preparación de esta edición se haya dado en el nuevo ciclo de la vida política chilena, iniciado con la revuelta popular de octubre de 2019, también conocida como "el estallido social".

Uno de los ejes que ha atravesado el desarrollo de la revuelta contra el modelo neoliberal, por encontrarse en la raíz del conflicto, ha sido el de la desigualdad (Mayol 2019), a cuya constitución y legitimación han contribuido discursos y prácticas de diversos órdenes. Si "las sociedades humanas no pueden vivir sin ideologías que tratan de dar sentido a sus desigualdades" (Piketty 2019: 1225), los discursos sobre la lengua no están ajenos a estos procesos, más bien al contrario; después de todo, todos los seres humanos nos comunicamos mediante lenguas (orales o señadas), lo cual ofrece una materia prima semiológica óptima donde elaborar ideológicamente la diferencia como deficiencia y naturalizar de este modo las posiciones relativas en la dinámica de fuerzas políticas.

En este sentido, la presente edición, quizá de modo sorpresivo para algunos, no solo pretende rescatar el *DiCh* como posible fuente documental para el estudio de la historia del léxico y la lengua castellana en Chile. Aspira sobre todo a contribuir a incorporar la discusión sobre el lenguaje y los regímenes de normatividad en que aquel participa en el marco de los problemas por resolver con justicia social en el nuevo ciclo político chileno. Y esta discusión no puede soslayar la historia, ni dejar de comprender los problemas actuales y futuros como parte y producto no determinístico de procesos históricos. Zorobabel Rodríguez y su obra, en particular, como podrá verse en los estudios preliminares de esta edición (Correa Sutil, "Zorobabel…"; Rojas, "En las lenguas…"), guardan una relación quizá no suficientemente resaltada con los procesos que vivimos hoy: se trata de nada menos que de una de las figuras fundacionales del "liberal-catolicismo" al que se remonta buena parte del discurso neoconservador al que se ha enfrentado y seguirá enfrentándose con toda probabilidad el proceso de transformación social chileno.

Podrá notarse que hasta ahora me he referido a una "posible" utilidad del *DiCh* como fuente para la lexicología y la lingüística histórica. Con esto no quiero decir que sea posible considerar este discurso metalingüístico como una ventana de acceso a los usos lingüísticos de los castellanohablantes chilenos de la segunda mitad del siglo XIX, sino advertir que sería del todo inconveniente olvidar que se trata precisamente de una *ventana*, y de una ventana más bien opaca que transparente. Como desarrollo con más detalle en el estudio preliminar "En las lenguas…" (en esta edición), el valor documental-testimonial que se le quiera atribuir al *DiCh* debe quedar matizado por su condición de discurso ideológico, que ofrece una perspectiva interesada y selectiva respecto de los usos léxicos en cuestión, y que debe siempre ser refrendado, como sugiere Huisa Téllez (2021: 80), con el estudio de fuentes lingüísticas directas (lenguaje en uso), respecto de las cuales solo pueden tener un valor auxiliar y suplementario.

2. Intervenciones editoriales

Después de su publicación original en 1875, el *DiCh* solo volvió a ser puesto en circulación en 1979, gracias a una edición facsimilar con que Ediciones Universitarias de Valparaíso se propuso conmemorar el centenario de la obra. Más que una edición, se trataba de una reproducción facsimilar, que no añadía ningún tipo de contextualización de la obra ni tampoco intervenía en lo más mínimo en el texto original. En este sentido, la presente edición se propone ofrecer por primera vez una serie de elementos que faciliten y orienten la investigación del *DiCh*, tanto en cuanto discurso ideológico sobre la lengua y sobre la sociedad chilena de la época como en cuanto fuente secundaria para el estudio histórico del léxico del castellano de Chile y de América.

2.1. Estudios preliminares

Me pareció sumamente importante acompañar el texto lexicográfico de un conjunto de estudios preliminares que permitieran orientar la lectura o consulta del *DiCh*. El estudio de Sofía Correa Sutil ofrece una reseña biográfica de Zorobabel Rodríguez y una caracterización iluminadora de su ideario político. Por mi parte, el primero de mis estudios ("En las lenguas…"), complementando el estudio de Correa Sutil, se propone establecer coordenadas y dar pistas para una lectura glotopolítica de la obra, entendida esta vez como *discurso*. En cambio, el segundo estudio de mi autoría ("El *Diccionario…*") se enfoca en la dimensión metalexicográfica, y por tanto caracteriza el *DiCh* más bien como *texto*, tanto en el micro como en el macronivel. Este último estudio, además, será de utilidad para entender la necesidad de varias de las intervenciones que se caracterizan a continuación.

2.2. Modificaciones al texto

No hemos intervenido la ortografía del *DiCh*, excepto cuando pudimos identificar errores evidentes o señalados por el propio Rodríguez en la sección "Fe de erratas" que cierra la edición de 1875. El texto fue impreso con la ortografía llamada "chilena" o "casera", que tuvo vigencia oficial en el país entre 1844 y 1927, y cuyas principales diferencias con la ortografía de la RAE eran el uso exclusivo de <j> para el fonema /x/ (*jente*, *jugar*) y el uso de <i> tanto para la /i/ núcleo de sílaba como para la posnuclear (*orden i lei*); también formaba parte de dicha reforma el intento de reflejar la pronunciación habitual en grupos consonánticos como el de *estraño*, pero esta práctica no es adoptada en el *DiCh*. Además, podrán apreciarse algunas diferencias en el uso de tildes (*cancion*, *algun*, *ademas*, *fé*, *oríjen*), en la segmentación de locuciones adverbiales (*sinembargo*, *talvez*) y en la puntuación. Dicha ortografía no presenta ninguna dificultad para leer hoy el texto y, por otra parte, merece ser preservada como testimonio de los posicionamientos glotopolíticos de la época.

En cambio, sí hemos hecho algunas modificaciones a la disposición del texto en la página con el fin de hacer más amable su lectura. Por ejemplo, hemos puesto en tamaño menor de fuente los párrafos correspondientes a citas textuales, así como hemos resaltado con negritas los lemas. El cambio de esta clase más significativo es el haber dispuesto el texto a doble columna, tal como había aparecido en el "espécimen" del *DiCh* publicado en 1874 (véase Rojas, "En las lenguas...", apartado 3, en el presente volumen), con lo cual (sumado a otros cambios) pudimos reducir considerablemente la extensión del impreso. Finalmente, restituimos algunas entradas a su lugar alfabético correspondiente, en los casos en que el autor había cometido deslices.

2.3. Adiciones al texto

También realizamos algunas intervenciones orientadas a mejorar la visibilidad de información que quedaba oculta en la edición original y a recuperar y sistematizar informaciones de distintas clases que pudieran ser de utilidad para investigaciones futuras. Muchas de estas clases de información son expresadas mediante marcas o abreviaturas en los diccionarios modernos; en el *DiCh*, al no haber un sistema de marcación ni seguirse los patrones de regularidad microestructural de otros diccionarios, dicha información era relativamente difícil de localizar (véase Rojas, "El *Diccionario...*", apartado 3, en esta edición).

a) En primer lugar, explicitamos remisiones entre artículos añadiendo el símbolo "[→]".
b) En segundo lugar, en los lemas múltiples en los que en la edición original Rodríguez omitía las raíces léxicas de los derivados, nosotros las restituimos entre paréntesis cuadrados. Así, el lema LAQUE, EAR de 1875 aparece ahora como LAQUE, [LAQU]EAR. El mismo criterio hemos aplicado cuando un lema

simple correspondía a una unidad léxica pluriverbal, de modo que el lema HUIRHUIL pasó a ser HUIRHUIL [COMO UN].

c) En tercer lugar, hemos añadido a los lemas unidades léxicas que permanecían ocultas en los artículos del *DiCh*, y que tenían una relación lexicogenésica evidente con la unidad que encabezaba el lema. Las señalamos entre paréntesis cuadrados y precedidas del símbolo "+". A modo de ejemplo, el lema ÁRGUENAS del original lo convertimos en ÁRGUENAS. [+ ARGUENERO, A]. Lo mismo hicimos con los derivados parasintéticos (por ejemplo, RIPIO. [+ ENRIPIAR]), pero, en estos casos, los listamos igualmente en el Índice 1, ya que el prefijo normalmente exigiría que se ubicaran en un lugar alfabético distinto a aquel en el que efectivamente aparecen. La inclusión en dicho índice facilita la localización.

   Los tres tipos de intervenciones que acabamos de describir se basan en las prácticas lexicográficas que el propio autor sigue, con mayor regularidad en las primeras secciones del diccionario que en las últimas, y en este sentido constituye un esfuerzo por sistematizar las estructuras de acceso a la información que subyacen a la obra.

d) Finalmente, hemos elaborado una serie de índices para presentar de forma sistemática distintos tipos de información de utilidad para quienes investigan sobre lexicología y lexicografía histórica. En todos estos índices, si la unidad léxica indexada no está lematizada en el diccionario o está lematizada en un lugar secundario (los derivados a que nos referíamos antes), remitimos a la entrada en que debe localizarse poniéndola entre paréntesis cuadrados y en versalitas ([PAYACO]). Cuando la unidad léxica es comentada en más de una entrada, remitimos a todas ellas, separando con punto y coma ([BACENILLA; ESCUPIDERA]). Por comodidad, en estas remisiones abreviamos los lemas múltiples, indicando solo el primer elemento léxico lematizado y suprimiendo variantes, derivados y variación de género (por ejemplo, para remitir a la entrada PAYACO, PAYAQUERO, A, [PAYAQU]EAR, usamos la forma abreviada [PAYACO]).

Los índices que levantamos para el propósito indicado son los siguientes:

Índice 1. Unidades léxicas usadas en Chile: acá registramos todas aquellas voces que no aparecen consignadas en el lemario del *DiCh* y sobre las que Rodríguez deja constancia de uso en el castellano chileno (aunque también incluimos los derivados parasintéticos, que sí restituimos en los lemas, como en el caso de ENRIPIAR explicado más arriba). Añadimos acá una subcategoría en que listamos las voces usadas en Chile que presentan alguna indicación de distribución regional dentro de Chile. Aunque a veces el autor menciona ciudades específicas, nos decantamos por simplificar indicando solo macrozonas (norte, centro y sur). Si bien algunas de estas últimas voces están lematizadas como entradas en el *DiCh*, optamos por incluirlas en este índice para poder recuperar esta información dialectológica que, de otro modo, sería difícil localizar.

Índice 2. Unidades léxicas usadas en otras partes de América: las presentamos categorizadas por regiones (América) o países (Colombia, Perú, etc.).

Índice 3. Unidades léxicas usadas en España: aunque este grupo podría haber sido fusionado con el Índice 2 (después de todo, también podría considerarse como información dialectológica), lo separamos por dos razones. Primero, porque siempre se trata de información contrastiva. Segundo, porque tiene una especial relevancia para la función glotopolítica del *DiCh*: ya que el modelo ejemplar de lengua que defiende Rodríguez es el castellano peninsular centro-norteño (véase "En las lenguas como en la política...", apartado 4), en la práctica la indicación de que se usa en España sugiere al lector ideal de la época que es la voz "correcta". Se trata, por esto, de una caracterización que trasciende lo puramente dialectológico.

Índice 4. Equivalentes "correctos": a pesar de lo que acabamos de explicar, este grupo debe distinguirse del anterior en la medida en que la "corrección" de una voz no emana única y exclusivamente de ser usada en España. Acá, la mayoría de las veces la entrada a la que se remite entre paréntesis cuadrados permite además apreciar a golpe de vista cuál es la unidad léxica a la que debe sustituir el equivalente según Rodríguez; otras veces quien se interese deberá consultar la entrada para enterarse de cuál es. La coincidencia de categoría gramatical entre unidad indexada y entrada remitida podrá orientar al respecto.

Índice 5. Lengua/variedad de procedencia: incluimos en este índice las voces a las que Rodríguez atribuye origen en lenguas distintas del español. Distinguimos tres categorías: lenguas extranjeras "modernas" (principalmente galicismos), lenguas indígenas americanas (aunque acá también incluimos la única voz a la que se atribuye origen africano, CATIMBAO) y lenguas o variedades de la península ibérica (andaluz, aragonés, el "dialecto de los jitanos" y el euskera).

Índice 6. Marcaciones socioculturales, estilísticas o de uso: como explicamos en "El *Diccionario de chilenismos* como texto lexicográfico" (apartado 3), aunque Rodríguez usa ampliamente la categoría de "vulgo/vulgar", en este índice preferimos recurrir a la categoría de "grupos subalternos", con el afán de contrarrestar el discurso de odio que atraviesa la conceptualización de Rodríguez sobre estos grupos.

Índice 7. Términos técnicos: acá listamos las no muy numerosas unidades léxicas que Rodríguez atribuye a jergas profesionales, tales como las de la minería, en especial, y también de la albañilería, la ganadería y la medicina.

Índice 8. Realia: finalmente, incluimos un índice de voces que designan referentes, la mayoría animales y plantas, que solo existen Chile (o América) y no en España, por lo cual no pueden tener equivalente "castizo".

3. Agradecimientos

La aparición de esta edición ha sido posible gracias al generoso auspicio de la Facultad de Filosofía y Humanidades de la Universidad de Chile, a través de su Concurso de Apoyo a la Publicación de Libros, convocatoria 2021, de la Dirección de Creación, Investigación y Publicaciones. Sin embargo, en el largo camino hasta su publicación ha resultado fundamental la colaboración de varias personas e instituciones.

Las tareas iniciales de transcripción y edición del texto original fueron realizadas en el marco del proyecto CSSOC-2011-3364 "Actitudes lingüísticas en los diccionarios del español de Chile de fines del s. XIX" (2011–2013, financiado por la Vicerrectoría de Investigación y Desarrollo de la Universidad de Chile) y depuradas en el proyecto FONDECYT-1150127 "Ideas lingüísticas en los debates sobre léxico y ortografía en Chile (1875–1927)" (2015–2018, financiado por el programa FONDECYT de CONICYT, hoy ANID). En este último proyecto, especialmente, se avanzó significativamente en el estudio de los aspectos glotopolíticos e ideológicos de la obra de Rodríguez. Tania Avilés y Natalia Villarroel prestaron una colaboración sumamente significativa durante estas etapas.

La etapa final de preparación de esta edición (enfocada sobre todo en los índices y los estudios preliminares) se desarrolló mientras disfrutaba de una beca de investigación posdoctoral ("En los bordes de la lengua: actitud e ideología lingüística en Andalucía y Chile (1850–1950)", 2020–2022), financiada por el programa de Becas de Postdoctorado en el Extranjero, convocatoria 2019, de ANID (exCONICYT). Pude llevar adelante esta parte de la investigación gracias al apoyo del Departamento de Lingüística de la Facultad de Filosofía y Humanidades de la Universidad de Chile; agradezco particularmente a la exdirectora del Departamento, Ximena Tabilo, y al exdirector, Giorgos Ioannou, así como al exdecano de la Facultad, Carlos Ruiz Schneider. La tarea de preparación de los índices hubiera sido imposible sin la comprometida colaboración de Valentina Cáceres Ramos.

En esta misma etapa, el trabajo entró en sinergia con los objetivos de otros proyectos de cuyos equipos de investigación formo parte y que comparten la perspectiva glotopolítica que me inspira: H850 "Filología, lingüística y archivo: aportes hacia una historia política de la lengua entre Europa y América Latina (mediados del siglo XIX-comienzos del siglo XX)", dirigido por Juan A. Ennis (Universidad Nacional de La Plata), y PID2020-115226GB-I00 "Política, ideologías y actitudes lingüísticas en la España y América de los siglos XVIII y XIX: un acercamiento desde los textos periodísticos y gramaticales", dirigido por Manuel Rivas Zancarrón (Universidad de Cádiz). Especialmente fructífera ha sido la puesta en relación de esta edición con el proyecto PID2020-117659GB-10 "TLEAM – Tesoro lexicográfico del español en América (desde los inicios hasta 1884)", dirigido por Dolores Corbella y Alejandro Fajardo (Universidad de La Laguna), y, al momento de alistar la versión final de la publicación, con el proyecto FONDECYT-1230462 "Ideologías lingüísticas en el campo de los estudios del lenguaje en Chile, 1927–1973" (2023–2027, financiado por el programa FONDECYT de ANID).

También debo agradecer a Sofía Correa Sutil, historiadora y profesora de la Universidad de Chile, una de las principales expertas en historia política chilena y la más reconocida autoridad sobre las ideas políticas de Zorobabel Rodríguez, por la amabilidad de haber aceptado nuestra invitación a escribir un estudio preliminar. Finalmente, no puedo dejar de agradecer el constante apoyo de José Carlos Huisa Téllez, de la Universidad de Maguncia, quien me incitó a emprender esta edición, ha leído y retroalimentado minuciosamente versiones preliminares de los textos, y ha asegurado un espacio para el volumen en la colección que codirige en la editorial Peter Lang.

Bibliografía

Del Valle, José, Daniela Lauria, Mariela Oroño y Darío Rojas. 2021. "Autorretrato de un idioma: glotopolítica, metalenguaje e historia". En Del Valle, José, Daniela Lauria, Mariela Oroño y Darío Rojas (eds.): *Autorretrato de un idioma. Crestomatía glotopolítica del español*. Madrid: Lengua de Trapo. 15–24.

Gal, Susan, y Judith Irvine. 2019. *Signs of difference. Language and ideology in social life*. Cambridge: Cambridge University Press.

Huisa Téllez, José Carlos. 2021. *"Lexicografía de ismos y estudio histórico del léxico hispanoamericano"*. En José Carlos Huisa Téllez (ed.): *Fuentes lexicográficas del estudio histórico del léxico hispanoamericano*. Bern: Peter Lang. 67–89.

Mayol, Alberto. 2019. *Big bang. Estallido social 2019. Modelo derrumbado – sociedad rota – política inútil.* Santiago (Chile): Catalonia.

Piketty, Thomas. 2019. *Capitalismo e ideología*. Trad. de Daniel Fuentes. Barcelona: Deusto.

Sofía Correa Sutil

Zorobabel Rodríguez, un hombre de convicciones

Abstract: This chapter offers a biographical profile of the author of the *Diccionario de chilenismos*, Zorobabel Rodríguez Benavides (1839–1901). It also characterizes the main trends of the intellectual endeavours of this polyfacetic author, comprising politics, journalism, teaching, literature, grammar and law, among other subjects. Rodríguez aspired to harmonize Catholicism and Economic Liberalism within the doctrine of Liberal-Catholicism.

Keywords: Zorobabel Rodríguez Benavides, History of Chile, Chilean Politics

1. Introducción

Zorobabel Rodríguez Benavides[1], el mayor de ocho hermanos, nació a comienzos de octubre de 1839 en Quillota, ciudad principal del fértil valle que lleva su nombre, cercana al gran puerto de Valparaíso, entonces el principal punto de conexión de Chile con Europa y América[2]. Sus contemporáneos del núcleo más aristocrático del país estimaban que su familia era "de modestas circunstancias" (Arteaga Alemparte [1870] 1910: 123), "de cortos haberes"[3]. Ello no obstante, a los 23 años contrajo matrimonio con Carmen Rozas García –con quien

1 Breves reseñas biográficas de Zorobabel Rodríguez se encuentran en: Figueroa (1901: 115–117); De Ramón (2000: 51–52); Biblioteca del Congreso Nacional, reseñas parlamentarias: https://www.bcn.cl/historiapolitica/resenas_parlamentarias/wiki/Zorobabel_Rodr%C3%ADguez_Benavides [última visita, 25/07/2021]; y Memoria Chilena: http://www.memoriachilena.gob.cl/602/w3-article-602838.html [última visita, 01/08/2021].

2 Debido a que se desconoce cuál era la actividad a la que se dedicaba su padre, no está claro si Zorobabel Rodríguez nació en la ciudad de Quillota o en alguna casa patronal en la zona rural que la circundaba que correspondía al Departamento de Quillota. La familia de su madre era oriunda de dicha localidad según nos informa Genealogía de Familias Chilenas, recopilación de Mauricio Pilleux Cepeda, https://www.genealog.cl/Chile/B/Benavides/ [última visita, 21-07-2021].

3 Cuando los hermanos Arteaga Alemparte se refieren a Abdón Cifuentes afirman: "Como el señor Rodríguez, el señor Cifuentes nació en una familia de cortos haberes" (cit. en García 2020: 71, nota 3).

tuvo ocho hijos–, quien era nieta de Juan Martínez de Rozas[4], destacadísima figura del período de la Independencia, vinculado por matrimonio a una de las familias más ricas y reconocidas de Concepción[5].

2. Católico y Liberal

Zorobabel Rodríguez recibió una sólida formación doctrinaria católica. Entre los años 1850 y 1852, con 11 a 13 años, realizó sus primeros estudios de Humanidades en el colegio de los Padres Franceses de Valparaíso, donde se educaban los hijos hombres de las familias más fervorosamente católicas y con recursos para solventarlo, tanto de la misma ciudad de Valparaíso como de sus alrededores. Si desde muy temprano comenzó su sistemática formación intelectual católica en Valparaíso, luego la continuó en la capital, donde asistió al Colegio de San Luis, dirigido entonces por el presbítero Manuel Orrego, quien años más tarde, en 1868, llegó a ser obispo de La Serena[6]. Como estudiante de Humanidades, fue invitado a integrar la sociedad literaria de San Luis, donde se formaron algunos de los más destacados dirigentes del Partido Conservador del último tercio del siglo XIX. Además, en el colegio de San Luis fue alumno del futuro dirigente de este partido, unos pocos años mayor que él, Abdón Cifuentes, con quien habría de compartir muchísimas batallas políticas en defensa de los postulados católicos (Correa Sutil 1997: 387).

Terminada las Humanidades continuó estudios superiores como alumno de Leyes en la Universidad, específicamente en la sección universitaria del Instituto Nacional que era donde se impartía la docencia. Allí fue fuertemente influenciado por su profesor de Economía Política, Jean Gustave Courcelle-Seneuil, un hombre de ideas liberales. En efecto, junto con Miguel Cruchaga, condiscípulo suyo en el Colegio de San Luis y también destacado dirigente del Partido Conservador, fueron los principales seguidores del economista francés, de quien absorbieron la vertiente individualista antiestatista del liberalismo clásico[7]. En

4 Véase Genealogía de Familias Chilenas, recopilación de Mauricio Pilleux Cepeda, https://www.genealog.cl/Chile/R/Rozas/#RozasGarcia,Carmen y https://www.genealog.cl/Apellidos/Rodriguez/#RodriguezOsorio,JoseMartin [última visita, 21-07-2021]

5 Sobre Juan Martínez de Rozas en tiempos de la Independencia, véase Jocelyn-Holt (1992).

6 http://wiki.scolopi.net/w/index.php?title=Jos%C3%A9_Manuel_Orrego [última visita, 21-07-2021]

7 Jean Gustave Courcelle-Seneuil, economista francés, llega a Chile en 1855 contratado por el gobierno como funcionario del Ministerio de Hacienda y para crear la cátedra

1864 Zorobabel Rodríguez obtuvo su grado de licenciado en leyes presentando a examen su memoria titulada "Legislación Antigua Moderna. Estado comparativo de la mujer bajo el influjo de la legislación pagana y de la cristiana", la cual mereció ser publicada en los Anales de la Universidad al año siguiente (Figueroa 1901: 115–117)[8].

A lo largo de toda su vida cultivó su curiosidad intelectual, la que se alimentó de numerosas y variadas lecturas. A diferencia de no pocos de sus contemporáneos, por ejemplo Abdón Cifuentes, que fueron transformados por sus experiencias de viajes a Europa y a Estados Unidos (García 2020: 76–77), él no salió nunca de Chile. En cambio, tuvo una de las mejores bibliotecas de su tiempo, lo que le permitía estar al día de la producción intelectual, científica y literaria de Occidente (Correa Sutil 1997: 388–389). Zorobabel Rodríguez era un hombre de libros, los que lo acompañaron durante toda su vida.

Lo que resulta llamativo y novedoso es el que su firme fe católica convivía en él junto a sus profundas convicciones liberales doctrinarias absorbidas como discípulo de Courcelle-Seneuil. "La fe de nuestros padres y el espíritu de nuestro siglo: tal ha sido la doble fuente de nuestras ideas" (cit. en Correa Sutil 1981: 87), escribía Zorobabel Rodríguez en 1882, sintetizando su trayectoria política e intelectual. Es asombroso el esfuerzo que realiza para conciliar doctrinariamente catolicismo y liberalismo. Si bien en el Chile decimonónico nadie ponía en duda el orden republicano y el constitucionalismo liberal que lo acompaña, como tampoco se cuestionaba que la organización económica fuese liberal, otra cosa era sostener el liberalismo como doctrina filosófica. De modo que el primer escollo que tuvo que sortear Zorobabel Rodríguez fue la condena papal al liberalismo, que se venía pronunciando desde 1839 cuando Gregorio XV condenó a los católicos liberales franceses, y que posteriormente, en 1864 – precisamente cuando Zorobabel Rodríguez comenzaba a escribir cotidianamente en la prensa conservadora–, se consolidó con la condena que pronunciara Pío IX en la encíclica Quanta Cura acompañada de un Syllabus donde se detallaban los errores del mundo moderno, entre los cuales se mencionaba explícitamente al liberalismo. Zorobabel Rodríguez hizo enormes esfuerzos para convencer a sus correligionarios del Partido Conservador que el papa no había condenado la

de Economía Política en la Universidad, donde enseñó entre 1855 y 1863. Véase Jocelyn-Holt (2018) y Couyoumdjian (2020).

8 La tesis de licenciatura de Zorobabel Rodríguez se encuentra disponible en el sitio web de Anales de la Universidad de Chile: https://anales.uchile.cl/index.php/ANUC/article/view/19675 [última visita, 24-07-2021]

doctrina liberal que él abrazaba, sino que a esos políticos autoritarios que pretendiendo profesar el ideario liberal atacaban a la Iglesia y a la misma Libertad (Correa Sutil 1981, 1997).

El liberalismo de Zorobabel Rodríguez hunde sus raíces en las enseñanzas de Courcelle-Seneuil para quien la economía era una ciencia exacta, positiva, que permitía conocer las leyes que regían el progreso de la sociedad (Jocelyn-Holt 2018: 16–17; Couyoumdjian 2020: 26). Zorobabel Rodríguez hizo plenamente suya esta idea. Sostuvo que la sociedad era regida por leyes, las cuales podían ser conocidas por las ciencias de la sociedad, las ciencias sociales, entre las cuales la principal era la Economía. Así, esta ciencia social había permitido conocer, y consecuentemente actuar acorde con, las leyes sociales inmutables como las de la oferta y la demanda, del libre cambio, y la de la competencia que mueve los intereses individuales en la sociedad, entre otras. Estas leyes, que los hombres no debían contradecir sino seguir, conducían la historia humana hacia el progreso, argumentó Zorobabel Rodríguez, e identificó el progreso con la libertad. Para que la sociedad avanzara hacia el progreso de la libertad de la mano de las leyes que rigen lo social era indispensable, sostenía, que se limitara la acción del Estado al quehacer que le tenía asignado la ciencia "con precisión casi matemática", esto es, "mantener el orden, la seguridad y la libertad de los gobernados". Toda otra intervención estatal, fuera en el desenvolvimiento de la economía o en las interrelaciones sociales, era por tanto fuertemente inconveniente por ser contrario a la ciencia. De modo que la libertad quedaba resguardada solo si se limitaban científicamente las atribuciones del Estado frente al individuo, y el progreso solamente podía ser obra del individuo ejerciendo su libertad, nunca del Estado. Por su parte, el legislador también estaba limitado por límites naturales que eran "los derechos individuales ilegislables". Solo en la limitación científica de las facultades del Estado, la libertad quedaba resguardada y el progreso se hacía posible (Correa Sutil 1981: 81–82; Correa Sutil 2020).

Pero, esta idea del progreso de la historia hacia la libertad conducida por las leyes que rigen lo social, ¿era posible de conciliar con la doctrina católica de la Providencia divina? Para Zorobabel Rodríguez ambas visiones eran compatibles y armoniosas, y lo planteaba de la siguiente manera. Si la historia caminaba hacia el Progreso y la Libertad era porque en este recorrido era conducida por Dios, Señor de la Historia. En otras palabras, la voluntad de Dios se manifestaba en la historia humana a través de las leyes naturales que regían la sociedad, que eran las mismas que podían conocer las ciencias sociales y particularmente la economía. Someterse a las leyes de la sociedad era, por lo tanto, someterse a la voluntad de Dios, lo que permitía encaminar la historia hacia el Progreso cuya esencia era la Libertad. En la doctrina católica, la libertad tiene un contenido condicionado por el bien, no se es libre para obrar el mal. Zorobabel Rodríguez recogió esta noción católica de libertad, y la vinculó a su concepción de las leyes que rigen la sociedad al señalar que se era verdaderamente libre cuando se seguía la voluntad de Dios. Ello era así porque la libertad era confianza en las leyes que regían el mundo social, leyes que emanaban de Dios, es decir, era confianza en Dios, era entregarse a su voluntad. Más aún, argumentaba Zorobabel Rodríguez, siguiendo el camino indicado por las leyes naturales que regían la sociedad, la humanidad marchaba hacia la Tierra Prometida de la Libertad donde imperaban las leyes de Dios, es decir, hacia el Reino de Dios (Correa Sutil 1981, 2020).

Como católico y como liberal se definía Zorobabel Rodríguez, y ello le llevaba a identificarse como un conservador. La sociedad, afirmaba, debe transformarse permanentemente en su camino al progreso de la libertad, pero esa transformación debía sostenerse sobre unas bases que debían ser conservadas: estas eran la propiedad, la familia y la religión. De ese modo, ser conservador era ser un hombre de libertad y de progreso. Zorobabel Rodríguez se definía a sí mismo como conservador individualista, y como liberal individualista, indistintamente (Correa Sutil 1981, 2020).

3. Su voz en el Partido Conservador: diarista y parlamentario

El Partido Conservador nació a la vida política de Chile el año 1856, a raíz del dramático conflicto conocido como "la cuestión del sacristán" el cual culminó en una durísima confrontación entre el arzobispo de Santiago, Rafael Valentín Valdivieso, y el presidente de la República, Manuel Montt (Moscoso 2006). Zorobabel Rodríguez tenía entonces 17 años, y ya se habían consolidado sus vínculos con quienes fueron las principales figuras del naciente partido, tanto en el clero como en el laicado, con los que se había formado doctrinariamente en el Colegio de San Luis cuando cursaba las Humanidades.

En efecto, el Partido Conservador fue creado con el propósito de defender las prerrogativas de la Iglesia católica en el campo de la política, aglutinando a sus hombres en torno a las figuras más potentes del alto clero y en particular en torno al arzobispo Valdivieso. En su postura de implacable oposición al presidente Montt, los conservadores, recién organizados como tales, se vincularon con las figuras del liberalismo, que conformaban la oposición a Montt desde incluso antes que este iniciara su gobierno. Juntos constituyeron, en 1857, la Fusión Liberal-Conservadora, de la cual se excluyó el ala radical del liberalismo configurando otro partido político, de carácter anticlerical. Pocos años más tarde, en 1859, toda la oposición se levantaba en armas en contra del gobierno dando origen a una guerra civil en la cual resultaron derrotados. Ello no obstante, el sucesor designado por el mismo Manuel Montt, el ahora presidente José Joaquín Pérez, antes de cumplir un año en el gobierno rompió con las fuerzas políticas que lo acompañaban y nombró como ministros a dirigentes liberales y conservadores hasta entonces en la oposición.

Así, la Fusión Liberal-Conservadora, una alianza política frágil, gobernó desde 1862 hasta 1874, bajo los presidentes Pérez y Errázuriz Zañartu. Fue un período de fuertes tensiones entre estos socios políticos. Por una parte, los liberales aspiraban limitar las atribuciones de la Iglesia católica, pero manteniendo el derecho de patronato que le permitía al gobierno designar a las altas autoridades eclesiásticas. Los conservadores en cambio se afanaban por mantener el control social que ejercía la Iglesia católica a la vez que se propusieron conseguir su autonomía frente al poder estatal.

En esos años, el Partido Conservador, o más precisamente algunos de sus dirigentes como Manuel José Irarrázabal, decidieron hacerse presente en la discusión política a través de un diario del partido. Ello no es extraño, ya que la prensa en esa época tenía un sello esencialmente doctrinario, era un espacio de confrontación de ideas. En 1863 los conservadores fundaron el diario *El Bien Público*, que aunque circuló solamente unos pocos meses fue de gran importancia para Zorobabel Rodríguez, pues allí se inició como redactor, es decir, como editorialista, y comenzó a publicar su prolífica producción intelectual. En 1864 se ponía fin a este diario para sacar en su lugar a *El Independiente*, el cual no dejó de imprimirse hasta la guerra civil de 1891. En 1867, con solo 28 años de edad, Zorobabel Rodríguez comenzó a dirigir el diario como su único editorialista, o redactor como se decía entonces (Arteaga Alemparte [1870] 1910: 124; Correa Sutil 1997: 388), y se convirtió de ese modo en la principal voz del Partido Conservador.

El Independiente fue el principal espacio público en el cual Zorobabel Rodríguez dio a conocer sus ideas católicas-liberales y sus opiniones sobre la contingencia, pues como redactor, desde la fundación de *El Independiente* y durante veinte años, escribió cotidianamente lo que hoy en día llamaríamos el editorial del diario. Además escribía traducciones del francés, y publicaba trabajos suyos de diversa naturaleza (Correa Sutil 1981, 1997). Cuando Domingo Arteaga Alemparte caracterizó a Zorobabel Rodríguez como constituyente del año 70, dijo de él que era fundamentalmente un diarista. Luego explicó qué significaba ser un "diarista", a saber:

> La primera exigencia de su situación es hacerse leer diariamente con facilidad y agrado. Para conseguirlo necesita conocer todos los secretos del estilo, saber usar

todos los recursos de la palabra escrita, ser un literato. Pero tampoco le conviene ser demasiado literato [...] La segunda necesidad del diarista es tratar de improviso todas las cuestiones de política, de administración, de hacienda, de industria, todas las cuestiones de interés general, en fin, por arduas que sean. Casi nunca un diarista es dueño de su tema. El capricho de los acontecimientos se lo impone perentoriamente. Para tratarlo no tiene tiempo de hacer largas lecturas, de entregarse a largas meditaciones [...] En consecuencia, tiene que poseer una versación completa, ideas cabales y exactas de la ciencia política, de la ciencia administrativa, de la ciencia de la riqueza y de la industria, de todas las ciencias que componen ese gran conjunto llamado ciencia social. [...] el diarista necesita ser la constancia en la versatilidad, la continuidad en lo inestable y cambiante, la perpetuidad de la concepción en la desaparición instantánea de todas sus creaciones. [...] El que no tiene las condiciones del oficio, cae rendido a las pocas jornadas. El que las tiene gana cada día en vigor y fuerzas. Esto último es lo que ha pasado con don Zorobabel Rodríguez. Por eso el señor Rodríguez es un diarista. (Arteaga Alemparte [1870] 1910: 121–122)

Tras su muerte, Luis Orrego Luco escribió que Zorobabel Rodríguez había sido "uno de los diaristas más eminentes de los países de habla castellana" (cit. en Correa Sutil 1997: 389).

Además de "diarista", Zorobabel Rodríguez actuó como diputado durante muchos períodos legislativos, aunque en su primera candidatura, a diputado por Quillota, en 1867 cuando tenía 28 años, fue derrotado (Arteaga Alemparte [1870] 1910: 125). Era importante haber integrado esta legislatura, pues el Congreso electo en 1867 fue el que inició el proceso de reformas a la Constitución de 1833, en un sentido liberal, es decir, para limitar las atribuciones del presidente de la República y dar mayor amplitud a las facultades del Congreso Nacional. Así fue como bajo el decenio del presidente José Joaquín Pérez, la Fusión Liberal-Conservadora inició el proceso de reformas constitucionales declarando que podían ser modificados 19 artículos de la Constitución, para que la siguiente legislatura, electa en 1870, los pusiera en discusión, dado que era necesaria la aprobación por dos legislaturas consecutivas para introducir cambios en la Constitución de 1833. No obstante, los constituyentes de 1870 solo aprobaron la eliminación de la reelección presidencial, y a su vez declararon reformables otros artículos de la Constitución (Heise González 1974, cap. 3; Correa Sutil 2015). Habiendo sido electo diputado por Chillán, Zorobabel Rodríguez tuvo, a los 31 años, una destacada presencia en el Congreso de 1870, en el cual integró la Comisión Permanente de Constitución, Legislación y Justicia[9], de

9 Biblioteca del Congreso Nacional, reseñas parlamentarias: https://www.bcn.cl/historiapolitica/resenas_parlamentarias/wiki/Zorobabel_Rodr%C3%ADguez_Benavides; [última visita, 25-07-2021].

la mayor importancia para la discusión de las reformas constitucionales. La siguiente legislatura electa en 1873 discutió y aprobó los cambios introducidos a la Constitución por los congresistas de 1870. Nuevamente, a Zorobabel Rodríguez, que había sido electo diputado por Chillán en 1873, le cupo intervenir en la discusión parlamentaria de las profundas reformas constitucionales aprobadas entre 1873 y 1874, que transformaron sustantivamente la Constitución de 1833 al limitar las facultades presidenciales, reformar el Senado, facilitar la acción de ambas Cámaras, y resguardar los derechos individuales. Entre dichas reformas, los conservadores lograron la aprobación de tres importantísimas garantías individuales que quedaron consagradas en la Constitución, a saber, el derecho de asociación, el derecho de reunión y la libertad de enseñanza (Heise González 1974; Correa Sutil 2015).

Sin embargo, por entonces las tensiones al interior de la Fusión Liberal-Conservadora comenzaban a profundizarse. Uno de los principales focos de roces radicó en cuestiones relativas a la educación, tanto a las orientaciones que esta debía tener, como respecto al grado de libertad de los establecimientos católicos frente al control estatal. Por ejemplo, Zorobabel Rodríguez argumentaba que se debía terminar el Estado Docente (Figueroa 1901: 115–117), y en esa batalla compartió posiciones con el gran paladín de la educación católica, Abdón Cifuentes (García 2020). De modo que no es sorprendente que los conflictos en la Fusión culminaran en su ruptura a consecuencia del nombramiento de Abdón Cifuentes como Ministro de Justicia, Culto e Instrucción Pública. En efecto, a raíz de sus intenciones de restringir el control estatal sobre la educación privada, se enfrentó con el entonces rector del Instituto Nacional, Diego Barros Arana, destacada figura del liberalismo. Cifuentes logró imponer la libertad de exámenes, es decir, que los estudiantes de los colegios católicos fueran examinados por sus profesores y no por los docentes del Instituto Nacional como sucedía hasta entonces. Un escándalo de corrupción con dichos exámenes libres del control institutano, llevó a la Cámara de Diputados a interpelar al ministro Cifuentes, en medio de una intensa agitación política. La consecuente renuncia de Abdón Cifuentes al Ministerio significó que los conservadores quedaron fuera del gobierno. La Fusión quedaba sepultada. Era julio de 1873, año en el cual había habido elecciones parlamentarias para integrar el nuevo Congreso que tendría que discutir las reformas constitucionales aprobadas por la legislatura de 1870, además que debía tratar la legislación electoral pues los requisitos censitarios para ejercer el derecho a sufragio debían fijarse por ley cada diez años y correspondía hacerlo en 1874.

Con los conservadores en la oposición y sin claridad respecto a quiénes en las fuerzas liberales acompañarían al Ejecutivo, el Congreso Nacional aprobó en 1874 un conjunto de leyes con las cuales se pretendía terminar con la intervención que ejercía el Ejecutivo en todos los procesos electorales mediante el control del municipio, en cuyas manos había quedado todo el proceso electoral, es decir, la inscripción del votante, la constitución de las mesas receptoras de sufragios y el recuento de votos. Dado que los municipios existían solo en las ciudades cabeceras de departamentos, que podían ser a la vez capital de la provincia, las elecciones se llevaban a cabo solo en las principales ciudades del país, eran un fenómeno urbano. Si el municipio estaba radicado en una ciudad cabecera de departamento lo presidía el gobernador, si estaba situado en una ciudad capital de provincia lo presidía el intendente. Tanto los intendentes como los gobernadores eran designados por el presidente de la República y tenían poder de veto sobre todas las decisiones del municipio. De este modo, el Ejecutivo controlaba todo el proceso electoral, y de hecho en el Ministerio del Interior se decidía quiénes eran los candidatos oficiales, tras lo cual se informaba de la decisión a intendentes y gobernadores de modo de asegurar el triunfo electoral de los candidatos del gobierno (Correa Sutil 2015). Habiendo quedado fuera del Ejecutivo con la ruptura de la Fusión Liberal-Conservadora, lo más probable es que los conservadores quedarían también fuera del Congreso dada la intervención electoral que ejercía el presidente. De modo que tuvieron una activa participación en la aprobación de las leyes electorales que buscaban poner fin al manejo presidencial de las elecciones.

Zorobabel Rodríguez, que había atacado sistemáticamente la intervención electoral del Ejecutivo, tuvo una muy destacada actuación en la discusión de las reformas electorales de 1874. Con ellas, por una parte, se trasladaron los procesos electorales desde el municipio controlado por el gobierno hacia una institución anclada en la sociedad: la Junta de Mayores Contribuyentes, a la cual se le entregó la inscripción de los votantes, la constitución de las mesas receptoras de sufragios y el escrutinio de los votos. Por otra parte, se aprobó el voto acumulativo que facilitaba la representación de las minorías. Por último, ese año –1874– había que fijar el monto de los requisitos censitarios necesarios para ejercer el sufragio. Entonces Zorobabel Rodríguez, recogiendo iniciativas anteriores, propuso que estos se eliminaran mediante la presunción de que quien supiera leer y escribir tenía los requisitos censitarios necesarios para ejercer el derecho a voto. De este modo, se instalaba el sufragio universal masculino sin tener que reformar la Constitución, que lo consagraba, lo que habría requerido de dos legislaturas consecutivas. Con la supresión de los requisitos censitarios para poder votar, se amplió significativamente el universo electoral sumando al mundo rural, que respondía al influjo de los terratenientes a diferencia de los sectores medios urbanos que eran sensibles a las presiones gubernamentales (Valenzuela 1997; Correa Sutil 2015).

El presidente Errázuriz Zañartu decidió vetar la introducción del voto acumulativo, para lo cual necesitaba constituir una sólida mayoría política en torno al gobierno. Así se formó la Alianza Liberal, que aglutinaba a liberales y radicales, los cuales, a partir de 1875, desde el Ejecutivo impulsaron su agenda de laicización, la que no había podido prosperar cuando se gobernaba con la Fusión Liberal-Conservadora. De modo que, con la excepción de los años 1879–1880 de la guerra contra Perú y Bolivia (la toma de Lima fue en enero de 1881) que dieron una tregua a los conflictos internos, desde la segunda mitad de la década de 1870 y durante los años 80, la pugna política en Chile se centró en dos ejes: el conflicto entre la Iglesia y el Estado, y la intervención electoral que ejercía el Ejecutivo para poder asegurarse la sucesión presidencial y mayorías parlamentarias. En ambos ejes de conflicto, el Partido Conservador quedó a la defensiva, y tuvo en Zorobabel Rodríguez a uno de sus principales defensores, eso sí, desde la perspectiva de los valores del liberalismo individualista antiestatista que él profesaba, y que le valieron el rechazo de los ultramontanos, es decir, de la jerarquía eclesiástica y de buena parte de los dirigentes conservadores.

4. La derrota del catolicismo liberal

Las reformas electorales no produjeron el efecto que se buscaba, esto es, hacer que el Ejecutivo dejase de manipular los procesos electorales y asegurar, en cambio, que los resultados de las elecciones reflejaran efectivamente las preferencias ciudadanas. Dada las cortapisas que la reciente legislación electoral creaba para la intervención del Ejecutivo, este recurrió a medidas de fuerza, tales como suplantación de electores, falsificación de mayores contribuyentes, robo de urnas, y con ello logró mantener su control de los resultados electorales. Como reconociera tan abiertamente el presidente Domingo Santa María:

> Entregar las urnas al rotaje y a la canalla, a las pasiones insanas de los partidos, con el sufragio universal encima, es el suicidio del gobernante, y yo no me suicidaré por una quimera. [...] Se me ha llamado interventor. Lo soy. Pertenezco a la vieja escuela y si participo de la intervención es porque quiero un parlamento eficiente, disciplinado, que colabore en los afanes de bien público del gobierno. (Carta de Domingo Santa María a Pedro Pablo Figueroa, cit. en Góngora [1981] 1986: 54–61)

De modo que una violenta intervención por parte del gobierno se hizo sentir en las elecciones presidenciales de 1876, cuando fue aplastada la candidatura presidencial del dirigente liberal Benjamín Vicuña Mackenna, que iba con apoyo de los conservadores. Nuevamente, en 1881 fue tan fuerte la intervención electoral del gobierno, que el general Baquedano, comandante del ejército victorioso, candidato de sectores liberales y de los conservadores, tuvo que desistir de su postulación. En esas condiciones, el Partido Conservador se abstuvo de llevar candidatos en las elecciones parlamentarias de 1882. Zorobabel Rodríguez había denunciado apasionadamente la intervención y defendido la libertad electoral, en sus editoriales cotidianos de *El Independiente* y como diputado. También intentó dar vida a un nuevo referente político con aquellos sectores del liberalismo que, tal como él mismo, se escandalizaban de la intervención electoral del Ejecutivo. Si lo hubiese logrado, habría conseguido convertir al Partido Conservador en un partido liberal.

Pero para ello, no contó con el apoyo de importantes sectores del partido y, menos aún, de la jerarquía eclesiástica. Zorobabel Rodríguez reconocía dos sectores dentro de su partido, los clericales y los conservadores laicos. Escribía en *El Independiente* en enero de 1883:

> Se sabe –y no hay motivo serio para ocultarlo– que existen en el seno del partido conservador dos matices, dos tendencias y, casi diríamos, dos escuelas. ¿Qué las distingue? [...] mientras para unos la religión es el punto de apoyo [...] para otros, la batalla debe darse con armas profanas, en el campo de la libertad, y en la línea inexpugnable del derecho común. [...] mientras los primeros confían en los resultados de lo que en Europa se llaman *obras* de religión, de caridad y aún de política, y quisieran organizar el partido como un ejército, por batallones y compañías, con sujeción a una ordenanza, y mediante una severa disciplina mantenida por una sabia jerarquía, los segundos esperan más de la propaganda de las ideas hecha por los medios ordinarios de la prensa y de la tribuna, y ponen su confianza en esos movimientos, en apariencia desordenados, pero vigorosos e irresistibles, que son el resultado de los hábiles esfuerzos que hacen los partidos para identificarse con el sentimiento público, traducir sus aspiraciones y satisfacer sus legítimas necesidades. [...] mientras unos piensan que conservada y defendida la fe, lo demás vendrá de suyo como consecuencia precisa, los otros pensamos que es mejor campo para luchar el de la política y que es en la práctica de la libertad donde deben buscarse las garantías de todos los altos intereses sociales, y muy especialmente de los religiosos. (cit. en Correa Sutil 1981: 110–111)

De modo que junto con enfrentarse al liberalismo autoritario que gobernaba, Zorobabel Rodríguez tuvo que defender su estrategia política al interior de su partido, y neutralizar la oposición de los obispos ultramontanos que resentían sus editoriales en *El Independiente*. En ese contexto, el obispo de Concepción, quien ya había objetado la permanencia de Zorobabel Rodríguez en *El Independiente*, se opuso a que para las elecciones parlamentarias de 1879 él fuese el candidato a diputado del Partido Conservador en su diócesis, a pesar de que hasta entonces había sido por tres períodos consecutivos diputado por Chillán.

El sector liberal del partido logró llevar su candidatura a diputado por Santiago, donde resultó electo (Correa Sutil 1981: 111 y 117, nota 212).

Por otra parte, la posibilidad de crear un nuevo referente de partidos agrupados en defensa de la libertad electoral y contra la intervención del Ejecutivo, quedó anulada cuando el presidente Santa María logró asegurar el apoyo a su gobierno de todas las figuras del liberalismo y de los radicales, en torno a sus iniciativas de leyes de laicización. Así, entre 1883 y 1884 se discutieron y aprobaron en el Congreso Nacional las llamadas leyes laicas, esto es, de cementerios laicos, matrimonio civil y registro civil, que le quitaban a la Iglesia católica su control indisputado de la vida social desde el nacimiento hasta la muerte. Adicionalmente, el gobierno de Santa María había roto relaciones diplomáticas con el papado como consecuencia de los conflictos entre la Iglesia católica y el Estado chileno que se arrastraban desde la década anterior, a raíz de la sucesión arzobispal para la arquidiócesis de Santiago. En efecto, el arzobispo Valdivieso murió en 1878, y en uso del derecho de patronato era el presidente de la República, en acuerdo con el Consejo de Estado y con el Senado, el que debía nombrar a su sucesor. El nombramiento del gobierno no fue aceptado por el Vaticano y la arquidiócesis quedó acéfala. Para resolver el problema de la sucesión arzobispal, se envió a Chile a un delegado apostólico en 1882, quien terminó siendo expulsado del país por el presidente Santa María, lo que trajo consigo la ruptura de relaciones diplomáticas con el Vaticano. Era enero de 1883. Más aún, en 1882 murió el obispo de Chiloé, y al año siguiente, el obispo de Concepción, quedando ambas diócesis acéfalas. El conflicto en torno al ejercicio del derecho de patronato aglutinó a las fuerzas liberales y aceleró la aprobación de las leyes laicas, entre 1883 y 1884.

La posición del Partido Conservador ante este agudo conflicto fue expresada, fundamentalmente, a través de *El Independiente*. Zorobabel Rodríguez, consecuente con sus convicciones liberales en política, argumentó en favor de la libertad y en contra de las mayores atribuciones que asumía el Estado, el cual estaba involucrándose en ámbitos que no le competían y que vulneraban las leyes que regían la sociedad, las que limitaban su esfera de acción a la mantención del orden y la seguridad. Por lo mismo, el derecho de patronato le resultaba inaceptable. Zorobabel Rodríguez llevó su argumentación hasta las últimas consecuencias y propuso la separación de la Iglesia y el Estado. Si bien el ideal era el régimen de unión, sostenía, ello implicaba que el Estado acataba y protegía a la Iglesia; pero lo que sucedía en Chile, país mayoritariamente católico, era lo contrario, porque no existía libertad electoral. Si a ello se agregaba el ejercicio del patronato, que le permitía al gobierno nombrar a los obispos y otras altas dignidades eclesiásticas, él prefería un régimen de separación, en el cual la Iglesia sería libre aunque perdiera sus regalías. Además, agregaba, la separación impediría que se consolidara la omnipotencia del gobierno al someter a la Iglesia a su imperio. Ante quienes argumentaron que la Iglesia había condenado la separación, Zorobabel Rodríguez respondió que el Syllabus había condenado el principio, la tesis, la doctrina, favorable a la separación, mientras que él estaba refiriéndose a un caso concreto, el caso de Chile, en el cual el gobierno pretendía someter a la Iglesia (Correa Sutil 1981).

La postura de Zorobabel Rodríguez, tan opuesta a la posición doctrinaria de la jerarquía eclesiástica chilena y a los documentos pontificios, fue derrotada y él debió salir de la dirección de *El Independiente.* Desde mediados de 1883 comenzó a escribir sus editoriales esporádicamente, y a mediados de 1884 abandonó definitivamente el periódico, donde había escrito cotidianamente desde su fundación, siendo su único redactor o editorialista entre 1867 y 1883. *El Independiente* cambiaba de orientación, y el Partido Conservador se volvía monolíticamente ultramontano. Los católicos liberales o conservadores laicos habían sido derrotados (Correa Sutil 1981).

En 1883, la jerarquía eclesiástica le pidió a Abdón Cifuentes que organizara a los católicos en asociaciones militantes. En consecuencia, Cifuentes creó la Unión Católica, asociación de carácter político que era controlada por la jerarquía eclesiástica, a semejanza de las que se habían creado en Europa para enfrentar a las fuerzas liberales. A las instituciones laicas les pusieron al frente instituciones católicas: se creó el Instituto de Humanidades como alternativa católica al Instituto Nacional, y una universidad confesional, la Universidad Católica como alternativa a la única universidad del país, la Universidad de Chile. Al mismo tiempo, el Partido Conservador fue reorganizado y se hizo un nuevo empadronamiento de sus integrantes en todo el país. Los conservadores clericales habían logrado desplazar el énfasis doctrinario del partido desde la libertad a la religión, de modo que el conflicto político fue planteado como una cruzada entre católicos y anticatólicos, entre el bien y el mal, que se daba en todo el mundo al igual que en Chile como una lucha entre la Iglesia y quienes impulsaban la laicización de las instituciones (Correa Sutil 1981: 110–114).

A pesar de la derrota del catolicismo liberal, aun así, Zorobabel Rodríguez continuó siendo dirigente del Partido Conservador, y su representante en la Cámara de Diputados entre 1885 y 1891. Pero ya no volvería a ser la pluma, el "diarista", con que se presentaba el partido ante la opinión pública.

5. La dedicación a la Economía

Al verse obligado a abandonar el diario del partido, *El Independiente*, donde había marcado su sello de conservador laico y difusor del ideario liberal,

Zorobabel Rodríguez concentró su actividad intelectual en la disciplina de la economía, de la cual provenían sus convicciones liberales que le había inculcado su maestro universitario, Courcelle-Seneuil.

En 1884, a los 45 años, decidió titularse de abogado, aunque se había licenciado veinte años antes y no tenía intenciones de ejercer la profesión. Con el título en manos, concursó en la Facultad de Leyes de la Universidad el cargo de catedrático de Economía Política, cátedra que había creado y enseñado Courcelle-Seneuil mientras estuvo radicado en Chile, hasta 1863, habiéndole sucedido en ella su condiscípulo Miguel Cruchaga, quien la tuvo a cargo desde 1864 hasta 1880[10]. Cuatro años más tarde, la asumía Zorobabel Rodríguez.

También entonces, habiendo perdido el espacio que tenían en *El Independiente*, un grupo de conservadores laicos fundó en Valparaíso el diario *La Unión*, con intenciones de competir con *El Mercurio*. Se le ofreció a Zorobabel Rodríguez el cargo de redactor del nuevo periódico, y así se hizo cargo de *La Unión* desde que salió a la luz en enero de 1885. De modo que Zorobabel Rodríguez no abandonó la actividad periodística, el "diarismo", aunque en *La Unión* solo escribió sobre temas económicos.

Además, tuvo un espacio adicional para la difusión de sus ideas sobre economía, en una revista de circulación mensual creada en 1886 por Miguel Cruchaga y Félix Vicuña, la *Revista Económica*. Este fue el primer medio especializado en temas de economía que se creaba en Chile, en el cual escribieron quienes tenían un enfoque liberal de la disciplina, aunque pertenecieran a distintas tiendas políticas. A partir de mediados de 1887, Zorobabel Rodríguez asumió la dirección de la revista (Correa Sutil 1999: 401).

Así, a través de la cátedra universitaria, de la redacción de *La Unión* y de las páginas de la *Revista Económica*, Zorobabel Rodríguez difundió su visión liberal de la economía, que había adquirido desde muy joven a través de las enseñanzas de Courcelle-Seneuil, y que había profundizado desde entonces. Se trata del liberalismo clásico de Adam Smith y de Bastiat, fundamentalmente, aunque también recogió parcialmente ideas de John Stuart Mill, y Spencer (Correa Sutil 1981: 85–86; Correa Sutil 1997: 391).

Al mismo tiempo, en esta segunda mitad de la década de 1880, Zorobabel Rodríguez continuaba en el Congreso Nacional, como diputado electo por Linares, entre 1885 y 1888, y por Santiago entre 1888 y 1891. No es sorprendente que

10 Biblioteca del Congreso Nacional, reseñas parlamentarias: https://www.bcn.cl/historiapolitica/resenas_parlamentarias/wiki/Miguel_Cruchaga_Montt [última visita 31-07-2021]

en ambos períodos integrara la Comisión Permanente de Hacienda e Industria de la Cámara de Diputados[11]. Si bien esta no era de las comisiones más políticas, era decisiva en el Chile del salitre. Tras la tempestad de las leyes laicas, Zorobabel Rodríguez quedó silenciado en asuntos concernientes a las relaciones del Estado y la Iglesia, y se concentró en temas económicos. Pero esos constituían el foco de mayor envergadura en el nuevo ciclo que se inauguraba.

En efecto, a consecuencia de la guerra contra el Perú y Bolivia, las provincias productoras de salitre, Tarapacá y Antofagasta, quedaron en manos de Chile, que se convirtió en el único productor mundial de nitratos, en un período en el cual su consumo mundial aumentaba año tras año. Una significativa proporción de la riqueza del salitre quedó en manos del Estado chileno mediante el impuesto a las exportaciones. El volumen de las exportaciones de salitre creció desde 224 000 toneladas en 1880, a más de un millón de toneladas en 1890; adicionalmente, si el impuesto al valor del salitre exportado era de un 8,5 % en 1880, en 1890 el Estado de Chile lo había subido al 43,7 %. De este modo, las entradas fiscales por concepto de aduanas se triplicaron en esa década (Cariola Sutter y Sunkel 1982: 123–140). En consecuencia, el gobierno contó con una enorme cantidad de recursos, los que fueron invertidos fundamentalmente en infraestructura de transporte y comunicaciones –ferrocarriles y telégrafo, en manos del Estado-, en la expansión de la educación fiscal, en las fuerzas armadas y en una mayor presencia de servicios públicos a lo largo del territorio, por de pronto con la instalación de oficinas del registro civil en todas las localidades. El empleo público subió de 3048 en 1880 a 13 119 en 1900, entre los cuales destaca el Ministerio de Justicia, Culto e Instrucción Pública que pasó en esas dos décadas de 867 funcionarios a 5948. El gasto fiscal creció un 50 % entre 1885 y 1889 (Cariola Sutter y Sunkel 1982: 141–143). La ampliación en el tamaño y funciones del Estado contradecía todas las convicciones de Zorobabel Rodríguez, quien aspiraba que este se limitara a garantizar el orden y la seguridad, y dejara amplio campo a la iniciativa individual. Pero la tendencia al crecimiento del aparato público y a la presencia del Estado fue irreversible.

Al mismo tiempo, la actividad salitrera y el crecimiento urbano ofrecieron un mercado consumidor de la producción nacional, el que permitió la expansión y modernización de la agricultura, el comercio y la industria manufacturera (Cariola Sutter y Sunkel 1982: 141–143). Estaban dadas las condiciones

---

11 Biblioteca del Congreso Nacional, reseñas parlamentarias: https://www.bcn.cl/historiapolitica/resenas_parlamentarias/wiki/Zorobabel_Rodr%C3%ADguez_Benavides; [última visita: 25-07-2021]

para profundizar la industrialización del país, tanto es así que en 1883 se creó la Sociedad de Fomento Fabril y en 1885 se organizó la primera exposición industrial. Pero a Zorobabel Rodríguez le preocupaba la escasa industrialización de Chile en comparación con otros países. En la *Revista Económica*, en sus números de diciembre de 1886 y enero de 1887, escribió un largo artículo titulado "De Nuestra Inferioridad Económica. Causas y Remedios", problemática que vino a ser recogida veinte años más tarde por los ensayistas del Centenario sin que reconocieran la existencia de este trabajo pionero de Zorobabel Rodríguez[12]. La inferioridad económica de Chile, argumentó Zorobabel Rodríguez, tenía como principal causa la falta de valoración del trabajo y del ahorro en los chilenos, la falta de hábitos laborales, y su desprecio por las actividades ligadas al comercio y la industria, motivo por el cual estaban siendo desplazados en estas actividades por inmigrantes europeos. A su juicio, esta falta de motivación para el trabajo que permeaba en Chile a todas las capas sociales tenía su origen en el sistema educacional, y allí radicaba por tanto su solución, a saber, dar a los jóvenes una educación que los hiciera aptos para la vida económica, tanto en su dimensión práctica como en la formación ética para el trabajo y el ahorro. De este modo, recogía una de las temáticas preferentes de los conservadores y que él había abordado años antes en *El Independiente*, esto es, las fallas del Estado Docente (Correa Sutil 1999: 401–406).

En esos años cuando escribía "De Nuestra Inferioridad Económica", Zorobabel Rodríguez también ejercía como diputado. Compartía en la Cámara una común preocupación de los congresistas por los efectos políticos que había traído consigo la riqueza del salitre al inflar las arcas fiscales a disposición del presidente para gastos, inversiones y mayor empleo público, lo que le aseguraba abundantes clientelas políticas. A ello se sumaba la intervención electoral que continuaba rampante. La desconfianza del Congreso hacia el Ejecutivo se agudizó bajo la presidencia de José Manuel Balmaceda, sobre todo hacia fines de su mandato. Desde el Congreso, los partidos políticos quisieron definir la sucesión presidencial, configurar los Gabinetes y diseñar los presupuestos. La oposición de Balmaceda a las pretensiones parlamentarias lo llevó a un enfrentamiento con el Congreso y a transgredir la Constitución al promulgar la ley de presupuestos sin discusión ni aprobación parlamentaria. En respuesta a ello,

---

12 Incluso Francisco Antonio Encina escribió un libro que tomaba los argumentos de Zorobabel Rodríguez y tenía casi el mismo título de su ensayo, sin reconocer su autoría. Se trata de *Nuestra inferioridad económica. Causas y consecuencias*, cuya primera edición es de 1911.

el Congreso destituyó a Balmaceda en un Acta de Deposición que Zorobabel Rodríguez contribuyó a redactar en su calidad de miembro de la Junta Ejecutiva del Partido Conservador, y luego firmó, lo que le valió la prisión y el exilio al Perú en medio de la cruenta guerra civil que cubrió casi todo el año 1891 (Figueroa 1901: 115–117).

Con el triunfo de las fuerzas congresistas en la guerra civil, los conservadores volvieron al Ejecutivo. Sin embargo, Zorobabel Rodríguez no volvió a la Cámara de Diputados, que había integrado desde 1870. En cambio, el dirigente del Partido Conservador, Joaquín Walker Martínez, quien asumió el Ministerio de Hacienda, le ofreció a Zorobabel Rodríguez la dirección de la Superintendencia de Aduanas. Era este un cargo de la mayor importancia dado que toda la riqueza del salitre, proveniente del impuesto a las exportaciones, llegaba a las arcas fiscales a través de las aduanas situadas en los diversos puertos de las provincias de Tarapacá y Antofagasta. Junto con aceptar este cargo, Zorobabel Rodríguez tuvo que renunciar a su cátedra de Economía Política en la Universidad, y también a sus responsabilidades como redactor de *La Unión*; en cuanto a la *Revista Económica*, esta había dejado de publicarse en febrero de 1891. Se trasladó a vivir a Valparaíso donde residió hasta su muerte a fines de septiembre de 1901 (Correa Sutil 1997: 391–392).

Aunque dejó de enseñar y de escribir en la prensa, Zorobabel Rodríguez produjo en esta última etapa de su vida, dos libros de economía que fueron reconocidos por su excelencia. En 1893 publicaba *Estudios Económicos*, y al año siguiente un *Tratado de Economía Política*, el cual fue elogiado en Francia en el *Journal des Economistes* y se convirtió en el texto de la cátedra en la Universidad de Chile. En cambio, en la recién creada Universidad Católica, su *Tratado* fue rechazado porque en él manifestaba su preferencia por la separación de la Iglesia y el Estado, y su aceptación de la ley de población de Malthus, ideas que fueron consideradas heréticas (Correa Sutil 1997: 391–392). Ni siquiera la economía, que Zorobabel Rodríguez apreciaba como ciencia positiva, quedaba fuera de las suspicacias de la ortodoxia.

6. Un hombre de letras

Zorobabel Rodríguez fue un hombre de múltiples vocaciones y actividades. Fue "diarista", dirigente del Partido Conservador, diputado, profesor universitario, filósofo político, economista teórico y práctico. Fue también durante toda su vida un hombre de letras: poeta, novelista, gramático, ensayista y traductor.

Desde muy joven enseñó literatura y gramática a estudiantes de Humanidades, por de pronto en el Colegio de San Luis, y escribió poesía. Antes incluso de haber redactado su memoria de grado, cuando tenía 24 años, en 1863, publicó su primera y única novela, *La Cueva del Loco Eustaquio*, la que vio la luz como folletín, es decir por entregas como era usual entonces, desde el primer número del diario *El Bien Público*. Ese mismo año su novela fue publicada como libro, y luego mereció ser traducida al italiano. La historia que ella contiene, de carácter costumbrista, está ambientada en Quillota, donde transcurrió su infancia[13].

Aparte de sus obras de contenido político, que no fueron pocas, en 1873 publicó en un volumen de dos tomos el libro *Miscelánea Literaria, Política y Religiosa* (Rodríguez 1873), que dedicó "en testimonio de amistad y gratitud" a Manuel José Irarrázaval, contemporáneo suyo, prominente figura del Partido Conservador, fundador de *El Bien Público* y de *El Independiente*[14] a donde llevó a Zorobabel Rodríguez como redactor, es decir, editorialista y director. Este libro es una temprana recopilación de sus escritos, de alrededor de 400 páginas cada tomo, contiene en conjunto algo más de 200 páginas de poesías, además de reseñas de libros de autores chilenos y europeos, y artículos sobre variados temas.

Poco después, en 1875, a los 36 años, publicaba el *Diccionario de chilenismos*, que le valió ser nombrado en 1883 miembro correspondiente de la Real Academia Española, y que nos ha permitido un siglo y medio más tarde conocer el habla cotidiana en el Chile de ese entonces. Lo dedicó al presidente de la República, Federico Errázuriz Zañartu, señalando: "para quien esté reservada la gloria de promulgar la lei que establezca en Chile la libertad de enseñanza i de profesiones" (Rodríguez [1875] 1979: vi). Es decir, se refiere a la promulgación de la reforma constitucional de 1874 que consagraba como derecho la libertad de enseñanza, tan anhelada por los conservadores. El interés de Zorobabel Rodríguez por el habla popular que se refleja en el *Diccionario de chilenismos* se había manifestado anteriormente. Por de pronto, en su novela costumbrista de 1863, *La Cueva del Loco Eustaquio*; del mismo año, *Dos Poetas de Poncho*, trabajo pionero sobre la lira popular; y también en *La Estrella de Chile* escribió crítica literaria, incluyendo poetas populares y poesía quechua peruana[15].

---

13 Memoria Chilena: http://www.memoriachilena.gob.cl/602/w3-article-602838.html [última visita, 1-08-2021]

14 Biblioteca del Congreso Nacional. Reseñas parlamentarias: https://www.bcn.cl/historiapolitica/resenas_parlamentarias/wiki/Manuel_Jos%C3%A9_Yrarr%C3%A1zaval_Larra%C3%ADn [última visita, 1-08-2021]

15 Figueroa (1901: 115–117); Memoria Chilena: http://www.memoriachilena.gob.cl/602/w3-article-602838.html [última visita, 1-08-2021]

En la turbulenta década de 1880 su producción literaria se concentró más bien en traducciones de artículos e incluso de novelas del francés al castellano, las que publicó en *El Independiente*, mientras se mantuvo allí como redactor, actividad que continuó realizando en los años 90 (Figueroa 1901: 115–117; De Ramón 2000: 51–52).

Antes de morir estaba trabajando en la segunda edición del *Diccionario de chilenismos*. Era tal vez una manera de volver a sus años más exitosos, los de la década de 1870, cuando escribía cotidianamente en *El Independiente*, buscando la armonía de su fe católica con sus profundas convicciones liberales como fundamento de un nuevo orden político católico y liberal, que creía posible y necesario. Por cierto, volvía su mirada a 1875 desde un Chile muy distinto, el que se asomaba al nuevo siglo, que se modernizaba aceleradamente y donde comenzaban a presentarse nuevas formas de conflictos sociales, con huelgas y organizaciones laborales combativas, lo que dio en llamarse "la cuestión social". Tal vez Zorobabel Rodríguez quiso situarse en estos nuevos tiempos, extraños para él, desde un acercamiento a la cultura tradicional del pueblo, desde su habla cotidiana, reeditando, quizás con nuevas voces, el *Diccionario de chilenismos*. Su trabajo quedó inconcluso y ningún rastro de él llegó hasta nosotros. Sin haber cumplido aún los 62 años, Zorobabel Rodríguez moría el 29 de septiembre de 1901 en Valparaíso.

Bibliografía

Arteaga Alemparte, Domingo. [1870] 1910. "Don Zorobabel Rodríguez". En Justo y Domingo Arteaga Alemparte: *Los Constituyentes de 1870*. Santiago (Chile): Biblioteca de Escritores de Chile.

Cariola Sutter, Carmen, y Osvaldo Sunkel. 1982. *Un siglo de historia económica de Chile, 1830–1930. Dos ensayos y una bibliografía*. Madrid: Ediciones Cultura Hispánica.

Correa Sutil, Sofía. 1981. "El Partido Conservador ante las Leyes Laicas 1881–1884". En Krebs, Ricardo *et al.* (eds.): *Catolicismo y Laicismo. Las Bases Doctrinarias del Conflicto entre la Iglesia y el Estado en Chile 1875–1885*. Santiago (Chile): Ediciones Nueva Universidad. 75–118.

Correa Sutil, Sofía. 1997. "Zorobabel Rodríguez, católico liberal". *Estudios Públicos*, 66, 387–426

Correa Sutil, Sofía. 1999. "'De nuestra inferioridad económica'. Reflexiones sobre los límites del desarrollo capitalista chileno". *Estudios Públicos*, 73, 401–430.

Correa Sutil, Sofía. 2015. "Los procesos constituyentes en la historia de Chile: lecciones para el presente". *Estudios Públicos*, 137, 43–85.

Correa Sutil, Sofía. 2020. "Sobre el liberalismo católico en Chile: la dramática experiencia de Zorobabel Rodríguez". En Couyoumdjian, Juan Pablo *et al.*: *Los Padres Fundadores del Liberalismo Chileno*. Santiago (Chile): Ediciones Libertad y Desarrollo. 99–110

Couyoumdjian, Juan Pablo. 2020. "El liberalismo económico de Jean Gustave Courcelle-Seneuil". En Couyoumdjian, Juan Pablo *et al.*: *Los Padres Fundadores del Liberalismo Chileno*. Santiago (Chile): Ediciones Libertad y Desarrollo. 17–38

De Ramón, Armando. 2000. *Biografías de chilenos. Miembros de los poderes Ejecutivo, Legislativo y Judicial, 1876–1973*. Vol. IV. Santiago (Chile): Universidad Católica de Chile.

Figueroa, Pedro Pablo. 1901. *Diccionario Biográfico de Chile*. Tomo III. 4.ª ed. Santiago (Chile): Imprenta, Litografía y Encuadernación Barcelona.

García, José Francisco. 2020. "Abdón Cifuentes". En Couyoumdjian, Juan Pablo *et al.*: *Los Padres Fundadores del Liberalismo Chileno*. Santiago (Chile): Ediciones Libertad y Desarrollo. 69–98

Góngora, Mario. [1981] 1986. *Ensayo histórico de la noción de Estado en Chile en los siglos XIX y XX*. Santiago (Chile): Editorial Universitaria.

Heise González, Julio. 1974. *Historia de Chile. El Período Parlamentario 1861–1925. Tomo I. Fundamentos histórico-culturales del parlamentarismo chileno*. Santiago (Chile): Editorial Andrés Bello.

Jocelyn-Holt, Alfredo. 1992. *La Independencia de Chile. Tradición, modernización y mito*. Madrid: MAPFRE. [Santiago (Chile), 1999, 2001, 2009]

Jocelyn-Holt, Alfredo. 2018. "Prólogo". En Jean Gustave Courcelle-Seneuil: *Libertad y Socialismo*. Santiago (Chile): Contrapunto. 9–29

Moscoso, Pablo. 2006. "La cuestión del sacristán: historia en diez actos". En Ossa, Juan Luis Ossa *et al.* (eds.): *XIX. Historias del Siglo XIX Chileno*. Santiago (Chile): Ediciones Vergara. 131–160.

Rodríguez, Zorobabel. 1873. *Miscelanea Literaria, Política i Relijiosa*. Santiago (Chile): Imprenta de El Independiente.

Rodríguez, Zorobabel. [1875] 1979. *Diccionario de chilenismos*. Edición facsimilar a la de 1875, Valparaíso: Ediciones Universitarias de Valparaíso.

Valenzuela, J. Samuel. 1997 "Hacia la formación de instituciones democráticas: prácticas electorales en Chile durante el siglo XIX". *Estudios Públicos*, 66, 215–257.

Darío Rojas

"En las lenguas como en la política": discurso metalingüístico y contexto político en el *Diccionario de chilenismos* de Zorobabel Rodríguez

Abstract: This chapter offers a characterization of the linguistic ideology underlying Zorobabel Rodríguez's *Diccionario de chilenismos*. From a glottopolitical approach, the elements of the material context of production of the work that affect its representations of the variants of Chilean Spanish are detailed, as well as its harmonious relationship with the dominant linguistic ideology of Hispanism. The pedagogical dimension of the *Diccionario de chilenismos* is also reviewed, as well as the history of its publication and reception in the Chilean intellectual field.

Keywords: Chilean lexicography, Chilean Spanish, glottopolitics, language ideology

1. Introducción

En este estudio introductorio, me circunscribiré a dar pistas para comprender el *Diccionario de chilenismos* de Rodríguez (en adelante, *DiCh*) como una intervención glotopolítica (Arnoux, Del Valle y Duchene 2019). Enfocar la lectura del *DiCh* desde esta perspectiva teórico-metodológica puede incitar (espero) a adoptar una actitud de cautela frente al impulso de tomar dicha obra como una mera "fuente" para el estudio histórico del léxico chileno y americano, por las razones que expondré a continuación.

Adoptar el enfoque glotopolítico implica, primero, asumir que un diccionario no es simplemente un texto en que se describe el significado de un conjunto de palabras, sino que es antes que nada un *discurso* acerca de la lengua, y en cuanto tal es una práctica social que participa en la constitución de subjetividades políticas y de relaciones de poder en un contexto histórico particular. Es decir, un diccionario es siempre un producto ideológico (véase Rojas [2023] para un desarrollo más extenso de esta idea). Esto es especialmente importante para comprender adecuadamente un diccionario normativo como el de Rodríguez, que es un discurso que en principio solo parece querer separar aguas entre vocablos correctos e incorrectos, pero que en realidad moviliza la constitución de un régimen de normatividad lingüística indisolublemente imbricado con un régimen de normatividad social que beneficia a unas personas y perjudica a otras.

Segundo, leer esta obra desde una mirada glotopolítica conlleva la presunción de que se trata de un discurso que se inscribe en un entramado histórico de otros discursos y prácticas sobre la lengua, lo que obliga a leer el *DiCh* tanto en relación con los que lo preceden como con los imaginarios sobre la lengua castellana vigentes en el Chile actual. No se trata solo de que la mirada historicista sea obligatoria por tratarse de una obra publicada hace ya casi siglo y medio; la historicidad está dada más bien por la relación dinámica que el texto guarda con su contexto de producción (Del Valle, Lauria, Oroño y Rojas 2021: 20–22).

Para comprender la inscripción histórica del discurso lexicográfico, me parece pertinente invocar la categoría teórica de *ideología lingüística*[16]. Con su ayuda, podemos apreciar mejor que las ideas, creencias, representaciones, actitudes y prácticas metadiscursivas que Rodríguez manifiesta en relación con la lengua castellana se articulan de forma solidaria con determinados proyectos políticos (en sentido amplio) sostenidos por determinados grupos sociales. Dicho de otra manera: las ideas e intervenciones metadiscursivas de Rodríguez sobre la lengua castellana son ideológicas por responder a los intereses de clase que él, como sujeto político, representa. Por esto es muy importante situar políticamente al autor, cuestión ya avanzada significativamente por Sofía Correa Sutil en el estudio preliminar que acompaña esta edición, así como en trabajos suyos anteriores (Correa Sutil 1997), textos a los que remito para mayor información al respecto, aunque no dejaré de apuntar acá algunas cuestiones que me parecen fundamentales.

16 La comprensión glotopolítica de este concepto se encuentra explicada en Del Valle y Meirinho-Guede: "sistemas de ideas que articulan nociones del lenguaje, las lenguas, el habla y/o la comunicación con formaciones culturales, políticas y/o sociales específicas" (2016: 629). Esta definición es afín a la formulación que hace Thompson (1984) en el sentido de que, junto con considerar el elemento sociocognitivo, esto es, los conjuntos/sistemas de creencias socialmente compartidas, aporta una postura crítica, en la medida en que se propone interrogar la forma en que estas creencias articulan relaciones de poder y dominación. Además, es pertinente aclarar que la categoría de *ideología lingüística*, aunque pone foco en el elemento representacional (ideas, creencias, etc.), también tiene en cuenta el carácter performativo de los regímenes metadiscursivos, es decir, qué acciones o prácticas sociales participan en la sedimentación, reproducción o transformación de las indexicalidades o valores sociales asignados a hablantes, variantes o variedades lingüística específicas (Zavala 2021: 278–279).

2. Contexto de producción

2.1. Chile hacia 1875

En primer lugar, es necesario tener en cuenta, aunque sea muy esquemáticamente, el momento histórico, político y económico en que se encontraba Chile cuando Rodríguez publica su diccionario. Estos elementos contextuales más generales se asoman en varios de los artículos del *DiCh*, como ha destacado Huisa Téllez (2013: 289–291), por ejemplo, a propósito de las claves textuales que remiten al clima político del republicanismo.

Tras el proceso de independencia transcurrido entre 1810 y 1823 aproximadamente, el advenimiento de la República Conservadora (1830–1861) significó para Chile un periodo de estabilidad política sobresaliente en el contexto de la Hispanoamérica de la época. La matriz política de este periodo, textualizada en la Constitución de 1833, se basó en el autoritarismo presidencialista y el centralismo. El orden social se convirtió en la aspiración y objetivo principal de los gobernantes. A pesar de la etiqueta de "conservadora", la república chilena se erigió desde sus comienzos sobre la base del pensamiento liberal proveniente de la Ilustración y la Revolución estadounidense. En consecuencia, fueron adoptadas como ideales, especialmente en las primeras décadas de independencia, nociones como los derechos del hombre (libertad, igualdad, seguridad y propiedad), el progreso, el gobierno representativo, la división de poderes y la virtud republicana, junto con la idea fundamental de *nación*. Como correlato de la independencia, surgió asimismo una actitud antiespañola de acuerdo con la cual se consideraba reaccionario y oscurantista casi todo lo relacionado con los antiguos dominadores. Esta actitud, sin embargo, retrocedió significativamente a partir de la segunda mitad del siglo XIX.

En 1861, el gobierno del presidente Manuel Montt fue derrocado por una revolución encabezada por los liberales, con lo cual comienza un periodo que los historiadores llaman la República Liberal (1861–1891), en el que se inscribe la publicación del *Diccionario de chilenismos* de Zorobabel Rodríguez. Debe tenerse muy en cuenta, sin embargo, que quienes ejercen el poder desde este momento, más que separarse de forma tajante y opuesta en una facción liberal y otra conservadora, pertenecen a una "fusión liberal-conservadora" (Collier y Sater 2004: 121). Asimismo, no puede afirmarse que el cambio de periodo haya supuesto un quiebre relevante respecto de la matriz política de la República Conservadora, especialmente en lo cultural. Por la década de los 70 de este siglo, las diferencias ideológicas entre las facciones políticas eran más aparentes que reales, y su punto de encuentro era el liberalismo.

En este periodo, el país experimentó un sostenido crecimiento económico, un rápido incremento de la población y el acaecimiento de hitos tan significativos tales como la Guerra del Pacífico (1879–1883) y la Ocupación de la Araucanía (1861–1883), que implicaron la expansión del territorio tanto hacia el norte como hacia el sur y el aumento del enriquecimiento y de la acumulación capitalista. Desde mediados del siglo, igualmente, creció el flujo de inmigrantes gracias a un plan estatal orientado a la migración europea, especialmente británicos, alemanes y franceses, junto con una cantidad importante de estadounidenses y argentinos.

Existía, a la altura de la década de 1870, una sensación generalizada de que Chile había conseguido alzarse entre los países del mundo (Collier y Sater 2004: 88). El enriquecimiento de las élites dio origen a una complejización y reorganización de la estructura social. La clase alta, tradicionalmente terrateniente, ahora incorporó también a burgueses mineros y comerciantes. Por otro lado, empieza a surgir una clase media-alta que fue conocida como el *medio pelo*, la cual tenía como referente identitario a la clase alta, pero sin lograr compartir espacios con ella. La gran masa popular, obreros y campesinos, sin embargo, no fue beneficiada por el crecimiento económico, lo cual terminó provocando en el entresiglo (1880–1920) la conocida como "cuestión social" (Grez 1995) y la creación, por parte de las élites gobernantes, de mecanismos de control que intentaban domesticar a los grupos subalternos, de "políticas moralizadoras que apuntaban a integrarlos a la sociedad", "aquietarlos y sujetarlos al hogar y a la patria" (Pinto 2008b: 132). La urbe empezó a configurarse por contraste abierto con lo rural, y ciudades como Santiago pronto comenzaron a dejar atrás su fisonomía colonial para adentrarse en la modernidad, aunque sin dejar de manifestarse los síntomas de la extrema desigualdad asociada a la acumulación capitalista (Subercaseaux 2011: 331).

El sistema educativo, asimismo, experimentó un crecimiento importante durante estos años, lo cual constituye una clave contextual muy relevante para comprender el *DiCh* y, en general, las intervenciones en el espacio público del lenguaje de esta época. Desde los comienzos de la época independiente, en Chile, "la educación no es 'una' política, sino que 'es' política porque se le concibe desde y en función de la nueva soberanía" (Serrano 2010: 30), entendiendo que la educación era la clave para dotar al pueblo de la legitimidad necesaria para ejercer su soberanía, en cuanto lo convertiría en un sujeto colectivo virtuoso. Una dimensión fundamental de la educación, en este sentido, fue la enseñanza de la lectoescritura, cuestión en torno a la cual se desplegaron intervenciones tan relevantes como las de Domingo F. Sarmiento acerca de los métodos de enseñanza de dicha habilidad (Mayorga 2010).

Con especial intensidad desde la década de 1840, se venían implementando distintas medidas para hacer crecer y mejorar la educación pública y la alfabetización de la población, entre ellas la creación de un ministerio dedicado a la Instrucción Pública (1837), de la Universidad de Chile (1842) y de la Escuela Normal de Preceptores (1842) (Ponce de León 2010: 450). Manuel Montt, primero como ministro de Instrucción Pública (1841–1845) y más tarde como presidente de la República (1851–1861), fue un actor clave, por ejemplo al proclamar la ley de educación primaria gratuita en 1860. También la Sociedad de la Igualdad, integrada entre otros por José Victorino Lastarria y Francisco Bilbao, promovió con mucho ímpetu la masificación de la educación durante la República Liberal. Como resultado de este interés estatal y de las élites, la alfabetización creció de modo significativo: "Si en 1854 la escolarización alcanzaba 93,5 niños de cada mil, en 1907 era de 290 aproximadamente, mientras las habilidades de lectura y escritura se habían expandido desde 127,6 hasta 456 en el mismo período" (Ponce de León 2010: 451). Gracias al enriquecimiento estatal que supuso la victoria en la Guerra del Pacífico (1879–1883), el crecimiento sostenido y acelerado del sistema educativo y de la alfabetización se mantuvo hasta el punto de que en 1930 dos tercios de la población en edad escolar podía considerarse escolarizada (Serrano, Ponce de León y Rengifo 2012: 65).

No puede soslayarse, en cualquier caso, el carácter de proyecto de clase que tuvo esta ampliación del sistema educativo y de la cultura escrita, pues, a pesar del interés declarado por la "modernización" y la "ilustración moral de la nación", "en los hechos, no ha sido otra cosa que la producción y reproducción de mano de obra calificada y, sobre todo, disciplinada" (Rodríguez Freire 2016: 12–13). El clasismo que atraviesa históricamente al sistema educativo chileno (y a la formación del Estado nación en general; cf. Pinto 2008a y 2008b) explica por ejemplo la recurrente distinción entre dos niveles: para la clase destinada a gobernar, educación superior, más extensa y esmerada; para los subalternos, solo instrucción primaria. De este modo:

> [...] con ciertos matices, prácticamente conservadores y liberales parecen suscribir la república platónica, pues si bien algunos piden la instrucción popular, ello es solo por el bien industrioso del país, que para insertarse en la pujante economía mundo, necesita que sus niños, que sus futuros obreros, sepan, en palabras de Miguel Luis Amunátegui, ministro liberal de Justicia, Culto e Instrucción Pública, tan solo "calcular y hablar bien". (Rodríguez Freire 2016: 42)

Otro aspecto importante de considerar es que el ámbito de la educación, por la época en que se publica el *DiCh*, fue también escenario de un conflicto que se arrastraba desde los comienzos de la República: el de los intereses del Estado frente a los de las corporaciones privadas (Serrano 2010: 33–35). La creación de la educación pública en sí misma significó una merma de los privilegios de las instituciones civiles y eclesiásticas que habían administrado la educación durante la Colonia. Las instituciones creadas con la Independencia, como el Instituto Nacional, eran "el correlato educacional del nuevo orden republicano, destinado a la formación de ciudadanos libres y virtuosos que antepusieran el bien común al interés particular, a la vez que de individuos iguales ante la ley en contraposición a fueros o privilegios de cuerpos" (Serrano 2010: 34). En especial, la Iglesia católica se sintió afectada por "el reformismo religioso del regalismo ilustrado predominante entre los criollos gobernantes" (Serrano 2010: 34). La delimitación clara entre las esferas civil y eclesiástica se convirtió en un problema de amplio alcance político durante las décadas de 1860 y 1870 (Collier y Sater 2004: 120–121).

Para la época en que se publica el *DiCh*, además de luchar contra la laicización en otras esferas, el conservadurismo católico luchaba fervientemente por contrarrestar los privilegios del Estado en el ámbito educativo y la expansión de la educación laica. Un personaje central en este sentido, y que tuvo además una estrecha relación y afinidad ideológica con Zorobabel Rodríguez[17], fue Abdón Cifuentes (1835–1928), también católico militante, también destacado miembro del Partido Conservador, y ministro de Instrucción Pública bajo la presidencia de Federico Errázuriz Zañartu (1871–1876). Fue uno de los principales impulsores y artífices de la fundación de la Universidad Católica (hoy Pontificia Universidad Católica de Chile), en 1888. En 1872, siendo ministro de Instrucción Pública, Cifuentes intentó por todos los medios hacer aprobar una ley de libertad de enseñanza que quitaba al Estado el monopolio educativo y beneficiaba principalmente a las escuelas privadas, que eran casi todas católicas, lo cual provocó un conflicto político que terminó con la renuncia de Cifuentes. Tanto en este conflicto en particular como en otras de sus iniciativas en general, las ideas fuerza de Cifuentes, representativas del sentir conservador, quedaban resumidas en la tríada de libertad, educación y religión (García Naranjo 2014).

17 Cifuentes fue profesor de Rodríguez en el Colegio San Luis, y su interés común por liberalizar la educación (es decir, disminuir o erradicar la acción del Estado y promover la de los privados) es destacada por el propio Cifuentes a propósito de la dedicatoria del *DiCh*. Por esto, entre otras cosas, es que Cifuentes considera que "la vida i las obras de don Zorobabel Rodríguez, que honran a las letras i al país, son una de las glorias más puras del partido conservador chileno" (Cifuentes 1902: 120–121).

2.2. El sustrato bellista

En segundo lugar, una lectura glotopolítica del *Diccionario* de Rodríguez debe tener en cuenta, además del contexto general de los procesos históricos, políticos y económicos, el contexto más específico del clima de opinión lingüístico-ideológico en que se inscribe. Como hemos explicado previamente en Rojas, Avilés y Villarroel (2021), comprender las aristas políticas de la producción de saberes e instrumentos metalingüísticos sobre la lengua castellana en Chile durante el siglo XIX exige ponerlos en relación con el contexto de formación y consolidación de un Estado nación que se había independizado recientemente de la Corona española, y que por tanto buscaba construir un nuevo (o no tan nuevo) orden a partir de la situación colonial. El lenguaje y las lenguas pudieron convertirse en uno de los objetos de conocimiento declarados como políticamente relevantes por Andrés Bello en su discurso de instalación de la Universidad de Chile (1843), en virtud de que se reconocía en el lenguaje una importancia tanto práctica como simbólica.

En la dimensión práctica, la constitución política de 1833 definía a los ciudadanos (el masculino genérico es aquí intencional) en virtud de, entre otras posesiones, su capacidad de leer y escribir, lo cual hacía urgente, para cumplir con el ideal republicano ilustrado, alfabetizar a los sujetos que darían sustento político a la nación (Jaksic 1999). De este afán surgen las iniciativas de reforma ortográfica que durante todo el siglo XIX, pero especialmente en la década de 1840, manifestarían el deseo de facilitar y masificar la enseñanza y aprendizaje de la lengua escrita (Contreras 1993). En lo simbólico, la relación entre lengua e identidad nacional tenía algunas aristas que complejizaban el ideal de "una lengua, una nación" sobre el que opera la formación de los Estados nacionales modernos. El castellano había sido la lengua de las élites criollas tanto como lo había sido de los españoles (y por esto mismo el mapuzugun quedaba fuera de la ecuación), pero el contexto de la independencia americana hizo surgir debates en torno a si este proceso político requería, por coherencia, la emancipación de la lengua y su desespañolización en manos de la intelectualidad y el pueblo americanos.

En Chile, la postura emancipatoria, representada de forma prístina por los intelectuales argentinos de la generación del 38 (Domingo F. Sarmiento, Esteban Echeverría, José María Gutiérrez y otros), no tuvo la mejor recepción, pues la matriz ideológica fundamental de la construcción del Estado nación tuvo raíz en la idea del *progreso dentro del orden*, instalada firmemente durante la República Conservadora. El orden, para intelectuales orgánicos como el –entre muchas otras cosas– gramático Andrés Bello, encontraba su piedra basal más firme en la tradición, de modo que la política cultural y lingüística hegemónica durante este periodo tuvo una orientación esencialmente conservadora del legado hispánico. En consecuencia, Bello promovió un régimen de normatividad que otorgaba primacía a las variantes del castellano peninsular metropolitano, al habla de las personas "cultas" y a la lengua escrita, todo lo cual se consideraba objetivado en los modelos literarios de los Siglos de Oro y en los códigos de la Real Academia Española. Solo en torno a este modelo de lengua, según Bello, sería posible construir y preservar la unidad panhispánica del idioma que a su vez garantizaría el progreso de la nación chilena y su inserción en un orden internacional moderno[18].

Las ideas de Bello constituyen el principal sustrato sobre el cual crecería la ideología lingüística hegemónica del Chile decimonónico, gracias a la ubicuidad de los epígonos de Bello en distintos lugares clave del campo cultural nacional. Si Bello había iniciado la fabricación de instrumentos lingüísticos destinados a implementar esta ideología lingüística con su *Gramática de la lengua castellana* (1847), el género lexicográfico tuvo que esperar hasta la segunda mitad del siglo XIX para hacer su entrada plena en el régimen de normatividad lingüística.

Si se usa un criterio amplio para definir el objeto *diccionario* (de hecho, la obra de Rodríguez lleva dicho título más por su ordenamiento alfabético que por enfocarse estrictamente en el léxico), podríamos considerar que la lexicografía pedagógico-normativista chilena tiene su punto de fuga en las "Advertencias sobre el uso de la lengua castellana" de Andrés Bello ([1833–1834] 2013), que incluye observaciones sobre varios fenómenos léxico-semánticos (*pararse*, *sendos*, etc.). Algunas décadas más tarde, Valentín Gormaz (1860) contribuye con la primera obra en formato libro que se dedica específicamente a este asunto y que por primera vez indica en el título que se trata de correcciones "lexigráficas", a pesar de que el material léxico es solo una faceta de los distintos tipos que fenómenos comentados (Rojas 2016a). En 1866, Ramón Sotomayor Valdés, senador conservador y prominente seguidor de Bello, ofrece la primera elaboración teórica de la necesidad de contar con diccionarios normativos locales, complementarios del de la RAE. Sotomayor proponía que la amenaza de la fragmentación idiomática podía combatirse de la forma más efectiva mediante

18 Algunas de las obras fundamentales en que Bello expresa su ideología lingüística son "Advertencias sobre el uso de la lengua castellana" de 1833–1834, "Ejercicios populares de lengua castellana" de 1842 y su *Gramática de la lengua castellana* de 1847. Puede encontrarse una antología de estas y otras fuentes primarias relevantes en Jaksic, Lolas y Matus (2013). La ideología lingüística de Bello ha sido estudiada por, entre otras, Moré (2014) y Chaves-O'Flynn (2021).

la confección de un "diccionario hispano-americano", hecho por americanos y para los americanos, aunque paradójicamente sin ningún afán de emancipar la lengua del orden centrado en España (Rojas 2014).

Teniendo en cuenta lo anterior, creo que el *DiCh*, publicado en 1875, más que iniciar la lexicografía normativista chilena[19], viene a poner un punto culminante a su consolidación. De ahí en adelante, la obra de Rodríguez conformará una serie con varios otros repertorios de índole y propósito similares, de entre los cuales los más importantes son el *Diccionario manual de locuciones viciosas* de Camilo Ortúzar (1893), *Voces usadas en Chile* de Aníbal Echeverría y Reyes (1900) y el *Diccionario de chilenismos* de Manuel Antonio Román (1901–1918)[20].

2.3. El hispanismo y las academias correspondientes americanas

El periodo en que Rodríguez preparó y llevó a la imprenta su diccionario coincide con el momento en que surge la iniciativa de la RAE de fundar academias correspondientes en América: la primera parte de la década de 1870. Su simultaneidad produce un efecto glotopolítico relevante, en la medida en que el *DiCh* cobra su sentido pleno en relación con la "deformación académico-correspondiente" (según la llamó el mexicano Martín Luis Guzmán en el primer congreso de la ASALE, en 1951), que marca buena parte de los estudios del lenguaje en América desde la última parte del siglo XIX. En otras palabras, el *DiCh* forma parte de la relación de subordinación neocolonial que marca el proyecto hispanista en que se inscribe el funcionamiento de las academias correspondientes americanas. En concreto, esta obra "despliega su plenitud funcional en relación con el texto lexicográfico 'mayor' de la época" (Rojas 2010: 228), esto

19 Que es lo que se afirma en el siguiente pasaje de Rojas Carrasco: "Corresponde a Rodríguez la gloria de haber sido el primero en intentar una clasificación ordenada de los errores que en materia de lenguaje eran o son corrientes en Chile. Su obra *Diccionario de chilenismos* [...], con todos los defectos que los eruditos más tarde han descubierto en él, señala la iniciación de una rama de estudios filológicos que, con el correr de los años, habría de tener numerosos y buenos cultivadores en Chile" (Rojas Carrasco 1940: 63). La misma apreciación se encuentra en Matus (1994: 189).

20 Para un panorama general de la lexicografía normativista chilena, cf. Matus (1994), Chávez (2010) y Rojas (2010). Para estudios específicos sobre la obra de Ortúzar, véase Geraghty (2016); sobre Román, véase Prieto García-Seco (2012) y Chávez (2021). Sobre Echeverría y Reyes, aunque se le ha atribuido una condición excepcional por tener tintes menos marcadamente prescriptivistas, Rojas (2016c) argumenta que en su obra se manifiesta un acercamiento programático al descriptivismo cientificista de Rodolfo Lenz sin realmente lograr desmarcarse del normativismo bellista.

es, guarda una relación de dependencia subordinada con el *Diccionario* de la RAE, en la medida en que una de sus finalidades es "alimentarlo": determinar cuáles de las palabras usadas en Chile que se evalúan son dignas de incorporarse a aquel repertorio (véase Rojas y Avilés 2021, para un estudio detallado de esta función del *DiCh*).

El proyecto de la RAE de crear sucursales americanas tuvo su puntapié oficial en 1870. La RAE impulsó el proyecto con varios fines, entre ellos "alimentarse" de información procedente de América, cuestión necesaria primero por la simple necesidad comercial de competir con otros diccionarios, como el de Salvá, que se caracterizaban por su amplia inclusión de americanismos y en consecuencia estaban logrando mejor acogida en el mercado latinoamericano. El principal fin del proyecto, sin embargo, fue el de "reanudar los violentamente rotos vínculos de fraternidad entre americanos y españoles" (Fermín de la Puente Apezechea, cit. en Da Rosa 2014: 147).

La creación de academias correspondientes fue una acción decisiva para el fortalecimiento de la diplomacia hispano-americana, y específicamente del hispanismo, proyecto que buscaba restaurar el lugar hegemónico de España en relación con sus excolonias, mediante el cultivo de los lazos de la lengua y la cultura compartidas (Del Valle y Gabriel-Stheeman 2004: 23–27). El hispanismo y la creación de academias correspondientes tuvieron una recepción mayormente favorable entre las élites criollas americanas de la segunda mitad del siglo XIX, pues les permitía mantener su posición privilegiada en relación con la población subalterna (Süselbeck 2014). Así es como se fundan rápidamente las primeras academias americanas en Colombia (1871), Ecuador (1874), México (1875) y El Salvador (1876), por nombrar solo las creadas en la década de 1870.

En el caso de Chile[21], la instalación de una academia correspondiente, ocurrida en 1885, da cuenta de la acogida favorable del hispanismo en una comunidad de intelectuales predispuesta a sus coordenadas ideológicas en virtud de su adhesión férrea a las ideas de Bello (Rojas 2016b). Entre los individuos

21 Es importante tener en cuenta que España había reconocido oficialmente la independencia de Chile tan solo en 1844, lo cual había mitigado parcialmente la animosidad local contra los antiguos colonizadores; sin embargo, debido a una incursión naval española en las costas del sur peruano, Chile, en alianza con otros países del Cono Sur, declaró en 1865 la guerra a España. Aunque el enfrentamiento armado en sí fue muy breve, este no concluyó oficialmente sino hasta 1883. A partir de antecedentes como estos, podemos tener una idea más concreta de cuáles fueron las "violencias" que dificultaban el restablecimiento de los lazos de fraternidad, mencionadas en la cita de Puente Apezechea.

correspondientes que dieron cuerpo a la Academia Chilena correspondiente de la Española estaban José Victorino Lastarria (nombrado correspondiente de la RAE en 1870), Diego Barros Arana (nombrado en 1873), José Toribio Medina (nombrado en 1885) y el propio Zorobabel Rodríguez (nombrado en 1883), quien ejerció de primer secretario de la corporación, así como de portavoz de la misma en una pequeña polémica en que el escritor Vicente Pérez Rosales acusó incomodidad frente a la condición de "correspondiente de la Española" que caracterizaba a la nueva institución (Rojas 2019).

Entre las primeras tareas que se impusieron los miembros de la Academia Chilena, según hicieron constar en el acta de una de sus primeras reuniones, estaba la de apuntar provincialismos chilenos y usos no recogidos en el *Diccionario* de la RAE, "a fin de que aquel Docto Cuerpo pueda tomarlas en cuenta en la próxima edición que haga de tan importante obra" (cit. en Rojas 2020: 219). Se menciona en este mismo documento que el *DiCh* sería una de las bases a partir de las que se emprendería dicha tarea.

3. Publicación y recepción

El *DiCh* es una de las pocas obras que Rodríguez, entre su amplia producción bibliográfica, dedicó a asuntos lingüísticos. Sin duda, su diccionario ha opacado a las demás, que habitualmente son pasadas por alto en las investigaciones sobre su obra lingüística. Pueden nombrarse entre estas sus breves "Curiosidades etimológicas" (Rodríguez 1874–1875), en las que explica, normalmente recurriendo a alguna fuente erudita, las etimologías de algunos términos de la lengua castellana; "Sobre la lectura de los clásicos" (Rodríguez 1877), en que indica cómo esta actividad intelectual puede contribuir a enriquecer y pulir el lenguaje propio; o su comentario crítico de la *Gramática* de Andrés Bello desde el punto de vista pedagógico (Rodríguez 1884). Incluso reconociendo que sus obras lingüísticas son pocas, no debemos quedarnos con la idea de que Rodríguez incursionó de forma excepcional y solo de manera erudita en estas materias. Su interés filológico también se desarrolló en el ámbito de la praxis educativa.

El prólogo del *DiCh* explicita constantemente la finalidad y el contexto pedagógicos que el propio autor atribuye a su obra, la cual pretende contribuir a mitigar el "gran vacío que hai en la enseñanza de la Gramática castellana" (Rodríguez 1875: vii)[22] y que Rodríguez ofrece "a la juventud estudiosa"

22 En todas las citas textuales del *DiCh*, se respetará la ortografía del original, correspondiente a la ortografía reformada chilena vigente en la época.

(Rodríguez 1875: viii). Lo anterior debe ser entendido sobre el trasfondo de que Rodríguez, en etapas tempranas de su carrera, fue profesor de gramática en el nivel escolar[23], un dato de la mayor relevancia, pero que habitualmente ha pasado inadvertido en los estudios sobre el *DiCh*. Abdón Cifuentes, en su emotiva introducción a la corona fúnebre de Rodríguez, relata lo siguiente:

> [...] apénas recibió su diploma de bachiller en humanidades, el Rector del Colejio de San Luis, doctor don José Manuel Orrego, que fué después Obispo de La Serena, le confió la cátedra de gramática castellana, ramo en el cual hizo profundos estudios, hasta llegar a ser un distinguido filólogo. (Cifuentes 1902: 12)
> Como maestro de gramática que había sido, Rodríguez quedó siempre aficionado a profundizar sus conocimientos en el idioma castellano. Fruto de estos estudios i de los idiomas araucano, quichua i aimará, fue su Diccionario de chilenismos, que dió a luz en 1875 i del cual preparaba una segunda edicion mui aumentada, cuando le sorprendió la muerte. (Cifuentes 1902: 24)

Otro antecedente relevante lo aporta el hijo del autor del *DiCh*: "Mi señor padre, desde que se fundó el colejio 'Rosa de Santiago Concha', en 1880 aproximadamente, hizo la clase de Literatura, i creo que también la de Gramática, por espacio de varios años" (Rodríguez Rozas 1902: 423).

Tenemos, entonces, que Rodríguez enseñó gramática en al menos dos colegios, al parecer católicos, primero desde aproximadamente 1857, apenas terminados sus estudios secundarios, y luego cuando ya había cumplido los 40 años de edad. No se trata entonces de una experiencia docente aislada y puntual, sino de una praxis que podemos sospechar se mantuvo como una constante (aunque opacada por otras facetas) en la vida profesional de Rodríguez, y que por tanto pudo haber sido el escenario perfecto para reunir múltiples observaciones acerca de usos e "incorrecciones" presentes en el castellano chileno. Asimismo, es un elemento esclarecedor para comprender la naturaleza pedagógica y normativa del *DiCh*. Me atrevería a proponer, por tanto, que esta obra tiene origen, al menos como proyecto, en la labor docente de Rodríguez como profesor de gramática en escuelas privadas católicas, lo cual incide de forma radical en su

---

23 En este punto, y a pesar de que comulgaba evidentemente con la ideología lingüística bellista, Rodríguez (1884) se mostró crítico del valor de la *Gramática de la lengua castellana* de Bello en cuanto texto de apoyo para la enseñanza escolar, "por ser demasiado voluminosa y minuciosa en puntos obscuros de escasa importancia", así como por su "prurito de multiplicar las reglas y clasificaciones" (Rojas Carrasco 1940: 223). Una crítica análoga había sido famosamente sostenida un par de décadas antes en Chile por el presbítero, gramático y educador José Ramón Saavedra (Bustos, Valladares y Rojas 2015: 44–47).

finalidad y naturaleza, así como en su ideología lingüística, según veremos en la sección 4. En cualquier caso, no podemos saber con certeza en qué momento de su labor docente Rodríguez concibió la idea de componer su diccionario, ni si fue tomando nota metódicamente de los rasgos lingüísticos que observaba o discutía con sus estudiantes y que luego conformarían su obra.

Lamentablemente, hasta donde sé, no se conservan materiales de archivo inéditos (fichas, papeletas o manuscritos) que pudieran dar pistas acerca del proceso de preparación del *DiCh.* A fines de diciembre de 1898, la casa del autor sufrió un incendio que destruyó, entre muchas otras cosas, abundante correspondencia y los materiales que iban a dar origen a una segunda edición del *Diccionario* (Rodríguez Rozas 1902: 405). En consecuencia, solo tenemos constancia de la versión publicada en el primer cuatrimestre de 1875[24]. El único material publicado de forma previa a esta versión es el "espécimen" que apareció a partir de febrero de 1874 en *La Estrella de Chile*, bajo el título "Apuntes para un Diccionario de chilenismos" (Rodríguez 1874). Estrictamente hablando es una versión publicada, pero, al mismo tiempo, tiene un carácter de ensayo o prueba, consistente en los apuntes que el autor tenía compuestos hasta ese momento, todos pertenecientes a la letra A. Del texto introductorio (datado el 1 de febrero de 1874) podemos colegir que Rodríguez empezó a redactar estas monografías hacia el final de 1873: "Nuestro estimado amigo i distinguido colaborador don Zorobabel Rodríguez trabaja hace algunos meses en una obra de grande importancia, que modestamente intitula *Apuntes para un Diccionario de chilenismos*" (Rodríguez 1874: 265–266).

Rodríguez tiene que haber recibido algunos comentarios a la muestra de 1874, a partir de los cuales a veces hizo cambios; otras veces debe haberlos hecho a partir de sus propias revisiones. Por ejemplo, en la versión de 1875 el autor indica:

> El Señor Cuervo, a quien seguimos en esta parte al redactar el espécimen que publicamos en marzo de 1874 en *La Estrella de Chile*, propone que, hablándose de la cara i cabeza, se diga *entrapajada*. Nuestro excelente i erudito amigo el señor D. Fernando Páulsen advirtiónos del error en que habíamos incurrido diciéndonos en una de sus cartas... (Rodríguez 1875, s.v. *amarrar*).

Asimismo, en la monografía sobre la preposición *a*, solo en 1875 añadió la locución *a espeta perros*, la explicación de la procedencia de *a hacerse* y las citas

24 La sección "Revista Bibliográfica" del n.º 396 de *La Estrella de Chile*, del 09/05/1875, apunta que el *Diccionario de chilenismos* fue ingresado en abril de ese año a la Biblioteca Nacional.

de Oña y Saavedra que la justifican, y la referencia a Baralt al final de *a la diabla* (caso en que indica explícitamente que está añadiendo información: "Lo escrito escrito, aunque después hayamos leído en Baralt…"; Rodríguez 1875, s.v. *a*), entre otros casos en que hizo ampliaciones considerables de la información proporcionada[25].

También sabemos que Rodríguez aprovechó los materiales que había estado "acopiando durante largos años" (Rodríguez 1875: xi) su amigo Fernando Paulsen, a quien Rodríguez declaró no solo su "mas eficaz auxiliar", sino incluso el "co-autor de este libro" (Rodríguez 1875: xi). Además de los comentarios que le remitió a Rodríguez sobre la muestra de 1874, Paulsen le cedió[26] "una multitud de observaciones sobre los vicios de nuestra habla […] no solo para que las consultásemos, sino para que las tuviésemos como propias i de nuestra propia cosecha" (Rodríguez 1875: xi). Estas observaciones deben haber sido cuantiosas: Rodríguez lamenta no haber podido "citarlo [a Paulsen] los centenares de veces que hemos copiado al pié de la letra o utilizado sus apuntes" (Rodríguez 1875: xi). En la práctica, las citas explícitas a Paulsen suman tan solo cinco, en los artículos *amarrar, bochan, cochi o coche, fullingue o fuñingue* y *lo de*.

Relevante asimismo, para una lectura glotopolítica del *DiCh*, es el que se haya publicado en las imprentas del periódico *El Independiente* (1864–1890), así como que la muestra de 1874 haya circulado a través de las páginas de *La Estrella de Chile* (1867–1879). En cuanto a *El Independiente*, varios integrantes del Partido Conservador (Rodríguez, Abdón Cifuentes y otros) crearon este periódico como órgano de expresión cuasi oficial del conservadurismo católico de esa época. Nuestro lexicógrafo fue su principal redactor durante gran parte de su existencia, al punto de que "el público llegó a identificar a *El Independiente*

25 También añadió varias entradas: en la muestra de 1874 faltaban *abordar, acarraladura, aconcharse, achamparse, adefesios, adulón, afutrarse, agalludo, agua de la banda, alcancía, alcuza, algorra, amansador, amasandero, antinatural, Apellidos en plural, apercancarse, aperchar, aplomar, aproximativo, armazón, arnés* y *autonomía*, que solo llegaron a la imprenta en 1875. Se trata de 23 entradas nuevas, proporción nada despreciable de las 109 que finalmente quedaron en la letra A. En cambio, fueron muchas menos las entradas que suprimió: *apa, apir* y *asentarse*. Por otra parte, cambió la ortografía de la entrada *ahuacharse* por *aguacharse* (y la del lema oculto en ella *huacho* por *guacho*), *ahuasarse* por *aguasarse* (junto con *huaso* por *guaso*), *apehualar, apehualado* por *apegualar, apegualado*, y la de *allulla* por *ayuya*.

26 Si bien el autor del *Diccionario de chilenismos* destaca de Paulsen su generosidad desinteresada, modestia y pocas ansias de figurar, este debe haberse sentido lo suficientemente partícipe de la obra de su amigo como para salir a la palestra a defender el *DiCh* de las críticas que Fidelis del Solar (1876) le hizo (véase Paulsen 1876).

con Rodríguez; sabemos que sus editoriales eran el comentario obligado del día para amigos y adversarios" (Correa Sutil 1997: 388). La asociación indisoluble entre Rodríguez y esta publicación era tan fuerte que Manuel Blanco comenta que, a pesar del tono crítico que atraviesa las enseñanzas lingüísticas del *DiCh*, "dentro de poco, cuando se hayan olvidado de que su autor es el terrible polemista de *El Independiente*, no habrá una sola persona medianamente instruida que no la estudie con placer i la aplauda con entusiasmo" (Blanco Cuartín 1902: 341). Igualmente, la corona fúnebre que se publicó en 1902 en homenaje a Zorobabel Rodríguez fue publicada por iniciativa de la junta directiva de este periódico y costeada por la junta de accionistas del mismo, según se exhibe en un documento oficial reproducido en las primeras páginas.

La Estrella de Chile, por su parte, concebido como un periódico *literario, religioso y político* (según reza su subtítulo), responde a un perfil político similar, conservador y católico, pero con la diferencia de que se trataba del órgano oficial del Partido Conservador y que tenía un énfasis marcado en el cultivo de la faceta literaria. Rodríguez también se contó entre sus redactores habituales. Todo lo anterior apunta a que la comunidad de práctica y comunidad discursiva que sirve de plataforma al proyecto político de mayor alcance en que se inscribe la intervención glotopolítica de Rodríguez es la que se configura en torno a la prensa conservadora de la época, encuadrada en una política cultural de carácter conservador y afín al hispanismo lingüístico normativista. Esto último puede apreciarse claramente, por ejemplo, en el contenido de otras columnas y artículos sobre lenguaje publicados en *La Estrella de Chile*, como Aguirre Vargas (1875) o Smith (1874).

La publicación del *DiCh* tuvo una repercusión casi inmediata, cosa razonable por ser su autor un diarista prominente y una figura pública ya por entonces renombrada en el panorama político chileno. La evaluación de su obra lexicográfica, sin embargo, no fue unánime. Manuel Blanco Cuartín, compañero de Rodríguez en el Partido Conservador, dirigió a Rodríguez (mediante el artificio retórico de cartas dirigidas al lexicógrafo, publicadas en *El Mercurio* entre mayo y junio de 1875) una serie de observaciones, sugerencias de adiciones y enmiendas[27] al *DiCh* (Rojas Carrasco 1940: 67–68). Blanco expresó su parecer de la siguiente forma: "creo que el *Diccionario de chilenismos* con que usted acaba de honrar nuestra pobre literatura, es una obra utilísima, destinada cuando ménos

27 Estas fueron reproducidas parcialmente en la corona fúnebre de 1902 y de forma íntegra en la *Revista Chilena* en 1919. Cito por esta última versión.

a neutralizar el mal que corroe las mejores producciones de nuestros injenios" (Blanco Cuartín [1875] 1919: 220).

Por esas mismas fechas, *La Estrella de Chile* publicó dos textos elogiosos sobre el *DiCh*. El primero es una brevísima noticia publicitaria, sin firma, puesta en la página final del fascículo:

> Nos apresuramos a recomendar la importantísima obra que acaba de sacar a luz nuestro distinguido colaborador i amigo don Zorobabel Rodríguez, con el título de *Diccionario de Chilenismos*. [...] [E]s un trabajo digno de figurar al lado de los mas famosos que se han escrito sobre el castellano, como los de Bello, Baralt, Cuervo, Monlau, etc. [...] Su obra de que damos cuenta no puede faltar ni en la mesa de los maestros de gramática o de literatura ni en la carpeta de los estudiantes de esta asignatura. No puede faltar tampoco en la librería de nadie que aspire a hablar i escribir castellano. (Anónimo 1875: 200)

En el número siguiente a aquel en que se publicó la noticia, apareció un comentario más extenso firmado por Rómulo Mandiola, quien podemos suponer fue también el autor de la noticia anterior. En este texto, no escatima elogios: "un libro mucho mas importante [que sus anteriores obras] i llamado a prestar utilísimos servicios" (Mandiola 1875: 222), "obra maestra" (Mandiola 1875: 229), "de las mas notables entre las que hasta ahora se han publicado en Sud-América" (Mandiola 1875: 229). En cambio, Benjamín Dávila Silva, en 1876, señaló: "No cumple en gran parte con el fin que parecía destinado a perseguir; y si el señor Solar pecó por falta de datos, pecó por demasía el autor del Diccionario, incluyendo en su obra expresiones que jamás hemos oído las nueve décimas partes de los chilenos" (cit. en Rojas Carrasco 1940: 66).

La referencia de Dávila Silva al "señor Solar" remite a la expresión discursiva más resonante que generó la recepción del *DiCh*: el ir y venir de "reparos" entre Fidelis del Solar (1876) y Fernando Paulsen (1876), que, según ya hemos hecho notar, puede ser considerado coautor encubierto de aquella obra. En esta disputa, Solar, aunque pondera la utilidad y valora el propósito pedagógico del *DiCh*, considera que su publicación "es prematura y que [el autor] no debía haberla dado a luz aun hasta haber corregido muchas proposiciones erróneas [...] y omisiones notables de chilenismos de uso frecuente" (Solar 1876: viii). Paulsen, por su parte, acusa a Solar de haber comprendido mal el propósito y destinatario de la obra, y de que su propia crítica se basa en criterios discutibles[28].

---

28 Rojas y Avilés (2015) interpretan la polémica entre Solar y Paulsen como un desacuerdo más bien superficial, enfocado en el tratamiento de ítems léxicos específicos, pero que se sustenta en un piso común de creencias lingüísticas que hace a ambos autores partícipes de la misma ideología lingüística que Rodríguez. Si bien Solar se

Sin embargo, aunque la evaluación global del diccionario fuera en última instancia positiva o negativa, nadie pudo negar que constituía un hito, un acontecimiento en la historia de los estudios del lenguaje en Chile. Rojas Carrasco (1940), desde una mirada retrospectiva del primer siglo de "filología chilena", sostiene que la obra de Rodríguez, por su estilo más bien periodístico y amable para un lector no especializado, "ha tenido tal vez más influencia que otras mejor documentadas en corregir defectos de lenguaje. [...] En este sentido, quizás la obra de Rodríguez haya aventajado a las demás del género. No puede negarse que este primer ensayo de diccionario hecho aquí, fue afortunado" (Rojas Carrasco 1940: 65). Si bien parece difícil estimar la influencia que el *DiCh* pudo haber tenido en las conductas lingüísticas de los hispanohablantes chilenos[29], sí sería razonable, en cambio, proponerse sopesar la influencia de esta obra en los diccionarios normativos que lo sucedieron (Ortúzar, Echeverría, Román, etc.), dada la intrínseca intertextualidad que los articula. En suma, aunque la obra de Rodríguez no haya sido completamente *pionera*, y a pesar de que difícilmente pueda decirse haya sido *efectiva*, no cabe duda de que debió ser *influyente* en la tradición metadiscursiva del normativismo chileno, aunque todavía está por determinarse en qué grado y de qué forma.

---

muestra en algunos puntos más flexible que Rodríguez en términos de constricciones normativas aplicables a la admisión de neologismos, mientras que Paulsen es más purista que Rodríguez (así como activa de manera clara los ideologemas clave del hispanismo: unidad del idioma, centralidad del uso de Castilla, clasismo, etc.), todos estos autores comparten la idea de que es necesario que la incorporación de palabras a la lengua legítima debe hacerse sobre la base de una serie de criterios de calidad: necesidad denominativa, correcta formación, legitimación por autoridad (de hablantes cultos o literatos), etc.

29 Haría falta, primero que nada, un estudio detallado de sus espacios de circulación y una estimación de su probable lectoría, del que no disponemos. Luego habría que enfrentarse al problema central al que apunta Rojas Carrasco: qué tan *efectivas* fueron las correcciones idiomáticas planteadas por Rodríguez, problema cuya resolución parece difícil de concretar en términos metodológicos (quizá menos en el caso de conductas claramente vinculadas a lo normativo, como las hipercorrecciones; véase Rojas y Avilés 2016) y que incluso se topa con algunos obstáculos teóricos. Primero, porque sería peregrino, por lo bajo, sostener una relación causal fuerte y directa entre obras como los diccionarios (o cualquier instrumento lingüístico) y las conductas lingüísticas de los hablantes, incluso los más expuestos a dichos discursos. Segundo, porque, desde mi punto de vista, la función glotopolítica del normativismo lingüístico no se cumple necesariamente en su *efectividad* (cambiar las formas de hablar), sino más bien en su condición simbólica de constituir un ritual de reafirmación de valores sociales y morales, es decir, de re-creación de un orden social.

Otra repercusión relevante de la publicación del *DiCh*, aunque de un orden distinto, es que le valió a Rodríguez ser nombrado miembro correspondiente en Chile de la Real Academia Española en 1883, lo cual lo puso en condiciones de formar parte de los miembros fundadores de la Academia Chilena correspondiente de la Española, según vimos en 2.3. Esto da cuenta de que uno de los espacios de circulación en relación con los cuales el propio autor concibió su obra, además del ámbito escolar, fue el de las academias de la lengua. Por esa época, era habitual que los autores de obras lingüísticas de distinto tipo (lexicográficas, ortográficas, gramaticales) a quienes les interesaba tener repercusión en la política lingüística y los códigos del español remitieran un ejemplar a la RAE, según se puede observar en el archivo de las actas de la corporación española, en las que de vez en cuanto se acusa recibo en el pleno de publicaciones procedentes de América y de Chile en particular. Lamentablemente, no he logrado rastrear el acuse de recibo del *Diccionario* de Rodríguez en estas actas, a pesar de lo cual me caben pocas dudas de que los académicos de Madrid debieron haber tenido conocimiento de la obra pocos años después de publicarse.

4. Ideología lingüística

Teniendo ya una idea del contexto político del *DiCh* y sus condiciones de producción, circulación y recepción, expondré a continuación en qué medida y de qué forma creo que estos elementos inciden en la representación y práctica ideológica que este discurso metalingüístico despliega acerca de la lengua castellana, sus variedades y sus hablantes.

Afortunadamente, ya contamos con algunos estudios que han avanzado en la investigación sobre la ideología lingüística de Rodríguez. Mientras Matus (1994) y Chávez (2010) se habían limitado a mencionar muy por encima algunas ideas del prólogo de esta obra, Avilés y Rojas (2014) y Rojas (2015) profundizan en el material lexicográfico sustancial del diccionario, junto con tener en cuenta el material paratextual, como es de rigor. Avilés y Rojas (2014) se concentran en identificar las creencias lingüístico-ideológicas que sustentan los juicios normativos que Rodríguez aplica al léxico. A partir de una muestra representativa de 200 entradas del diccionario, identifican las siguientes creencias (Avilés y Rojas 2014: 157–158), ilustradas acá con ejemplos:

1. *Necesidad denominativa*: Los usos provinciales son aceptables solo si sirven para denominar algo que no tenga ya un nombre registrado por el *DRAE*.

PIRCA.

En quichua i araucano *pirca* significa *pared.*

Nosotros la hemos adoptado para denotar la pared que se hace colocando piedras brutas unas sobre otras, sin ligarlas con nada; o ligándolas a lo mas toscamente con barro, hasta una altura de metro o metro i medio.

Es voz útil, si como creemos, no tiene exacto equivalente en castellano.

Pircar es levantar *pircas,* trabajar en construirlas.

2. *Autoridad literaria* Los usos empleados por escritores prestigiosos de habla hispana siempre son legítimos.

ARNES.

El señor Gormaz cree inadmisible o poco ménos a *arneses* por *jaeces.* Cierto que esta acepcion de *arnes* no cuenta con la autoridad de la Academia; mas cuenta en cambio con la de mui respetables escritores peninsulares. [...]

3. *Educación*: El uso legítimo es el de las personas educadas.

CONTRA.

El vulgo i algunos que no pertenecen al vulgo dicen *la contra,* por antídoto. Parece que la misma mala costumbre hai en Colombia.

4. *Ajuste a reglas gramaticales codificadas*: El uso legítimo se ajusta a las reglas gramaticales, según estas se encuentran codificadas en las obras académicas.

PAPA, PAPAL, PAPERO, A.

[...] El señor Gormáz dice en sus *Correcciones* que no se debe llamar *papal* el sitio sembrado de *patatas,* sino *papatal,* (probablemente la segunda *p* está en lugar de *t* por error de imprenta). I ¿por qué no *papal,* siendo que los americanos no decimos *patata* sino *papa*, voz que el Diccionario trae como sinónima de *patata*? Es cierto que éste no trae a *papal*; mas, ¿qué tiene de extraño que esta voz americana no haya llegado aún a los oidos de la Academia? Si llamáramos a las plantas en que nos ocupamos *patatas,* preciso seria diésemos el nombre de *patatal* al sitio sembrado de ellas; pero desde que se acepta *papa* es un absurdo negar el pase a *papal,* derivado de formacion irreprochable. [...]

5. *Diccionario*: Los usos legítimos son los registrados en el Diccionario académico.

LIMO.

Llamamos así al árbol que da *limas.* El Diccionario, que no conoce otro *limo* que aquél de que formó el Divino Artífice el cuerpo de nuestro padre Adan, llaman al árbol de que hablamos *lima* o *limonero.*

6. *Purismo*: Los usos lingüísticos de origen extranjero (especialmente los franceses) no son aceptables.

PASABLE.

> El señor don Rufino José Cuervo, que tiene mui buenas narices, dice que este vocablo *huele a francés,* i que lo castizo es *pasadero.* Tanto huele que el señor Baralt, que no se anda con chicas, declara en su *Diccionario de galicismos,* que, por *pasadero, regular, tal cual,* solo lo emplean *los mas desaforados galiparlistas.*

7. *Antiprovincialismo*: Los usos provinciales, en principio (es decir, si no cumplen alguna de las características anteriores), son inapropiados.

GARÚA, GARUAR.

> El señor Gormaz quiere que se diga *garuando.* Olvida sin embargo de advertir que en español se dice *lloviznar* i no *garuar. Garuar* es provincialismo peruano i chileno, i la jente educada no debe hacer uso de provincialismos, sino en casos mui bien justificados.

Estas creencias, que operan de forma estratégica e interrelacionada (a veces solapándose y potenciándose, otras cancelándose de acuerdo con su peso relativo) forman parte del discurso argumentativo con que Rodríguez concluye si determinadas palabras son "correctas"/"aceptables" o "incorrectas"/"censurables" y si, en consecuencia, pueden pasar a integrar el léxico de la lengua legítima; es decir, si pueden ser propuestas como adiciones al *Diccionario* de la RAE. Siguiendo el análisis de Rojas (2010), es precisamente en esta dinámica argumentativa donde se instancia la función estandarizadora/codificadora de la obra, en la medida en que opera un proceso de selección del léxico: los criterios antes mencionados son *selectivos.* Al mismo tiempo, Rodríguez acude al *Diccionario* de la RAE como autoridad para determinar la validez de los vocablos; de hecho, la proporción mayoritaria de citas con función de argumento de autoridad corresponde a citas al repertorio de la corporación madrileña (Rojas 2015: 103).

A partir de la recurrencia de estas creencias normativas, Avilés y Rojas (2014) concluyen que en el *Diccionario* de Rodríguez subyace una representación de la lengua castellana afín al modelo racionalista de la estandarización lingüística (Geeraerts 2019) y a la ideología de la lengua estándar (Milroy y Milroy 1999) en el sentido de que presupone la necesidad de su unidad y homogeneidad para el cumplimiento de la función comunicativa o, dicho de otro modo, la indeseabilidad de la variación dialectal y social para efectos de la intercomprensión. Como ha sucedido históricamente en el caso de la lengua castellana, el parámetro en torno al que se desea construir y preservar la unidad es la norma castellana codificada por la RAE en su diccionario y demás códigos, de la cual emanan una serie de principios de aceptabilidad de las innovaciones, que en principio deben mantenerse a raya, pero pueden ser admitidas si muestran algún mérito. En este sentido, es un modelo de lengua *conservador,* y funcional por tanto para la política cultural del hispanismo. Asimismo, actúa de forma sinérgica con el proyecto cultural de los conservadores, que por la fecha de publicación del diccionario se encontraban en la lucha por una hegemonía que les había sido arrebatada, al menos nominalmente, por el advenimiento de la República Liberal. En este proyecto, según ya hemos señalado, el ideologema central era el del orden, entendido como garante del progreso (Ruiz Schneider 2015). Proyectado esto al terreno de lo lingüístico, la manera de imponer orden en el lenguaje, incómodamente mutable y variado, era someterlo a normas y a criterios de legitimidad que perpetuaran, dentro de lo posible, su fisonomía y "genio", dados fundamentalmente por su raigambre hispana (Rojas 2017).

Rojas (2015), asimismo, destaca que la presencia de la ideología lingüística de corte racionalista revela "la posición hegemónica [...] que la versión local de la ideología de la lengua estándar ostentaba en ese momento entre la élite hispanohablante" (Rojas 2015: 111–112). El síntoma más revelador de la hegemonía del ideario bellista y de su naturalización como sentido común lo aporta la frase con que principia el prólogo del *DiCh*: "La incorreccion con que en Chile se habla i escribe la lengua española es un mal tan jeneralmente reconocido como justamente deplorado" (Rodríguez 1875: vii). El origen de la necesidad de intervenir en el ámbito educativo, de este modo, es atribuido por Rodríguez al imperfecto dominio de la lengua castellana que, de acuerdo con el tópico bellista, es característico de los hablantes chilenos, lo cual no se debe según nuestro lexicógrafo a falta de inteligencia, sino al "gran vacío que hai en la enseñanza de la Gramática castellana [...] o en los métodos o en los textos[30] porque se enseña" (Rodríguez 1875: vii). Esto es un problema porque, de nuevo siguiendo a Bello, presenta una amenaza para la unidad del idioma; de hecho, Chile representa una amenaza especialmente grave, por ser quizá "la última de las naciones en que se habla español", en contraste con otros países (México, Venezuela, Colombia o Perú) donde, a pesar de no estar tan adelantados en cuanto a estabilidad política, "se conocen mucho mejor que entre nosotros los modismos de la lengua, i la propia i castiza significacion de sus vocablos" (Rodríguez 1875: vii).

En consecuencia, igual que el gramático venezolano, Rodríguez considera que, ya que el problema es educativo, las intervenciones/soluciones deben apuntar a la educación lingüística. En concreto, podemos pensar con un alto grado de seguridad que Rodríguez concibió su obra para ser utilizada como texto de

30 Recuérdese que Rodríguez era escéptico respecto de la utilidad de la *Gramática* de Bello, y probablemente también de sus sucedáneos didácticos, para la enseñanza escolar.

apoyo a la docencia escolar, según argumenté en la sección anterior. Aquí es donde cobra relevancia la propuesta de Rojas (2010) de entender los artículos de los diccionarios normativos como actos de habla de tipo directivo, con los que se intenta que el oyente/lector se comporte de una determinada manera, pues así es como llega a instanciarse en el micronivel de la interacción directa (sea oral o escrita) el normativismo bellista y su ideología lingüística. En otras palabras, de este modo y en este contexto se despliega en concreto el carácter disciplinatorio que lo define como proyecto ideológico.

En este mismo sentido, Moschonas (2008) y Moschonas y Spitzmüller (2010) han propuesto que el prescriptivismo lingüístico puede ser analizado como una práctica metadiscursiva conformada por *correctivos*, actos de habla directivos que funcionan en dirección metalenguaje-lenguaje compuestos de tres elementos: uno *prohibitivo* ("No se debe decir X…"), uno *normativo* ("… en lugar de X se debe decir Y…") y otro *explicativo* ("… porque Z"). Está casi de sobra decir que el aparato descriptivo de estos autores[31] se presta muy bien para proseguir el estudio del *DiCh* en una forma similar a aquella en que lo han hecho Rojas (2010) y Avilés y Rojas (2014). Lo que nos interesa destacar ahora es que esta mirada discursivo-pragmática del diccionario normativo es la que mejor permite comprender cómo operan (al menos en teoría) estos instrumentos lingüísticos en el ámbito de la enseñanza y aproximarnos a la faceta performativa de las ideologías lingüísticas que les subyacen.

Tenemos entonces que la aspiración de Rodríguez es influir en el comportamiento lingüístico de sus lectores/usuarios[32] haciéndolos aproximar sus

31 Señalan que es posible identificar los elementos prohibitivos y normativos mediante marcadores gramaticales y discursivos específicos, tales como verbos de modalidad deóntica (*deber*, etc.), así como es posible detectar los elementos explicativos a través de la aparición de conectores causales (*porque*, etc.). Los elementos explicativos, además, se basan en evaluaciones del tipo "correcto/incorrecto", "apropiado/inapropiado", etc. Por otra parte, los correctivos pueden expresarse explícitamente o quedar implícitos, caso este último en que la fuerza ilocutiva del texto es la que permite apreciar el carácter prescriptivo. De esta forma, en algunas ocasiones hay actos de habla metalingüísticos que parecen descriptivos (constatativos), pero que en el fondo son prescriptivos (correctivos). Cabe destacar, finalmente, que los elementos explicativos, que suelen quedar implícitos, constituyen para los investigadores una vía para acceder a las ideologías lingüísticas que subyacen a las prácticas prescriptivas en una situación dada.

32 Aunque, como dije en la nota 14, la función glotopolítica de este tipo de obras no necesariamente deja de cumplirse si es que los actos de habla directivos que las componen no son efectivos, lo cual al parecer es casi siempre el caso.

conductas al modelo normativo que se manifiesta, de forma más o menos explícita, a lo largo del cuerpo del diccionario. Los rasgos dialectales chilenos, en principio (es decir, si no tienen algún mérito especial que los redima), deben ser abandonados, con el fin de adoptar los "equivalentes" correctos/legítimos que el autor del *DiCh* ofrece a los estudiantes y lectores en general. Sin embargo, como es esperable de alguien tan férreamente convencido del valor de la libertad (véase el estudio de Correa Sutil en este volumen), Rodríguez parece preferir que quien lee su obra cambie su conducta por una decisión voluntaria y libre, basada en la razón. Después de todo, este autor no era adepto al autoritarismo que caracterizaba a su propio partido político (Correa Sutil 1997: 389). Además, recuérdese que cursó estudios de derecho y se tituló (tardíamente) de abogado, por lo cual debe haber tenido en alta estima la persuasión racional. Finalmente, era un convencido de que, dejadas a su libre albedrío, las personas naturalmente tienden al progreso y al bien, a la vez que a conservar lo conveniente de la tradición[33].

De este modo podría explicarse la prominencia cuantitativa y cualitativa que tienen en el *DiCh* los elementos explicativos (según la terminología de Moschonas y Spitzmüller 2010), que son los que permitirían convencer racionalmente al educando de que la forma recomendada por el autor es mejor que la que usa habitualmente (o que otros usan habitualmente). Por eso es que una abrumadora mayoría de las entradas del diccionario se distancian de la escueta crudeza del tipo representado por *barreal* ("Dígase *barrizal* que es como debe") y, en cambio, desarrollan en varios párrafos la evidencia y las razones que sustentan la evaluación del autor.

Me parece pertinente darle sustento a esta interpretación de la praxis lingüístico-normativa de Rodríguez recurriendo al fundamento filosófico-político liberal que Talboy J. Taylor atribuye al prescriptivismo lingüístico, y que le sirve para fundamentar su propia postura (sin duda alejada del prescriptivismo) de que el lenguaje es un fenómeno esencialmente normativo y por tanto de índole fundamentalmente política[34].

---

33 "[…] el medio más seguro de que la sociedad se conserve y conserve todo aquello que le convenga, es dejarla completamente libre delante de su propia responsabilidad" (Rodríguez 1875, cit. en Correa Sutil 1997: 393). También: "[L]as sociedades, abandonadas a su propio impulso, tienden al bien" (Rodríguez, cit. en Correa Sutil 1997: 397).

34 La postura de Taylor ha sido puesta en relación con el enfoque glotopolítico por Del Valle (2017), quien resalta precisamente que reconocer la condición normativa del lenguaje no implica adherir al normativismo/prescriptivismo lingüístico. Otro autor que desarrolla la idea de que el lenguaje es un fenómeno de naturaleza esencialmente

Según Taylor (1997a), el descriptivismo cientificista de la lingüística moderna, que se instala como novedad desde el siglo XIX para naturalizarse con relativa celeridad y encontrar su cenit en el paradigma saussureano, se remonta a una visión *institucionalista* del lenguaje, cuyo mejor exponente es el filósofo liberal británico John Horne Tooke (1736–1812) en sus *Epea Pteroenta / The Diversions of Purley* (1786–1805) y que intenta superar críticamente la hasta entonces hegemónica visión *voluntarista* del lenguaje desarrollada por el también liberal John Locke (1632–1704) en su *Essay concerning human understanding* (1689–1690).

La visión institucionalista asume que el lenguaje (o una lengua en particular) existe de forma independiente de los hablantes y que, aun más, los individuos son incapaces de incidir, en cuanto agentes individuales, en la fisonomía específica de una variedad lingüística. Por ejemplo, el significado de una palabra no depende de lo que cada uno quiera hacerla significar; su significado es una institución social que preexiste a la conducta particular. Así es como en la teoría saussureana la *langue* (el objeto legítimo de conocimiento) está en el dominio de lo social, que se entiende como cualitativamente distinto de lo individual (Taylor 1997b: 144). La función del discurso metalingüístico, en la visión institucionalista, es de índole descriptiva: decir cómo *es* el lenguaje o una lengua, tarea que corresponde a los especialistas entrenados en métodos para determinar la "verdad", esto es, los lingüistas.

Por el contrario, la visión voluntarista concibe el lenguaje como una actividad voluntaria y libre ejecutada por individuos particulares, de cuyo libre albedrío depende, en última instancia, entre otras cosas, qué significa una palabra. Pero como la función del lenguaje es básicamente comunicarse, y por tanto hay una dimensión intersubjetiva que se ve mermada por la libertad del hablante, Locke llega a la conclusión de que los individuos deben someter su libertad a normas, determinadas por sujetos con la autoridad política para hacerlo, con el fin de asegurar el funcionamiento de la comunicación. Esto conlleva una dimensión moral, en la medida en que los hablantes son responsables del éxito de la comunicación. El discurso metalingüístico, en este caso, tiene una función normativa/prescriptiva: cómo *debe ser* el lenguaje o una lengua para asegurar la eficiencia comunicativa. Se sobrentiende que en este punto hay un encuentro con el modelo racionalista, según lo caracteriza Geeraerts ([2003] 2016), primero, porque se asume que el lenguaje es principalmente un instrumento de comunicación de ideas; y, segundo, porque se asume que la eficiencia

normativa es Itkonen (2008), quien, aunque reconoce que "la existencia de normas está vinculada a la existencia del libre albedrío" (Itkonen 2008: 61), no llega a concluir que el lenguaje es un fenómeno atravesado por lo político.

comunicativa presupone homogeneidad/unidad: es necesario que exista una norma única que sirva de parámetro para asegurar la intersubjetividad.

La visión voluntarista precede históricamente a la institucionalista: mientras la primera es claramente dieciochesca, la segunda hace su entrada con el surgimiento de la lingüística moderna, en el siglo XIX europeo[35]. Debe quedar claro que el pensamiento lingüístico de Rodríguez corresponde al estadio previo a la instalación de la visión institucionalista como sentido común en la lingüística moderna, en virtud del desfase que habitualmente se ha dado en la circulación de saberes en la dirección centro-periferia dentro del orden-mundo resultante del colonialismo europeo. La lingüística moderna, en su versión alemana tardo-decimonónica, no circuló en Chile sino hasta la llegada de Rodolfo Lenz en 1890 (Ennis y Rojas 2020). En tal sentido, las ideas lingüísticas de Rodríguez son *premodernas* a pesar de su datación cronológica, y responden consecuentemente a la base filosófica del prescriptivismo lingüístico de fundamento voluntarista.

Lo anterior es coherente con el hecho de que los estudios del lenguaje en Chile durante casi todo el siglo XIX tuvieron tintes más bien dieciochescos (Rojas, Avilés y Villarroel 2021: 156), como bien puede ilustrarse con las ideas de Bello. El gramático venezolano perfectamente pudo haber llegado mediante un razonamiento liberal/voluntarista, y a partir de su convicción de que la libertad era un valor de primer orden[36], a las conclusiones de que era imperativo

35 Taylor (1997a: 133) señala que el *Oxford English Dictionary (OED)*, considerado el primer gran diccionario descriptivo de una lengua moderna (iniciado en 1857), probablemente recibió su inspiración principal de las ideas de Tooke. En cambio, diccionarios normativos del inglés, anteriores al *OED* se acomodaban mejor a la visión voluntarista.

36 En su famoso discurso de instalación de la Universidad de Chile, de 1843, Bello afirma: "La libertad es el estímulo que da un vigor sano y una actividad fecunda a las instituciones sociales" (Bello [1843] 2013: 22); "Esta es mi fe literaria. Libertad en todo; pero yo no veo libertad, sino embriaguez licenciosa, en las orgías de la imaginación" (Bello [1843] 2013: 33–34). De la última cita se desprende que la libertad para Bello merece ser definida con precisión, pues piensa en la libertad que conduce al progreso dentro del orden: "La libertad, como contrapuesta, por una parte, a la docilidad servil que lo recibe todo sin examen, y por otra a la desarreglada licencia que se rebela contra la autoridad de la razón y contra los más nobles y puros instintos del corazón humano, será sin duda el tema de la universidad en todas sus diferentes secciones. ([1843] 2013: 34). Por otra parte, aunque Bello debió haber conocido las ideas de Tooke mientras estuvo en Londres (1810–1829), Velleman (1976) sugiere que las ideas gramaticales del venezolano fueron influidas por Dugald Stewart (1735–1828), quien

intervenir (mediante la fuerza de la razón) en las conductas lingüísticas de los chilenos con el propósito de "afinar el lenguaje, haciéndolo un vehículo fiel, hermoso, diáfano de las ideas" ([1843] 2013: 30), de que "en las lenguas como en la política, es indispensable que haya un cuerpo de sabios, que así dicte las leyes convenientes a sus necesidades [las del pueblo], como las del habla en que ha de expresarlas" ([1842] 2013: 100), y de que los gramáticos son "custodios filósofos a quienes está encargado por útil convención de la sociedad para fijar las palabras empleadas por la gente culta, y establecer su dependencia y coordinación en el discurso, de modo que revele fielmente la expresión del pensamiento" ([1842] 2013: 100). No puede descartarse la posibilidad de que, siendo Rodríguez un epígono de Bello, haya sido a través de este último autor que el redactor del *DiCh* reforzara su convicción respecto a dicha manera de entender el lenguaje. De ser así, existiría un canal de continuidad filosófica entre Bello y Rodríguez más profundo que el afán compartido por conservar la herencia hispánica como garante del progreso.

Por otra parte, hay que tener en cuenta que el propio Rodríguez fue "el gran difusor del liberalismo clásico" (Correa Sutil 1997: 391) en el Chile de la última parte del siglo XIX, principalmente desde su faceta de profesor y teórico de economía política (Rodríguez 1894). Rodríguez se formó en esta disciplina bajo la cátedra de Jean Gustave Courcelle-Seneuil, el destacado economista liberal francés, durante el breve periodo en que este estuvo radicado en Chile (1855–1863). En diversas partes de los escritos no lingüísticos de Rodríguez, se pueden encontrar pistas sugerentes respecto de en qué medida la filosofía del voluntarismo lingüístico era compatible con su manera de entender el mundo, la que, téngase siempre en cuenta, resultaba del intento de conciliar su fe católica con su creencia en la libertad (véase el estudio de Correa Sutil en este volumen):

> [...] lo importante es saber a ciencia cierta que la sociedad está regida por leyes naturales, conocerlas y persuadirse de que, si es posible violarlas, a nadie es dado violarlas impunemente. (Rodríguez 1875, cit. en Correa Sutil 1997: 395)
>
> Las leyes eternas que regulan el progreso, en vez de ser ciegas e inexorables como las que rijen el mundo de la materia, son suaves, elásticas y en cierta manera sensibles, como las que rigen el mundo moral. La planta no es libre para crecer más ligero o despacio, inclinándose a derecha e izquierda; mientras que, ya que no en absoluto, relativamente el hombre lo es. Puede inclinarse ante la ley o atropellarla, y según el partido que tome, acelerar o retardar la marcha del carro del progreso. [...] El progreso es una evolución, pero una evolución moral; hay fuerzas que obran y leyes que las gobiernan,

---

"el mismo año de la llegada de Bello a Inglaterra, [...] publicó una crítica detallada de una gramática filosófica de John Horne Tooke" (Velleman 1976: 5). Esto pudo haber predispuesto a Bello a leer con cierto escepticismo a Tooke, si es que lo hizo.

> pero esas fuerzas son susceptibles de aumento y disminución según nuestra voluntad, y esas leyes están con sabiduría infinita dictadas para regir la actividad humana, sin suprimir la libertad. (Rodríguez 1875, cit. en Correa Sutil 1997: 396–397)
>
> Progresar es crecer y multiplicar. Es así que el hombre abandonado a sus propias inspiraciones tiende a multiplicar y a crecer. Luego el progreso es seguro; luego la condición del progreso es la libertad. (Rodríguez 1875, cit. en Correa Sutil 1997: 397)

No es difícil leer entre líneas las posibles proyecciones lingüísticas de estas ideas, al estilo de la ya citada frase de Bello: "en las lenguas como en la política…". Si en la política y en la economía existe la certeza de que la principal fuerza motriz es la libertad humana, lo mismo valdría para el lenguaje. Si en la política y en la economía existen "leyes eternas", que para Rodríguez no emanan de la autoridad estatal sino del orden divino, y de la observación de estas leyes depende la armonía social, asimismo en el lenguaje deben existir normas a las que es imperativo atenerse para asegurar la comunicación e impedir la fragmentación idiomática. Si el progreso resulta de la conjunción armoniosa entre libertad y normas acatadas voluntariamente (no por la fuerza de la autoridad estatal, sino por la fuerza de la razón), el devenir lingüístico, el crearse y recrearse de las lenguas, resulta del encauzamiento de la libertad del hablante dentro de la senda ofrecida por los criterios normativos como los que ofrece Rodríguez en su diccionario.

5. El sentido político del *Diccionario de chilenismos*

En Rojas (2015), se interpreta de la siguiente forma el vínculo entre el proyecto educativo de las élites gobernantes y las intervenciones glotopolíticas normativistas como la de Rodríguez:

> La instrumentalidad política, precisamente, es el *sentido* que tiene para autores como Rodríguez preocuparse por el lenguaje. Y aquí *política* debe entenderse en un sentido amplio en que ocupa un lugar fundamental la *educación*. Hemos visto que el autor analizado concibe su propia obra como tarea al mismo tiempo *patriótica* y *educativa*. Lo anterior […] tiene que ver con el deseo de formar ciudadanos funcionales a los intereses del Estado y el progreso de la nación. (Rojas 2015: 113)

Como, según ya vimos, el propio Abdón Cifuentes resaltaba en su elogio fúnebre de Rodríguez, la dedicatoria del *DiCh* es una zona textual clave en que se revela el horizonte político y al mismo tiempo educativo en que opera su sentido glotopolítico. La obra está dedicada al presidente de la República, cargo por entonces ocupado por Federico Errázuriz Zañartu (de la Fusión Liberal-Conservadora). Rodríguez insta al presidente a hacer un acto de abdicación del poder estatal en favor de los privados, en lo que atañe a la educación: "El autor de este libro tiene a honra dedicarlo respetuosamente al Presidente de la República, para quien esté reservada la gloria de promulgar la lei que establezca en Chile la libertad de enseñanza i de profesiones". En esta interpelación, queda clara la conciencia del autor respecto de que lo que está en juego en la enseñanza de la lengua trasciende lo estrictamente lingüístico y cobra su pleno sentido en la arena de lo político.

En este estudio introductorio, espero haber mostrado que el sentido glotopolítico del *DiCh* emana de forma no determinística a partir de la concurrencia histórica de una serie de factores contextuales: el rol del lenguaje y la lengua castellana en la formación del Estado nación chileno; la importancia del ideologema del orden en la ideología política dominante en Chile durante la consolidación y modernización de la República y el papel central otorgado a la educación en el proyecto nacional; la hegemonía del pensamiento lingüístico bellista durante el siglo XIX chileno; el hispanismo y la creación de las academias correspondientes americanas, incluyendo sus aristas lexicográficas; el lugar de enunciación político, cultural e institucional de carácter conservador desde el que Rodríguez publica el diccionario; su recepción en la tradición de los estudios lingüísticos chilenos; la representación ideológica de la lengua subyacente al *DiCh* (qué es legítimo, qué es aceptable, qué es correcto, y qué valor se otorga a las distintas variedades y variantes, así como a sus hablantes); y finalmente, la importancia de la libertad en la concepción del mundo del autor, la que es totalmente compatible con la importancia de las normas desde una visión voluntarista del lenguaje.

Con esto no pretendo clausurar el repertorio de sentidos que se le pueda asignar a la intervención glotopolítica de Rodríguez, sino más bien ofrecer una serie de vías de aproximación a sus contenidos. Más allá de que quien lea el *DiCh* pueda estar de acuerdo o no con las interpretaciones que he sostenido, solo espero haber sido convincente, primero, respecto de que esta obra, como todos los discursos metalingüísticos, no es un discurso solamente sobre la lengua: por el contrario, excede el terreno de lo lingüístico por todos los frentes y de ahí su relevancia como fuente de estudio no solo para las disciplinas enfocadas en el lenguaje, sino también para las ciencias sociales y humanas en general. Y segundo, de que no es posible leer este diccionario de forma ingenua como si fuera una descripción del castellano usado por los chilenos de la segunda mitad del siglo XIX, lo cual debiera servir al menos como advertencia a la hora de tomarla como fuente de información lexicológica. El discurso lexicográfico es *opaco* (no *transparente*), en la medida en que la información que recoge no refleja de manera especular la realidad lingüística sino que resulta de la perspectiva de quien redacta, del mismo modo en que un mapa no es el territorio sino una representación de este (Chen 2019: 371–372).

Bibliografía

a. Fuentes primarias

Aguirre Vargas, Carlos. 1875. "A propósito de restauración gramatical". *La Estrella de Chile*, 408 (01/08/1875), 641–645.

Anónimo [¿Mandiola, Rómulo?]. 1875. "Diccionario de chilenismos por Zorobabel Rodríguez". *La Estrella de Chile*, 396 (09/05/1875), 200.

Bello, Andrés. [1833–1834] 2013. "Advertencias sobre el uso de la lengua castellana, dirigidas a los padres de familia, profesores de los colegios y maestros de escuela". En Andrés Bello: *Gramática de la libertad. Textos sobre lengua y literatura*, comps. Iván Jaksic, Fernando Lolas y Alfredo Matus. Santiago (Chile): Universidad de Chile. 59–82.

Bello, Andrés. [1842] 2013. "Ejercicios populares de lengua castellana". En Andrés Bello: *Gramática de la libertad. Textos sobre lengua y literatura*, comps. Iván Jaksic, Fernando Lolas y Alfredo Matus. Santiago (Chile): Universidad de Chile. 99–101.

Bello, Andrés. [1843] 2013. "Discurso pronunciado en la instalación de la Universidad de Chile el día 17 de septiembre de 1843". En Andrés Bello: *Gramática de la libertad. Textos sobre lengua y literatura*, comps. Iván Jaksic, Fernando Lolas y Alfredo Matus. Santiago (Chile): Universidad de Chile. 21–34.

Bello, Andrés. [1847] 2013. "Prólogo de *Gramática de la lengua castellana destinada al uso de los americanos*". En Andrés Bello: *Gramática de la libertad. Textos sobre lengua y literatura*, comps. Iván Jaksic, Fernando Lolas y Alfredo Matus. Santiago (Chile): Universidad de Chile. 43–50.

Blanco Cuartín, Manuel. [1875] 1919. "Cartas de Don Manuel Blanco Cuartín a don Zorobabel Rodríguez sobre chilenismos". *Revista Chilena*, VIII/22, 217–221; VIII/25, 553–554; IX/26, 56–68.

Blanco Cuartín, Manuel. 1902. "Sr. D. Zorobabel Rodríguez". En *Corona fúnebre á la memoria de Don Zorobabel Rodríguez en el primer aniversario de su fallecimiento*. Santiago (Chile): Imp. Cervantes. 338–343.

Cifuentes, Abdón. 1902. "Introducción". En *Corona fúnebre á la memoria de Don Zorobabel Rodríguez en el primer aniversario de su fallecimiento*. Santiago (Chile): Imp. Cervantes. 9–121.

Gormaz, Valentín. 1860. *Correcciones lexigráficas sobre la lengua castellana en Chile*. Valparaíso: Imprenta del Comercio.

Mandiola, Rómulo. 1875. "Diccionario de chilenismos por Zorobabel Rodríguez". *La Estrella de Chile*, 397 (16/05/1875), 220–229; 398 (23/05/1875), 270–280.

Paulsen, Fernando. 1876. *Reparo de reparos, o sea, ligero examen de los "Reparos al 'Diccionario de Chilenismos' de don Zorobabel Rodríguez", por don Fidelis P. del Solar.* Santiago (Chile): Imprenta de La Estrella de Chile.

Rodríguez Rozas, Zorobabel. 1902. "Pájinas íntimas". En *Corona fúnebre á la memoria de Don Zorobabel Rodríguez en el primer aniversario de su fallecimiento.* Santiago (Chile): Imp. Cervantes. 400–437.

Rodríguez, Zorobabel. 1874–1875. "Curiosidades etimológicas". *La Estrella de Chile*, 361 (06/09/1874), 769–771; 362 (13/09/1874), 773–776; 412 (29/08/1875), 801–806.

Rodríguez, Zorobabel. 1874. "Apuntes para un Diccionario de chilenismos". *La Estrella de Chile*, 330 (01/02/1874), 265–268; 331 (08/02/1874), 279–281; 332 (15/02/1874), 295–298; 333 (22/02/1874), 313–315; 334 (01/03/1874), 321–324.

Rodríguez, Zorobabel. 1875. *Diccionario de chilenismos.* Santiago (Chile): Imprenta de El Independiente.

Rodríguez, Zorobabel. 1877. "Sobre la lectura de los clásicos". *La Estrella de Chile*, 499 (29/04/1877), 121–134.

Rodríguez, Zorobabel. 1884. "La Gramática de Bello, considerada como texto de enseñanza". *Revista de Artes y Letras*, II, 377–385.

Rodríguez, Zorobabel. 1894. *Tratado de economía política.* Santiago (Chile): Imprenta del Comercio de Juan Miguel Sandoval.

Smith, Jorge. 1874. "Lijeras observaciones relativas al lenguaje i a la literatura de Chile". *La Estrella de Chile*, 356 (02/08/1874), 677–680.

Solar, Fidelis del. 1876. *Reparos al "Diccionario de chilenismos" del señor don Zorobabel Rodríguez.* Santiago (Chile): Imprenta de Federico Schrebler.

b. Fuentes secundarias

Arnoux, Elvira, José del Valle y Alexandre Duchene 2019. "*Glotopolítica* – Langage et luttes sociales dans l'espace hispano-lusophone". *Glottopol*, 32.

Avilés, Tania, y Darío Rojas. 2014. "Argumentación y estandarización lingüística: creencias normativas en el *Diccionario de chilenismos* (1875) de Zorobabel Rodríguez". *Revista Signos. Estudios de Lingüística*, 47, 85, 142–163.

Bustos, Tamara, Juan Carlos Valladares y Darío Rojas. 2015. "José Ramón Saavedra y Adolfo Valderrama: lengua y educación en el Chile del siglo XIX". *Universum*, 30, 1, 39–53.

Chaves-O'Flynn, Carolina. 2021. "[Selección y comentario de] 'Prólogo' de la *Gramática de la lengua castellana*, de Andrés Bello (1847)". En Del Valle, José, Daniela Lauria, Mariela Oroño y Darío Rojas (eds.): *Autorretrato de un idioma. Crestomatía glotopolítica del español*. Madrid: Lengua de Trapo. 207–225.

Chávez, Soledad. 2010. "Ideas lingüísticas en prólogos de diccionarios diferenciales del español de Chile: etapa 1875–1928". *Boletín de Filología*, 45, 2, 49–69.

Chávez, Soledad. 2021 *El diccionario de chilenismos y de otras voces y locuciones viciosas (1901–1918) de Manuel Antonio Román. Contribución al estudio de la lexicografía chilena y española*. Tesis doctoral, Universidad Autónoma de Madrid.

Chen, Wenge. 2019. "Towards a discourse approach to Critical Lexicography". *International Journal of Lexicography*, 32, 3, 362–388.

Cisternas, César. 2017. "Ideologías lingüísticas: hacia una aproximación interdisciplinaria a un concepto complejo". *Lenguas y Literaturas Indoamericanas*, 19, 1, 101–117.

Collier, Simon y William Sater. 2004. *A history of Chile, 1808–2002*. 2.ª ed. Cambridge: Cambridge University Press.

Contreras, Lidia. 1993. *Historia de las ideas ortográficas en Chile*. Santiago (Chile): DIBAM.

Correa Sutil, Sofía. 1997. "Zorobabel Rodríguez, católico liberal". *Estudios Públicos*, 66, 387–426.

Da Rosa, Juan Justino. 2014. "Los nuevos guardianes del buen decir en el siglo XIX. Monarquía de la Restauración y Academias de la Lengua". En Coll, Magdalena y Mario Barité (eds.): *Aspectos de lexicografía teórica y práctica: una mirada desde el Río de la Plata*. Montevideo: Universidad de la República. 147–165.

Del Valle, José. 2017. "La perspectiva glotopolítica y la normatividad". *Anuario de Glotopolítica*, 1, 17–39.

Del Valle, José y Luis Gabriel-Stheeman. 2004. "Nacionalismo, hispanismo y cultura monoglósica". En Del Valle, José y Luis Gabriel-Stheeman (eds.): *La batalla del idioma. La intelectualidad hispánica ante la lengua*. Frankfurt/Madrid: Vervuert/Iberoamericana. 15–33.

Del Valle, José y Vitor Meirinho-Guede. 2016. "Ideologías lingüísticas". En Gutiérrez-Rexach, Javier (ed.): *Enciclopedia de lingüística hispánica*. Vol. 2. London/New York: Routledge. 622–631

Del Valle, José, Daniela Lauria, Mariela Oroño y Darío Rojas. 2021. "Autorretrato de un idioma: glotopolítica, metalenguaje e historia". En Del Valle,

José, Daniela Lauria, Mariela Oroño y Darío Rojas (eds): *Autorretrato de un idioma. Crestomatía glotopolítica del español.* Madrid: Lengua de Trapo. 15–24.

Ennis, Juan A. y Darío Rojas. 2020. "Introducción. Rodolfo Lenz revisitado: un vector glotopolítico en un país en modernización". *Boletín de Filología*, 55, 2, 11–32.

García Naranjo, Francisco. 2014. "Abdón Cifuentes, un publicista católico frente al Estado liberal. Chile, 1862–1890". *Historia y Memoria*, 8, 297–337.

Geeraerts, Dirk. [2003] 2016. "Cultural models of linguistic standardization". *Diacronia*, 3, 1–21.

Geraghty, Megan. 2017. "Linguistic ideology and the 'correct' use of language in Camilo Ortúzar's *Diccionario manual de locuciones viciosas* (1893)". *Language & History*, 60, 2, 129–145.

Grez, Sergio. 1995. "Estudio crítico". En *La "cuestión social" en Chile. Ideas y debates precursores (1804–1902).* Santiago (Chile): DIBAM. 9–41.

Huisa Téllez, José Carlos. 2013. "La impronta política en la primera lexicografía hispanoamericana: republicanismo y antirrepublicanismo". *Lexis*, 37, 2, 269–303.

Itkonen, Esa. 2008. *¿Qué es el lenguaje? Introducción a la filosofía de la lingüística.* Madrid: Biblioteca Nueva.

Jaksic, Iván, Fernando Lolas y Alfredo Matus (comps). 2013. *Andrés Bello: Gramática de la libertad. Textos sobre lengua y literatura.* Santiago (Chile): Universidad de Chile.

Jaksić, Iván. 1999. "La gramática de la emancipación". En Carrera Damas, Germán y Julio Lombardi (dirs.): *Historia general de América Latina*, vol. 5. Madrid: Unesco/Trotta. 507–521.

Matus, Alfredo. 1994. "Períodos de la lexicografía diferencial del español de Chile". En *Actas del X Congreso de la Asociación de Academias de la Lengua Española.* Madrid: RAE/Espasa Calpe. 189–199.

Mayorga, Rodrigo. 2010. "Un nuevo camino de la A a la Z: Enseñanza y aprendizaje de la lectoescritura en la escuela primaria chilena del siglo XIX". *Revista Pensamiento Educativo*, 46/47, 265–284.

Moré, Belford. 2014. *Lengua y poder en la obra gramatical de Andrés Bello.* Caracas: Fundación Casa Nacional de las Letras Andrés Bello.

Moschonas, Spiros. 2008. "Vers une theorie performative du purisme". *Le français moderne*, 76, 1, 38–50.

Moschonas, Spiros, y Jürgen Spitzmüller. 2010. "Prescriptivism in and about the media: a comparative analysis of corrective practices in Greece and

Germany". En Johnson, Sally y Tomaso M. Milani (eds.): *Language ideologies and media discourse. Texts, practices, politics.* London/New York: Continuum. 17–40.

Pinto, Jorge. 2008a. "Proyectos de la elite chilena del siglo XIX (I)". *ALPHA*, 26, 167–189.

Pinto, Jorge. 2008b. "Proyectos de la elite chilena del siglo XIX (II)". *ALPHA*, 27, 123–145.

Ponce de León, Macarena. 2010. "La llegada de la escuela y la llegada a la escuela. La extensión de la educación primaria en Chile, 1840–1907". *Historia*, 43, 2, 449–486.

Prieto García-Seco, David. 2012. "Aproximación al *Diccionario de chilenismos y de otras voces y locuciones viciosas* (1901–1918) de Manuel Antonio Román". En Battaner, Elena, Vicente Calvo y Palma Peña (eds.): *Historiografía lingüística: líneas actuales de investigación*. Münster: Nodus. 701–710.

Rodríguez Freire, Raúl. 2016. "La querella de la educación pública". En Raúl Rodríguez Freire (ed.): *La querella de la educación pública. El debate Domeyko-Varas. 1842–1843 (documentos).* Viña del Mar: Communes. 9–49.

Rojas, Darío. 2010. "Estandarización lingüística y pragmática del diccionario: forma y función de los 'diccionarios de provincialismos' chilenos". *Boletín de Filología*, 45, 1, 209–233.

Rojas, Darío. 2014. "Diccionario y estandarización lingüística en Hispanoamérica: la visión de Ramón Sotomayor Valdés (1866)". *Estudios Filológicos*, 53, 109–121.

Rojas, Darío. 2015. "El *Diccionario de chilenismos* (1875) de Zorobabel Rodríguez: ideologías lingüísticas e intertextualidad". *Revista de Humanidades*, 32, 87–116.

Rojas, Darío. 2016a. "Lengua, política y educación en el Chile del siglo XIX: ideologías lingüísticas en las *Correcciones lexigráficas* (1860) de Valentín Gormaz". *Circula. Revista de Ideologías Lingüísticas*, 4, 63–86.

Rojas, Darío. 2016b. "The Chilean Academy of the Spanish Language: the institutionalization of a discourse community". *History and Philosophy of the Language Sciences*, disponible en línea: https://hiphilangsci.net

Rojas, Darío. 2016c. "Normatividad, descripción y autoridad en la lingüística chilena: *Voces usadas en Chile* (1900) de Aníbal Echeverría y Reyes". *Onomázein*, 33, 206–225.

Rojas, Darío. 2017. "Representaciones del cambio lingüístico en Chile durante el siglo XIX: '¿progreso o decadencia?' ". *Literatura y Lingüística*, 36, 243–262.

Rojas, Darío. 2019. "El hispanismo en los orígenes de la Academia Chilena de la Lengua: Vicente Pérez Rosales frente a Zorobabel Rodríguez (1885)". *Quo Vadis, Romania?*, 53/54, 20–41.

Rojas, Darío. 2020. "Lexicografía académica, hispanismo y dictadura: el *Diccionario del habla chilena* (1978) de la Academia Chilena de la Lengua". *Études Romanes de Brno*, 41, 2, 215–234.

Rojas, Darío. 2023. "Ideología y diccionario". En Torner, Sergi, M.ª Paz Battaner e Irene Renau (eds.): *Lexicografía Hispánica / The Routledge Handbook of Spanish Lexicography*. London: Routledge. 114–125.

Rojas, Darío y Tania Avilés. 2015. "Ideologías lingüísticas en un debate del siglo XIX chileno: los comentaristas del *Diccionario de chilenismos* de Zorobabel Rodríguez". *Línguas e Instrumentos Lingüísticos*, 35, 53–72.

Rojas, Darío y Tania Avilés. 2016. "Language norms and language use: Hypercorrections in the Independence period of Chilean Spanish". *Folia Linguistica Historica*, 37, 177–204.

Rojas, Darío y Tania Avilés. 2021. "El *Diccionario de chilenismos* de Zorobabel Rodríguez (1875) y los diccionarios de la Real Academia Española (1884–1927)". En José Carlos Huisa Téllez (ed.): *Fuentes lexicográficas del estudio histórico del léxico hispanoamericano*. Bern: Peter Lang. 177–204.

Rojas, Darío, Tania Avilés y Natalia Villarroel. 2021. "El orden de la lengua: la formación de un imaginario sobre el castellano en Chile". En Rogers, Brandon y Mauricio Figueroa (eds.): *Lingüística del castellano chileno. Estudios sobre variación, innovación, contacto e identidad*. Wilmington, DE: Vernon Press. 139–161.

Rojas Carrasco, Guillermo. 1940. *Filología chilena. Guía bibliográfica y crítica*. Santiago (Chile): Imprenta y Literatura Universo.

Ruiz Schneider, Carlos. 2015. "Las ideas conservadoras en Chile. Antecedentes históricos". En Cristi, Renato y Carlos Ruiz Schneider: *El pensamiento conservador en Chile. Seis ensayos*. Santiago (Chile): Editorial Universitaria. 173–187.

Serrano, Sol. 2010. "Educar al nuevo soberano. Chile entre 1810 y 1814". *Bordón*, 62, 2, 29–38.

Serrano, Sol, Macarena Ponce de León y Francisca Rengifo (eds.). 2012. *Historia de la Educación en Chile (1810–2010). Tomo II. La educación nacional (1880–1930)*. Santiago (Chile): Taurus.

Subercaseaux, Bernardo. 2011. *Historia de las ideas y la cultura en Chile: desde la Independencia hasta el Bicentenario*. Tomo II. Santiago (Chile): Editorial Universitaria.

Süselbeck, Kirsten. 2014. "Las Academias correspondientes de la lengua en la Hispanoamérica del siglo XIX". En Carreras, Sandra y Katia Carrillo Zeiter (eds.): *Las ciencias en la formación de las naciones americanas*. Madrid/Frankfurt: Iberoamericana/Vervuert. 271–294.

Taylor, Talbot J. 1997a. "Which is to be master?" En *Theorizing language. Analysis, normativity, rhetoric, history*. Amsterdam/New York/Oxford: Pergamon. 121–137.

Taylor, Talbot J. 1997b. "Normativity and linguistic form". En *Theorizing language. Analysis, normativity, rhetoric, history*. Amsterdam/New York/Oxford: Pergamon. 139–166.

Thompson, John B. 1984. *Studies in the theory of ideology*. Berkeley/Los Angeles: University of California Press.

Velleman, Barry L. 1976. "El influjo del empirismo inglés en el pensamiento gramatical de Bello". *Thesaurus*, 31, 1, 1–13.

Zavala, Virginia. 2021. "Procesos y materialidad en el estudio del lenguaje en sociedad". *International Journal of the Sociology of Language*, 267/268, 277–282.

Darío Rojas

El *Diccionario de chilenismos* como texto lexicográfico

Abstract: This chapter briefly reviews the textual dimension of Zorobabel Rodríguez's *Diccionario de chilenismos*, addressing both the macrostructural and microstructural dimensions, with the purpose of guiding the metalexicographic study of the work. First, the inclusion criteria of lexical units and the way in which they are lemmatized are characterized. Secondly, the information structure of the dictionary articles and the types of information they collect are described.

Keywords: Chilean lexicography, metalexicography, lexicographical structures

1. Introducción

El propósito de este texto preliminar es ofrecer una breve y de ningún modo exhaustiva caracterización del *Diccionario de chilenismos* de Rodríguez (en adelante, *DiCh*) en cuanto *texto* lexicográfico, como complemento del análisis de su dimensión *discursiva* (es decir, de *texto en contexto*) ya abordada en el otro estudio preliminar de mi autoría ("En las lenguas…").

Para dicho propósito, me enfocaré en algunos aspectos selectos de las estructuras lexicográficas denominadas *macroestructura* y *microestructura* (Hausman y Wiegand 1989)[37]. La primera corresponde al conjunto ordenado (en nuestro caso, alfabéticamente) de lemas (encabezamientos de artículos lexicográficos) contenidos en el diccionario; la segunda, al ordenamiento de la información dentro de cada artículo lexicográfico.

En lo que respecta a la macroestructura, me referiré a los criterios que usa Rodríguez para incluir unidades léxicas y a su forma de lematización. En lo relativo a la microestructura, caracterizaré globalmente la estructura informativa de los artículos y los tipos de información que se puede encontrar en ellos,

37 La *hiperestructura* (organización general de las secciones que componen el diccionario, siguiendo con la terminología de Hausmann y Wiegand) del *DiCh* no nos parece digna de comentario porque es muy simple: al cuerpo del diccionario (conjunto de lemas dispuestos en orden alfabético) lo precede una dedicatoria y un prólogo, y lo sucede solo una nota de erratas.

cuestión que me servirá de excusa para referirme además a los índices añadidos al final de esta edición del *DiCh* (que, de cualquier modo, son caracterizados con más detalle en "Sobre la presente edición", en este volumen)[38].

Con esta revisión, se atiende a los aspectos más relevantes para el estudio metalexicográfico de los diccionarios de *ismos*, según sugiere Huisa Téllez (2021: 81): "a) la *finalidad genuina* de las obras, b) el criterio de selección de unidades léxicas para su registro, c) las indicaciones de uso o marcas de registro y d) el comportamiento lexicográfico contrastivo". Los aspectos (a) y (b) son cubiertos en el apartado 2, mientras que (c) y (d) lo son en 3.I d

2. Macroestructura

2.1. Criterios de inclusión de unidades léxicas y *finalidad genuina*

El *DiCh* contiene 1102 entradas ordenadas alfabéticamente. Si bien el propio título precisa que este poco más de un millar de entradas corresponde a *chilenismos*, un examen detenido revela que no se trata de un concepto estrictamente dialectológico.

Para Rodríguez, los chilenismos son "provincialismos que se usan en Chile" (Rodríguez 1875: viii), lo cual conlleva un criterio no restrictivo de distribución dialectal, tal como demuestran las numerosas veces en que una entrada se atribuye también al uso americano general o de otros países americanos (véase Índice 2). De hecho, los chilenismos en sentido estricto son relativamente pocos, y en consecuencia (por la relevancia informativa del dato) el autor habitualmente se refiere explícitamente a su condición de tales (véase por ejemplo CACHO, CHATRE O FUNDIRSE). Asimismo, incluye entre los chilenismos un puñado de regionalismos dialectales de distintas zonas del país (véase Índice 1, sección 1.2).

No perdamos de vista que la categoría central de la definición anterior es la de *provincialismo*: los chilenismos no son más que un tipo específico de provincialismo. Como ya hemos comprobado (véase "En las lenguas como en la

---

38 Caracterizaciones más detalladas del *DiCh* desde un punto de vista metalexicográfico se pueden encontrar en las tesis inéditas de Castillo (1995), Becerra et al. (2007) y Chávez (2009). Sin embargo, desde mi punto de vista, estos trabajos cometen los errores de intentar aplicar criterios de análisis válidos más bien para diccionarios modernos, siguiendo la plantilla de análisis propuesta por Alfredo Matus (director de todas estas tesis, precisamente) en sus cursos universitarios de Lexicografía, y de considerar el *DiCh* como un *diccionario monolingüe* en el sentido de Lara (1997). Véase un desarrollo más extenso de esta crítica en Rojas (2010).

política…", apartado 4, en este volumen), esta categoría no es de carácter puramente dialectológico, sino que conlleva una dimensión normativa insoslayable ("la jente educada no debe hacer uso de provincialismos, sino en casos mui bien justificados", s. v. GARÚA). Así, los chilenismos son considerados provincialismos tanto en virtud de su restricción dialectal como en razón de su condición de "errores" o "vicios".

Como consecuencia de esta concepción purista de la variación dialectológica, el *DiCh* se reviste de un propósito fundamentalmente normativo (y pedagógico), que excede y opaca abrumadoramente la posible naturaleza de *diccionario diferencial* que se le ha querido atribuir (por ejemplo, en Matus 1994). No importa solo *qué* incluye el *DiCh* en su macroestructura (chilenismos), sino *para qué* lo hace (para consignar su estatus normativo en términos de "correcto/incorrecto"), pues esto último determina en gran medida la selección de unidades léxicas para la nomenclatura, como se sostiene en Rojas (2010: 228, nota 21). Se trata de la *finalidad genuina* del *DiCh*, que "determina todos los aspectos claves de la obra, por ejemplo, el tipo de información ofrecida y su propia organización en el artículo lexicográfico" (Huisa Téllez 2021: 81).

Las únicas exclusiones que Rodríguez establece de antemano son los galicismos que "no son, propiamente hablando, provincialismos chilenos" (Rodríguez 1875: x) y los "nombres quichuas i araucanos de animales, de aves, de peces, de plantas i los jeográficos" (Rodríguez 1875: x), excepto cuando sirven de excusa para explicar alguna acepción o unidad pluriverbal de sentido figurado, como en GUANACO O PEQUEN. Sin embargo, no siempre cumple con regularidad estos criterios de exclusión, como puede verse en los casos de CHIRIMOYA O QUINTRAL, cuya inclusión contradice el primer criterio, y en los galicismos recogidos en el Índice 5 (sección 5.1.1).

Dentro de estas líneas generales que demarcan el contenido fundamental del *DiCh*, podemos encontrar tanto unidades léxicas univerbales ("chilenismos de palabra") como pluriverbales ("chilenismos de frase"), así como nombres comunes y propios, aunque en este último caso a propósito de hipocorísticos o de su morfología (PABLO O PAULO; PANCHO; PEDRO URDEMALES) o como excusa para lematizar unidades fraseológicas (ZAÑARTU). En contadas ocasiones los artículos no abordan unidades léxicas concretas, sino problemas gramaticales, como sucede en las entradas APELLIDOS EN PLURAL, SE (OBLICUO) y SUPERLATIVOS, o fonético/fonológicos, como en la entrada Y.

2.2. Lematización

El ordenamiento de los lemas del *DiCh* sigue un criterio alfabético, de acuerdo con las normas vigentes en la época: *c* y *ch* se consideran letras separadas, así como *l* y *ll* (aunque la única entrada que empieza con *ll,* LLEVARSE (A ALGUNO POR DELANTE), se ubica al final de la L, por una cuestión práctica). Se usan como lemas las formas de masculino singular de los sustantivos y adjetivos con variación de género, y se indica a continuación de esta, sin guion, el morfema de género femenino (normalmente: ACHINADO, A; en otras ocasiones, según el formato CASERO, ERA). De modo análogo, en los verbos se lematiza por el infinitivo, y luego, cuando es necesario, se indica el morfema pronominal *se* (ACHUÑUSCAR, SE).

Son habituales los lemas múltiples correspondientes a una familia lexicogenésica[39] (como en CUBILETE, EAR, ERO), aunque también este procedimiento se da cuando la relación no es lexicogenésica sino onomasiológica (por ejemplo, en COSTAL, BOLSA, SACO, SACA, en MERENDARSE, BENEFICIARSE, TRAJINARSE, SOPLARSE, o en MOHO, OSO, MOHOSEAR, ORIN, HERRUMBRE, ARRUMBARSE, AMOHOSARSE, OXIDARSE). Por otro lado, la lematización múltiple también se usa cuando se trata de variantes morfológicas, pero recurriendo a "o" en lugar de una coma (COMUCHO O CUMUCHO; COTENSIO O COTENSE; SÍLGUERO O JÍLGUERO).

Las unidades fraseológicas se lematizan de acuerdo con una palabra clave, normalmente el sustantivo: BRACETE (DE); DEJACION (HACER); SANTO (PASAR EL). En las colocaciones se lematiza por el colocativo: CASTILLA (CARNE DE); LOCO (PERRO); METERSE (DE FRAILE). No obstante, en ocasiones se lematiza por la forma completa: VOLVERSE HACHES I CÚES; SOMBRERO DE PELO; EL OTRO, LA OTRA; HASTA CADA RATO.

Hay casos en que la unidad fraseológica, a pesar de ser el único objeto de predicación lexicográfica en el artículo, es lematizada solo mediante la palabra clave, como sucede en CUADRILLAZO O CHOCOLATE, con lo cual el lema no hace transparente su carácter fraseológico. En estos casos, en la presente edición se ha intervenido para regularizar de acuerdo con el criterio general de lematización: CUADRILLAZO [DAR] y CHOCOLATE [SACAR], respectivamente.

3. Microestructura

Igual como la mayoría de los diccionarios de *ismos* hispanoamericanos del siglo XIX (Huisa 2021: 82), el *DiCh* no sigue el formato de los artículos lexicográficos

---

39 Para efectos de mejorar la legibilidad, hemos optado por restituir entre corchetes las raíces léxicas omitidas en las lematizaciones múltiples (véase "Sobre la presente edición"), de modo que en esta edición el lema del ejemplo citado sería CUBILETE, [CUBILET]EAR, [CUBILET]ERO.

de un diccionario prototípico de la época, como podía ser el *Diccionario* de la RAE, que ya seguía procedimientos bastante regulares tanto en cuanto a qué información se podía encontrar como en cuanto al orden y modo de su disposición. La disposición microtextual del *DiCh* se asemeja más a la de las obras de corrección idiomática que a la de un diccionario típico. Considérense ejemplos representativos las siguientes entradas:

CHAVALONGO.

Del araucano *chavolonco, calor, fiebre en la cabeza.*

Es el nombre vulgar, aunque sinembargo mui propio, con que designamos el tífus. Nos gusta mas que la ya mui extendida *fiebre tifoidea.*

"Pero, ¡oh lejislador mio! acuérdate que aquella cofradía ya murió de *chavalongo* ántes de dar un solo paso en este mundo." (Camilo Henríquez.- *El ciudadano Horacio al honorable ciudadano Terraza.*)

GRANO.

Grano (i tambien *picada* [→]) llama el vulgo a la *pústula* o *carbunclo maligno.*

Grano hace alusion a la circunstancia de aparecer siempre un grano como nuncio de la enfermedad; i *picada* a la de trasmitirse a los hombres i animales por medio de la picadura de insectos que han sacado el virus de otros animales enfermos ya o muertos de ese mal.

MANTO, MANTEAR.

Manto, por una especie de mantilla, jeneralmente sin adornos, es castellano. Eslo tambien significando la veta que se extiende horizontalmente hácia los lados, sin considerable inclinacion al centro de la tierra.

No puede decirse otro tanto de *mantear,* que expresando a la española, "la accion de levantar con violencia en el aire a algun hombre, mamarracho o bruto puesto en una manta, tirando a un tiempo de las orillas varias personas", se dice a la chilena de las vetas que, no siendo *mantos*, tienden sin embargo a transformarse en tales.

En palabras de Matus (1994):

> El cuerpo del artículo consiste en un comentario libre, más o menos periodístico, en el que se contiene, sin sistematicidad, información etimológica, diastrática, diatópica, comentario semasiológico, descripción, ejemplos de uso, citas de autoridades, sobre la base de fuentes heterogéneas (principalmente literarias). No se emplea ningún tipo de marcas, ni de abreviaturas ni de símbolos. (Matus 1994: 190)

Sin embargo, como se ha argumentado en Rojas (2010), sería una torpeza calificar el *DiCh* de poco sistemático o "precientífico" en razón de su incongruencia con las técnicas lexicográficas modernas, además de un anacronismo, pues sus propios críticos contemporáneos nunca le achacaron semejante "defecto"[40]. Habrá que buscar, en consecuencia, cuál es la lógica propia que sigue la estructura interna del artículo lexicográfico en el *DiCh*, correlato de micronivel de la *finalidad genuina* que hemos mencionado antes. De hecho, creo que no tener en cuenta esa lógica propia es lo que hace que Matus (1994), en la cita reproducida, pase por alto en su enumeración la información realmente fundamental contenida en los artículos del diccionario de Rodríguez.

Esta lógica propia, según Rojas (2010), responde al propósito y naturaleza del diccionario normativo entendido desde una perspectiva pragmático-textual (en la línea de Lara 1997). Ya que su finalidad es servir de vehículo de estandarización en un proceso de conformación de un régimen de normatividad (específicamente en lo relativo a la selección de unidades léxicas para formar parte de la lengua legítima), la estructura informativa fundamental de los artículos lexicográficos adopta la siguiente forma esquemática, entendida en términos de *tema/rema*, que Hausmann y Wiegand (1989: 357) consideran la base de la organización textual de cualquier diccionario[41]:

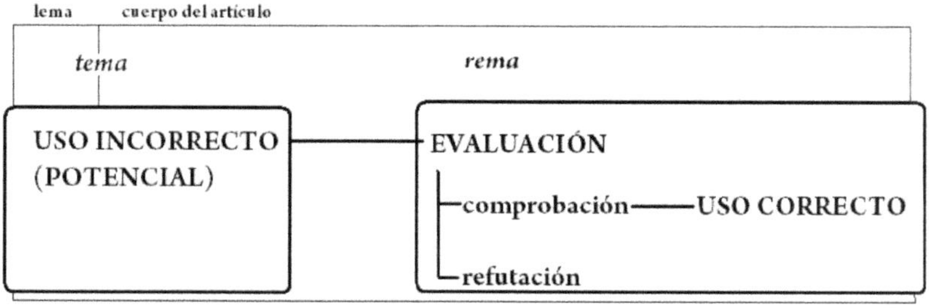

Figura 1. Estructura informativa del artículo lexicográfico en el *DiCh* (Fuente: Rojas 2010: 212)

40 Por razones similares, no le veo mucho sentido a intentar aplicar las categorías de *primer enunciado* y *segundo enunciado* de Seco (1987), que suelen emplearse en la metalexicografía española.

41 Empleamos los términos *tema* y *rema* en un sentido similar al de la pareja *topic – comment*: "the topic is what a sentence is about and the comment is what is said about the topic" (Cruse 2006, s. v. *topic vs. comment*). En el caso del discurso lexicográfico, damos por sentado que los *temas* corresponden, en cuanto estructura informacional, a la *información dada*, mientras que los *remas* corresponden a la *información nueva* (Cruse 2006, s. v. *given vs. new information*).

Rojas (2010) caracteriza del siguiente modo la estructura informativa representada en la Figura 1:

> El tema, en estos repertorios, no corresponde únicamente al lema o encabezamiento del artículo, sino que también abarca la explicación del uso (por ejemplo, el significado del ítem mencionado en el lema), la que puede aparecer dentro de la sección textual correspondiente al cuerpo del artículo. Este uso, de carácter léxico o bien "vehiculado léxicamente", es un *uso incorrecto potencial*, es decir, un uso cuya corrección idiomática es cuestionable. En la parte remática del artículo se efectúa una *evaluación* respecto del uso planteado como tema. Esta evaluación puede corresponder a una *comprobación* del carácter incorrecto, con lo cual se procede a proporcionar una forma equivalente y considerada correcta. En otros casos, la evaluación corresponde a la *refutación* de la incorrección putativa del ítem lingüístico, lo cual es acompañado de evidencia respecto de dicho carácter. (Rojas 2010: 213)

Esto permite entender por qué, por ejemplo, es muy común que se omitan las definiciones, lo cual sería un defecto en un diccionario monolingüe típico, pero que es esperable en el *DiCh*, ya que su finalidad primaria no es informar sobre el significado de las unidades léxicas (que de hecho muchas veces da por conocido; véase por ejemplo la entrada AQUILON), sino establecer su estatus normativo. Lo que no puede faltar en el *DiCh*, la predicación lexicográfica fundamental de cada artículo, es la información respecto de si es "correcto" o "incorrecto" usar la unidad léxica en cuestión, información que sin embargo pocas veces es explícita (Rojas 2010: 219–220).

En el propio prólogo del *DiCh* se anuncia cuáles son algunos tipos de información que aparecerán con cierta regularidad respecto de las unidades léxicas lematizadas: "su etimolojía cierta o probable, con ejemplos de escritores nacionales que muestren su verdadera significacion, i con los equivalentes castizos, apoyados tambien en pasajes de los clásicos españoles" (Rodríguez 1875: viii)[42]. Algunos de los índices levantados para efectos de esta edición (véase su caracterización en "Sobre la presente edición", en este volumen) apuntan a ofrecer una vía de acceso más expedita a estas clases de información.

En particular, atañen a lo siguiente: 1) la información etimológica, que en el Índice 5 queda restringida a las voces procedentes de lenguas distintas del español, pero que Rodríguez también ofrece muchas veces para voces de raigambre latina; y 2) los equivalentes "correctos" (Índice 4), a los que, es cierto, muchas veces se atribuye el ser "castizos", pero que muchas otras veces se erigen como alternativas "correctas" en virtud de que están "bien formados" o de que

42 Sobre los ejemplos y las citas literarias en el *DiCh*, véase Jacinto García (2021).

son "propios". Muchas veces se los vincula con una entidad lingüística supranacional que recibe el nombre de "español" o "castellano", a veces calificada como "buen español" o "buen castellano". Lo que tienen en común todos estos equivalentes es que Rodríguez los propone como sustitutos de las voces usadas habitual e "incorrectamente" en Chile.

Sin embargo, hay varias otras clases de datos que también quedan ocultos en el cuerpo de los artículos y que no son mencionados en el pasaje citado del prólogo del *DiCh*, y a cuya localización pretenden contribuir varios de los demás índices que hemos elaborado.

En primer lugar, Rodríguez a menudo suele mencionar en el cuerpo de los artículos otras unidades léxicas usadas en Chile, no lematizadas, y que hemos consignado en el Índice 1. Se trata de cerca de 400 unidades, lo que incrementa considerablemente el caudal léxico recogido en el *DiCh*. Casi la mitad de ellas son unidades fraseológicas, lo cual hace más urgente el ejercicio de recuperación que desarrollamos en esta edición. También en el Índice 1 hemos recuperado la información respecto de la variación dialectológica interna del castellano chileno.

En segundo lugar, los artículos contienen muchas observaciones contrastivas respecto del uso de ciertas unidades léxicas en otros países o regiones de América (ver Índice 2) o en España (ver Índice 3). Rodríguez debió haber obtenido la mayoría de estos datos de los autores que conformaban su bibliografía y que menciona en el prólogo (Rufino José Cuervo y Juan de Arona, los más destacables, junto con Vicente Salvá y las autoridades habituales: Bello, la RAE, Barcia, Baralt, Monlau, etc.). En las observaciones relativas a América, en muchas ocasiones se trata de información que se añade a la constancia de uso en Chile (la voz indicada en el lema se usa en Chile, *y también* se usa en Colombia, Perú, etc., o es un americanismo general según Rodríguez), pero asimismo muchas otras veces se trata de información estrictamente contrastiva (la voz indicada en el lema se usa en Chile, *mientras que* en Colombia, etc. se usa esta otra en su lugar); en el caso de las observaciones sobre España, en cambio, siempre se trata de información estrictamente contrastiva.

En tercer lugar, Rodríguez ofrece numerosas indicaciones que en términos de la lexicografía moderna podríamos traducir a marcas socioculturales, socioestilísticas o diacrónicas. Las unidades léxicas sobre las que el autor predica explícitamente estas indicaciones están listadas en el Índice 6. Dado el carácter clasista-elitista de su ideología lingüística (ver "En las lenguas como en la política...", apartado 4), no es de extrañar que la categorización más relevante sea la de la "vulgaridad", que, si se estudia en detalle el discurso de Rodríguez, remite al habla de los grupos subalternos, que el autor califica de forma variada pero unívocamente despreciativa: "el poblacho" (CONTESTA), "la jente mazorral" (BRACETE (DE)), "la jente zafia" (MONO), "la jentualla" (MARCHANTE). Entre los grupos subalternos se incluyen los *guasos* y los *rotos*, que operan como prototipos de la subalternidad rural y urbana, respectivamente (véanse las entradas respectivas GUASO y ROTO). Esta "vulgaridad" es distinta, en la conceptualización de Rodríguez, del "uso vulgar" del que él mismo participa (como cuando dice que "llamamos vulgarmente" MORADO OBISPO a cierto color), y que podría parafrasease simplemente como el "uso común"; las voces atribuidas a este uso también quedan consignadas en el Índice 6, aunque en una categoría aparte (6.1.5).

Otras marcaciones socioculturales que extrajimos fueron las que indican usos rurales, los usos del ámbito delincuencial y los usos de los sectores cultos (aunque las primeras dos ciertamente podrían haberse subsumido en la categoría de la subalternidad). En cuanto a marcaciones socioestilísticas, distinguimos voces familiares, esmeradas, despectivas, groseras, festivas y afectivas. Las marcaciones diacrónicas, finalmente, corresponden a la indicación de que ciertas voces son poco usadas, anticuadas, neológicas o "históricas" (la institución o cosa a que se refiere ya no existe).

Finalmente, el Índice 7 recoge aquellas unidades léxicas para las que Rodríguez incluye información de carácter tecnolectal, es decir, voces pertenecientes a jergas profesionales, que en los diccionarios habitualmente reciben marcaciones técnicas. La mayoría de los casos de esta lista corresponden a la minería, situación esperable por la importancia de dicha actividad para la economía chilena de la época.

Un elemento adicional que forma parte de los artículos del *DiCh*, y que hemos querido resaltar en esta edición, haciendo más explícita su presencia, es el de las remisiones internas. El autor remite a otros artículos a veces de forma explícita (por ejemplo, en ADULON: "Véase un ejemplo en la voz *rico*") y muchas otras de forma implícita, mediante el recurso tipográfico de las cursivas (por ejemplo, en ALARGADA (DAR LA): "En el juego del *volantin,* soltar el hilo para que…"). Se ha añadido el símbolo "[→]" tanto en uno como en otro caso.

Bibliografía

a. Fuentes primarias

Rodríguez, Zorobabel. 1875. *Diccionario de chilenismos.* Santiago (Chile): Imprenta de El Independiente.

b. Fuentes secundarias

Becerra, Yanira, Verena Castro y Claudio Garrido. 2007. *Tres repertorios léxicos diferenciales del español de Chile en el s. XIX. Un estudio metalexicográfico.* Tesis para optar al grado de Licenciado en Lengua y Literatura Hispánica con mención en Lingüística. Universidad de Chile.

Castillo, Natalia. 1995. *El primer diccionario de chilenismos: aproximación metalexicográfica.* Tesis para optar al grado de Licenciada en Letras. Pontificia Universidad Católica de Chile.

Chávez, Soledad. 2009. *Diccionarios del español de Chile en su fase precientífica: un estudio metalexicográfico.* Tesis para optar al grado de Magíster en Lingüística con mención en Lengua Española. Universidad de Chile.

Cruse, David Alan. 2006. *A glossary of semantics and pragmatics.* Edinburgh: Edinburgh University Press.

Hausmann, Franz J. y Herbert E. Wiegand. 1989. Component parts and structures of general monolingual dictionaries: a survey. En Hausmann, Franz J., Oskar Reichmann, Herbert E. Wiegand y Ladislav Zgusta (eds.): *Wörterbücher: Dictionaries. Dictionnaires. An International Encyclopedia of Lexicography*, vol. 1. Berlin/New York: de Gruyter. 328–360.

Huisa Téllez, José Carlos. 2021. "Lexicografía de *ismos* y estudio histórico del léxico hispanoamericano". En José Carlos Huisa Téllez (ed.): *Fuentes lexicográficas del estudio histórico del léxico hispanoamericano.* Bern: Peter Lang. 67–89.

Jacinto García, Eduardo. 2021. "La función contrastiva de los ejemplos literarios en los diccionarios de Zorobabel Rodríguez y Juan de Arona". En José Carlos Huisa Téllez (ed.): *Fuentes lexicográficas del estudio histórico del léxico hispanoamericano.* Bern: Peter Lang. 109–176.

Lara, Luis Fernando. 1997. *Teoría del diccionario monolingüe.* México, D. F.: El Colegio de México.

Matus, Alfredo. 1994. "Períodos de la lexicografía diferencial del español de Chile". En *Actas del X Congreso de la Asociación de Academias de la Lengua Española.* Madrid: RAE/Espasa Calpe. 189–199.

Rojas, Darío. 2010. "Estandarización lingüística y pragmática del diccionario: forma y función de los 'diccionarios de provincialismos' chilenos". *Boletín de Filología*, 45, 1, 209–233.

Seco, Manuel. [1977] 2003. "Problemas formales de la definición lexicográfica". En *Estudios de lexicografía española*, 2.ª ed. Madrid: Gredos. 25–46.

Diccionario de chilenismos

por Zorobabel Rodríguez

Si yo hubiese de explicar lo que siento de la lengua española, solo diria una cosa: que no es la lengua española la que nos hace falta para hablar con perfeccion, sino que somos nosotros los que faltamos a ella.

MAYANS I SISCAR.- *Oríjenes de la lengua española.*

SANTIAGO

IMPRENTA DE "EL INDEPENDIENTE." CALLE DE LA COMPAÑÍA, NÚM. 102.
1875.

DEDICATORIA

El autor de este libro tiene a honra dedicarlo respetuosamente al Presidente de la República, para quien esté reservada la gloria de promulgar la lei que establezca en Chile la libertad de enseñanza i de profesiones.

PRÓLOGO

La incorreccion con que en Chile se habla i escribe la lengua española es un mal tan jeneralmente reconocido como justamente deplorado. Dos jeneraciones han pasado ya por las aulas desde que los señores don Andres Bello i don José Joaquin de Mora echaron en nuestro pais los fundamentos de los estudios gramaticales; i si es cierto que, sin cerrar los ojos a la evidencia, no podrian negarse las jornadas que hemos hecho por el buen camino, cierto es tambien, por desgracia, que aun está mui léjos de su terminacion la obra iniciada en favor del buen decir por aquellos ilustres extranjeros. Si en lo tocante al punto en que nos estamos ocupando la República de Chile no es ya la última de las naciones en que se habla español, aun tiene delante de los ojos el bochornoso espectáculo de otras que con ménos tranquilidad, riqueza i elementos que ella la igualan i la vencen. No hemos tenido un Baralt como Venezuela, ni un Pardo como el Perú, ni un Cuervo como Colombia; i basta abrir los periódicos de Méjico, de Carácas, de Bogotá i de Lima para persuadirse de que por aquellos mundos se tiene mucho mas respeto a las reglas de la Gramática i se conocen mucho mejor que entre nosotros los modismos de la lengua, i la propia i castiza significacion de sus vocablos.

¿De qué proviene la inferioridad que acabamos de señalar? No sin duda de que Chile sea en América lo que fué Beocia en Grecia, o lo que es Galicia en España, tierra de molleras cerradas i de lenguas de trapo. El mal trae su oríjen de otra parte: nace de un gran vacío que hai en la enseñanza de la Gramática castellana. Si ésta no es mas que el arte de hablar i escribir correctamente el español, i si notamos tantos i tan groseros errores en los escritos, no solo de los que han dado exámen de aquel ramo, sino tambien de los profesores que lo enseñan, hai motivo para presumir que existe un vacío de importancia, o en los métodos o en los textos porque se enseña.

Para darse cuenta de él basta ponerse en el caso de un jóven que, despues de haber dado su exámen de Gramática (i aun de Literatura si se quiere) presenciase en la *barra*[43] del Congreso un desórden en que se cruzasen los gritos, los

43 Llamamos *barra* en Chile el espacio que queda entre la barandilla que cierra i limita la sala de sesiones de las cámaras i cabildos i la puerta principal. En España *barra* es la barandilla misma.

silbos i los golpes, i se viese en el caso de escribir sobre él un artículo para la gacetilla de un diario. ¿Qué título dará al suelto? La primera palabra que se le viene a la memoria es *leona*; pero ¿es *leona* una palabra castellana? I siéndolo ¿deberá escribirse *leona* o *liona*? En la duda procura recordar algunos sinónimos: *zafacoca, bochinche, batahola,* i algunos otros mas se le ocurren aumentando sus perplejidades i dejándolo sumido en mas oscura incertidumbre. Si en tal conflicto apela a su Gramática, a su texto de Literatura i a su Manual de composicion literaria, despues de repasar uno a uno sus preceptos, sus reglas, sus modelos, tendrá que reconocer al fin, desalentado, que de allí no puede venirle la luz que necesita. Al fin de cuentas escribirá, salga lo que saliere, o se echará a la pesca de sus palabras en el inmenso mar de los diccionarios de la lengua. Pero lo primero no es desatar el nudo sino cortarlo; i lo segundo seria imponerse una tarea excesivamente pesada, que habria medio de hacer mas llevadera.

Ese medio es el que ofrecemos a la juventud estudiosa, dando a la estampa el presente *Diccionario de chilenismos.*

Él no pretende hacer inútil el estudio de la Gramática castellana, ni escusar a los que deseen expresarse correctamente el trabajo de consultar con frecuencia, ya el Diccionario de la Academia, ya los de Sinónimos castellanos, ya el de Galicismos de Baralt, ya el Etimolójico de Monlau. Pero aun así, siempre serán de valía los servicios que prestará a los estudiosos, dándoles un fácil medio de evitar los errores mas comunes que, hablando o escribiendo, se cometen en nuestro pais en materia de lenguaje.

El lector encontrará en nuestro Diccionario una lista, sino completa, bastante numerosa de los provincialismos que se usan en Chile, con su etimolojía cierta o probable, con ejemplos de escritores nacionales que muestren su verdadera significacion, i con los equivalentes castizos, apoyados tambien en pasajes de los clásicos españoles.

Así ya en adelante no tendrá disculpa el escritor que, como casi todos hasta ahora, sin otro guia que su instinto i juzgando de los vocablos por el aspecto, subraye i haga publicar en bastardilla como provinciales muchas voces que son de la mas lejítima cepa española, i vice-versa, dé paso franco, como si fuesen castizas, a otras que vienen en línea recta del quichua o del araucano o de ninguna parte, porque son disparates de tomo i lomo.

Ni se crea que nos hayamos limitado a consignar en este libro los chilenismos de palabra; que tambien, aunque en menor número, hemos dado un lugar en él a los chilenismos de frase, apuntando aquellos refranes, locuciones i construcciones que son peculiares de nuestro pais o de algunos de los pueblos americanos que hablan el español.

Dicho lo que queda en cuanto al objeto del libro i a las materias de que consta, fáltanos solo indicar ahora el plan que hemos seguido i los auxiliares que nos han ayudado en el trabajo de componerlo.

Puesto que hemos dado a la obra el título de Diccionario, demas será declarar que se ha seguido rigurosamente el órden alfabético de los chilenismos i no de sus equivalentes castizos.

Con respecto a la ortografía de las palabras quichuas o araucanas, nos hemos desentendido a menudo de su etimolojía, o mas exactamente de las letras con que las escribieron los diccionaristas de esas lenguas, para darles en lo posible una fisonomía española. Siguiendo a la Academia, a la Universidad de Chile i al señor Astaburuaga, escribimos invariablemente *g* inicial antes de *ua*, aun en los casos, que son los mas, de hallarse en los vocabularios quichuas o araucanos esa combinacion precedida de *h*. Con las combinaciones *ue, ui* hemos seguido una regla contraria, anteponiéndoles siempre la *h*.

La razon de este procedimiento está en que ninguna palabra española principia por *hua*, ni por *güe*, ni por *güi*, i en la conveniencia de evitar al que escribe, en los dos últimos casos, el engorro de marcar la diéresis.

Hemos dicho que ninguna palabra castellana empieza con *güe*, i eso sin olvidar que el Diccionario de la Academia trae escrita así, entre otras voces que en rigor no son españolas, la voz *güellos*, porque segun nos lo advertia en una de sus interesantísimas cartas el señor don Fernando Páulsen, esa manera de escribirla "solo arguye el poco discernimiento de los ilustres académicos i de los que los han copiado. *Güellos* debe escribirse con *h*, pues viene evidentemente del portugues *olhos* (que se pronuncia *ollos*, o mas bien, para hablar correctamente la lengua de Camoens, *ollush*, pronunciando las dos últimas letras a la inglesa) conmutada la *o* en *ue* o sea *hue*, eufonizacion mui de la índole de nuestro idioma. Así del latin *ovum, hospes*, etc. i del griego *orphanos*, sacamos *huevo, huésped, huérfano*."

Por no abultar demasiado el libro i porque ello no entraba en nuestro plan, hemos prescindido de mencionar, salvo raras excepciones aquellas palabras i jiros que, por ser de procedencia francesa, tienen un lugar en el Diccionario de Galicismos i no son, propiamente hablando, provincialismos chilenos.

Tampoco hemos señalado los defectos de pronunciacion en que suelen incurrir nuestros paisanos en la conjugacion de muchos verbos, en parte por que ello habria sido impropio de un Diccionario, i en parte tambien i principalmente porque ese trabajo ya ha sido hecho por el señor Gormaz, cuyas Correcciones Lexigráficas en esta parte son casi siempre mui dignas de ser obedecidas.

Finalmente, nos hemos abstenido de incluir entre los chilenismos los nombres quichuas i araucanos de animales, de aves, de peces, de plantas i los jeográficos; a los cuales solo hemos dado cabida en el cuerpo de la obra cuando ha sido indispensable para la mejor intelijencia de algun refran o locucion que costituyan un verdadero chilenismo.

Tal cual lo presentamos al público, nuestro libro, con los errores que en ninguna obra humana pueden evitarse, i con las omisiones numerosísimas en que forzosamente incurren los primeros diccionaristas de todas las materias, creemos, sinembargo, que podrá prestar servicios no despreciables a aquellos de nuestros paisanos que deseen perfeccionarse en el arte de hablar i escribir con pureza i correccion su idioma.

Salgan empero confirmadas o fallidas nuestras previsiones i cualquiera que sea la suerte reservada a este libro, fruto de muchas horas de trabajo, robadas a otras ocupaciones mas premiosas, si bien no mas de nuestro agrado, no hemos de darlo a la publicidad sin pagar a los que nos han ayudado en la labor lo que en justicia les debemos.

Ademas del Diccionario de la Academia Española i de la mayor parte de los que existen de nuestra lengua, del Etimolójico de Monlau, del de Galicismos de Baralt, de los de Sinónimos castellanos de Olive i de Barcia, del Tesoro de Covarrúbias, de los Fundamentos del vigor i elegancia de la lengua castellana de Garces, de las Gramáticas, de Bello, de la Academia, de Salvá, de Saavedra, etc., hemos consultado con especial frecuencia i aprovechamiento las notabilísimas Apuntaciones escritas sobre el lenguaje bogotano por el señor don Rufino J. Cuervo; i aunque no tan a menudo, los Apuntes para un diccionario de peruanismos que el señor don Pedro Paz Soldan i Unánue (Juan de Arona) publicó en *El Correo del Perú* i sus Poesías Peruanas, nos han suministrado voces i sobre todo ejemplos en número considerable.

Empero, por poderoso que haya sido el concurso que debemos a los autores citados i a otros que por no ser prolijos omitimos, nuestro mas eficaz auxiliar, co-autor de este libro si la expresion se tolerase, es un filólogo cuyo nombre no anda en boca de la fama ni siquiera en letras de molde por esos periódicos: el señor don Fernando Páulsen, quien, despues de haberse llevado acopiando durante largos años una multitud de observaciones sobre los vicios de nuestra habla, las puso en nuestras manos, no solo para que las consultásemos, sino para que las tuviésemos como propias i de nuestra propia cosecha.

Ya que la excesiva modestia de nuestro jeneroso amigo nos ha privado del placer de citarlo los centenares de veces que hemos copiado al pié de la letra o utilizado sus apuntes, queremos darnos el mui vivo de manifestarle aquí la gratitud que sentimos por sus favores i la admiracion que no ha podido ménos de despertar en nuestra alma una tan rara erudicion hermanada con una tan singular modestia.

Una palabra ahora en resguardo de la nuestra. Si alguno, al ver la frecuencia con que el autor toma de sus propios escritos ejemplos que muestren la significacion de los provincialismos chilenos que considera, se sintiese tentado a mirar en ello un indicio de su vanidad literaria, deseche tan mal fundado pensamiento. La obra de hallar un ejemplo para cada chilenismo era larga, i nosotros no podiamos dedicarle mas que algunos momentos. De ahí que tomásemos las citas que teníamos mas a la mano; i ¿cuáles habíamos de recordar mejor que las que ocurrian en nuestros escritos? Por otra parte, ridícula vanidad seria la de buscar gloria en una exhibicion de los propios pecados ¿i qué otra cosa que pecar por ignorancia o perversion del gusto hacen las mas veces los que afean sus escritos con bárbaros, groseros, o cuando ménos innecesarios provincialismos?

Si la acojida que dé el público a este libro correspondiera al deseo que abrigamos de contribuir al perfeccionamiento i depuracion de nuestra habla, bien podríamos en una segunda edicion llenar sus vacíos i enmendar sus errores. Tenemos ademas el propósito de agregar al Diccionario, si es que llega alguna vez el caso de reimprimirlo, una lista completa de todos los nombres indíjenas de animales, plantas i lugares de Chile, apuntando cada vez que haya lugar, su etimolojía i sus equivalentes científicos i vulgares. Entónces el Diccionario de Chilenismos podria ser un todo armónico i completo, sino en sus detalles, por lo ménos en su plan i en las líneas primordiales de su trazo i delineamiento.

De todas maneras i ya que nos faltan títulos para esperar estímulos del público, nos acojemos confiadamente al juicio de las personas instruidas, capaces de apreciar las dificultades de este jénero de trabajos. Su benevolencia no nos negará la disculpa con que don Enrique de Villena, en su *Arte de trobar*, excusaba tan donosamente las faltas del primer libro que sobre la Gaya Ciencia escribió don Ramon Vidal de Besalú, diciendo de él: "Este Ramon por ser comenzador no fabló tan cumplidamente."

A

A.

"Compone esta preposicion A tal i tan variada multitud de adverbios o dicciones adverbiales, dice Garces en su *Fundamento del vigor i elegancia de la lengua castellana*, que a enumerarlos todos, apénas bastaria un libro entero, mostrándonos con gran viveza i propiedad mil maneras de hablar que tocan a modo, a accion, tiempo, lugar, semejanza i otras."

En Chile, ademas de las frases adverbiales señaladas por Garces en la obra citada, corren muchas otras, entre las cuales, por mas usadas i expresivas, hemos notado las siguientes:

1.ª *A espeta perros,* (salir), que segun el señor Cuervo en sus *Apuntaciones críticas sobre el lenguaje bogotano,* es en español *salir como perro con vejiga.*

2.ª *A hacerse,* que colocada en pos de algun verbo o adjetivo expresa con grande enerjía la idea de, *sin remedio, total, definitivamente.* "Ya es inútil que riegues mas ese árbol: se ha secado *a hacerse.*" "Lo acometió el minero con tal furia que a la primera puñalada lo mató *a hacerse.*"

Este *a hacerse* de nuestra plebe es seguramente el antiguo *a cércen,* que hoi, no sabemos por qué, escriben casi todos *a cercen.*

"La carne i hueso *a cércen* le derriba" (OÑA.- *Arauco domado.*)
"Las dos manos a *cércen* le ha cortado." (A. DE SAAVEDRA.- *El Peregrino indiano.*)
(Véanse dos ejemplos mas en la *Ortolojía* de Bello páj. 57.)

Garces escribe sin embargo *a cercen,* i lo mismo se nota en muchas ediciones del Quijote.

3.ª *A la bruta,* que vale tanto como *toscamente, con exceso.*

"Desde que se fué al campo está viviendo *a la bruta.*"; "Desde que entró a ejercicios bebe tal cual vez; pero cuando bebe, bebe *a la bruta.*"; "Grande es la casa i nueva: ¡lastima que haya sido trabajada *a la bruta!*"

Parece que la locucion castiza es *a lo brutesco:*

"Acullá ve una artificiosa fuente de jaspe variado, i de liso mármol compuesta; acá ve otra *a lo brutesco* ordenada, a donde las menudas conchas de las almejas etc." (CERVÁNTES.- *Quijote.*)

4.ª *A la cuarta,* que significa *con dependencia* i *sujecion rigurosa,* i a veces tambien, *pobre, escasamente.*

> "Desde que la infeliz perdió a su marido no tiene mas que su montepío, que apénas le da para vivir *a la cuarta*"; "El caballero ése es de cuño antiguo; hace que sus hijos se recojan a las nueve de la noche; nadie se acuesta en su casa sin rezar el rosario, i tiene a toda la familia *a la cuarta*."

Probablemente en esta frase, *cuarta* se toma en el sentido de cabestro que, en efecto, le atribuyen nuestros *guasos*.

5.ª *A la diabla*. Pues que los españoles se han permitido cambiar en *a* la última *o* de Bartolo en la conocida i decidora frase *tenderse a la bartola*, ¿por qué los chilenos hemos de tener mas respeto a la última de Diablo? Se preguntaria probablemente el desconocido inventor de esta frase; i diciendo i haciendo, mandó a su mujer "que cortase sus relaciones con la viuda del boticario, porque sabia de mui buen oríjen que estaba viviendo *a la diabla* con el barbero de en frente."

El consabido paisano inventor de la frase, fué seguramente hombre de pelo en pecho; pero indudablemente no fué un gran filólogo. Tenderse a la bartola, no quiere decir tenderse como Bartola acostumbraba, que no hai motivo para hacer tamaño agravio a su memoria; es sencillamente tenderse sobre la barriga, pues *bartola* da tanto como *panza* en castellano de mozos de cordel i destripaterrones.

Lo escrito escrito, aunque despues de escribirlo hayamos leido en Baralt: "Poner las cosas de traves" por poner las cosas sin órden ni concierto, *a la diabla*.- (*Diccionario de Galicismos*).

6.ª *A la fija*, vale *perfectamente, con la deseable comodidad o seguridad*.

> "Véte con el caballero a la hacienda, que irás *a la fija*: no sale de ella administrador que no salga con Don por delante i con el riñon tapado."

7.ª *A la mala*. "La lucha entre ellos i nosotros es mui desigual, decia, saliendo de la Cámara, cierto diputado: ¿no vé Ud. que ellos no van nunca sino *a la mala?....*"

Queria decir: ¿no vé Ud. Que ellos proceden siempre *de mala fé i sin desechar medios?*

8.ª *A la pluma, al cincel*, no son provincialismos chilenos, sino galicismos tan corrientes en América como intolerables. Con decir *a pluma, a cincel*, se ahorrarian letras y disparates.

9.ª *A la pretina*. No vacilamos en poner esta frase entre los chilenismos, porque si bien es cierto que no faltan en España madres precavidas que tengan a sus hijas *en pretina*, como quien dice en prensa, solo en Chile las hai que gusten de llevarlas *a la pretina*, como quien dice, haciendo una irrespetuosa comparacion, *al pegual.*

10.ª *A la songa, songa. Songa* es un provincialismo cubano que equivale a *ironía, burla.* Solo hemos oido sonar en Chile esta palabra en la frase, *a la songa, songa,* cuyo sentido es *disimuladamente, con un artificioso descuido, mui poco a poco.*

11.ª *A las últimas* o *en las últimas,* se dice en Chile de una persona que agoniza. En España se dice, o al ménos se decia en los buenos tiempos de su literatura, *a los últimos.*

> "Diciendo esto me llevó a un cuarto donde el triste Blas de Santillana, tendido en una cama que mostraba bien la miseria de un pobre escudero, estaba ya *a los últimos.*"- (P. Isla.- *Gil Blas.*)

12.ª *Al apa.* Estándonos a la semejanza de sonidos, parece que nuestra conocida frase adverbial *al apa* no fuese mas que una corruptela de la mui castiza *a la zapa;* pero la falta absoluta de semejanza que se nota en el sentido de ámbas frases, nos inclina a pensar que *al apa* (esto es a *cuestas, sobre las espaldas*) ha debido su existencia a jentes que, segun todas las probabilidades, ni oyeron nunca decir *a la zapa,* ni ménos supieron que esa es una frase militar que significa "ir los sitiadores resguardados por las zanjas i trincheras que abren ellos mismos, o arrimados a las fortificaciones que sitian."- (*Diccionario de la Academia.*)

El único medio de descubrir entre ámbas frases alguna relacion de parentesco, seria imajinar que se toman las espaldas del que lleva *al apa* por muros de la fortaleza, i al llevado como a un sitiador que se adhiere i pega bonitamente a la muralla para no ser visto. Lo que es nosotros, no nos sentimos capaces de un tal esfuerzo de imajinacion.

Mas probable es que *al apa* venga del quichua, en cuyo idioma *apac* significa llevar, *apani,* la bestia cargada, i *apa* el jornalero que gana su vida acarreando. (Pueden ver sobre este punto los curiosos el *Diccionario quichua-castellano* del Rev. P. Honorio Mossi, en la palabra *apa.*)

En Atacama en vez de *al apa* dicen *a la tota.*

13.ª *A la trinca,* sinónimo de *a la cuarta.*

14.ª *Al pegual, a los corriones,* esto es sujeto a las piezas de la *montura* que tienen esos nombres:

> "Bajaron las tres Marías
> En sus tres caballos blancos
> Con un *chancho* a los *corriones....*
> Dios te salve Reina i Madre."

Son versos que oimos cantar a un peon *arribano* [→ *arriba*] en nuestra niñez, i pertenecen al jénero de aquellos otros tan populares:

"De las aves que vuelan
Me gusta el *chancho,*
Porque las esperanzas
Nunca se pierden;
Nunca se pierden, sí,
Blanca azucena,
Si la azucena es blanca
Tú eres morena."

15.ª *Al tirar*, es una frase que se contrapone a *escojido* o mas exactamente a *escojiendo.* "Brevero ¿a cuánto el ciento de brevas?- A cuatro reales *al tirar*, i a seis, *escojidas,* mi caballero." En el primer caso el vendedor cuenta las brevas a medida que se van presentando; en el segundo el comprador escoje las que mas le gusten.

16.ª *Al tiro,* vale *en el acto.* "En la tarde de ayer uno de los trabajadores que se ocupan en estucar el frente del portal Fernández Concha, se cayó del andamio i se mató *al tiro,*" leimos en un diario de Santiago.

17.ª *A pata,* equivalente a *descalzo.*

18.ª *A punta de lanza,* es una frase mui castiza; no así *a punta de palos, a punta de azotes,* i hasta *a punta de plata,* como oimos decir con frecuencia, por *a fuerza de palos, azotes,* etc.

19.ª *A revienta cinchas*, es una locucion que dice tanto como la española, que trae el Diccionario de la Academia, *rompiendo cinchas*, esto es, corriendo con extraordinario esfuerzo i lijereza. Hai entre el enérjico *a revienta cinchas* i el jerundiano *rompiendo cinchas,* la misma diferencia que entre, *a mata caballos* i *matando caballos*, que sirven para expresar la misma idea.

20.ª *A roso i velloso.* D. Francisco de P. Seijas en una nota al *Cuento de cuentos* de Quevedo dice, explicando el oríjen de esta locucion:

> "*Roso ni velloso.* Roso vale tanto como *rojo,* velloso se entiende bien; i el modo adverbial no dejar *roso ni velloso* es "totalmente sin escepcion." I bien, pudo decirse, como indica Covarrúbias, por similitud de las frutas cubiertas de cierto vello o película mucho mas crecido i manifiesto cuando están verdes, que no cuando están maduras i de rojo i encendido color. No dejar *verde ni maduro, roso ni velloso* vale lo mismo que "todo por igual."

Este oríjen parece traido por los cabellos, debido quizás a corrompida ortografía. Escribiendo *rozo* en lugar de *roso,* explicaríamos mejor i mas naturalmente el oríjen i sentido de la frase; pues *rozo* es participio irregular de *rozar*, i *rozar* es cuasi *pelar: a pelon i peludo;* esto es a hombres (por ser pelados, sin pelo, en latin *glaber*) i brutos (por peludos, *vellosos*). De manera que *a rozo i velloso* vale *a todo el mundo, sin distincion.* La Academia dice: "totalmente, sin excepcion, sin consideracion ninguna."

ABAJO, ABAJINO, A.

Los lados de abajo es una frase de que se sirve siempre la jente poco entendida en jeografía de Chile, para denotar lugares situados al Norte de aquél en que está hablando; i aun la ilustrada a veces, cuando le ocurre decir que algo ha sucedido o que álguien vive, en algun lugar cuyo nombre desconoce i del cual solo sabe que está al Norte.

Los lados de abajo, para indicar las comarcas del Norte, es correlativa de *los lados de arriba* [→ *arriba*], que se encontrará en el lugar correspondiente de este *Diccionario*.

Despues de lo dicho, excusado parecerá hagamos notar que *abajino* es un adjetivo que se aplica a los habitantes de las provincias del Norte i centro, por los de aquellas que se hallan situadas mas al Sur.

ABALEAR O BALEAR.

"Limpiar el trigo, cebada, etc., al tiempo de aventarlo, dice el Diccionario de la Academia, separando del grano, con una escoba los granzones i paja gruesa."

En Chile usa este verbo, bien es cierto que solo la jente zafia, en el sentido de *fusilar.*

"Así debe ser.... I es mui justo. Miren que estar en un tris que a uno lo *abaleen* es para quedar con *urisma,*" (aneurisma). – (V. Murillo.- *Una víctima del honor.*)

No estando este chilenismo justificado por la necesidad ni disculpado por el uso de las personas ilustradas, daríamos de buena gana nuestro voto por que fuese cuanto ántes *pasado por las armas.*

ABARRAJADO, A.

Audaz, pendenciero, perdonavidas, disoluto, libertino.

"I por otra parte, cuál vida, cuál índole, cuáles hábitos libertinos mas propios del *pipiolo* típico, del *pelajeano abarrajado,* que la vida, la índole, los hábitos íntimos de don Diego Portáles?" escribió el señor Vicuña Mackenna en el libro que lleva por título el nombre de aquel prócer de nuestra organizacion política i administrativa, libro que, sea dicho de paso, es el mas interesante de cuantos ha producido su fecunda pluma; si bien se encuentran de cuando en cuando en él apreciaciones tan injustas i equivocadas como la contenida en el párrafo que dejamos copiado, por suministrarnos una muestra del jenuino sentido en que se usa el adjetivo *abarrajado.*

ABASTERO.

Palabra de uso jeneral en Chile, i que no figura ni en el Diccionario de la

Academia ni en ningun otro de la lengua española.

Su equivalente castellano es *abastecedor;* aunque es de notarse que, viniendo *abastecedor* de abastecer, i significando este verbo "proveer de bastimentos o de otras cosas necesarias" *(Diccionario de la Academia)* tiene de suyo aplicacion mucho mas extensa que nuestro *abastero,* que denota solo al proveedor de *reses* o *carnes vivas*; a diferencia del *carnicero* que es el *vendedor de carnes muertas.*

Un ejemplo del uso corriente de *abastero* nos suministran estos versos del poeta popular de Santiago, Bernardino Guajardo, en su romance *De todas artes:*

> "Primero es el *abastero*
> Que en reses hace gran gasto
> I con ellas da el abasto
> A todo Santiago entero."

Cáese de su peso que, no teniendo la palabra de que se trata sinónimo castellano, no hai por qué condenarla. Por otra parte su uso se ha hecho tan jeneral, que a pesar de cuantas sentencias de proscripcion se pronunciasen contra ella, sabria conservar su puesto i mantenerse en sus trece.

ABOMBARSE, ABOMBADO, A.

1.° *Perder en parte la lucidez de las facultades mentales;* 2.° *Ebrio,* i mas exactamente *achispado.* Tambien hemos solido oir el sustantivo *bomba,* aunque solo en la frase *estar en bomba.*

> "El que líquido ha tomado
> De noche por fantasía
> Amanece al otro dia
> Atónito i *abombado.*"
> (Guajardo.- *El gustador.*)

ABORDAR.

Se construye este verbo con las preposiciones *a* i *con.*

Al traductor, pues, cuyo es el siguiente pasaje, le habria estado bien abordar *con* el Diccionario de la Academia, voz *desabordarse*, o *a* a la Gramática de Salvá, páj. 264.

> "La seguí (habla de una niña) sin atreverme *a abordarla,* aunque ella dejaba traslucir una emocion de las mas animadoras." (*El infame de* Ed. About.- Traduccion de *El Ferrocarril,* febrero 26 de 1867.)

ABUSION, ABUSIONERO, A.

En castellano antiguo se llamaba *abusion* lo que nosotros llamamos *abuso.* Tambien equivalia el indicado vocablo a *supersticion, agüero*; de donde el derivado *abusionero,* que equivale a *supersticioso, agorero.*

El señor Vicuña Mackenna se equivoca por lo tanto cuando supone que *abusion* es una palabra inventada por nuestro pueblo, que si en verdad se muestra mui propenso a creer en *abusiones,* no por eso puede ser tachado, sin notoria injusticia, de sobresalir por tal aspecto entre todos los pueblos *abusioneros* de la tierra.

Léase ahora el párrafo de la *Historia de Santiago* en que el señor Vicuña hace a nuestro pueblo, inocente de ese pecado, que si de otros mas graves nó, la imputacion aludida.

> "Fluctúa todavía una vaga tradicion de que aquel cambio de domicilio se hizo con los accidentes de una fuga, corriendo las monjas cismáticas desgreñadas por las calles, miéntras que las que quedaban fieles al antiguo escapulario las perseguian con sendos torniscones. Pero esto nos parece haber sido una de las muchas *abusiones;* que tal es la palabra inventada por el pueblo mas *abusionero* del mundo."

En resúmen, *abusion* i su derivado *abusionero* son dos voces tan útiles como hermosas de entre las muchas que, habiéndose anticuado en España, han conservado en América el vigor de su primera juventud.

ABUTAGARSE, ABUTAGADO, A.

No son chilenismos, sino muestras palpables del descuido con que miramos cuanto atañe a la recta pronunciacion de las palabras.

Claro se está que lo que manda el Diccionario es *abotagarse, abotagado, a.*

ACÁPITE.

¿Quién no diria que esta palabra es castiza i de la mejor estirpe? No la encontramos sin embargo, ni en los clásicos, ni en los diccionarios de la lengua. Tampoco es cosa fácil explicarse satisfactoriamente su significado recurriendo al latin, de donde en apariencia procede.

Dígase, pues, el lugar de *acápite, párrafo* o *aparte,* si no quiere decirse *sangría,* como aconseja la Academia en las siguientes palabras de su *Ortografía:*

> "A mas del punto final suelen ponerse varios *apartes* en las cartas i en toda clase de escritos. Esta division que consiste en no acabar el reglon final del último período i en empezar el siguiente mas adentro de la plana que todos los demas, se llama *sangría* i solo debe usarse cuando se va a diverso asunto o bien a considerar el mismo bajo (este *bajo* pone grima al señor Cuervo) un aspecto diferente."

ACARRALADURA.

Bastante usado, i no existe. Dígase *carrera* (en las medias, etc.)

ACASERARSE, ACASERADO, A.

Del perro callejero i mostrenco que se introduce en una casa i va poco a poco sacando la cola de entre las piernas, i tomando confianza a medida que repite sus visitas, se dice en tierra de Chile que se *acasera*. I si llega por ventura a instalarse definitivamente, obteniendo el expreso o tácito consentimiento de los dueños de casa, se dice que es un perro *acaserado*.

El vocablo español que mas se aproxima a *acaserarse*, es *encariñarse*.

ACCIDENTADO, A, ACCIDENTES.

Mas que chilenismos son éstos galicismos tan chocantes como esparcidos en América, donde parece se tuvieran por no existentes las muchas palabras que el idioma posee para indicar la idea de *quebrado, fragoso, áspero, escabroso, cerril*.

Otro tanto decimos de *los accidentes del terreno*, por *fragosidad, aspereza* del mismo.

> "Los indios del Norte de Chile eran mucho ménos numerosos, ménos altivos, ménos protejidos por *los accidentes del terreno*, que los del Sur, los de ultra-Biobio, los renombrados araucanos."- (M. L. Amunátegui.- *Los Precursores de la Independencia de Chile*.)

ACEZAR, ACECIDO.

Son estos dos vocablos una muestra mas que se nos ofrece de los muchos que, habiendo caido en desuso allá en España, se conservan todavía en América como un viviente recuerdo del lenguaje de los conquistadores castellanos del siglo XVI. En la Península, si no miente el Diccionario, no hai mas que el sustantivo *acezo*, anticuado por añadidura, i los verbos *jadear* i *carlear*.

ACOBARDAR.

A buen seguro que no escribimos para nadie una novedad escribiendo que *acobardar* es un verbo castellano, que se usa como activo en el sentido de *intimidar* i como reflexivo en el de *amilanarse*. Lo que sí no parecerá tan ocioso es hagamos notar que en Chile suele usarse la forma activa de este verbo en el sentido reflejo, i a veces tambien como equivalente de *temer*.

Sea ejemplo de este último uso de *acobardar* la exclamacion en que suelen prorrumpir los mirones de las pendencias que se traban con tanta frecuencia entre nuestros rotos: "¡No le *acobardes*!" o "¡No hai que *acobardarle* un pelo!"

Del primero nos suministrará uno el señor Vicuña Mackenna. Dice en alguna parte de su *Diego Portáles*: "Compañero, no hai por qué *acobardar*, hemos pasado lo mas difícil del camino i ya estamos en *pampa rasa*."

ACOMPAÑAR, ACOMPAÑADO.

Entiéndese por *acompañar* entre albañiles, la accion de llenar con barro, mezcla u otro material cualquiera, los huecos i resquicios que van quedando en las paredes por la colocacion de los marcos i pilastras de las puertas, cornisas, antepechos, etc.; i por *acompañado* el material con que se llena, o mas exactamente el remiendo mismo.

Ignoramos si los alarifes en España se sirven de las dos voces apuntadas; pero si entre ellos corren, no han podido llegar aún hasta el Diccionario de la Academia.

ACONCHARSE.

En el sentido de *depositar los líquidos en el fondo las heces o parte crasa que contengan,* es chilenismo. Véase *concho* [→].

ACUADRILLAR.

Castellano, segun la Academia, Salvá i Domínguez, en el sentido de *formar, juntar* i *gobernar una cuadrilla,* es un chilenismo de tomo i lomo en el que le atribuimos exclusivamete de *dar cuadrillazo* [→] (otra palabra criolla), *acometer muchos contra uno.*

ACUMUCHAR, [ACUMUCHAR]SE, ACUMUCHADO, A, ACUMUCHAMIENTO. [+ CUMUCHO]

No siendo castellano *cumucho* [→ *comucho*], de donde se derivan las tres palabras materia de este párrafo, claro es que ellas no han de serlo tampoco.

No se descubre su oríjen ni en el araucano, ni en el quichua, ni en el aimará. Probablemente *acumuchar* es un verbo bárbaramente formado de *mucho,* convertido por un vicio de pronunciacion en *cumucho.* Tanto mas nos inclinamos a creerlo así, cuanto que *cumucho* no es mas que el grupo de *muchos* objetos, ya animados, ya inanimados. Así se dice: "No hai en la plaza mas que unos cuantos *cumuchos* de jente." "Los rotos chilenos estan siempre prontos a *acumucharse* donde quiera que se forme una zafacoca." "Es hermosa la arboleada; ¡lástima que los árboles estén tan *acumuchados!*"

Acumuchamiento se usa a veces en lugar de *cumucho,* sobre todo para denotar reunion de personas.

ACHAMPARSE.

Achamparse con algun dinero, es *alzarse con él, apropiárselo por medio de un abuso de confianza.* Véase *champa* [→].

ACHIGUARSE, ACHIGUAMIENTO.

Achiguar, es a todas vistas i con todas sus letras, el mismo *achigua* del quichua, que en ese idioma significa *quitasol.* La *chigua* [→] nuestra, conservando el nombre i la forma, sirve para menesteres ménos aristocráticos que para defender del sol; v. gr. para el envase i acarreo del pescado i de las legumbres, i mui principalmente para hacer las veces de cuna en los ranchos de los pobres i en las *rucas* de los indios.

De un tejado se dice que *se achigua* cuando, cediendo al peso, o flaqueando la enmaderacion, se deprime en su parte central.

Achiguamiento es la accion de *achiguar.*

Chigua [→] i sus derivados son de uso corriente entre toda clase de personas, i como aquél corresponde a un objeto que es peculiar de estos paises, no vemos la razon que habria para proscribirlo.

"Mecido en *chigua* i alumbrado con *chamisa*" se dice de aquellos a quienes se quiere echar en cara su oríjen humilde i plebeyo.

ACHINADO, A.

Véase *chino, a* [→].

ACHOLAR, [ACHOLAR]SE, ACHOLADO, A, ACHOLAMIENTO.

Provincialismos que son comunes al Perú, Bolivia i Chile, i que sin duda son orijinarios de alguna de aquellas dos repúblicas, mapa de los *cholos,* que suponemos sean los mas propensos a *acholarse.*

> "Etimolójicamente, dice Juan de Arona, en sus *Apuntes para un Diccionario de peruanismos,* su mejor sinónimo (de *acholarse*) en buen castellano es *achinarse,* pues vale *quedar hecho un chino,* como nuestro peruanismo *quedar hecho un cholo.*"

El estimable literato que escribe bajo el seudónimo de Juan de Arona, nos perdonará; pero, dudando mucho de que en el Perú *acholarse* equivalga a *quedar hecho un cholo,* o, para servirnos de la frase corriente *hecho un negro* o *como un negro,* certificamos que en Chile *acholarse* no es eso. Por acá *se achola* el que *se corre, avergüenza, amilana* i *confunde;* i por cierto que sabe mejor que nosotros el señor de Arona que no son los *cholos* jente de ahogarse en poco agua, o, puesto que hablamos de chilenismos, *de cocer peumo en la boca.*

Ejemplo del significado corriente de *acholar* nos suministra una carta de don Diego Portáles a Gárfias, que publicó el señor Vicuña Mackenna, en la ya ántes citada biografía de aquel grande hombre:

> "Anime usted a Tocornal (don Joaquin) no sea que lo *acholen* i aburran los aniñados: dígale que no son temibles i que sin duda nos costearán la risa, si sabe llevarlos, dándoles en la cabeza como en la cuestion del seminario."

ACHUÑUSCAR, [ACHUÑUSCAR]SE.

Por un instante creimos que bien podria este *achuñuscar* venir de la palabra quichua *chuñururani,* que vale tanto como *hacer chuño, moler;* pero estando persuadidos de que en materia de etimolojías el medio mas seguro de engañarse es hilar mui delgado, preferimos declarar injenuamente que tenemos a *achuñuscar* por hijo de padres no conocidos.

Significa el activo, *comprimir, estrujar cosas secas, plegar con peso o fuerza;* i el reflexivo, *encojerse, plegarse.*

El equivalente castellano es *achuchar.*

"Concluido que hubo de leer la carta, la *achuñuscó,* con muestras visibles de cólera, i la arrojó a la escupidera" hemos leido, si mal no recordamos, en una novela chilena.

ADEFESIOS. [+ ADEFECIO]

Los que escriben *adefecio,* con c, i los que creen que este vocablo es chileno se equivocan groseramente. Parece que van descaminados tambien los que lo usan sin la s final, entre los cuales se cuenta la real Academia española.

> "*Adefesios*- Palabra corrupta de *ad Ephesios,* a los de Efeso, a quien predicó San Pablo i dirijió muchas epístolas. Hablar *ad Ephesios,* a los que no nos entienden ni entendemos; a otros con quien no tenemos nada que ver, dio pié a que mas latamente luego se dijese *adefesio,* toda cosa rara i extravagante." (Seijas.- *Nota al Cuento de cuentos de Quevedo.*)

ADLÁTERE.

Sobre esta voz observa el mui culto i erudito hablista colombiano, Don Rufino José Cuervo, en sus *Apuntaciones críticas sobre el lenguaje bogotano* (obra que tendremos que citar muchas veces, para no decir mal lo que está perfectamente dicho) lo siguiente:

> "Llámase en el Derecho de jentes *legado a látere* un cardenal enviado extraordinariamente por el Papa con amplísimas facultades cerca (Larra i Baralt se han burlado de este ridículo *cerca*) de un soberano; i como esta expresion *a látere* (del lado) denota la proximidad e intimidad del cardenal enviado para con respecto al Papa, ha venido a usarse familiarmente como sustantivo (jeneralmente en plural *aláteres*) significando compañero, allegado, auxiliador (véase el Diccionario de Salvá); pero es un desatino decir *ad látere,* como siempre hemos oido decir i hallamos en este pasaje: "Afanados en proporcionarse una ocasión favorable, buscan un *ad látere* a la mamá i se aferran a la deliciosa hija." Para comprender la razon de esta censura, basta haber pisado los umbrales de una clase de menores."

ADULON.

Llama el vulgo *al que adula,* que en español se dice *adulador.* Véase un ejemplo en la voz *rico* [→].

AEREONAUTA.

Dígase *aeronauta.*

AFAROLARSE, AFAROLAMIENTO.

Este projenie de farol, anda por esos mundos de Dios ocupándose en todo ménos que en ayudar a Diójenes a buscar a su hombre. Al reves, rarísimo caso será aquel en que un hombre que llegue a *afarolarse* no se haga por ende un poco bruto.

Afarolarse vale tanto como *amostazarse*, con la particularidad de aludir el verbo mas bien a los signos externos de ese estado del ánimo, que al estado mismo. Tiene cierta semejanza de significado este verbo, que se usa siempre como reflexivo, con *azarearse* [→], de que trataremos luego.

Afarolamiento es el acto de dar muestras exteriores i un tanto exajeradas de enojo, berrinche.

> "Pues, señor, el mozo de esta historia bebió como un *carrilano* i quiso despues retirarse mui sí señor sin pagar blanca. El comerciante *se afaroló* i quiso detenerle; pero el bebedor sacó tranquilamente un revólver de la cintura i dirijiéndolo al pecho del dueño del bodegon, dijo con mucha sangre fria:
> -"Páguese usted de lo que le debo.
> "El comerciante echó a correr como alma que lleva el diablo, gritando:- ¡Auxilio! ¡Qué me matan! ¡Favorézcanme!"- (Crónica de *El Independiente*, 25 de enero de 1874.)

AFUTRARSE.

Componerse, acicalarse, emperejilarse. Véase *futre* [→].

AGACHAR.

Como reflexivo es castellano; pero como activo es un chilenismo que ni siquiera se justifica en razon de necesidad, pues corresponde a *inclinar, alcanzar.*

> "La dueña del santo viva,
> Cogollito de romero;
> *Agácheme* una ramita
> Que me muero, que me muero!"
> (*Cogollo* de una tonada popular.)

AGALLUDO, A.

En castellano, del que es valiente i esforzado, se dice bien que es un hombre *de agallas* o que las tiene.

Nosotros hemos formado el adjetivo *agalludo* que aplicamos principalmente al *taimado, astuto, zorro.*

¡AGÚ!

Palabra que es la primera que comienzan a pronunciar los infantes. Se ha formado de ella una interjeccion que sirve para echar en rostro a alguno que ha obrado con la imprevision i atolondramiento de un párvulo. Seguido de *mi alma* denota familiar i cariñoso reproche.

Parece que en España los niños que empiezan a gorjear no dijeran *agú* como los de por acá, sino *ajó.* Los diccionarios no lo declaran; pero Breton escribió: "Que se rie; (el niño) que hace *ajó, ajó;* que hoi hace pinitos i mañana el jesto de la vieja."- (*La Nodriza.*)

AGUA DE LA BANDA.

Así han traducido en Chile el *eau de labande* que traen los rótulos de algunas ampolletas de esencias i perfumes, en lugar de *agua de alhucema.*

> "Despidiendo un olor de agua de colonia, de *la banda* i de varios *bouquets* etc." (A. Blest Gana.- *Martín Rivas.*)
> "Lavándula (anticuado segun la Academia) por otro nombre espliego, planta de la cual se hacia una agua aromática para lavarse." (Monlau.- *Diccionario etimolójico.*)

AGUACHARSE. [+ AGUACHADO, A]

Tiene este verbo cierta semejanza de sentido con *acaserarse* i *encariñarse*, i aunque raras veces, se usa tambien como activo en accion de *domesticar* o *amansar.*

De una novela de costumbres, titulada *El Huérfano*, que publicó hace poco en sus folletines *El Ferrocarril*, sacamos el ejemplo que sigue: "En habiendo trago no hai hombre que se resista. En las últimas votaciones se me habian puesto chucaros algunos; pero con una hornada de empanadas i seis arrobas de chincha los *ahuaché* i quedaron mansitos."

Claro se está, por lo demas, que *aguachado* será el que *aguacha* i que la raiz del verbo es *guacho* [→], cuya etimolojía i significado se hallarán en el lugar correspondiente.

AGUACHENTO, A.

Derivado de agua i sinónimo de los adjetivos castellanos *aguason, aguajinoso* i *aguanoso,* que sirven para indicar lo que está lleno de agua o demasiadamente húmedo. Si a las tres palabras indicadas añadimos *acuoso*, de significacion mui parecida, tendremos que persuadirnos de que en la lengua de la tierra donde se inventó *aguar el agua* no hacia falta nuestro *aguachento*, llegado a última hora, pero con suerte tan feliz, que ha hecho caer en olvido a sus competidores en todas las bodegas, bodegones, *tambos* i *chinganas* [→] de la América Meridional.

AGUASARSE, AGUASADO, A.

Aguasarse es tomar las costumbres i maneras de los *guasos* [→]. Se dice de los niños que se azoran en viendo caras desconocidas i de los habitantes de las ciudades que al cabo de algun tiempo de residencia en el campo se vuelven verdaderos pájaros.

> "Ya viene (el bote del resguardo) i con él una lancha i dos chalupas i otras embarcaciones, que traen a pasear en tierra, ingleses taciturnos, franceses presumidos, alemanes tiesos, italianos alegres, peruanos pálidos, arjentinos erguidos, españoles flemáticos i chilenos *ahuasados.*" (Jotabeche.- *El puerto de Copiapó.*)

Véase *guaso* [→].

AHUESARSE, AHUESADO, A.

Hueso, si hemos de atenernos a lo que reza el Diccionario de la Academia, es castellano en la acepcion de cosa inútil, de poco precio o de mala calidad. No así *ahuesarse,* que es de bastante uso entre nosotros i que sin duda se deriva del sustantivo indicado en la acepcion referida.

Ahuesarse vale tanto como *ponerse algo inservible,* principalmente por la accion del tiempo, *perder su valor, importancia, oportunidad.* De las mujeres que se quedan solteras hasta una edad madura suele decirse, en estilo familiar, que se *ahuesan.*

Véase, a mayor abundamiento, este ejemplo que encontramos en una carta de Jotabeche: "Es, pues, éste un negocio *ahuesado* completamente, negocio en avería, negocio solo bueno para hacer una bancarrota. I enamórese usted!"

AJÍ, AJIACO.

El primero es el nombre con que se designa en América la especia que los españoles llaman *pimiento.* Probablemente es de oríjen cubano, i tan universal ha llegado a ser su uso, que la Academia española no ha podido ménos de darle el espacio de dos líneas en su Diccionario. Segun ella, *ají* seria "una especie de salsa" usada por estos mundos, "cuyo principal ingrediente es el pimiento." Puede que en las Antillas *ají* signifique eso; lo que es en el Perú, Bolivia i Chile, *ají* es nada mas que el *pimiento.* La salsa, cuyo principal ingrediente es el *ají,* se llama en el Perú *picante,* de donde el derivado *picantería,* que es la taberna o bodegon en que se espende i consume aquél.

En Chile, donde no faltan las *picanterías,* nunca hemos oido emplear *picante* como sustantivo. Tenemos, en cambio, *ajiaco,* que es un verdadero chilenismo i que denota, ya que no una salsa, un guiso cuyo ingrediente principal es el *ají.*

> Todo buen mandatorio nos sopla
> Veinte mil lavativas de *ají*
> I nos canta i recanta esta copla:
> Ya sois libres i gracias a mí,
> ¡I… i… i… i…!
> (Manuel A. Fuéntes. (Murciélago)-*Cancion nacional.*)

"*Ponerse como un ají, o como un ajiaco*" es frase con que se pondera el repentino enfurecerse de álguien.

AJUSTAR.

Ocioso parece advertir que este verbo es castellano. No lo es, sin embargo, en la frase: "Le *ajustaron* un garrotazo, o cien azotes, etc." Dígase de los azotes que *se los dieron,* del garrotazo que *se lo asentaron,* i así segun los casos.

ALABADO.

Aunque *alabado* es castellano, denotando el motete que se cantaba en alabanza del Santísimo Sacramento, en Chile hemos conocido siempre este motete con el nombre de *bendito*, i con aquél el canto de los serenos al venir el dia i recojerse a su cuartel, canto que comenzaba:

> "Alabadosea el Santísimo
> Sacramento del altar
> I la Virjen concebida
> Sin pecado orijinal."

Al alabado, vale, *al venir el dia, mui de mañana.*

ALARGADA (DAR LA).

En el juego del *volantin* [→], soltar el hilo para que los mas grandes i encumbrados se pongan al alcance de los mas bajos i chicos: "Tú eres mui cobarde, continuó María: échale *comision* sin miedo i *dále la alargada*, que si pierdes te daré yo dos carretillas de hilo i ademas prometo hacerte otro *volantin* mas grande; pero si de puro cobarde te lo llevan, no te daré nada ni te pintaré mas *volantines.*" (Z. Rodríguez.- *Loco Eustaquio.*)

ALBAZO.

Albazo trae en el Diccionario de la Academia la nota de anticuado, en el sentido de *alborada*. Tenemos, por lo tanto, como un provincialismo la frase *de albazo*, única en que por lo demas se usa, para significar la hora en que empieza a venir la primera claridad de la aurora.

> ... "I prometido tenia
> El ir al pueblo vecino,
> Al otro dia de *albazo*
> Juntarse con cuatro amigos."

Es ejemplo que tomamos de la novela anónima titulada *El Huérfano.*

ALCANCÍA.

Las que se llaman así en Chile, que se suelen poner en la puerta de las iglesias, son *cepos* o *cepillos;* pues la *alcancía* es una vasija de barro que es preciso romper para sacar el dinero que en ella se habia depositado: los *cepos* o *cepillos* tienen una tapa con ese objeto.

> "En ademan de echar una limosna en un *cepillo.*" (Domínguez.- *Diccionario, voz* Hipocresía.)

> "I diez años tambien hace a lo ménos,
> El buen cura repuso algo sentido,
> Que tú gastas en locas francachelas
> La limosna que cae en los *cepillos.*"
> (Mora.-*El Sermon.*)

ALCUZA.

Es sinónimo de *aceitera,* en la acepcion de *vasija en que se tiene el aceite para el uso diario;* pero no es sinónimo de *angarillas,* pieza de vajilla en que se ponen las ampolletas del aceite i vinagre o *taller,* que es igual a las *angarillas* i sirve para salsas, etc.

ALEONAR, [ALEONAR]SE, ALEONADO, A.

Derivadas todas de *leona* [→ *liona*], voz favorita de rotos i estudiantes, en el sentido de *alboroto, batahola, chamusquina;* mas claro, desórden bullicioso i sin mayores consecuencias que algunos mojicones en los rostros, i vidrios quebrados en las ventanas.

Aleonar, es azuzar, excitar al alboroto o a la desobediencia.

Aleonado es el que da muestras de andar siempre pronto a tomar parte en alborotos i pendencias.

Véase *liona* [→], donde se encontrará la etimolojía de estos vocablos.

ALGORRA.

Ignoramos cuál es el nombre español de esta enfermedad que nuestros médicos, cuando hablan en la lengua de los profanos, llaman *musquete* i tambien *blanquillo,* voces ambas que no vienen en los diccionarios.

El nombre científico es *estomatítis cremosa.*

ALIÑAR, ALIÑADOR.

Verbo i sustantivo son castizos, indicando aquél, el acto de condimentar, arreglar i componer, i éste al que lo ejecuta. Téngase, empero, por un provincialismo de nuestra tierra el uso de *aliñar,* en el sentido de volver a su sitio los huesos dislocados, i el de *aliñador* para denotar al *curandero* o *saca-potras,* que tiene por oficio asistir i entablillar a los que se quiebran o dislocan los huesos.

> "Hai aquí cerca un *aliñador,* pues señor; el otro dia no mas le curó a *ñor* Juan una pierna que se quebró amansando un potrillo." (A. Blest Gana.- *El Ideal de un calavera.*)

Segun el señor Cuervo el provincialismo colombiano equivalente a nuestro *aliñador,* es *sobandero.*

En España las personas doctas han designado siempre con el nombre de *aljebrista* al que profesa el arte de concertar los huesos dislocados, como lo acredita este pasaje del Quijote: "Llegaron a un pueblo donde fué ventura hallar un *aljebrista* con quien se curó el Sanson desgraciado."

Tratándose de ensaladas nada mas se sabe en Chile que *aliñarlas:* no nos atreveríamos a tacharlo de impropio; pero en España son mas usados *sazonar* i *aderezar.*

> "Voi a tomar por mi cuenta el *sazonar* la ensalada." (Francisco Martínez.- *Gramática española.*)
>
> "*Ensalada*-f.- Hortaliza *aderezada* con sal, aceite i otras cosas." (Academia, *Diccionario.*)

ALMÁCIGO.

Se dice entre nosotros del lugar en que se siembran las semillas de las hortalizas, flores i árboles para trasladar despues a otro sitio las plantitas, i se dice mal, porque el nombre castizo de tales semilleros es *almáciga.*

ALMATROSTE.

Otra palabra que se pronuncia al allá se te lo haya. Segun vemos en las *Apuntaciones críticas*, ya citadas, del señor Cuervo, el vocablo este no es mas respetuosamente tratado en Colombia que en Chile.

Como *almatroste* no es un provincialismo sino un verdadero barbarismo, inútil será que los que lo usen quieran salir airosos del paso tirándole raya por debajo: con raya i todo no se librarán de la nota de ignorantes i groseros. No hai, pues, mas remedio que tener bien presente que en castellano se dice del mueblejo apolillado i desvencijado, i a veces tambien del individuo que se le asemeja, que es un *armatoste*. Es de no creerlo, tan enviciados estamos en el otro; pero es así.

AMA.

Son tan conocidas en España las *amas de leche* como las *de llaves;* pero dudamos mucho que existan por allá las *amas secas* i *de brazos*, aun cuando es de presumir no falten *niñeras*, esto es, mujeres encargadas de cuidar de los párvulos sin amamantarlos.

I por cuanto la palabra ésta, que acabamos de indicar como castiza, puede parecer extraña i poco autorizada, por tanto se nos permitirá apoyarla en el siguiente ejemplo:

> "Para particular diversion de los niños, las *niñeras* i los soldados, hai en toda la extension de los Campos Eliseos multitud de teatrillos de muñecos que representan farsas tradicionales, cuyo oríjen, segun dicen, viene de Italia." (Ochoa.- *Paris, Lóndres i Madrid.*)

AMACHINARSE. [+ AMACHINADO, A]

En el lenguaje vulgar, *contraer amistad ilícita, amancebarse.* Se usa principalmente en el participio *amachinado,* para denotar a los que habitualmente hacen mala vida.

Tambien se dice en el mismo sentido *amachambrarse.*

AMANSADOR.

Es el que doma animales indómitos, especialmente hablando de potros; pero el que adiestra los potros o caballos para silla o coche se llama en España *picador*, que aquí decimos mal, *amansador.*

AMARRA.

Dan este nombre nuestros viñadores a la operacion que se hace allá por los meses de junio i julio en las viñas, inmediatamente despues de la poda, i que consiste en atar las parras a los rodrigones con varillas de sauce, i mas frecuentemente aún con paja de *totora* [→].

Es probable que lo que llamamos nosotros *amarra*, se llame *amarradura* en la península.

> "Así llegará la *amarra,*
> Sin que tus cortadas guias
> Pasen las noches i dias
> En llorar i mas llorar."

(Z. Rodríguez.- *La Parra i el Podador.*)

AMARRAR.

Se usa disparatadamente en casos como los que siguen: "El diputado que intente contestar ese discurso, tendrá que *amarrarse* bien ántes *los calzones.*" "Es el don Anacleto tan dejado de la mano de Dios que en los cincuenta i tantos años que lleva sobre el espinazo no ha podido aprender todavía a *amarrarse la corbata.*" "La infeliz debe de vivir mártir de sus muelas, pues de los doce meses del año, seis a lo ménos la veo con *la cara amarrada.*"

Para expresarse con propiedad convendria en los dos primeros casos *atarse*, i en el último, en vez de cara *amarrada,* cara *entrapajada.*

A la cabeza de la escena XV del acto II, segunda parte de *El Tejedor de Segovia,* escribió Ruiz de Alarcon: "CHICHON, *entrapajada* la cabeza, con báculo i macilento."

El Señor Cuervo, a quien seguimos en esta parte al redactar el espécimen que publicamos en marzo de 1874 en *La Estrella de Chile,* propone que, hablándose de la cara i cabeza, se diga *entrapajada.* Nuestro excelente i erudito amigo el señor D. Fernando Páulsen advirtiónos del error en que habíamos incurrido diciéndonos en una de sus cartas: "*Entrapajado* es demasiado familiar i hasta un tanto despectivo; ademas *cara entrapajada* no significa lo que *cara amarrada.* Con la cabeza *entrapajada* vemos frecuentemente a nuestros viejos i viejas; pero las niñas, que son las que suelen andar con la *cara amarrada*, aunque ahora muchísimo ménos que ántes, porque ya no gastan muelas por ser mui prosáico esto de muelas (¡ahora es dolor a la cara!) podrán andar si gustan con la *cara vendada.*"

Confirma la opinion de nuestro amigo el siguiente pasaje de Cervántes: "Ademas estaba mohino i melancólico el mal ferido D. Quijote, *vendado* el rostro i señalado, no por la mano de Dios, sino por las uñas de un gato," etc.- (*Quijote.*)

AMASANDERO, A. [+ AMASANDERÍA]

Amasanderías, suelen llamar a las panaderías pequeñas, jeneralmente dirijidas por mujeres. *Amasandero, a,* es el o la que amasa en las *amasanderías.*

> "Ayer como a las doce del dia murió repentinamente una pobre mujer de oficio *amazandera* (¡vaya en la *z*!) llamada Basilia Oyarce."- (*La Opinion de Talca.*)

AMORDAZAR.

Mui usado, i no hai tal; pues así como de pluma formamos *emplumar,* i de *grillos, engrillar,* i de *máscara, enmascarado,* de *mordaza* debe formarse *enmordazar,* que es como se dice en España i manda el Diccionario de la Academia.

AMPARAR.

Hace notar el señor Salvá en su Diccionario que es peculiar a la América española el uso de este verbo para significar el cumplimiento de las condiciones bajo las cuales se concede el derecho de explotar una mina.

Es un vocablo que presta a los mineros mui buenos servicios i que pueden conservar sin escrúpulo de conciencia, tanto mas, cuanto que el mismo rei de España dióle, sin saberlo talvez, carta de naturaleza en las *Ordenanzas de minería* que dictó para Méjico, en Aranjuez, hace justamente un siglo; en cuyas Ordenanzas habla el título IX "De cómo deben labrarse, fortificarse i *ampararse* las minas."

AMURRARSE.

¿Quién podria decirnos si nuestro conocido *amurrarse* es una corrupcion de *amorrar,* como parece darlo a entender el señor Reyes en el vocabulario que ha puesto al fin de su Gramática, o si se encuentra su verdadero oríjen en el sustantivo *murria*, que denota, segun la Academia, una "especie de tristeza i cargazon de cabeza que obliga al hombre a andar cabizbajo i melancólico?"

Resuelva el lector intelijente, que *non nostrum tantas componere lites.*

ANEGAR.

Hacemos mencion de este verbo con el exclusivo objeto de recordar a los olvidadizos que

> "El llanto que al dolor los ojos niegan
> Lágrimas son de hiel que el alma *anegan.*"

No hai, pues, que tomar de lazarillo para conjugarlo al traidor *negar,* que no teniendo pito que tocar en el concierto, lo ménos que haria seria llevarnos al pantano de las casas que se *aniegan,* lo mismo despues que ántes de niveladas las acequias.

Los eruditos explican la desemejanza de facciones entre *negar* i *anegar,* por una razon de linaje, pues dicen que miéntras aquél viene de *negare* (compuesto de *ne* i *aio*) éste trae su oríjen de *inacuare,* o acaso de la raiz del frances *noyer.*

ANIEGO.

Nadie ignora que una de las peores plagas que ejercitan la paciencia del vecindario de Santiago es la de los *aniegos.* Lo que sí ignorábamos nosotros hasta hace poco, era el nombre castizo de una cosa tan conocida, i que segun la Academia no es *aniego,* sino *anegamiento* o *anegacion.* ¡Lástima que no pueda abrigarse la mas leve esperanza de que aquel bastardo abandone el oficio que tiene usurpado a estos dos hijos lejítimos de *anegar!*

ANTINATURAL.

Lo que es contrario al órden de la naturaleza se llama *contra natural,* no *anti natural* como dicen algunos:

... "lo que prueba que tal exceso de veneracion al rei no parecia *anti-natural* a los que la oian o leian (se habla de una comedia)." (M. L. AMUNÁTEGUI.- *Precursores de la Independencia.*)

El Diccionario de la Academia no trae *innatural;* pero buenos escritores modernos lo han empleado.

"... Bulliciosamente coronado de aplausos todo jesto *innatural,* todo ademan grotesco, etc." (LARRA.- *Teatros.*)

APARRAGADO, A.

Es un adjetivo de uso frecuentísimo, ya para indicar la condicion de aquellas plantas que se levantan poco de la tierra i se extienden mucho en superficie, ya para significar que alguna persona, o animal o ave se encoje, i acurruca, alebresta i pega al suelo.

Contra éste sí que no pueden hacerse valer circunstancias atenuantes, como quiera que, amen de feo, es inútil, desde que tenemos el adjetivo *aparrado,* al cual por venir derechamente de *parra,* no hai pero que ponerle.

APARTA.

Así como nuestro pueblo, en su invencible tendencia a abreviar frases i palabras, volviendo la espalda a *amarradura,* inventó el sustantivo *amarra,* i desatendiendo las reglas de la derivacion, formó *aniego* de *anegar,* con perjuicio de *anegacion* i *anegamiento,* así de *apartar,* en una de sus mas usadas acepciones, formó *aparta,* tratando como si no existiese al infeliz *apartado,* que, si la Academia no miente, equivale a "separar las reses de una vacada para varios objetos."

Apuntamos este chilenismo, mas bien para que procedan con conocimiento de causa cuantos lo emplean, que para condenarlo; pues no somos de aquellos que, despreciando el consejo del sábio, *ne coneris contra ictum fluvii,* gustan de lanzarse corriente arriba por nonadas.

APEGUALAR, APEGUALADO, A.

Amarrar el lazo a la pieza de la montura que tiene el nombre de *pegual* [→].

Desconocemos el equivalente castizo, tal vez porque no hemos tenido la fortuna de dar con él, o mas seguramente porque no existiendo en España la cosa, no existe allá tampoco el nombre de ella.

Véase *pegual* [→].

APELLIDOS EN PLURAL.

"Antes de cerrar este prefacio, creemos excusado el disculpar *el error* gramatical en que hemos incurrido voluntariamente al conservar el nombre plural de "*Los Carreras*" con que son popularmente conocidos los protagonistas de nuestro trabajo." (B. VICUÑA MACKENNA.- *El Ostracismo de los Carreras.*)

¡I vaya que el soberano pueblo tiene razon contra el señor Vicuña, i que está bien dicho *los Carreras!*

"Para conocer la variedad que emplearon en esta parte nuestros mayores basta abrir las obras de *los Argensolas.*" (Salvá.- *Gramática castellana.*)

"Pues fué poco despues que de *los Laras*
Las cabezas a Córdoba trajeron."
(El Duque de Rívas.- *Moro expósito.*)

"I con decir que estos versos son de uno de *los Argensolas...*"- (Baralt.- *Diccionario de Galicismos.*)
"*Carvajales* (Juan i Pedro, Los) Estos dos famosos hermanos" etc.- (Domínguez.- *Diccionario.*)

¡¡I hoi tenemos una plaza de *los Gamero*!!

APERCANCARSE.

Véase *percan* [→].

APERCIBIR, APERCIBIDO, A.

Abusamos de *apercibir* cuantos tenemos la mala costumbre de usarlo por, *ver, notar descubrir;* pues no significa eso, sino *prevenir, disponer, preparar.*

"Cené en mi aposento, cerré la puerta, *apercibí* mi espada, encomendéme a Dios i no quise acostarme" dice Cervántes en *La Española inglesa.*

Apercibido es *prevenido.*

"Cual leon a la presa *apercibido*
Sin recelo los ímpios esperaban
A los que tú, señor, eras escudo."
(Herrera.- *A la batalla de Lepanto.*)

APERCHAR.

En español no existe este verbo con que denotamos la accion de *amontonar en rimero* la madera, los adobes, i varios otros objetos.

APLOMAR.

Como reflexivo este verbo es en español sinónimo de *desplomarse.*

En Chile se usa mucho familiarmente por *avergonzarse, correrse.*

APORUÑAR, APORUÑADO, A.

Derivados manifiestos de *poruña* [→], vocablo cuyo sentido daremos en el lugar correspondiente, i que, si no nos engañamos, viene a su vez del araucano *purunco*, tiesto de barro a manera de cantarito.

Suele usarse el verbo como sinónimo de *atesorar. Aporuñado* equivaldria a *encañutado*, si éste trajese a la mente la idea de *corvo*, que tambien trae aquél. Así de las uñas podrá decirse que son *encañutadas* cuando forman como una media caña; pero cuando, creciendo, vuelven sobre sí mismas, cual si quisieran dar un vistazo a la palma de la mano por encima de las yemas de los dedos, entonces se dirá de ellas, sin levantarles una calumnia, que se *aporuñan* o que están *aporuñadas.*

APÓSTROFE.

El haber visto impropiamente empleada esta voz hasta en textos elementales de gramática, nos mueve a advertir que no debe confundirse con *apóstrofo.*

Apóstrofe denota la figura de retórica que consiste en cortar, el que habla o escribe, el hilo de su narracion o raciocinio para dirijir la palabra a Dios, a la naturaleza, etc.; miéntras que *apóstrofo* se llama el signo que marca en la escritura la supresion de alguna letra, jeneralmente vocal, al fin de diccion.

Aun cuando nuestro sentir se apoye en la autoridad de la Academia española, de Salvá, Domínguez i la mayor parte de los buenos gramáticos i diccionaristas, justo será hagamos saber al lector que no faltan mui respetables autores que escriban *apóstrofe* para denotar la figura de gramática, entre otros Capmany i Alcalá Galiano, en el *Arte de traducir.*

APOTRERAR.

Dice don Vicente Salvá que *apotrerar* es un provincialismo cubano que indica el acto de *echar el ganado caballar al potril (potrero)* para que engorde.

En Chile, donde raras veces se pone en *potreros* de *engorda* al ganado caballar, el verbo de que tratamos significa, como nadie lo ignora, dividir el campo en *potreros* [→]; (casi no tenemos valor para escribir *potriles.*)

El equivalente castizo de apotrerar es *ad[e]hesar.*

APROXIMATIVO, A.

Lo que es con corta diferencia semejante a otra cosa, *se apróxima* o *es aproximada* a ella; mas nó es *aproximativa,* como dicen muchos, porque *aproximativo* es *lo que aproxima,* i nada mas.

> "Valdivia... procedió a hacer una distribucion *aproximativa* de indios imajinarios entre sesenta i tantos vecinos," etc. (M. L. AMUNÁTEGUI.- *Precursores de la Independencia.*)

APUNARSE, APUNADO, A.

Provincialismos del Perú, Bolivia i Chile. Contraer la enfermedad llamada *puna* [→], palabra quichua que significa la tierra fria o páramo.

En Arequipa, si nuestra memoria no nos es infiel, oimos que se usaba *apunarse* en la acepcion de padecer los ahogos i fatigas que se sienten en la subida de las altas montañas. Su recto sentido, empero, es el de *helarse* o *enyertarse,* accidente que suelen experimentar los que viajan por las cordilleras andinas.

"A esta incomodidad se agregaba el encontrarme *apunado*, que el lugar era sombrío i que al caer la tarde se nos habian presentado dos viajeros cuya pobreza i enfermedad me consternaron." (S. ESTRADA.- *Apuntes de viaje.*)

En Colombia se usa por *arrecirse, emparamarse.*

Véase *puna* [→].

AQUILON.

Diaquilon es como se llama el emplasto.

ARBOLITO.

Claro está que *arbolito* es una de las formas diminutivas de *árbol;* pero en Chile llamamos *arbolito* por antonomasia, lo que en España se llama *árbol de fuego*: "armazon de madera vestida de varios fuegos artificiales que se parece algo a un *árbol,*" segun la Academia; "invencion pirotécnica análoga a la forma de ciertos árboles," segun lo explica Domínguez.

"¡Ai! ¡la *vieja!* ¡esconde a Diamela! gritó doña Engracia al ver salir en direccion a ellos, del *arbolito* mas próximo, uno de los cohetes que llevan ese nombre." (BLEST GANA.- *Martín Rivas.*)

ARCEDEAN.

Lo ponemos aquí para provecho de los que, usándolo, dan por lo ménos muestras de una enorme distraccion, i las mas veces pruebas de ignorar que, como dice el señor Cuervo en sus *Apuntaciones*, "la *i* es de familia en esta voz, pues orijinalmente significa *el primero de los diáconos* i nada tiene que hacer con *dean*, dejeneracion de *decano* (en latin *decanus*, jefe de diez (*decem*) soldados.)"

En dos palabras, *arcedian* o *arcediano* es como debe decirse. I vaya un ejemplo:

"El no pide que le deis
Una cola de *arcediano,*
Ni quiere ser intendente,
Ni duque, ni veinticuatro;
"Solo quiere ser abate:
¡Qué pedir tan moderado
El suyo, si por ventura
El ser abate es ser algo!"
(MORATIN.- *Romance al conde de Floridablanca.*)

ARCIONERAS.

Llamamos así las correas de que se suspenden los estribos, las mismas que en castellano se llaman *aciones,* como se ve en este ejemplo de Ercilla:

"Los cansados peones se contentan
Con las colas o *aciones* aferrados"

i en este otro de Cervántes:

"Fuése Sancho tras su amo, asido de un *acion*, de Rocinante."

ARDILOSO, A.

Acerca de *ardiloso*, dice Juan de Arona en su *Diccionario de peruanismos:* "Por *ardidoso*, lleno de *ardides,* mañanas o tretas. Excusado parece advertir que el cambio de la *d* en *l*, mas que ignorancia o descuido en la pronunciacion debe argüir un sentimiento de eufonía."

"Esta palabra es mucho mas usada en Chile que entre nosotros."

Oigamos ahora con mas espacio al señor Cuervo, que a fé que bien merece ser oido:

> "Es curioso, dice, ver el número de voces mas o ménos usuales entre nosotros que ya en la Península han caido en desuetud; hecho es éste mui fácil de explicar para quien tenga en cuenta la incomunicacion en que vivieron nuestros abuelos i en que hemos seguido viviendo nosotros con los españoles transfretanos; tales vocablos son monumentos i reliquias de la lengua de los conquistadores que deberian conservarse como oro en paño, si la necesidad de unificar la lengua en cuanto sea posible i razonable no exijiera la relegacion de muchos de ellos. Veamos algunas muestras... *ardidoso*, que decimos *ardiloso* a guisa de portugues... a la manera que de Madrid se saca *madrileño*. Los portugues dicen *ardil* i no *ardid*.
>
> "Eu tenho imaginadu no conceito
> Outra manhia e *ardil* que te contente."
>
> (Camoens.- *Lusiadas*.)

Ahora, terciando nosotros en el asunto, con permiso de los lectores, observaremos que si bien es indudable que el *ardiloso* chileno viene de *ardid* como el colombiano i peruano, tiene aquél de particular que no conserva el sentido de su raiz. En efecto, por acá llamamos generalmente *ardilosos* a los niños i a las mujeres, que de todo se asustan, i gritan, i quejan; en suma a los mismos que el Diccionario de la Academia califica de *alharaquientos*.

ARENILLERO.

Al vasito en que se echa la *arenilla* llamamos invariablemente *arenillero*, palabra de correcta formacion, pero innecesaria desde que sirve para denotar el mismo objeto *salvadera*.

ARESTIN, ARESTINIENTO.

El señor Vicuña Mackenna en su *Historia de Santiago* señala como un chilenismo esta palabra que es castiza.

> "*Arestil* o *arestin*, dice la Academia, escoriacion que padecen las caballerías en las cuartillas de piés i manos con picazon molesta."

Equivocóse, pues, el P. Fébres al incluir esta voz en su Diccionario araucano, traduciéndola por *rascarse los caballos*.

Hai que advertir que el *arestin* en Chile es una enfermedad mas de perros que de caballerías, i que en vez de llamar *arestinado* al que la tiene lo llamamos *arestiniento*.

ARETE.

Aun cuando la Academia se haya decidido a dar en su Diccionario un lugarcito a *arete*, remitiendo al lector por su significado a la tercera acepcion de *arillo*, no debe olvidarse que esta voz es nativa de Cuba, donde, segun el señor Salvá, equivale a *zarcillo* o *pendiente*, que es tambien el sentido preciso que tiene en Chile.

ÁRGUENAS. [+ ARGUENERO, A]

El Diccionario pone a este sustantivo la nota de anticuado, i lo da como sinónimo de *alforjas*. Si así es en España, *árguenas*, en el sentido de armazones de varillas forradas en cuero, que sirven para acarrear a lomo de caballo las verduras que se venden a domicilio, i a lomo de burro la arena, piedras de empedrar, etc., debe ser considerado como un chilenismo.

Al que vende algo en *árguenas* i al que las hace i las expende se le llama *arguenero*, que no es castellano.

ARMAZON.

Decimos en Chile a lo que en castellano se llama *anaqueles* o sea *anaquelería*.

> "*Anaqueles*- los estantes en que se ponen las mercaderías en las tiendas." (Salvá.- *Diccionario.*)

> "I por mostrador una mesa larga de pino sin pintar como la destartalada anaquelería." (Hartzenbusch.- *El Mercader de la calle mayor.*)

Ni faltan, aun entre la jente suficientemente ilustrada, quienes den a *armazon* el jénero masculino.

ARNES.

El señor Gormaz cree inadmisible o poco ménos a *arneses* por *jaeces*. Cierto que esta acepcion de *arnes* no cuenta con la autoridad de la Academia; mas cuenta en cambio con la de mui respetables escritores peninsulares.

> "I en este recinto están los pesebres para sesenta caballos, los cuartos para guardar los *harneses*, las cocheras," etc. (J. J. de Mora.- *No me olvides.*)

> "El conjunto de los arreos i *arneses* para andar a caballo." (Salvá.- *Diccionario, voz* Cabalgar.)

La Academia dice *guarniciones* (voz *desguarnecer.*)

¡ARO! O ¡HARO!

Interjeccion, a lo que entendemos, exclusivamente chilena, cuyo significado i uso se esclarecerán mucho mejor que con las explicaciones que pudiéramos dar, con el pasaje que va en seguida i que tomamos de *El Huérfano*:

> "De repente salió del medio de la concurrencia el formidable grito de
> -"*¡Aro! ¡aro!*"
> "Todo el mundo calló como por encanto; cesó la vocería; paró el baile i los bailarines quedaron en la misma posicion en que la voz los habia sorprendido. Entónces el que hacia de *bastonero* se acercó a ellos con un vaso de licor i, despues de hacerlos beber, les dijo con cómica gravedad:

> -"¡Dios me los guarde para que beban siempre en el mismo vaso!"

¿Será este *¡aro!*, el *¡ari! ¡ari!*, que en quichua significa, *¡así! ¡muy bien!*?

ARRANCAR.

Aun cuando sabemos que una de las acepciones castizas de este verbo es, *partir con violencia* para seguir corriendo, *emprender la carrera*, barruntamos sea peculiar a Chile aquello de confundirlo con *huir, retirarse, apartarse*; como cuando se dice que el gato *arranca* del perro, i que los ratones *arrancan* de aquél, o como cuando se canta por esas *chinganas* [→] del diablo aquella *zamacueca de pata en quincha:*

> "Quien de otro se retira
> Es porque teme,
> I los hombres no *arrancan*
> De las mujeres."

ÁRREA O ARRIA, ARREAR, ARRIAR, ARREO, ARREARSE.

Hai que advertir acerca de estos vocablos: 1.° que ni *árrea* ni *arria* son castellanos, pues lo que por acá llamamos así, en España se ha llamado siempre *recua*: 2.° que *árrea* o *arria* es mucho mas usado en la República Arjentina que en Chile, donde la palabra corriente, ni es ésta ni *recua* tampoco, sino *tropa*; 3.° que como la voz de que tratamos viene sin duda alguna de *¡Arre!*, grito con que se estimula a caminar a las caballerías, su forma mas correcta parece *árrea*, aunque la otra tenga en su abono el conformarse mejor con la índole de la lengua, que rechaza la acentuacion esdrújula en las palabras que terminan por dos vocales llenas.

> "Las *árreas* de mulas que conducen al Rosario pasas de uvas i orejones de duraznos se sucedian sin interrupcion." (S. ESTRADA.- *Apuntes de viaje.*)

Con respecto a los verbos activos debe tenerse mui presente que, aunque castellanos ambos, son de significacion completamente diversa.

Arrear es aguijar las bestias para que caminen; i *arriar*, voz náutica que significa bajar las velas o banderas.

> "Llegó Sancho a su amo, marchito i desmayado, tanto que no podia *arrear* a su jumento." (CERVÁNTES.- *Don Quijote*)

> "Traiga Ud. un clavo i un martillo i clave Ud. la bandera porque este navío no la *arria.*" (FERNÁNDEZ DE ANGULO.)

Agreguemos, para concluir, que *arrear* se usa tambien como reflexivo i que entónces equivale a *engalanarse, ataviarse*, puesto que se deriva de *arreo.*

> "La singular belleza suya i las apariencias de la incomparable honestidad de que se *arrea*, son partes para que, no solo sea querida, sino adorada de todos cuantos la miraren." (CERVÁNTES.- *Galatea.*)

ARREMINGARSE, ARREMINGADO, A.

Sin duda ninguna que este *arremingarse* es ni mas ni ménos que el castellano *remilgarse*, groseramente desfigurado; solo sí que miéntras el *remilgarse* trae a la mente la idea de pulidez, compostura, delicadeza i gracia en el porte i facciones, el *arremingarse* vulgar lleva en su sentido un sies-noes de altanería i hasta de orgulloso desenfado. De ahí es que por lo jeneral se aplique mas bien que a las niñas melindrosas i marisabidillas, a las jamonas presumidas i de mala índole.

ARRENQUIN O ARRINQUIN.

En Cuba, segun Salvá, se llama así a la bestia delantera que sirve de guia a la recua.

Juan de Arona afirma usarse en el Perú, no solo *arrinquin*, sino tambien *arrinquina*, segun el sexo a que se aplica, conservando sin alteracion notable la significacion de su orijinal, *arlequin*.

En Chile hemos oido este vocablo siempre en su terminacion masculina, pero en dos sentidos diversos. Unas veces denotando a aquellas personas que viven en charla i movimiento perpetuo, i son verdaderas ardillas humanas, i otras al ayudante, jeneralmente muchacho, que suelen llevar los carreteros para que los desempeñen en ciertos menudos quehaceres.

A la bestia que guia la tropa, i que casi siempre es una yegua, la llamamos *madrina* [→], i al jinete que la tira del cabestro o que la monta, *marinero* o *marucho* [→].

ARREVESADO, A.

El término castizo que puede aplicarse a las personas que hacen las cosas, o a las cosas hechas, al reves, embrollada i caprichosamente, es *enrevesado* o *revesado*.

> "... En cuarenta álbumes
> (¡Qué *revesado* plural!)
> La he puesto yo por mi cuenta."
> (Breton.- *El Cuarto de hora.*)

Leemos no obstante en *El exámen crítico-histórico del influjo que tuvo en el comercio, industría i poblacion de España su dominacion en América*, por Arias i Miranda: "I de inclinaciones *arrevesadas*."

ARRIBA, ARRIBANO, A.

Correlativos de *abajo, abajino, a* [→], cuyo significado hemos ya expuesto; por lo cual, remitiendo al lector a lo que allí se dijo, nos limitaremos a copiar aquí una frase del *Don Diego Portáles*, en que se trata de *arribanos:* "Ademas, por los pasajes que ya hemos citado de la correspondencia íntima de Portáles, se deja ver que no se las tenia todas consigo al tratar con

Prieto, quien encerraba en su ánimo toda la suspicacia peculiar de los *arribanos*, sin carecer de capacidad i de una mas que mediana obstinacion para sostener sus ideas."

ARRISCAR, ARRISCADO A.

Arriscar es castellano denotando *engreirse* o *erguirse*, i de ahí que *arriscado* lo sea tambien en el sentido de *gallardo, brioso, desenvuelto.*

No debe decirse, por lo tanto: "Es una lástima que la niña no sepa reirse sin *arriscar* la nariz"; ni mucho ménos de aquellas narices que parecen temerosas de que la boca se las coma, segun huyen de ella i se levantan, *narices arriscadas*, a no ser que se tenga el detestable gusto de encontrar gallardas i apuestas cuantas en Castilla merecerian con justicia el calificativo de *arremangadas, respingadas, arregazadas.*

> "Nariz *arregazada*, la que está levantada con el pico hácia arriba." (Covarrúbias.- *Tesoro de la lengua castellana*)

> "Vieja escarmentada pasa el vado *arregazada*." (Id.- *Ibid.*)

ARRITRANCA.

Hai en castellano *retranca*, correa ancha, segun la Academia, que se pone a las bestias en lugar de *grupera* o *ataharre.*

Arritranco es un provincialismo cubano que equivale a *trasto viejo, mueble inútil, armatoste.*

En Chile se pronuncia vulgarmente *arritranca*, atribuyéndole, ya el sentido de *retranca*, ya uno que se aproxima algun tanto al cubano *arritranco*, pues denota todo lo que es superfluo e inútil en materia de adornos i dijes amontonados con poco gusto.

> – "¿Qué le parece, papá, mi vestido?
> – "Estaria bonito si tuviese algunos vuelos i cintas de ménos. Ya sabes que soi enemigo de *arritrancas*."

ARRUMBE O ARRUMBRE, ARRUMBARSE, ARRUMBADO, A.

Ni *arrumbe* ni *arrumbre* son castellanos, pues en castellano se dice *herrumbre* i *herrin.*

> "La azorada inquietud deje las almas,
> Deje la triste *herrumbre* los arados."
> (Bello.- *La Agricultura de la zona tórrida.*)

Se usa bárbaramente *arrumbado*, cuando se quiere denotar con él que algunos objetos están tirados por ahí, sin uso i privados de las caricias del plumero.

Ni es mas propio llamar *dulce arrumbado* al que, por haberse dejado enfriar en alguna paila de cobre, se ha *oxidado.*

Conviene hagamos notar aquí la diferencia de significacion que existe entre *herrin* i *herrumbre.*

Herrin es una *herrumbre* determinada; de un sable, de una paila, etc.

Herrumbre es *herrin* indefinido, jeneral; no la de un objeto determinado, sino de todos los que puedan tenerlo, sean como quieran, estén en donde estén.

Entre *herrin* i *herrumbre* media la misma diferencia que entre pesar i pesadumbre, podre i podredumbre, techo i techumbre, certeza i certidumbre, luz i lumbre, etc.

(Véase Roque Barcia, *Diccionario de Sinónimos*, tom. I, pájs. 393, 394 i 395.)

ASÍ NO MAS.

Mui usado entre jentes de todas las categorías sociales. Equivale al *doucement* de los franceses, i al *piano, piano* de los italianos.

Cuenta a la vuelta de alguna esquina un importuno nos sorprende con su: "¿Qué es de su buena vida? ¡Cuánto me alegro de verlo! i ¿Cómo está Ud.?" no hallando nada mejor que contestare, le contestamos de cajon: "*Así, así*", o "*Así no mas.*"

Cuando un enfermo ha pasado una noche sin notable mejoría ni agravacion de su mal, la dueño de casa dice por la mañana al criado: "Si vienen a saber de la salud del caballero, contéstales que está *así no mas.*"

> "... bien sabe el portador que ha de traer de vuelta las gracias dadas i el parte de que el enfermo está *así no mas.*" (JOTABECHE.- *Una enfermedad.*)

ASOROCHARSE, ASOROCHADO, A.

Vocablo orijinario del Perú, probablemente de oríjen quichua, aun cuando no es posible descubrir concordancia alguna de significado entre *soroche* [→] i las dos palabras quichuas que mas se le asemejan en su estructura, conviene a saber, *zorochi*, el que vive a sus anchas, i *zuruchic*, margajita.

Soroche es la sofocacion i ahogo causados por la rareza de la atmósfera en las rejiones que se hallan a grande altura sobre el nivel del mar.

En una relacion escrita por el viajero Mr. Wedel, de la subida que hizo al Misti, parte de cuya relacion transcribimos nosotros en los *Apuntes de viaje* que publicamos sobre Arequipa en *La Estrella de Chile*, hallamos el siguiente párrafo:

> "A medida que mas nos elevábamos, no solo aumentaba la opresion, obligándonos a hacer descansos mas prolongados, sino venia aún a aumentarse la fatiga de los miembros, accidente mas molesto que el *soroche*, pues un descanso de algunos minutos no bastaba para aliviarlo."

Réstanos solo agregar que *asorocharse*, en el lenguaje usual del vulgo, es perfectamente sinónimo de *ruborizarse*.

ATORARSE.

Este verbo en castellano vale tanto como *atascarse*; por donde se comprenderá que no lo usamos como es debido, empleándolo para denotar que tenemos algo detenido en la garganta.

La palabra que conviene en casos tales es *atragantarse.*

ATRASARSE. [+ ATRASADO, A]

Es mui castizo *atrasado*, en el sentido de *pobre, empeñado,* etc.; pero no lo es *atrasarse* en el sentido que le dan nuestros *guasos* en frases como éstas: "Desde que empezaron los aguaceros se *atrasó* este ternerito." "No ha salido hoy al trabajo *ñor* Julian porque, segando, con la *echona* se *atrasó* de una mano."

En tales casos *atrasarse* tiene una significacion análoga a *desgraciarse* [→], de que hablaremos a su tiempo.

ATURULLAR.

Se dice jeneralmente por *confundir, desvanecer a uno a gritos, morisquetas, manotadas,* etc.

Debe decirse *aturrullar.*

AUTONOMIA.

El señor Bello dice que el uso mas comun es acentuar la *o* de la terminacion, *autonomia.* Lo comun es acentuar la *i*, *autonomía*; i eso es tambien lo que enseña el Diccionario de la Academia.

AVALANCHA.

Mui buscado por los poetas principiantes. Es palabra francesa, i tan desvergonzada, que apénas si ha tomado la precaucion de mudar en *a* la *e* con que termina en aquella lengua para penetrar en los dominios de la nuestra.

Es tanto mas urjente desterrarla, cuanto que, teniendo en castellano *alud* i *lurte*, maldita la falta que nos hace.

AVIAR.

En castellano, *preparar lo necesario para el viaje.*

Nuestros campesinos i peones lo usan mucho en el sentido de *anticipar dinero a cuenta de trabajo.* Así en los dias sábados, a la hora del socorro, no es raro oir frases como ésta:-"Patron, ¿podría hacerme Su Merced el favor de *aviarme* con un peso, que es para sacar un parcito de calzoncillos?"

AVÍO.

La montura, *enjalma, pellones* [→] i demas piezas que usan nuestros *guasos* [→], en vez de silla de montar a caballo.

"Mi verdadera confianza
Está en el Padre querido
Que a todos ha redimido,
I desde que su hijo soi
A caballo al cielo voi
Si Dios me presta el *avío.*"

(Guajardo.- *Los Espolones del Diablo.*)

AVOCASTRO.

De sentido mui semejante a la palabra española *avechucho*, ave de aspecto irregular o repugnante, persona contrahecha.

Es sin duda alguna este chilenismo dejeneracion del anticuado *avucastro* que se aplicaba a los enfadosos i majaderos.

> "En un aposento de la Catedral de Toledo vimos en 1859 una coleccion de estos *abocastros* que así tambien se llamaban (ciertas figuras de mojiganga.)" (B. Vicuña Mackenna.- *Historia de Santiago.*)

AYECAHUE.

Dícese de la persona *ridículamente vestida,* i tambien de las cosas *grotescas* i *que mueven a risa.* Es de uso mucho mas comun al Sur del Maule que en las provincias del centro i Norte de la República.

Si no nos engañamos, viene del araucano *ayecan,* reirse, o *ayecaun,* risible.

El provincialismo mejicano correspondiente a *ayecahue* es *figuroso.*

AYUYA.

Despues de advertir Salvá que esta palabra es un provincialismo de la América Meridional, la define: "Rosca de pan mui blanco i esquisito que se hace en el asiento de Ambato (república del Ecuador) estimada sobremanera en el Perú i Tierra Firme, por su excelente gusto i el mucho tiempo que puede guardarse."

Ignorábamos hasta el momento de leer la anterior encomiástica definicion en el Diccionario de Salvá que fuésemos deudores al asiento de Ambato de las esquisitas *ayuyas*, por mas que siendo golosos de ellas, hace mucho tiempo comprendamos i disculpemos de sobra el entusiasmo con que el señor don Vicente las recuerda.

> "¡*Aleluya!* dijo el cura
> Por comerse las *ayuyas;*
> I el sacristan dijo amen
> Para tocar él tambien."

Copiado este ejemplo, especie de refran o cantinela, con que los muchachos suelen hacer fisga a los sacristanes i domésticos de los eclesiásticos, lo único que nos resta advertir en honor de las *ayuyas* chilenas, es que ellas, con ser tan delicadas como las de Ambato, se asemejan muchísimo mas en su forma al pan que a las roscas.

La Academia escribe *hallulla*; ortografía que nos parece inaceptable.

AZAREARSE, AZAREO.

No puede decirse de estas palabras lo que de los gustos, que acerca de ellos nada hai escrito.

En prueba, dice Juan de Arona, en sus varias veces ya citados *Apuntes:*

> "Azarearse.- Llenarse de *azar,* de sobresalto. Desconcertarse,

desazonarse, inquietarse, desasosegarse, escamarse. Talvez sea este último verbo el que mas se le acerque."

"El *azareo* es producido en el individuo, ya por las extrañezas, voluntarias o involuntarias, de alguna persona, ya por las fatales apariencias de las circunstancias."

"Si todos los que usan este verbo i este sustantivo llegaran a convencerse de un golpe de que no están en el *Diccionario*, i que era necesario renunciar a ellos, habria un cataclismo mental. I es que con *azarearse* sucede lo que con *empavarse*, que corresponde a una vehementísima necesidad, real o ficticia, de nuestro modo de sentir."

"*Tener azar*, es buen castellano."

> "... Mas habiéndose mudado
> De la casa a otro dia
> Por el *azar* que dice que *tenia*
> Con ella..."
>
> (CALDERON.- *No hai cosa como callar.*)

I el señor Cuervo en su no ménos utilizadas *Apuntaciones:*

> "*Azararse* vale torcerse un asunto o lance por sobrevenir un obstáculo imprevisto. No lo entienden así nuestros coterráneos, como que afirman *azararse* si los miran de frente, i casi todos los escolares se ven aquejados del mismo accidente si el maestro les muestra a deshora la palmeta. Se viene a los ojos que se ha confundido esta voz con *azorarse*, cuyo sentido es sobresaltar, conturbar, i derivado de *azor*, (ave de rapiña usada en la cetrería o caza de aves por medio de halcones, neblíes i otras aves de la misma ralea) a cuya vista se ahuyentan i desbaratan las bandadas de palomas, perdices, etc."

Ahora, si nos fuese lícito agregar unas pocas palabras, diríamos que es *azorarse* i no *azararse* el que debe ser considerado como padre de nuestro *azarearse*, si bien se nota entre ámbos una notable diferencia de significado. Hai, en efecto, en el que se *azarea* (i esto no lo ignora ningun compatriota nuestro) algo mas que amilanamiento i rubor; hai tambien ira concentrada i sangre que, en vez de enfriarse como en el *azorado*, se calienta, como en el que siente despertarse sus belicosos o vengativos instintos.

Es notable el siguiente pasaje de Cervántes porque en él se encuentra empleado el verbo *azorarse* en significacion mui semejante a la de nuestro *azarearse:*

> "Mi asno, respondió Sancho, que por no nombrarle con este nombre le suelo llamar el rucio, i a esta señora dueña le rogué cuando entré en este castillo tuviese cuenta con él, i *azoróse* de manera como si la hubiera dicho que era fea o vieja." (QUIJOTE.)

B

BABERO.

A no haber visto por ahí en algun vocabulario de los gazapatones mas corrientes en Chile esta voz, nos habríamos abstenido de escribirla aquí; pues lo único que deseamos advertir sobre ella es que, no cediendo en lo castizo a sus dos sinónimos *babado* i *babadero*, los aventaja en ser mucho mas jeneralmente usada por toda clase de personas.

BABOSO.

No es ése el nombre castellano del dañino i repugnante animalejo que a despecho de *queltehues* i jardineros devasta los jardines de la capital. En España, donde segun el Diccionario de la Academia es mui comun i de donde seguramete fué importado a Chile, le atribuyen jénero femenino, llamándolo *babosa*.

No es extraño, por lo demas, que haya entre la madre patria i Chile discordancia sobre el jénero del molusco de que tratamos, pues habiendo consultado nosotros a un na[tu]ralista a fin de obtener datos exactos, nos aseguró que todos tenian ambos sexos i que mui bien habria podido suceder que cuantos existen en Chile viniesen, no de una sola pareja, sino de un solo individuo.

Lo mas seguro i lo mas limpio seria decir *limaza*, como parece aconsejar Domínguez en su Diccionario.

BACENILLA.

Para comprender cuán extraviados andan los que así pronuncian, no se necesita de mas que de advertir que siendo el primitivo *bacin*, las leyes de la derivacion exijen *bacinilla*.

Ahora si se nos preguntase: ¿por qué *bacin* i no *vasin* i de consiguiente *vasinilla*?; contestaríamos casi con seguridad plena de no engañarnos: porque no se trata de un *vaso* pequeño, sino de algo que tiene sus puntos de semejanza con una pequeña *bacía*.

En lo antiguo *bacin* i *bacía* eran poco ménos que sinónimos.

BADULAQUE.

Usase a veces en Chile en un sentido que no tiene, cual es el de *bellaco, belitre*.

Badulaque, es *sandio, tonto, fatuo, necio*.

BAGUAL O GUAGUAL, BAUSAN.

Segun Salvá *bagual* es un provincialismo de las Antillas i de la América

Central, donde equivale a *feroz, indómito.* Así se llama por esas tierras ganado *bagual* al ganado *montaraz* o *bravío.*

En Chile llamamos *bagual* o *guagual* i tambien *bausan* al *hombrote,* máxime si a su elevada estatura i muchas chichas reune la circunstancia de ser flaco de entendimiento.

Rastreando el oríjen de este chilenismo, hemos dado con tres posibles, entre los cuales el discreto lector elejirá.

Pudiera ser un aumentativo *sui géneris* de *guagua* [→], patente casi bajo la forma *guagualon* [→ *guagua*], que da tanto como *niño crecido i simplonazo*: o bien una corrupcion de *bausan* (el bobo o necio segun el Diccionario de la Academia) i por último, i esta es acaso la mas probable de las hipótesis que sobre el asunto adelantamos, una metafórica aplicacion a los jigantes del reino humano del nombre que los negros dan al jigante del reino vejetal: *baobab (adansonia digitata),* árbol que crece en la Senegambia i que es hasta ahora el mas corpulento de los vejetales conocidos.

En este último caso *bagual* seria una de las escasísimas huellas que ha dejado en la América española i republicana la infeliz raza de Cham, que no la conoció sino como teatro del dolor, de la esclavitud i de la muerte.

BAJADOR.

Voz del manejo de los caballos. En España se llama *amarra* i tambien *gamarra,* la correa que saliendo de las cinchas, pára en la muserola del freno i sirve para que no picotee el caballo.

BAJO.

Consecuentes con la idea de acotar en este *Diccionario,* no solo aquellas voces i jiros que propiamente puedan considerarse como provincialismos de Chile, sino tambien aquellas que siendo en sí mismas castizas, se usan, aun por las personas ilustradas, en formas incorrectas o en acepciones indebidas, mal podríamos olvidarnos de *bajo.*

Quien tenga presente que en el sentido recto i figurado esta palabra equivale a *debajo de,* convendrá con nosotros en que se usa de una manera incorrecta cada vez que se la antepone a *aspecto* o *punto de vista,* en frases como las siguientes: "El punto en que nos ocupamos puede considerarse *bajo* dos diferentes aspectos." "No es de extrañar que las conclusiones a que mi honorable contradictor arriba hagan fuego contra las mias, pues él i yo consideramos el asunto *bajo* puntos de vista diametralmente opuestos."

> "Presentada la cuestion *bajo ese aspecto,* obtiene (el señor Cánovas del Castillo) un triunfo que nadie podria disputarle." (M. L. Amunátegui.- *Juicio crítico de Heredia.*)

Pero la incorreccion apuntada es una bicoca si se compara con la que cometemos en frases tan comunes i revesadas como ésta: "La justicia exije que en un pais bien organizado todos los partidos i todos los hombres puedan vivir *bajo el pié* de la mas perfecta igualdad." O como esta otra de un presidente de Cámara: "Procederemos a votar *bajo la base* acordada."

> "La Academia (de Bellas Letras) apresurándose a aceptar el encargo que se le confia ha organizado el certámen poético *bajo* las siguientes bases." (El Secretario de la Academia de Bellas Letras.)

Omitimos los comentarios porque nos parece que nos expondríamos a inferir al lector inmerecido agravio advirtiéndole que las columnas i edificios están *sobre*, que no *debajo* de su base; i que no es costumbre que cuantos tienen piés anden *debajo* de ellos.

Véanse ahora, en ejemplos tomados de los clásicos españoles, las preposiciones que deberian reemplazar a *bajo* en frases como las aducidas.

1. "Venia Hernan Cortés deseoso de saber el estado en que se hallaban las cosas de la Vera Cruz, por ser la conservacion de aquella retirada una de las *basas* principales *sobre* que se habia de fundar el nuevo edificio de que se trataba." (Solis.- *Conquista de Nueva España.*)
2. "Acomodéme luego fácilmente *sobre* el mismo *pié* que en Segovia." (P. Isla.- *Gil Blas.*)
3. "No se sabe a qué atribuir este vacío de nuestras letras, bien extraño ciertamente *por* cualquier *aspecto* que se le considere." (Quintana.- *Musa épica española.*)
4. "¡Ojalá logre presentarla (la institucion de los mayorazgos) a V. A. *en* su verdadero *punto de vista* i conciliar la consideracion que se le debe con el grande objeto de este Informe, que es el bien de la agricultura!" (Jovellános.- *Lei agraria, mayorazgos.*)

Con relacion a este último ejemplo indicaremos, para concluir, que en la jeneralidad de los casos convendria decir i escribir *desde* ántes de *punto de vista*, ya que el punto ese no es otro que el lugar en que figuradamente se coloca el observador para ver i estudiar mejor lo que desea.

BAJUJO [POR LO].

Por lo bajo, para denotar *con maña i disimulo* es mui castizo. No así *por lo bajujo*, que lleva en sí algo de picaresco, i que en conversacion familiar suele emplear en Chile de vez en cuando la jente bien instruida.

> "Si *pillan* un *granadero*[44]
> *Por lo bajujo* lo arrestan,
> I entre ellos mismos apuestan
> A cual lo seca primero."
> (Guajardo.- *Los Bolseros.*)

BALBUCEAR, BALBUCIR.

Aunque el primero de los dos verbos materia del párrafo que vamos echando no se encuentra en los

44 *Granadero*, está aqui empleado por vasote para beber la *chicha*.

escritores de los buenos tiempos de la lengua ni en el Diccionario de la Academia, es hoi dia de uso corriente en todas sus inflexiones, i de necesario en aquellas en que a causa de no empezar la terminacion por *i*, el empleo de su sinónimo *balbucir* seria insoportable. Puede en verdad decirse indiferentemente yo *balbucia*, o yo *balbuceaba;* pero quién podria tolerar *yo balbuzo* o *yo balbuzco?*

Balbucear i *balbucir* son dos verbos jemelos, que se prestan mutuamente buenos servicios, i que traen a la memoria aquella otra pareja formada por *blandear i blandir*; i es raro que, habiéndose el señor Bello acordado de estos dos verbos en el capítulo de su *Gramática* que consagró a los defectivos, se olvidase de *balbucir*, cuya existencia estábale indicando como con el dedo el adjetivo *balbuciente.*

Verdad es que la Academia habia padecido el mismo olvido; olvido que el bueno de Domínguez no dejó de echarle en cara con acrimonia en su Diccionario; pero ahí estaban numerosos pasajes de los maestros de la lengua acreditando su existencia i limpieza de sangre.

I todos cuantos vagan
De tí me van mil gracias refiriendo,
I todas mas me llagan
I déjame muriendo
Un nosequé que queda *balbuciendo.*

(San Juan de la Cruz.- *Canciones.*)

"El *balbucir* de la pasmada jente."

(Ercilla.- *La Araucana.*)

BANCA, BANCO.

Tenemos la mala costumbre de servirnos indistintamente de los dos vocablos del título, por no advertir o por ignorar que cada uno de ellos tiene su propio i exclusivo significado.

"*Banca*, dice la Academia, asiento de madera sin respaldo i a modo de una mesilla baja."

"*Banco*, segun la misma, asiento hecho regularmente de madera en que pueden sentarse a un tiempo algunas personas. Los hai de respaldo i sin él."

Mas claro, se llama *banca* la silleta de madera sin respaldo; i *banco* el escaño tosco, que jeneralmente lo tiene, pero que puede no tenerlo tambien.

BANDADA.

Bandada es la primer palabra que se viene a los labios de las personas poco instruidas (en cuyo número quedan incluidos los periodistas zarramplines i los oradores intonsos) cada vez que desean designar una reunion de animales, de aves o de peces. Teniendo la lengua nombres especiales para esas reuniones segun sea la clase de individuos que las formen, emplear *bandada* en todos los casos, es emplearlo impropiamente cuando se habla de los cuadrúpedos o peces, i empobrecer el idioma.

El conjunto de peces que nadan como en compañía se llama *cardúmen* o *cardúmine;* el de aves que vuelan en peloton, *bandada o banda;* el de cuadrúpedos que marchan reunidos, *manada,* a no ser que el andar en pandilla o estar echados como en monton provenga de haber nacido de un mismo parto i seguir a una misma madre, pues entónces la palabra propia seria *lechigada.*

Hai por lo tanto impropiedad en el empleo que hace Cervántes de *bandada* en el siguiente pasaje:

> "Esles de particular entretenimiento i gusto (a los habitantes de los campos) ver en los frescos e intrincados setos cruzar las *bandadas* de conejos i en los prados las medrosas liebres." (Cervántes.- *Diálogo entre Sillenia i Selanio.*)

BAQUEANO.

Ni *baqueano,* como jeneralmente decimos, ni *baquiano* como debiéramos, se encuentran en los diccionarios de la lengua, si se exceptúan los de los señores Alcedo i Salvá, quienes al consignarlo incurrieron en el mismo error en que nosotros los chilenos solemos, i que el señor Cuervo evidencia en sus *Apuntaciones* de la siguiente manera:

> "Se engañó indudablemente Alcedo, i Salvá siguió sus huellas, al estampar en sus Diccionarios *baqueano* por *baquiano*; prescindiendo de que nadie, que no sea empalagosamente remilgado dice así, no queda ni un ápice de duda si se considera que esta voz viene de *baquia* (que nadie pronuncia *baquea* i vale hoy entre el vulgo de nuestro pais habilidad, destreza) "término" segun consta en la *Historia jeneral i natural de las Indias* por Gonzalo Fernández de Oviedo, "con que los españoles designaron despues de la conquista a los soldados viejos que habian tenido parte en ella" i significa *viejo, veterano:-* nótese que este último se toma tambien por *experto, ducho-* i Juan de Guzman en la notacion 28 sobre la *Geórjica* primera de Virjilio, cuenta a *vaquiano* entre las voces salidas de la isla de Santo Domingo i dice quiere decir *cosa antigua.*"

Nosotros nos permitiremos agregar que de las dos formas que se dan a esta voz, *baqueano* i *baquiano,* la primera parece un provincialismo americano i la segunda un arcaismo.

> "Que como tan *baquiano* en la tierra todo lo conocia." (Mateo Aleman.- *Guzman de Alfarache.*)

Don Domingo Faustino Sarmiento en el *Facundo* i varios otros escritores americanos han escrito *baqueano.* Sea empero la voz orijinaria de España o de América, lo mas autorizado i lo que nos parece mejor es *baquiano.* [→ *vaqueano*]

BARAJO.

Como interjeccion hemos solido oirla i en tal sentido merece disculpa, pues su oficio es reemplazar a otra con mucho mas usual i ménos decente.

Como sustantivo es un estropicio de que se hacen reos los *chiquillos de la calle* que se meten a campaneros.

Lo correcto es *badajo.*

BARATA.

Es un chilenismo cuyo equivalente español es *cucaracha.*

BARRACA.

No significa en castellano lo que la hacemos significar nosotros, el lugar en que están depositadas para venderse las maderas; sino *cabaña, choza rústica, rancho.*

BARREAL.

Dígase *barrizal* que es como debe.

BARRIGON, A.

Los puristas mas celosos que entendidos que profesan por esos colejios i escuelas la lengua de Cervántes, ponen particular empeño en inculcar a sus discípulos eviten decir *barrigon, bocon, denton, barbon, jeton, cacheton, narigon,* i otros aumentativos por el estilo.

Nosotros, que no descubrimos motivo para acordar una semejante preferencia a la terminacion en *udo*, i que al contrario recordamos que ella suele tomarse en mala parte, (compárese si nó a *caprichoso* con *caprichudo*) no podemos arrepentirnos ni pedir a los lectores se arrepientan de haber cantado cuando niños, los sábados, al salir de la última clase, esperando el real dominguero:

> Mañana es domingo
> De pila i pilon,
> Se casa la cabra
> Con el motilon;
> – ¿Quién es la madrina?
> – Doña Catalina
> Rebozo de harina.
> – ¿Quién es el padrino?
> – Don Juan *barrigon.*
> – ¿Quién toca la caja?
> – El negro *jeton.*

BARRILETE.

Significando la especie particular de *volantines* [→], o sea cometas, que tienen mas o ménos la forma de un barril visto de costado, es chilenismo.

BARTULAR.

Hubo en lo antiguo (1313–1356) un famoso jurisconsulto, Bartolo o Bártulo, profesor de Derecho en Pisa i en Perusa i redactor, segun refieren, de la *Bula de Oro.* Pues bien, i aunque parezca increible (tan singular es el destino de algunos hombres) este Bartolo o Bártulo, cuyas obras se imprimieron en ocho tomos no ha mucho en la capital de Baviera por un sabio aleman, es el padre reconocido de *bártulos negocios, asuntos, enredos, muebles, trastos,* etc., de donde a su vez procede nuestro expresivo *bartular, cavilar,* o *devanarse los sesos*, que es frase con que denotamos la misma idea, mas chilena i encarecidamente si cabe.

> Ya de tanto *bartular*
> Voi perdiendo la cabeza,
> I con la misma pobreza
> No hallo que jiro *agarrar.*
> (GUAJARDO.- *Proyectos de un aburrido.*)

BASTARDEAR.

Casi no hai artículo de periódico ni discurso parlamentario en que no se encuentre usado este verbo malamente. ¿A qué gobierno no hemos hecho el cargo de *bastardear las leyes*, la Constitucion, las instituciones, etc.?

I sinembargo *bastardear* es un verbo neutro, de la misma naturaleza que *dejenerar,* que por lo tanto no admite complemento directo.

En vez de decir, pues, de los gobiernos que aplican torcidamente las leyes, valiéndose de sofismas e hipócritas interpretaciones, que *las bastardean,* diremos que las *falsean, vician, corrompen* o *barrenan.*

Ejemplo de uso correcto:

> "El comun de los hombres de tal manera han torcido i *bastardeado de* la jenerosidad de su naturaleza, que así como las bestias en ninguna otra cosa entienden sino en buscar bienes para su cuerpo, así ellos, jeneralmente hablando, en ninguna otra cosa dia i noche se ocupan, sino en lo mismo que ellas." (FRAI LUIS DE GRANADA.- *Símbolo de la fe.*)

Ejemplo que no debe imitarse:

Esplicando el señor don Pedro M. de Olive, en su Diccionario de Sinónimos, la diferencia de sentido que hai entre *desnaturalizar* i *bastardear,* dice: "Licurgo *desnaturalizó* el corazon del hombre porque dirijió sus facultades hácia nuevos i extraordinarios objetos; pero no *le bastardeó* porque no le alejó de su primitivo oríjen, sino al contrario, aumentó su vigor i su nobleza."

BATAN.

Batanes llamamos en Santiago a las *tintorerías.*

BATIBURRILLO.

Para indicar una mezcla de cosas que no se avienen bien unas con otras, o un discurso desordenado i compuesto de partes inconexas, decimos: es un *batiburrillo.* No dirán así, sino *batiborrillo,* o mejor todavía *baturrillo,* cuantos se den el trabajo de consultar el Diccionario.

BAYO.

La caja o ándas en que se llevan a enterrar los difuntos se llama *féretro* en castellano. El mas sencillo i tosco que sirve para llevar los cadáveres de los pobres al cementerio se llama *galga* en algunas provincias de España.

En Chile, donde designamos con el nombre de *carro* al en que son conducidos a su última morada los restos mortales de las personas acomodadas, se designan con el de *bayo* las ándas en que se presta ese servicio a los cadáveres de los pobres.

Tambien decimos, *bayos* de los caballos *dorados* i de la chicha de color *entre pajizo i blanco;* i recordamos haber visto escrita con bastardilla la palabra ésta, en la acepcion de que hablamos, en mas de un libro i en mas de veinte párrafos de las gacetillas de nuestros diarios, (a la chilena, *crónicas locales*); pero debe tenerse por entendido que, no por ser nativa de nuestra tierra la *chicha baya*, es ménos castiza la palabra con que la designamos.

BELDUQUE.

El cuchillo ordinario, de hoja comunmente puntiaguda i con mango de madera i de una sola pieza. Barruntamos que su uso sea jeneral en la América latina, pues se encuentra consignado en las Apuntaciones del señor Cuervo.

Lo probable es que *belduque* fuese el nombre del lugar en que los tales cuchillos se fabricaban, o acaso del fabricante; que por lo tanto se dijese en un principio *cuchillo de belduque*, como es seguro se diria *cigarro habano*, i que andando el tiempo llegase a decirse sencilla i lacónicamente en el primer caso *un belduque*, como decimos en el segundo, *un habano.*

El señor Gormaz yerra groseramente cuando aconseja se sustituya a *berduque* por *balduque.*

Balduque es en español una especie de cinta para atar legajos.

BENEFICIARSE.

Beneficiar en castellano es hacer bien a alguien, i cultivar i cuidar de alguna cosa procurando que fructifique.

Entre nuestros carniceros es matar i descuartizar, *despostar* la res para vender la carne i demas partes útiles.

En estilo metafórico i entre predestinados a la Penitenciaria (que tambien gustan de metáforas los tales) *beneficiarse* a alguno es *asesinarlo.* En el mismo sentido dicen ellos en tono socarron cuando han muerto a algun prójimo, que se lo han *merendado* [→ *merendarse*], i tambien *soplado* [→ *soplarse*].

BICOCA.

Llamamos así al pequeño gorro que usan los esclesiásticos para cubrirse la corona, probablemente por ignorar u olvidar que el nombre castizo de tal pieza es *solideo.*

BLONDO, A.

Rarísimos serán los poetas americanos (i si dijéramos españoles no mentiríamos) que no hayan usado alguna vez siquiera este tentador adjetivo, i que al usarlo, no hayan dado un mas de regular traspié.

¿Cómo se esplica que atribuyamos a *blondo* el significado de *crespo* o *rizado,* cuando ni en castellano, ni en frances, ni en sajon, de donde viene, segun leemos en el Diccionario de los señores Noel i Chapsal, significa eso, sino *amarillo, dorado, rubio*? Despues de mucho devanear nadas mas podemos que presentarnos a los lectores con un *acaso* (por el estilo de los que acostumbra Mr. Rénan.) Acaso la semejanza de sonidos que hai entre nuestro asendereado adjetivo i el sustantivo *blonda* nos ha inducido a atribuir a aquél una significacion semejante a la de éste.

Sea lo que fuere de la sobredicha conjetura, lo innegable es que, no solo en América sino tambien en España, i no solo por escritores adocenados i fargallones, sino por ilustres personajes, se incurre en el disparate que anotamos.

I vaya una muestra sacada de entre los eminentes del parnaso español:

> Tu vellon *nevado,*
> De ricitos lleno,
> Cual de *blonda* seda
> Cuidadoso peino.
> (MELÉNDEZ.- *Idilio II.*)

BOCHAN.

Persona que ha residido algunos años en la frontera nos asegura que por aquellos mundos la palabra *rastrojo* [→], tan usada por los agricultores del centro i Norte para denotar los restos de la sementera que quedan sobre el terreno despues de recojidos los frutos, solo se usa hablando de sementeras de trigo i cebada; pues el rastrojo de las *chacras* se llama *bochan.*

En abono del vocablo éste, que viene sin duda del araucano *Vucheñ,* podríamos hacer una observacion semejante a la que hicimos en pro de *abastero,* pretendiendo debiera conservarse al lado de *abastecedor,* por tener un significado mas concreto i taxativo. Llamemos con los españoles *rastrojo* al residuo de las cañas del trigo o cebada que queda en la tierra despues de segar, i *bochan* al que queda, despues de la cosecha, en los terrenos sembrados de *chacras.*

Este alegato a favor de *bochan* no logró ablandar al S. Paúlsen quien, despues de leerlo, puso por providencia:

> BOCHAN.- Voz bárbara que *debemos desterrar.* No hace la menor falta; *rastrojo* dice lo mismo en buen castellano. Ese *bochan,* francamente, me pone grima."

BOCHINCHE, BOCHINCHERO, A.

Nada de extraño tiene que habiendo heredado nosotros de los españoles nuestros abuelos la propension a los pronunciamientos, asonadas, bataholas i chamusquinas, hayamos querido, como para apropiárnoslas mejor, bautizarlos con nombres de nuestra invencion i particular agrado. Con tal propósito, como se verá en su lugar, rejuveneciendo i retocando a Liorna, sacamos de él los sustantivos *leona* i *leonero* [→ *liona*] i el adjetivo *aleonado* [→ *aleonar*]. Tócanos ahora hablar de *bochinche* i de *bochinchero,* que en verdad, en lo tocante a la significacion, se asemejan hasta casi confundirse con aquéllos. La única diferencia apreciable consiste en que el *bochinche* trae a la imajinacion una revuelta de carácter algo mas sério que la *leona*; pues miéntras aquél huele a plazas, salas de sesiones i cuarteles, éste pocas veces huele a otra cosa que a refectorios de colejios.

Si hubiéramos de juzgar por el silencio que sobre esta palabra guardan los señores Cuervo i Arona, acaso nos sentiríamos tentados a señalarla como un provincialismo exclusivamente chileno. Tenemos, empero, por mas probable que la omision en los *Apuntes* (mui breves por lo demas, de este último escritor) provenga de involuntario olvido, pues si nuestra memoria no nos traiciona, aquella ocurre con cierta frecuencia en los escritores peruanos.

Tambien creemos que la usaba mucho en sus escritos políticos el señor don Antonio José de Irisarri, i casi podríamos afirmar que una de sus composiciones poéticas se titula *El bochinche.*

Dicho lo que queda en lo tocante al uso de *bochinche,* lo único que en cuanto a etimolojía nos permitiremos agregar, i eso con cierto temor, es que en lengua araucana *vucheun,* significa *saltar, bufonearse, chancearse.*

¿Qué dificultad hai para admitir que los mismos que transformaron en *bochan* el *vucheñ* araucano, no convirtiesen el *vucheun* en *bochinche,* tanto mas cuanto que la partícula *che,* (jente) ocurre en muchas voces de indudable oríjen araucano, sin que pueda descubrirse otro motivo para su agregacion que una razon de eufonia? ¿Por qué, verbi-gracia, decir al negro, *negro curiche,* cuando con *curi* (negro) seria suficiente?

En resúmen i sin pretender meternos en camisa de once varas, opinamos que así como en araucano *curi* se dice solo de las cosas negras, i *curiche* de las personas de ese color, así puede suceder que *vucheun* indique el triscar de los animales, i *vucheunche* (*bochinche*) el saltar de la jente.

BOCON, ONA.

Véase *barrigon, ona* [→].

BOLA.

Es chilenismo indicando la cometa de forma redonda.

BOLEAR.

Del estudiante universitario que tiene la desgracia de ser reprobado en el exámen dicen sus compañeros que *ha salido boleado,* aludiendo a las bolitas blancas i negras con que los examinadores aprueban o reprueban.

En el sentido dicho, *bolear* es un provincialismo chileno. Eslo tambien, aunque no solo chileno, sino principalmente arjentino, en la acepcion de *arrojar el lazo* armado de bolas contra los *guanacos,* avestruces, etc. para cojerlos.

Bolear, en castellano significa jugar al billar, por mera entretencion, sin interes i sin convenir en partido.

BOLETO, [BOLET]ERO, [BOLET]ERÍA.

Ni *boleto* ni *boletería* se hallan en los diccionarios.

Boletero es un empleado del ejército.

Las tarjas para las funciones de teatro se llaman *billetes.*

> "Adelantóse don Cayetano i despues de pagar los *boletos* dió frente a la entrada para hacer desfilar su comitiva delante del *boletero.*" (Blest Gana.- *El ideal de un calavera.*)

BOLICHE.

Llaman así en las provincias del Norte i en la costa de Bolivia i Perú lo que en España *figoncillo* o *bodegon de mala muerte*, o como suelen llamarlos tambien *tiendas de preguntas i respuestas.* El uso de la voz ésta indica que no faltarian algunos jitanos entre los conquistadores i pobladores de la América, pues en el dialecto jermanesco *boliche* significa casa de juego, garito.

Tambien se dice por el Norte en el mismo sentido *timbunche,* i por acá *piguchen.*

BOLSEAR, BOLSERO, BOLSEO, DE BOLSA.

En Chile, donde tanto como en cualquiera otra parte por lo ménos, somos aficionados a vestirnos, comer, pasear, fumar, educarnos, etc., *gratuitamente,* esto es, a costa ajena, no pudimos ménos de inventar un nuevo verbo para significar tan dulce costumbre.

Si se quisiera una prueba de lo comun que ha llegado a hacerse la accion significada por nuestro *bolsear,* una i bien espléndida podríanos suministrar la frase *de bolsa.* En efecto ¿no es preciso que las nociones de tuyo i mio vayan camino de borrarse en una tierra en que para significar que uno ha comido a costa de bolsa ajena, baste decir que ha comido *de bolsa*?

En cuanto al *bolsero,* que de sobra mereceria los hónores de una monografía, honores que no podríamos tributarle sin salir de los límites que nos hemos trazado, téngase por satisfecho con las siguientes coplas del poeta popular de Santiago, que segun parece los detesta cordialmente, tal vez por aquello de *¿quién es tu enemigo?* etc.

Otros, aunque tengan plata,
Medio no saben gastar:
Como les gusta *bolsear*
De bolsa llenan *la guata*;
I hasta en el mejor café
Andan *bolseros* aseados,
Que lo pasan regalados
Con el rico ponche en leche;
I de allí no hai quien los eche
Porque están como alquilados.
Otros andan aguaitando
Hasta que *bolseo* encuentran,
I como moscas se entran
Donde alguno está gastando.
(GUAJARDO.- *Los Bolseros.*)

BOMBILLA.

No es entre nosotros, como pudiera creerse a la distancia, diminutivo de *bomba*, de suerte que llamásemos así a las bombas pequeñas, contra incendios o para extraer agua de los pozos, que a las tales llamamos *bombines* o simplemente *bombas.*

Lo que nuestras paisanas tomadoras de *mate* (que aun son muchas) llaman *bombilla* es el mismo instrumento que la Academia nombra *bombillo,* i que define "un tubo de hoja de lata con un ensanche en la parte inferior para sacar líquidos."

Sabido es que ese que llama el Diccionario "ensanche de la parte inferior", que es comunmente de forma esférica, hueco i lleno de agujeritos, se llama en Chile *coco;* i que rarísimas veces *coco* i *bombilla* dejan de ser de plata.

BOSTA.

Ni la Academia ni Salvá traen esta palabra, que en Chile significa *estiércol de vaca* o *caballo.* Es probablemente castellano antiguo, segun se ve por "BOSTAR m. ant.- El lugar o caballeriza donde están los bueyes."(ACADEMIA.- *Diccionario.*)

Bosta es palabra portuguesa. "BOSTA, sf.- Bouse de vache ou de beuf." (CONSTANCIO.- *Diccionario portugues frances.*)

BOTARSE. [+ BOTAR; + BOTADO, A]

Como reflexivo no se encuentra en ningun Diccionario de la lengua. Son, pues, chilenismos, *botarse al agua,* por *echarse, meterse* al agua; *botarse a jugador, a tunante,* por *dar en* jugador, en tunante, etc.

> "Si despues de esta prueba te quedas como estás, *bótate a tunante, a jugador:* ya no sirves para nada." (A. BLEST GANA.- *El Primer amor.*)

Acerca del activo observa el señor Cuervo:

> "Algunos de nuestros escritores i un buen golpe de jente no escritora abusan del verbo *botar* empleándolo en cada triquitraque en casos en que los buenos escritores se valen de otros términos; muchos dicen *botar la plata* por *tirar, malgastar, disipar, dilapidar el dinero* i hasta *botarse en brazos de Dios* por *echarse en brazos de Dios* i así en otros casos; *botar*

significa arrojar o echar fuera con violencia."

"No pocos principian ya a *tirar* la máscara de catolicismo con que hasta pocos meses há encubrian su impiedad grosera." (VICENTE DE LA FUENTE.- *La pluralidad de cultos.*)

Blando es como la cera para el vicio,
Los consejos mas útiles le enfadan,
Tira el dinero, en lo útil nunca piensa.
(BÚRGOS.- *Traduccion de Horacio.*
Arte poética.)

....I me veo desdichado
I como vaso en muladar *tirado.*
(CARVAJAL.- *Salmo XXX.*)

Hasta aquí el hablista bogotano.

Para concluir solo agregaremos haber oido mas de una vez a nuestros *guasos* i gañanes usar *botado* en el sentido de *acostado, tendido, echado.* Así el médico que es bastante bueno para ir a los ranchos de los pobres que no pueden darle por visita mas de una *chaucha* [→] o *un veinte,* al preguntar ¿cómo sigue el niño? suele obtener por respuesta: –"Mui mal señor: ¡no lo pasa mas que *botadito*!"

BOTERO, [BOTER]ÍA.

No significan en la Península como en Chile *zapatero* i *zapatería.*

Esta voz fue inventada por los zapateros de algun nombre para distinguirse de otros de su especie. Su oríjen es, pues, debido a cierta vanidad que con nuevas denominaciones se empeña en ocultar la realidad de las cosas. Así tenemos que ya en Chile ningun *barbero* quiere ser tal, sino *peluquero* (i *artista* por añadidura); i comadres conocemos nosotros que saltarian como leonas si álguien cayese en la tentacion de llamarlas *parteras* i aun *matronas,* i no *profesoras de partos!*

BOTIN.

Con grave peligro de no darnos a entender llamamos indistintamente *botin* al calzado de cuero que llega hasta cubrir los tobillos, i que en buen castellano se llama así; i a las medias que, subiendo un poco mas arriba por la pierna, terminan en la parte inferior de la pantorrilla, i cuyo nombre propio es *calcetines.*

BOTOTOS.

Zapatos grandes i ordinarios que usa la jente pobre. Talvez de formacion caprichosa; talvez formado de *boto,* que en lenguaje de aragoneses significa pellejo para echar vino, aceite u otro licor.

BOYA, BOYAZO.

Boya es una voz marítima que significa el *trozo de corcho* u otro material que, atado a un cabo i nadando sobre el agua, indica la situacion del ancla. Siendo ello así ¿porqué del que hace a otro la pesada broma de darle un golpe sobre el sombrero para hundírselo hasta el pescuezo si es posible, i hasta las orejas cuando ménos, decimos que le *ha sumido*, o *zampado la boya*, o *dado un boyazo*? Doctores tiene la Facultad de Humanidades de la Universidad de Chile que sabrán responder.

Literalmente *dar un boyazo* significa *dar un golpe con un buei!*

BOZAL.

Se dice en Chile por *bozo*: "El cabestro o cuerda que se echa a las caballerías sobre la boca, i dando un nudo por debajo de ella forma un cabezon con solo un cabo o rienda." (ACADEMIA.- *Diccionario.*)

BRACEAR, BRACEADOR, A.

Bracear, indicando la accion de sacar hácia afuera las caballerías las patas de adelante cuando trotan, es un chilenismo. Lo es tambien, i porque se cae de su peso debiera callarse, *braceador*, aplicado al caballo que tiene aquella cualidad.

Tambien al caballo ése solemos llamarlo, *trotador* o *de brazos*.

> "A las cuatro de la tarde se presentaba al pié del tablado del cabildo montado en un brioso *braceador* el alférez real, acompañado del alguacil mayor, etc." (VICUÑA MACKENNA.- *Historia de Santiago.*)

BRACETE (DE).

Es el modismo empleado por la jente mazorral para indicar que dos personas van asidas del brazo.

La jente educada dice *tomadas del brazo*, o mas breve *del brazo*.

Lo castizo seria *de bracero*.

BRAMERA.

Llamamos así a la ventana, portezuela o respiradero que tienen algunos hornos i cuyo verdadero nombre es *bravera*.

No ménos desventurada que en Chile es en Colombia la tal ventanilla, pues tan empecinados como nosotros los bogotanos en hacerla bramante contra su naturaleza, no saben mentarla mas que *bramadera*, si hemos de creerle (¿i por qué nó?) al autor de las *Apuntaciones*.

BRASERO.

Brasero para los piés llaman en Chile un mueblecito de moderna introduccion felizmente desconocido de las abuelas del pasado siglo. Estas cuatro palabras *brasero para los piés*, pueden refundirse en solo una, *rejuela*, que es como se llama el mueble en España; aunque se diga tambien, si bien no tan propiamente, *estufilla* i *maridillo*.

BREQUE (ESTAR O PONER EN UN)

Dígase *brete*.

BROCEARSE, BROCEO.

Términos ámbos de uso frecuentísimo en la minería chilena i boliviana. El *brocearse* una mina consiste en cortarse o perderse el hilo de la veta metálica, o en que el mineral sea de tan mala lei que no costee ni los gastos.

Broceo es la accion de *brocearse.*

> "A sus canas han sobrevenido las especulaciones frustradas; a éstas la muerte de sus hijos; a la muerte de sus hijos, el *broceo* de sus minas." (Jotabeche.- *Carta de abril* 23 *de* 1841.)

BUENÍSIMO, BUENAZO.

Bonísimo, bonazo exijen las reglas de la derivacion. Leemos no obstante en el prólogo que el mui culto Don Juan Valera ha puesto a las *Obras poéticas* de Campoamor: "En fin, si no fuera porque se ha abusado de la expresion *buena pasta*, diciendo que la tienen los tontos, diria yo de Campoamor que la tiene *buenísima*, etc."

BULTO.

"No parece haber razon alguna para pronunciar *Avila, abogado, bermejo, bulto, buitre,* derivados de *abula, advocatus, vermiculus, vultus, vultur*" dice el señor Bello en su Ortolojía; i sin duda que yerra en lo que a *bulto* atañe.

> "Lo que parecia mujer era un *vulto* de paja." (Bello.- *Gramática castellana.*)

El latin *vultus* no significa nada mas que *rostro, cara, semblante. Bulto* es en latin *corpus, moles, amplitudo.*

Si alguien pretendiese sostener la opinion del señor Bello arguyendo que, aun cuando en su oríjen *vultus* no significase mas que la cara, con el transcurso del tiempo i por extension pasó a significar *volúmen, cuerpo, busto,* seria fácil contestarle con la diferencia que siempre observaron los mejores i mas antiguos autores en la escritura de *vulto*, cara, i de *bulto*, volúmen. En efecto, no es racional suponer que se olvidase la primitiva ortografía solo para representar la voz en su acepcion translaticia, conservándosela en la recta.

Nadie ignora que hasta los tiempos de Cervántes hubo escritores en España que, conociendo tan bien el latin como el castellano i dominados por la moda del culteranismo, se empeñaron en resucitar multitud de palabras de aquel idioma, con tan poca fortuna como gusto. Pues bien, *vultus* fué una de esas palabras, que siempre encontramos escrita con arreglo a su oríjen, *vulto.*

> "No te apropincues a mí,
> Que empañarás el candor
> De mi castísimo *vulto.*"
> (Calderon.- *No hai burlas con el honor.*)

Luego, pues, si los que hablando de la cara escribian *vulto*, hablando de cuerpo o volúmen escribian *bulto,* debe creerse que ámbas voces venian en concepto de aquéllos de distintos troncos. I así es la verdad, porque, segun todas las apariencias, *bulto* viene de la misma raíz que *bola* i *bula*, de cuya raiz nacieron los franceses *boule* i *boulet*, i el español e italiano *busto*.

En lo antiguo se dijo *bulto* por *efijie, estatua, busto*.

> "I está enterrado (don Diego Lopez de Haro) en la iglesia mayor de Toledo, i su *bulto* de mármol en uno de los primeros pilares del coro." (COVARRÚBIAS.- *Tesoro; voz* TODA.)

> "Un sepulcro con un *bulto*
> Le ofrezcan, donde en mosaicos,
> Labores, góticas letras,
> Den lenguas a su venganza.
> I entierro, *bulto* i sepulcro
> Quiero que a mi costa se haga."
> (TIRSO DE MOLINA.-
> *El Burlador de Sevilla*.)

De aquí *santos de bulto*.

BURROS NEGROS (VERLOS).

Familiarmente se dice en español, para ponderar lo agudo de un dolor o la fuerza de un golpe, que el paciente ha llegado a *ver las estrellas*.

En casos tales suelen decir nuestros rotos que ha *visto burros negros*.

I écheles Ud. un galgo a esos burros!

C

CABEZON.

Como epíteto que conviene a las personas i animales de cabeza grande no viene en el Diccionario de la Academia, seguramente porque a las tales las llama *cabezudas*.

No nos atreveríamos nosotros, apesar de lo prescrito por tan respetable autoridad, a condenar a nuestro *cabezon*, que ademas de ajustarse bien a las reglas de la derivacion i a la índole de la lengua, puede alegar en su descargo la circunstancia de no inferir, subsistiendo, mortal herida al académico *cabezudo* a quien nadie disputa la representacion de los *porfiados* i *testarudos*.

Otra acepcion que damos a *cabezon* (i ésta exclusivamente chilena, si no nos engañamos) es la de *fuerte, espirituoso,* tratándose de bebidas alcohólicas, i mui en especial del ponche. No habrá, en efecto, lector tan de las monjas que ignore que en las *remoliendas* [→ *remoler*] de nuestra tierra hace lei la regla: "Para las niñas dulcecito i simplon; para los mozos *cabezon*."

CABO.

> "Únicamente las señoras mayores solian usar, en lugar de cosmético (cabo) que era entónces caro i poco conocido, de un *cabo de vela* serenado al rocío... i será talvez de aquí que esa sustancia haya seguido llamándose *cabo* entre nosotros." (VICUÑA MACKENNA.- *Historia de Santiago.*)

CABRO.

Llámase *cabron* en castellano al *macho de la cabra*. En Chile, conocemos todos al barbado cuadrúpedo ese con el nombre de *cabro;* sin hacer diferencia entre el sentido recto i el metafórico, pues del niño travieso i trepador decimos: *es un cabro.*

> "¿Vistes allá entre esas cabras algun *càbron*?" (CERVÁNTES.- *Quijote.*)

> "I baja la sangre del *cabron* i unas poquitas de las barbas que tú le cortaste." (FERNANDO DE RÓJAS.- *Trajicomedia de Calixto i Melibea.*)

CÁBULA, [CABUL]ERO, A.

Maña, treta, ardid, artificio. Es una visible corrupcion de *cábala*, que en su sentido recto significa tradicion i doctrina recibida, i en el figurado "el arte vano i ridículo que profesan los judios valiéndose de anagramas, trasposiciones i combinaciones de las palabras i letras de la Sagrada

Escritura para averiguar sus sentidos i misterios."

"Hai algunos soldadillos
Inventores de mil *cábulas*
I a fuerza de astucia i fábulas
Envuelven a los mas pillos."
(GUAJARDO.- *El Minero.*)

Cabulero, a, es el o la que abunda en tretas i ardides para lograr su intento embaucando a los demas.

CACARAÑA, [CACARAÑ]AR, [CACARAÑ]ADO, [CACARAÑ]ADURA.

No hemos tenido la fortuna de dar con la etimolojía de estos vocablos, bastante antiguos i jeneralizados, pues los hallamos con exactísimas explicaciones en el apreciable Diccionario del señor Salvá. Segun él i segun nuestros propios datos *cacaraña* (¿caca de araña?) es el hoyo o señal que dejan en el rostro las viruelas; *cacarañar* hacer hoyos en la pared, sacarle a trechos el revoque, picarla; i *cacarañado,* el que lleva en la cara las huellas de la terrible peste que ha concluido por llamarse antonomásticamente, *la peste.*

CACIQUE.

Damos aquí cabida a esta palabra porque, aunque adoptada ya por la Academia española, tiene en Chile, ademas del sentido propio, dos que conviene señalemos.

"Quieres decirme qué es de la salud de nuestro amigo Antonio?- Completamente restablecido: está como un *cacique* (esto es gordo en extremo.)- ¡Como no vaya a estar llevando tambien la vida de un *cacique!*- Pues si la llevara ¿estaria como un *cacique*?"

En resúmen, tomando a los *caciques* por tipos de corpulencia i disolucion, llamamos así a las personas extremadamente gordas o a las que viven en práctica rebelion contra las leyes de Dios i de la Iglesia.

"I allí (en la isla española) supo el almirante que al rei llamaban *cacique.*" (LAS CASAS.- *Diario de Colon,* reproducido en la *verdadera Guanahani* de Colon por Varnhagen.)

Parece que la palabra objeto del párrafo cuya última línea escribimos es oriunda de las Antillas.

CACHA.

Segun los Diccionarios de la lengua, hai en castellano el sustantivo plural *cachas,* que sirve para designar las dos piezas u hojas de que se compone el mango de las navajas i de algunos cuchillos; i la frase *hasta las cachas,* en extremo, sobremanera.

"El uno tenia una media espada i el otro un cuchillo de *cachas* amarillas." (CERVÁNTES.-*Rinconete i Cortadillo.*)

En Chile son de uso corriente sustantivo i frase con la diferencia de que hemos quitado a aquél su última *s;* pues tomando la parte por el todo, llamamos *cacha,* no las hojas que forman el mango de las navajas i cuchillos, sino el mango mismo.

> "Tomé yo una de las pistolas por la boca del cañon i dándole (al mayordomo) con *la cacha* en la cabeza, lo ví caer de espaldas a tierra, o muerto o aturdido." (Z. RODRÍGUEZ- *Loco Eustaquio.*)

Otra particularidad del uso chileno de *cacha* es que, precedida del verbo *hacer,* forma una frase burlesca de significacion mui parecido a las españolas *hacer fisga, dar vaya,* i a la chilena *hacer la pava* [→ *pava*].

CACHARPAS, [CACHARP]EARSE, [CACHARP]EADO, [CACHARP]ERO, ERA.

Talvez del quichua *llachapa,* andrajo, trapo desechado, o bien de *rachapa,* andrajos.

El sustantivo tiene cierta semejanza con el chileno *chilpes* [→], i mas aún con el castizo *trebejos*, muebles, prendas, trastos de poco valor.

¿Cómo es sin embargo que de este pobrísimo *cacharpas,* cuya miseria se descubre a tiro de ballesta, ha podido nacer el acomodado *cacharpearse,* que se nos presenta a la imajinacion bajo la figura de un rozagante *guaso* [→], que monta caballo *braceador* [→], *manija* [→] espuelas de plata i buen freno de *herraje* [→], banda de seda *lacre* [→] a la cintura, *manta de guanaco* [→], i *pavita* de Guayaquil en la cabeza? El cómo es un misterio; pero uno de aquellos en que es preciso creer o reventar.

Cacharpearse es ir poco a poco amueblando la casa, i llenando el ropero de ropa, i guardando algunos realitos para *emprestar* [→] *de a real en peso*, i comprándole a las niñas las *caravanas* [→] de oro i a la señora *aros* o *dormilonas* [→] de lo mismo con perlas.

Cacharpero es el negociante en cacharpas.

Ropavejero, es el vocablo castellano.

CACHIMBA.

Es, si mal no estamos informados, un provincialismo comun a todos los paises hispano-americanos, nativo segun el señor Salvá, de la isla de Cuba, donde los españoles la encontraron al desembarcar, i de donde la propagaron por el continente.

El equivalente castizo de *cachimba* es *pipa*.

CACHO, [CACH]AR, [CACH]ADA, [CACH]UDO, UDA. [+ CACHEAR]

Para decir ordenadamente lo que sobre este *cacho,* que es un chilenismo de tomo i lomo, debemos, oportuno será empezar recordando que segun el Diccionario de la Academia significa: 1.° Pedazo pequeño de alguna cosa (cacho de pan, de limon).

2.° Un juego de naipes. 3.° Pez mui comun en el Tajo, Ebro i otros rios de España.

En Chile damos a esta palabra las acepciones siguientes: 1.° *Cuerno, asta,* i así decimos: "Esa vaca es brava; es preciso despuntarle los *cachos;*" i aún: "La vaca *cachea* al ternerito:" 2.° Vaso que se hace del asta cortándola como a una cuarta de su raiz i tapando el corte con madera, tiesto utilísimo para tomar en los caminos i en los despoblados el agua, la *chicha* [→] i el fresco *ulpo* [→] de harina de *yayi* [→] (que dicho sea de paso, llama *cuerna* el Diccionario de la Academia.)

> Allá dentro de la mar
> Suspiraba un *chincolito*
> I en los suspiros decia
> Echale *chicha* al *cachito.*
> (*Copla popular.*)

De *cacho* en la última acepcion se ha formado la expresiva frase *empinar el cacho,* que dice tanto como *empinar el vaso,* o *el codo.*

> Caminaba haciendo eses un borracho
> Por una calle oscura i cenagosa
> Murmurando entre dientes: ¡Dura cosa
> Es no dormir cuando *se empina el cacho!*
> (Z. Rodríguez.- *El Borracho.*)

Otra frase, i mui decidora, formada por nuestro sustantivo, es *raspar el cacho;* que equivale a reñir el superior al inferior, reprender, *echar raspa, raspear, retar.*

> "El juez lo mandó llamar
> I le *raspó bien el cacho.*
> Esto te pasa por *lacho,*
> Salió diciendo *la Lora:*
> Yo veré si vas ahora
> A *odiarme* Loro borracho."
> (Guajardo.- *Celos de la Lora al Loro.*)

El equivalente castizo de *cacho* es cuerno o asta, de *cachar,* amurcar, de *cachada,* amurco, i de *cachudo,* recocido, zorrocloco, mañero.

CACHUCHA.

Es provincialismo de la América Meridional denotando pequeña embarcacion de remos i sin quilla.

En castellano, el nombre de un baile popular en Andalucía.

CAER EN CUENTA.

Decimos cuando lo propio seria *caer en la cuenta,* siguiendo el ejemplo de los clásicos i buenos escritores de la lengua que nunca han dicho de otra suerte:

> "Si él cae *en la cuenta* de que te ha hecho algun agravio te lo sabrá i te lo querrá pagar i satisfacer con muchas ventajas." (Cervántes.- *Quijote.*)

> "Con esta cansada repeticion de asonancias *caerán en la cuenta* del grave defecto que aquí señalo, los que no son mui sensibles a esa especie de martilleo." (Ochoa.- *Paris, Lóndres i Madrid.*)

CAJA DE RAPÉ.

Llamamos a lo que en España se llama i llamaron nuestros abuelos *tabaquera.*

CALCHA, [CALCH]ON, ONA, [CALCH]UDO, UDA.

Calcha, en lengua araucana significa *pelo interior, vello.*

Mudando un tanto su significado, hemos conservado intacta su forma, para designar con el sustantivo las plumas que bajan por las piernas hasta los pies de ciertas razas de gallinas i otras aves, i con los adjetivos *calchon* o *calchudo* a las que tienen esa particularidad; las mismas que en español se llaman *calzadas.*

CALCHONA.

Uno de los muchos seres fantásticos creados por la imajinacion de nuestro pueblo.

Si no hemos comprendido mal a los que nos han hecho el retrato de la sobrescrita alimaña, ella seria algo como una mezcla de perro de Terranova, con mas lana que una oveja sin trasquilar, i con mas barbas que un cabron. Blanca de color, elije de preferencia las noches oscuras para aparecerse a los caminantes, a arrebatarles la merienda de la fuente, murmurarles de paso alguna lúgubre amenaza, espantar las caballerías, herir de muerte a algun criminal i operar otra multitud de diferentes daños.

Tambien el vulgo llama *calchonas* a las dilijencias u ómnibus.

CALDUCHO.

Excusado juzgamos explicar el significado de esta palabra, que traerá sin duda a la mente del lector los mas gratos recuerdos de sus mocedades, en el supuesto de que ya para él hayan pasado. Lo que sí sorprenderá a mas de uno i a mas de ciento, es que en Colombia los alumnos de Humanidades, i aun los de Derecho sean tan aficionados a *capar las clases,* como los de Santiago de Chile, i que en España los estudiantes de Salamanca, Alcalá de Henáres, etc., llamasen a eso *hacer novillos!*

> "No causa ménos admiracion que en todo el transcurso de este tiempo no hubiese hecho Gerundio *novillos* del estudio sino doce veces segun un autor i trece segun otro." (P. Isla.- *Frai Gerundio.*)

Para no interrumpir la consideracion de este importante asunto, tanto mas cuanto que podemos darle término sin salir de los dominios de la letra C, que vamos explorando, conviene agregar que si nuestros colejiales desconocen el arte *de hacer novillos,* son duchos en el no ménos difícil de *hacer la chancha,* i conocen de pe-a-pa i tan bien como los negros esclavos de la Perla de las Antillas el de *hacer la cimarra.*

Si fuese preciso un testigo ahí están en el cerro de Santa Lucía, la gruta de la *Cimarra* i el anjelito que la habita, que no nos dejarian mentir.

Los arjentinos llaman *cimarron* al *mate* [→] que preparan con *yerba* amarga, sin azúcar i que sirven hirviendo, o como dicen los *materos* [→ *mate*], *pelando.*

CALDUDA O CALDÚA. [+ CALDUDERO, A]

Empanada ordinaria, que segun la lei del grito es siempre *con pasa, aceituna i huevo;* pero que no tiene comunmente nada de eso, sino mucha cebolla, muchísimo *ají* [→] i unas cuantas pizcas de carnaza. El conjunto sin embargo, (i quien esto escribe puede dar fé porque mas de una mañana de invierno ha caido en la tentacion) es de chuparse los dedos propiamente, i no en sentido figurado.

Las *caldudas* son ademas un artículo en que el arte culinario santiaguino no ha podido ser hasta ahora ni superado ni igualado. La capital de la república debe sentirse orgullosa de ello, como lo estarán indudablemente las *caldudas* de haber encontrado en Guajardo un poeta digno de catarlas i de cantarlas. Del romance que lleva por título *¡A las calduditas mi alma!* son las estrofas que, con permiso de los lectores, pasamos a copiar:

> "Madrugue por la mañana
> Quien quiera salir de duda
> I tómese una *calduda*
> A ver si quita la gana.
> Una fábrica *arribana*
> Las trabajaba con peras;
> Mas por ciertas *vinagreras*
> Paralizó su trabajo,
> I a esta la echaron abajo
> Las fábricas *pequeneras.*"

> "Me dicen que hai un mancebo
> En el barrio de la Viña,
> Que sus *pequenes* aliña
> Con pasa, aceituna i huevo:
> Otro fabricante nuevo
> Hai por la línea *del tren;*
> Muchas fábricas se ven
> En la misma capital
> I todas en jeneral
> Están portándose bien."

Visto el uso promiscuo que se hace en las anteriores décimas, podemos afirmar, apoyándonos en la irrecusable autoridad de su autor, que *calduda* i *pequen,* así como *caldudero* i *pequenero* son palabras sinónimas.

CALENTAR, [CALENT]UZEAR.

Usamos estos dos verbos, de los cuales solo el primero es castellano, en el sentido de *pegar, golpear con las manos.*

> "Si agregas una palabra mas *te caliento.*"

Tambien en lenguaje familiar suele decirse *calentar el lomo, i dar para cocos* con intencion idéntica a la envuelta en la castiza frase *cascar las liendres.*

CALENTURA, [CALENTUR]IENTO, A.

En español *calentura* es fiebre, desarreglo i ajitacion del pulso, i *calenturiento* el que tiene fiebre.

En Chile designamos con el nombre de *calentura* la tísis pulmonar, la anemia, i otras enfermedades que poco a poco i sin grandes dolores van aniquilando al paciente; i a éste con el de *calenturiento.*

Por lo demas, este *calenturiento* está bien formado i no le faltaria algun pasaje de buen autor en que apoyarse, si quisiese.

> "Hai en este negocio un engaño mui perjudicial, i es que los que padecen algunas de estas enfermedades corporales llamamos i damos nombres derivados de ellas, como a los que están de frenesí i modorra llamamos frenéticos i modorrados…i a los de calentura contínua tericiados i *calenturientos,* si se sufre el vocablo." (*Balt. Pérez del Castillo,* citado por Garces en su *Fund. del Vig. i Eleg. de la lengua castellana.*)

Oido de calenturiento, mui fino i ejercitado.

CALZONES.

"La parte del vestido del hombre que le cubre desde la cintura hasta la rodilla" se llama calzones segun el Diccionario de la Academia; i *pantalones* los *calzones* largos que llegan hasta los piés.

En Chile, donde ya hace tiempo que los hombres no llevan *calzones,* las mujeres han concluido por apropiárselos i es de uso jeneral entre ellas.

CAMASTRA, [CAMASTR]EAR.

Camastron, por *disimulado, astuto* es castellano; no así *camastra,* con que denotamos la calma i aparente impasibilidad con que álguien, sobre todo en el juego, espera el momento oportuno para acertar sus tiros i realizar su propósito. Del que obra en tal sentido se dice que está *camastreando*; i entre niños que juegan *a la troya* o *a la hachita*, se oye repetir como una sentencia salomónica el adajio: *La camastra es buena para el juego.*

CAMINAR.

Es curioso el uso que solemos hacer de este intransitivo dándole por complemento directo, no el camino andado, lo que, aunque raras veces, solieron hacer los buenos escritores de la edad de oro de la literatura española, sinó… ¿cómo diremos?… los alimentos, que ántes de ponernos a andar hayamos echado al estómago.

Así nada mas comun que topar por las tardes en la Alameda de Santiago con amigos que andan *caminando la comida,* i por la mañana con hermosas, aunque aprehensivas damas, a quienes por nada en el mundo conviene este dialoguillo que encontramos en *Los chismosos* del chismosísimo de Jotabeche:

> - "Pero si he salido *a caminar la leche...*
> - No me venga Ud. a mí con leche... lo sé todo... no hai otra cosa en el pueblo."

CAMISON.

Cuando los percales i cantones empezaron a desterrar a la bayeta de Castilla, se llamó *camisones* a los vestidos hechos de aquellas telas, *polleras* a los de ésta, i *basquiñas* a las de seda negra.

Acostumbrado nuestro pueblo a no usar el jénero de algodon mas que en sus camisas, se comprende que su primera ocurrencia, al ver hechos vestidos de lo mismo, fuese llamarlos *camisones.* Hoi que la cosa se va perdiendo, se va perdiendo tambien el nombre de ella, escepto de nuestra memoria, donde aun suena el grito que oíamos de niños a los dulceros ambulantes en la fiesta de *Córpus:*

> "Dulce de melcocha
> Para las niñas donosas!
> *Cartuchitos* de colacion
> Para las niñas de *camison!*"

CAMOTE.

No entrando en nuestro plan hacer mencion, ni de los nombres jeográficos, ni de los de animales, aves, peces i plantas que tienen en Chile nombres que no se hallan en los diccionarios de la lengua i que por lo comun vienen del araucano o del quichua, habríamos pasado por alto el esquisito tubérculo cuyo nombre hemos puesto a la cabeza de este párrafo. Pero es el caso que hai en Chile *camotes* que, sin venir de Lima, no ceden en lo dulce a los que se cosechan por aquellos mundos, i que, a omitir éstos, habríamos dejado en el *Diccionario* que vamos escribiendo un vacío que sin duda mas de una habria notado en nuestro daño.

Sencillamente, para no subirnos a mayores i limitarnos a nuestro humilde papel de lexicógrafos, diríamos, que en Chile se llama *camote* al *tiemple* [→], si no fuera esplicar un chilenismo por otro, pues tampoco entiende de *tiemples* el estirado i adusto cuerpo sabio que dicta leyes al habla de Cervántes. *Camote* es *amor,* pero no en abstracto, sino de álguien a álguien, en concreto.

> "I te embroma, i te entretiene, i te irrita i te quita la paciencia, sin que de ningun modo puedas avanzar un paso, ni salir del *statu quo* en que te encontrabas al principio del *camote.*" (JOTABECHE.- *Carta a un amigo de Santiago.*)

> "Hoi me encuentro como un zote
> Con el majin aturdido
> Porque me trae mas que al trote
> El *camote* mas *camote*
> Que hasta aquí se ha conocido."
> (ESTANISLAO DEL CAMPO.- *Monólogo de un tronera.*)

Los *camotes* de que se trata en los ejemplos anteriores son *camotes simples.* Los hai tambien *furiosos,* i lo mejor que sobre ellos podríamos i queremos decir a los lectores de ambos sexos es, que Dios los libre.

CANCHA.

Es voz quichua que significa *patio* o *corral,* i *maiz tostado.*

En la segunda de sus acepciones forma un peruanismo de mui frecuente uso; no siéndolo ménos el del chilenismo que constituye la primera.

Cancha es entre nosotros el lugar parejo que se destina a ciertos usos con cuyo nombre se distingue. Así tenemos *cancha de carreras,* que es el sitio destinado a las carreras de caballos; *cancha de bolas*, el que sirve para jugar a éstas; *cancha de pelota*, el preparado convenientemente para tirarla, etc.

El equivalente castizo de *cancha de pelota* es *trinquete.*

> "Con ésta (la pelota chica o trigonal) se juega en los trinquetes." (COVARRÚBIAS.- *Tesoro.*)

No son ménos valiosos los servicios que presta a la lengua la palabra de que escribimos, en su sentido figurado.

Abrir cancha a álguien es desembarazarle de obstáculos el camino; *abrirse cancha*, surjir mediante los propios esfuerzos; *estar álguien en sus canchas*, estar en el lugar de sus correrías, relaciones i triunfos de todo jénero; *dar una cancha a álguien*, ir tras él persiguiéndolo a toda carrera, i otros por el estilo que probablemente se nos escapan.

> "Ocúrresenos tambien recordar aquí que en esta misma *cancha* (de carreras) tuvo lugar la sangrienta batalla de Petorca el 14 de octubre de 1851." (VICUÑA MACKENNA.- *Historia de Santiago.*)

Cancha es usado tambien en la República Arjentina, como se deja ver en estos versos de Ascásubi:

> "Cielito, cielo, eso sí
> Estamos *en nuestra cancha*
> I hemos de desempeñarnos
> Mucho mejor que en Cagancha."
> (*Cielito gaucho.*)

Cancha en el Perú significa *maiz tostado:*

> "¡Viva la *chicha* que ensancha
> Los ánimos apocados!
> I viva la *chomba* ancha!
> I viva tambien la *cancha,*
> Que es pan comido a puñados!"
> (JUAN DE ARONA.- *Poesías peruanas.*)

CANCO.

Del araucano *can,* el *cántaro,* o acaso de *conquecan,* que significa el *asiento* del mismo.

Si esto último fuese verdad, seria necesario explicarse la aplicacion que hemos hecho del vocablo indíjena por medio de esa singular figura que los retóricos llaman antífrasis, i que consiste en designar un objeto por la cualidad de que carece.

Un *canco* no es, en efecto, mas que un botijon en forma de cono, obligado a yacer tendido cuan largo sea en tierra, miéntras no encuentre algun rinconcito en que apoyarse.

Los *cancos* van siendo de dia en dia mas raros, por las razones mui poderosas, de que sirven para poco, de que nadie los trabaja i de que no por esas se ven libres de muchachos o perros que, dándoles *la guata* [→] contra el suelo, pongan fin a su quebradiza existencia; pero un tiempo fué en que mas favorables vientos les soplaron "el tiempo clásico", dice en alguna parte de su *Historia de Santiago* el señor Vicuña Mackenna, "en que las esteras de estrado i las *petacas,* los *cancos* i las carretas, los lebrillos de Pomaire i las ollas de Talagante, los *pellones* de la Ligua i las alfombras de Chillan estuvieron en toda su boga."

CANDELEJON.

Una que otra vez nos parece haber oido aplicar este terrible epíteto a ciertos bausanes que viven de visita en visita i de sarao en sarao, sin otro fin que el de *fregar la paciencia* [→ *fregar*] a la mas hermosa mitad del jénero humano.

En los estrados de Lima, *candelejon,* segun nos cuentan, es tan corriente como en los de Santiago, el insoportable *chinchoso* [→ *chinche*].

El erudito colombiano don Rufino José Cuervo, que trae a *candelejon* en sus *Apuntaciones críticas,* insinuando que bien pudiera derivarse de *cándido,* le da a *tonto* i *simplon* por equivalentes.

CANDELILLAS.

Llaman así en Chile los *fuegos fatuos,* las *helenas, santelmos, luciérnagas* i otras cosas que se les parezcan.

> "Cuentan que entre las verdinegras ramas de este lúcumo vense *candelillas* en las hermosas noches de verano". (Z. RODRÍGUEZ.- *Loco Eustaquio.*)

CANGALLAR, [CANGALL]ERO.

Cangallar es un término con que los mineros chilenos expresan la accion que se condena por el séptimo precepto del Decálogo. *Cangallero* es el que tiene por oficio infrinjirlo a costa de los dueños de minas.

> "*La Colorada,* célebre por su feraz produccion en marcos para sus dueños, en robos para los *cangalleros* i en pleitos para medio mundo, tuvo por descubridor a Manuel Peralta, que ya no existe." (JOTABECHE.- *Los Descubridores de Chañarcillo.*)

El mismo Jotabeche, haciendo mas comprensivo el sentido de *cangallar,* lo aplicó donosamente a los defraudadores de las rentas públicas, en el siguiente párrafo:

"Hablando francamente, no solo los hai *(cangalleros)* para las minas ricas: el fisco los tiene i mui honrados: todos se hacen un honor de *cangallarle* sus rentas, i él se hace un deber de *cangallar* las de todo el mundo." (*Los Cangalleros.*)

CANEZÚ.

Por ser curiosa, damos, tomándola de *Los Miserables* de Víctor Hugo, el oríjen de esta palabra:

"Et cette espèce de spencer en mousseline, inventior marseillaise, dont le nom canezou, corruption du mot *quinze aout* prononcé à la Cannebière, signifie beau temps, chaleur et midi."

CANOA.

"*Canoa* es vocablo lucayo i de uso corriente en la Península: *esquife.*" (MONLAU.- *Diccionario etimolójico.*)

"*Canoa* es una barca en que navegan, i son de ellas grandes i de ellas pequeñas." (*Diario de Colon* por Las Casas, citado en *La Verdadera Guanahani de Colon* por Varnhagen.)

Por el cajon cuadrilongo, abierto en las extremidades que se coloca sobre alguna zanja, acequia, etc., a manera de puente para conducir el agua, dígase *canal.*

CAÑADA, [CAÑ]ADILLA.

¿Cómo es que esta palabra que significa *hondonada,* ha venido a ser el nombre de uno de los mas hermosos paseos de Santiago?

El fenómeno, tan difícil de explicar en apariencia, tendria, segun los viejos, una explicacion sencillísima. Habiendo sido orijinariamente nuestra *Alameda de las Delicias* lecho del rio Mapocho, formaba el terreno en que se vé ahora una verdadera *hondonada,* o *cañada.* Terraplenada ésta, perdió a un tiempo el nivel i aspecto que tenia, conservando sinembargo el nombre, pregonero importuno de sus humildes comienzos.

Idéntico es el oríjen de *cañadilla,* pequeña hondonada.

CAÑON.

Quiere el señor Gormaz que se diga *cañería* i no *cañon,* i agrega. "Nada mas comun que decir: *el cañon, los cañones* del tejado, por la cañería, etc."

¡Guarda Pablo! Acordes estamos en que *cañon* no es lo mismo que *cañería;* pero no diremos nosotros *cañería* por la canal larga que se pone debajo de las canales del tejado, i que en buen español se llama *canalon.*

"*Cañería*", dice el Diccionario de la Academia, "es el conducto formado de caños por donde se llevan las aguas a las fuentes o a otras partes;" i, "*caño,* instrumento hueco, redondo i de distintos tamaños, hecho de metal, vidrio o barro a modo de caña."

A las series o filas de piezas de las casas, llamamos *cañones de piezas.*

Nos parece que lo propio seria *crujia de piezas.*

"La crujia o fila de camas que se pone en los hospitales." (ACADEMIA.- *Diccionario.*)

CAPA DE CORO.

Copiamos al señor Cuervo:

"*Capa de coro* es la que usan las dignidades, canónigos i demas prebendados de las iglesias catedrales i colejiales, para asistir en el coro a los oficios divinos i para otros actos capitulares; es de la misma hechura de la capa magna de los obispos i arzobispos, aunque mas corta la cola. No debe darse ese nombre a la *capa pluvial* o *al pluvial,* que es la que se pone el que hace de preste en vísperas, procesiones i otros actos del culto divino."

CAPINGO.

Capa corta i de poco ruedo. No viene en los Diccionarios de la lengua.

Cuando no se conocian en Chile otros paños que los de San Fernando, que se vendian a 20 i 25 pesos la vara, las capas eran prendas que no estaban al alcance de mozalvetes i artesanillos de nada como ahora, i que se heredaban de padres a hijos por línea de varon hasta la tercera i cuarta jeneracion. Entónces los capingos de barragan i aun de bayeta estuvieron en boga i mas de uno tuvo la fortuna de colgar de los hombros de altos dignatarios civiles, esclesiásticos i militares, como se evidencia, en el siguiente ejemplo que tomamos de la ya tan beneficiada *Historia de Santiago* por el señor Vicuña Mackenna:

"Echóse el preboste don José Alderete su *capingo* a los hombros, calóse el sombrero de tres picos, de su oficio i con la vara en la mano corrió a aprehender al hechor."

CAPOTE.

Es castellano significando la capa un poco mas corta que la comun, de la cual se diferencia principalmente en tener mangas: tambien lo es cuando, precedido del verbo *dar,* designamos al que ha logrado hacer todas las bazas en el juego de naipes; i por último cuando en estilo familiar i anteponiéndole siempre el mismo auxiliar, damos a entender que alguno de los que debian asistir a una comida, se queda sin comer por llegar demasiado tarde.

Dar capote, tiene ademas en Chile i en lenguaje estudiantil el significado de dar a algun colega, maestro o inspector, una zurra o tunda de pedradas, pelotillazos, etc.

"¡Ah! dijo riendo el cura: ya sé lo que eso significa. Ud., queria *darle un capote* a don Hilarion; pero la cosa no dejaba de ser difícil." (*Huérfano.*)

CAPOTILLO.

Llamamos así, a la chilena, al *cascabillo* o *cascarrilla* en que se contiene el grano de trigo, cebada etc.

CAPUCHINO, A.

Peculiar a Chile es el uso de este adjetivo pospuesto al nombre de ciertas frutas, para dar a entender que son pequeñas, o como decimos tambien, *de miniatura.*

El señor Vicuña Mackenna, que tan aficionado se muestra en sus libros a revolver el escaparate en que se guardan las antiguallas de nuestra sociedad recien salida de la crisálida, dice que el llamar *capuchinas* a las naranjitas que conocemos con este nombre, proviene de haberse visto los primeros árboles que las dan en el claustro del monasterio de las santas mujeres que, en Santiago i bajo ese nombre, viven observando en todo su primitivo rigor la regla del Serafin de Ásis.

Mas tarde, por extension, se habria aplicado el calificativo a todas las frutas que por su pequeñez mas son para vistas que para comidas, como *manzanas capuchinas.*

Puede que el señor Vicuña tenga razon; como puede suceder tambien que se engañe i que nuestro *capuchino,* provenga de un arbusto que, segun el Diccionario de la Academia, tiene ese mismo nombre, "que se cultiva por adorno en los jardines i se suele usar en ensalada."

El lector preferirá la etimolojia que sea mas de su gusto, porque *in dubiis, libertas.*

CARACHA. [+ CARACHENTO, A]

Del quichua *caracha, sarna* o *roña del ganado.*

Conservando nosotros la palabra en su forma orijinal, la hemos ennoblecido sin embargo, puesto que designamos exclusivamente con ella la roña que aparece en la cabeza de los niños, las mas de las veces en castigo de su pereza i desaseo.

Carachento es el que de ordinario anda con *carachas* en la cabeza.

Raras veces el sustantivo se usa en singular.

¡CARAI!

Interjeccion equivalente a *¡caramba!* Se usa en casi toda la América española.

CARÁTULA.

> "Mas agudeza que tontería arguye el llamar *carátula* a la *portada, frontis* o *frontispicio* de los libros: *carátula* es lo mismo que careta o mascarilla, i ¿en cuántos libros no es la portada una máscara con que se engaña al público prometiéndole cosas que jamas se cumplen en el cuerpo de la obra? En todo el mundo es moda hoi dia enmascararse con hinchados títulos, libracos por que no se pueden dar dos higas. Algunos entienden tambien por *carátula* el forro o carpeta."

> "Ni ya con la frecuencia que solia
> De alma virtud al rostro se acomoda

Carátula falaz, la hipocresía."
(Breton.- *Desvergüenza.*)

"*Carátula* se toma tambien por el ejercito de los farsantes; i en este sentido decia D. Quijote que desde muchacho habia sido aficionado a la *carátula.*" (Cuervo.- *Apuntaciones críticas sobre el lenguaje bogotano.*)

CARAVANAS, O CARABANAS.

Llaman en Chile los *pendientes* o *arracadas.*

CARDENILLO.

Como sustantivo es el *carbonato* o *acetato de cobre.*

Como adjetivo no aparece en los Diccionarios de la lengua.

Pudiera creerse que nuestro adjetivo no es mas que la adjetivacion de *cardenillo,* tomado en la acepcion, que tiene tambien, de *pintura verde*; pero es el caso que el *cardenillo* chileno no es verde ni cosa parecida, sino *azul claro* o, para darnos a entender mejor, *azul hermoso.*

"Tengo una pena amarilla
I un sentimiento morado,
Una rabia *cardenilla*
I un *camote* amoratado."
(*Copla popular.*)

CARGAR.

Se usa incorrectamente de este verbo cuando se emplea por *traer,* como *cargar* anteojos, reloj, yesquero, etc.

"Andaban los hombres jeneralmente desnudos, las mujeres *traian* unas mantillas de algodon desde la cintura hasta la rodilla." (Quintana.- *Vida de Balboa.*)

Cargar a álguien, en el estilo de nuestras antiguas aulas, era tomarlo a cuestas para que pudiera ser mas cómodamente zurrado.

"De cuando en cuando mandaba a otros al rincon el Padre, que solo duraron en él hasta que, terminados los desafios, fuélos llamando de uno en uno por el mismo órden en que los habia apartado. Salió el primer juez i al salir *¡cárgalo!* le dijo el maestro, a un moceton de complexion tan récia i tan perito en su oficio que sin ayuda de nadie i en un santiamen tenia ya al malaventurado del juez *al apa.* Un otro, poniéndolo en posicion conveniente, con el cable alquitranado, comenzó la zurra." (Z. Rodríguez.- *Loco Eustaquio.*)

CARI.

Del araucano *caru* o *cari, verde.*

Al adoptar nosotros esta palabra indíjena alteramos su significado, pues llamamos *cari* a la oveja de lana parda, o albarazada, i a las mantas i ponchos que de ella se tejen.

CARIÑO.

Usada esta voz como suele en el campo por *presente, regalo,* es chilenismo.

"El perder nada seria
Ni tiene nada de malo:

Este *cariño* o regalo
Ofrece la compañía.
(GUAJARDO.- *La Empresa de coches americanos.*)

CARNEAR.

El señor Salvá pone este verbo entre los provincialismos de la América Meridional, indicando mui acertadamente que significa *matar* i *descuartar las reses.*

Ademas del sentido indicado, tiene el metafórico de *engañar* a álguien, perjudicándolo en asuntos de dinero, ya por medio de contratos leoninos, ya de trampas en el juego, etc.

CAROSO. [+ DESCOROZADO; + DESCAROSADO]

Tambien se halla esta voz entre los provincialismos americanos recojidos por el señor Salvá.

Nosotros nunca la hemos oido sonar en Chile, si bien creemos recordar habernos asegurado un amigo boliviano que en su tierra es ese el nombre con que son conocidos los que en la nuestra llamamos *huesillos* [→].

Otra cosa debe decirse en justicia de *descorozado,* que sin duda alguna viene de *caroso,* mediante un trastrocamiento de letras.

Parece que nuestros *descorozados,* o *descarosados,* o *descocados* [→] se llaman en tierra de España *orejones,* nombre que aquí reservamos para los cascos de pera o membrillo secados al sol.

CARPA.

Del quichua *carpa, toldo, ramada.*

Llamamos así a la tienda que se improvisa clavando en el suelo estacas sobre las cuales se tiende cuero, lona, u otra tela.

Si se cubre con ramas se llama *ramada* [→], i sirve jeneralmente para otros usos.

CARTUCHO, CUCURUCHO.

Dejamos, sobre el uso que hacemos de esta voz comparado con el de *cucurucho* [→], la palabra al señor Cuervo:

> "Entre *cartucho* i *cucurucho,* dice, media la misma distancia que entre la paz i la guerra, entre la vida i la muerte: el primero está repleto de pólvora i lleva su dotacion de bala i talvez de postas; el segundo entraña dulces o especias o dinero: ¡qué diferencia! i cometemos los bogotanos (i los chilenos tambien) la nefanda profanacion de ofrecer a las damas *cartuchos* i reservarnos los *cucuruchos* para los nazarenos! *proh pudor!*"

> "En señal de tu boda le llevaré un *cucurucho* de dulces de calabaza." (HARTZENBUSCH.- *La Coja i el encojido.*)

"¡Ai, de cuantos poemas, *cucuruchos*
Hará el tendero, i cuanto i cuanto chirlo

Preparan el raton i la polilla
A mas de una rimada maravilla!"
(Breton.- *Desvergüenza.*)

"....¿Puedo saber
Qué encierra ese *cucurucho*?
- Son bombones, capuchinas,
Almendras garapiñadas,
Yemas acarameladas
I pastillas superfinas."
(Id.- *Marcela.*)

"El *cucurucho* es de forma cónica i el cartucho de forma cilíndrica; así no seria impropio *un cartucho de duros.*"

Ahora, i puesto que ya se ha tratado de *cucuruchos,* anticiparemos, para no vernos en la necesidad de hablar mas de ellos, que nunca hemos conocido en Chile otros que los que salen a recorrer las calles en la Cuaresma, con sable o garrote en una mano i cepillo en la otra, pidiendo limosna *para el Santo entierro de Cristo i soledad de la Vírjen.* El Diccionario de la Academia llama a los tales, *nazarenos,* aunque ignoramos si los de España acostumbran arrearse como los de por acá. Si así fuera seria fuerza reconocer que mejor inspirados estuvieron los que en Chile los bautizaron de *cucuruchos* en atencion al alto i puntiagudo gorro que llevan en la cabeza, que los que en España les dieron sin motivo aparente el nombre de *nazarenos.*

Copiamos ahora dos párrafos, histórico el uno, descriptivo el otro, sobre los *cucuruchos* i la procesion de que son siempre, al menos para los muchachos, la novedad i el ornamento:

"Conocíase la procesion con el nombre de *la Soledad* porque la Cofradia que la celebraba tenia una capilla bajo esta denominacion junto a aquella iglesia (la de San Francisco) la que segun creemos debió su oríjen a la piedad i al dolor de la viuda de Pedro Valdivia, i es la misma que hace algo mas de 20 años restableció con sus *cucuruchos* i su sepulcro el devoto auditor don Pedro Palazuelos Astaburuaga." (Vicuña Mackenna.- *Historia de Santiago.*)

"Siguióse la Semana Santa.... Los *cucuruchos* enmascarados i vestidos de negro, apoyándose, a guisa de bastones, en sables mohosos o gruesos *colihues* recorrian las calles gritando en voz lúgubre i monótona letanía: "Para el santo entierro de Cristo i soledad de la Vírjen!"

"Yo nunca he sabido lo que los *cucuruchos* significan. Cuando en mis dias de recojimiento i fervor relijioso los he visto, me han parecido un símbolo triste a la par que aterrante de la mas grandiosa i espantable catástrofe que ha presenciado el mundo. Cuando, por el contrario, los he observado en mis dias de disipacion, me han parecido una ridícula personificacion del *cuco* con que se da susto a los muchachos. En éstos se pueden ver por otra parte de manifiesto los dos aspectos que presentan a la imajinacion. Cuando al volver de una esquina una *parvada* de niños se encuentra de manos a boca con alguno de ellos, los mas grandecitos

> lo siguen, rodean i acosan gritándole sin tregua: "*Cucurucho* cabeza de *cambucho!*" hasta que lo ponen en el caso de amenazarlos con su sable o garrote; al paso que los menorcitos se ocultan tras sus madres o, pidiéndoles amparo, se cuelgan de sus faldas."
> (Z. RODRÍGUEZ.- *Loco Eustaquio.*)

CARRASCAL.

En español, sitio poblado de carrascas.

Entre nosotros, *lugar pedregoso i estéril* donde a lo mas crecen algunas malezas; i sin duda ninguna la calle que en Santiago se llama del *Carrascal,* fué llamada así por estar en su oríjen cubierta de piedras, malezas i basuras.

Si hemos de creer lo que asegura el señor Salvá en su Diccionario, la acepcion que damos en Chile a *carrascal* es orijinaria de la isla de Cuba.

CARRIL, [CARR]ILANO, A.

Así como no faltan en Chile personas (i no son pocas) que han hecho solemne voto de no subir *al tren* en todos los dias de su vida, así las hai tambien para quienes todas las cosas referentes a las vias férreas, no tienen mas nombres que el de *carril* i el de *tren.* Los tales dicen tan satisfechos que viven cerca del *tren,* como que corren actualmente 20 *trenes* diarios entre Santiago i Valparaiso; i conservamos todavía en la memoria los dos últimos versos de una tonada que oimos cantar en Tiltil el año en que se principiaron los trabajos del ferrocarril del Sur, i que decian:

> "Corrió el *carril* hasta Talca
> Por *don Matidas Causiño.*"

Carrilanos se llamaron primeramente los peones que trabajaban en levantar los terraplenes, abrir los cortes i horadar los socavones de la línea férrea; peones que si en tales trabajos ganaron fama de ser los mas esforzados aguantadores *del mundo* (i cuenta que no hai en ello la mas leve exajeracion) no la adquirieron tan buena de observantes de la moral evanjélica i respetuosos de las vidas i propiedades ajenas. De ahí es que *carrilano* haya venido a ser sinónimo de roto desalmado, con sus puntos de ladron i sus ribetes de forajido.

> "Por lo que toca a los jornaleros empleados en los ferrocarriles chilenos, con tres años mas de angustia, la agricultura podrá disponer de algunos de esos brazos; decimos de algunos porque esos peones acostumbrados a recibir mayor jornal que en las faenas agrícolas, habituados a la vida libre i aventurera del *carrilano,* difícilmente se resignarán a volver a un fundo de campo a la vida monótona i laboriosa del agricultor."
> (*Libertad Católica* de Concepcion.)

CASAS.

Si preguntamos al Diccionario qué cosa es *casas,* nos contestará que es el plural de *casa,* i así es en España; mas desgraciadamente, i aunque ello pese al que dijo que la verdad no reconoce meridianos, en materia de lenguaje lo que es verdad en España suele ser error en América. I ahí están en prueba *las casas* de todas nuestras haciendas que no nos dejarán mentir. En las ciudades, villas i aldeas nadie dice que arrienda, que compra, que vende o que repara *sus casas,* sino cuando arrienda, compra, vende o repara mas de una; al paso que en las haciendas no hai peon ni inquilino que, al hablar de la morada *del rico,* cometa la irreverencia de negar a *casa* el plural que le es debido. Se diria que así como los gramáticos cortesanos inventaron un plural ficticio para hablar de la persona de los emperadores, reyes, papas, arzobispos, etc.; así los campesinos chilenos han querido honrar a los hacendados (que son en verdad emperadores i reyes chiquitos de sus haciendas) dando en su gramática parda un plural ficticio a la suntuosa morada en que habitan… uno o dos meses en el año.

Sinembargo de lo dicho, i a pesar de las apariencias que en ello nos confirman, no estamos absolutamente seguros de que la honra que puede caber a los inventores de este plural ficticio tan enfático i expresivo corresponda a los *guasos* [→] chilenos; i nuestra duda nace de existir un acuerdo del Cabildo de Santiago que principia por estas palabras textuales:

> "En la ciudad de Santiago del nuevo Extremo, lúnes cinco dias del mes de enero de 1545 años, en *las casas* del mui magnífico Pedro de Valdivia" etc.

Tambien dice Sancho en el Quijote: "¿Sabreisme decir, buen amigo, que buena ventura os dé Dios, dónde son por aquí *los palacios* de la sin par princesa Doña Dulcinea del Toboso?"

> "Nos volvimos a *las casas* conversando sobre asuntos frívolos." (Z. RODRÍGUEZ.- *Loco Eustaquio.*)

Ahora prestemos atencion al señor Cuervo que va a hacernos, sobre el vocablo motivo de este párrafo, observaciones de otro jénero:

> "Las partes en que se divide el rosario" dice, "constantes de diez avemarías i un paternóster, se llaman *dieces* i no *casas*; ese mismo nombre, ademas del *de padre nuestro* o *pater nóster,* llevan las cuentas mas gruesas o señaladas que en el rosario dividen las decenas, conocidas entre nosotros con varias denominaciones, como *pasadores,* por ejemplo."

> "Apoyábase el buen ermitaño en un báculo i en la otra mano llevaba un gran rosario de cuentas gordas i de veinte *dieces* por lo ménos." (P. ISLA.- *Gil Blas.*)

> "Sirviéronle de rosario unas agallas grandes de un alcornoque, que ensartó, de que hizo *un diez.*" (CERVÁNTES.- *Quijote.*)

> "No traia arma ninguna sino un rosario de cuentas en la mano mayores que medianas nueces, i *los dieces* así mismo como huevos medianos de avestruz." (ID.- *Id.*)

CASERO, ERA, [CAS]ERIA.

"*Casero:* Provincialismo cubano," dice Salvá, i define: "El que vende o compra ciertos artículos usuales, particularmente los comestibles, a una misma persona; i así se dice: el *casero* de la leche está en la puerta: aquí está el pan, *casera.*"

Ocioso es advertir a los chilenos que éste que llama provincialismo cubano el señor Salvá, está en Chile tan perfectamente *acaserado* [→ *acaserarse*] que parece criado i nacido en casa. I por si álguien lo dudase, allá va un ejemplo:

> "Don Juan Godoi resultó hallarse mui emparentado, mui relacionado con innumerables individuos que ántes no conocia sino como *caseros* que le compraban su leña." (Jotabeche.- *Los Descubridores del mineral de Chañarcillo.*)

Casería es el conjunto de parroquianos que acostumbran acudir a comprar a la tienda del mercader sedentario, o en cuyas casas acostumbra vender el mercader ambulante:

> "Tiene tanta *casería*
> Que no alcanza a dar abasto,
> Pero, en salvando su gasto,
> A muchos les dá i les fia."
> (Guajardo.- *El Vendedor.*)

CASTILA (CARNE DE).

Seguramente, por haber venido de Castilla las primeras ovejas que vinieron a Chile, se llamó i se llama todavía *carne de Castilla* a la de oveja, carnero o cordero.

CATA, CHOROI. [+ CATITA; + CATURRITA]

El señor Salvá se equivoca al creer que *Cata* es en América nombre con que familiar i cariñosamente se llama a las mujeres que recibieron el de María en el bautismo. El diminutivo afectuoso de María es *Marica;* así como *Cata* i *Catita* lo son de *Catalina.*

Cata es tambien el nombre con que designamos en Chile a los loritos o cotorras: viene del araucano *cata, agujero* i alude a la circunstancia de hacer estas avecitas sus nidos en agujeros que abren en los barrancos de la cordillera o despeñaderos de la costa.

Oportuno es observar, no obstante, que el nombre indíjena de las cotorras de estas tierras ha ido cediendo su lugar al indíjena tambien i onomatópico de *choroi,* que es el lugar que casi exclusivamente aplicamos a los *loros brutos,* (en Chile tenemos la gracia de calificar de *bruto* todo lo que no es extranjero) reservando el de *catitas i caturritas* para las que nos vienen de Mendoza o de Guayaquil.

> "Cuando visitaba estos pintorescos lugares (alrededores de Quintero) en uno de los últimos dias del pasado enero, llamóme la atencion la infinidad de pequeñas cuevas que existen labradas en la reblandecida roca de la Ventana. El pescador que me servia de guia, satisfizo mi curiosidad diciéndome que aquella innumerable multitud de agujeros eran nidos

de *choroyes.*" (VICUÑA MACKENNA.- *La Comarca de Quintero.*)

CATANA.

Nombre despreciativo que dan los rotos al sable con que andan armados los *policiales* (no hai en español una palabra para designarlos, probablemente porque en los buenos tiempos de la lengua no existieron en la Península) i *serenos* [→].

> "De la cintura le pende
> Una cortante *catana*,
> Que a la cosa mas pequeña
> Sale fuera de su vaina."
> (*El Huérfano.*)

Catana debe de ser corrupcion del español *catan*, alfanje.

CATEAR, [CAT]EO, [CAT]EADOR.

Hubo en lo antiguo un verbo *catear* que significó *buscar, descubrir,* que mas tarde se transformó en *catar,* i que yace en España completamente olvidado.

> "... díjole un dia (el Rei a su Privado) que habia pensado de dejar el mundo e irse a desterrar a tierra do no fuese conocido, e a *catar* algun lugar extraño e mui apartado en que ficiese penitencia de sus pecados." (DON JUAN MANUEL.- *Conde Lucanor.*)

No así en Chile, donde no solo hemos conservado i rejuvenecido el antiguo *catear,* sino que tambien le hemos atribuido acepciones que no tuvo cuando floreció en la Península.

Denotamos con él la accion de explorar el terreno en busca de alguna veta de metal, i en este sentido se usa jeneralmente como intransitivo, pues siendo siempre uno mismo su complemento directo, por sabido se calla. Así se dice: "Pedro salió a *catear;* hace una semana que anda *cateando.*"

Otro sentido que le damos en el trato familiar es el de *aguaitar,* mirar atenta i cautelosamente, como se ve en los siguientes versos de una popular zamacueca:

> "No seas tan cargoso
> Para mirarme,
> Que mi madre no cesa
> ¡Ai! de *catearme!*"

¿No hacen recordar estos versos aquellos tan sabidos del poema del Cid:

> "Volvia la cabeza e estábalos *catando.*
> Vió puertas abiertas e usos sin canados?"

En resúmen, desechando lo nuevo por lo viejo, hemos atribuido a *catear* sus antiguas acepciones, agregándole las del moderno *catar,* al cual tratamos como si no existiera.

Escusado parecerá advertir, despues de lo expuesto, que *cateo* es la accion de *catear;* i *cateador* el que habitualmente se ocupa de explorar el terreno en busca de metales preciosos.

CATIMBAO.

¿De donde nació el llamar *catimbaos* a los individuos que en la fiesta de Corpus, vestidos extravagante i ridículamente, i reunidos en uno de esos grupos de danzantes que se llamaban *bailes*, corrian, brincaban i cantaban en una ininteligible jerigonza, durante la procesion i por entre las dos filas de alumbrantes? En vano hemos pedido la respuesta a nuestros diccionarios, quichua i araucano que nos han sacado de apuros en casos parecidos.

Probablemente la voz esta es de formacion caprichosa, i acaso no seria raro que ella fuese de oríjen africano, como es africana la letra de las tonadillas que cantaban los *catimbaos*.

El hecho es que ahora, (que para ver *catimbaos*, seria preciso ir en romería hasta el santuario de Andacollo) hemos convertido esa palabra en un término de comparacion para ponderar el grotesco i presuntuoso vestido de algunos que olvidan que la sencillez es la primera condicion de la elegancia. Decir de alguno que se viste como un *catimbao*, es decir a la chilena que se viste como un payaso.

CATRINTRE.

Mucho hemos devaneado, i no poco manoseado nuestros calepinos, por dar con la etimolojía precisa de este singular adjetivo. A tiro de ballesta se conoce que él es orijinario de Arauco, pues araucanos son los elementos de que se compone: *ca, otro, ajeno, distinto,* i *trintre, crespo*; i araucana, sobre todo, la pronunciacion de la combinacion *tr,* que es igual en *catrintre,* exactamente igual, a la de *contri*. Pero si en su forma escrita i en su pronunciacion *catrintre* es de oríjen araucano ¿por qué llamar así a los quesos que se trabajan con leche flaca, despojada ántes de la crema? *That is the question!*

Resuélvala el lector sabiendo que, como queda dicho, *ca* es una partícula de adorno que no significa nada, o que cuando significa algo, puede significar *otro, ajeno, extraño;* que *trintre* significa *crespo, desmedrado*; i que manteca o grasa se dice en araucano *ihuiñ* o *lichi*.

CAUSEAR. [+ CAUSEO; + CAUSA]

Asegúranos un antiguo abogado haber oido usar este verbo por *pleitear, litigar;* nosotros, en verdad sea dicho, jamas lo hemos oido en ese sentido, si bien semejante ignorancia puede explicarse por el feliz alejamiento en que vivimos de pleitos i de tribunales de justicia.

De lo que sí podemos dar testimonio es de la otra acepcion, muchísimo mas comun que tiene *causear,* significando comer alguna cosa apetitosa, ordinariamente seca i fria, fuera de las horas en que es costumbre sentarse a la mesa.

Causeo es la accion de *causear* i tambien los comestibles en que esa accion se ejerce. A los últimos solemos llamarlos tambien *causa.*

CAYAMPA.

Del quichua *callampa,* "hongo de comer" dice el P. Mossi en su Diccionario. Los hongos de comer se llaman en castellano *setas.*

CEBA, CEBO. [+ CEBAR]

Con la primera de las dos voces que acabamos de escribir se designa en Chile la pólvora que se pone en las cazoletas o fogones de los fusiles i otras armas de fuego, con manifiesta infraccion de lo que prescribe el Diccionario, que llama a la pólvora esa *cebo,* i con desprecio de los buenos autores de todos los tiempos de la lengua, que nunca la han llamado de otra suerte.

> "Pero entrambas cargas
> Barro estaban hechas,
> I lo mismo el *cebo*
> De la cazoleta."
> (HARTZENBUSCH.- *Fábula XXVI.*)

Ceba es la abundante comida que se dá al ganado que sirve para alimento del hombre, a fin de engordarlo.

Usamos del verbo *cebar,* en una acepcion exclusivamente chilena cuando, olvidándonos de *servir,* decimos que alguno *ceba* el té, el café, o el *mate*; pues lo propio en casos tales seria *servir.*

CEBOLLON, ONA.

Por *solteron, ona,* es chilenismo, i de pura sangre, como se comprueba por la siguiente cueca:

> "La mujer que viviere
> Sin regla o tasa,
> En llegando a los treinta
> Ya no se casa.
> Ya no se casa, sí,
> La señorona
> Es fuerza que se quede
> De *cebollona.*"

CELEMIN.

Se usa mal en el sentido de *gran número, multitud, infinidad,* que no tiene, como que es nombre de una medida de capacidad, i no grande, sino de las menores.

CEPO.

Infinitas veces hemos visto escrita con bastardilla esta palabra, aun por nuestros mas ilustrados escritores, que sin duda, atribuyendo a algun antiguo hacendado o encomendero la invencion del instrumento, atribuyen tambien un oríjen nacional a su nombre.

> "Para aumentar la ignominia de éste (del Dean) dejó Machado preso en el *cepo* a uno de sus mayordomos porque no quiso de pronto entregarle las llaves." (VICUÑA MACKENNA.- *Historia de Santiago.*)

Desgraciada, o mejor felizmente, el *cepo* no es orijinario de Chile sino de importacion española, como lo manifiesta la definicion que de él da la Academia: "Instrumento hecho de dos maderos gruesos, que unidos forman en el medio unos agujeros redondos en los cuales se asegura la garganta o la pierna del reo, cerrando los maderos."

CERNER, VERTER.

"De haberse forjado los infinitivos *cernir, vertir,* que jamas han existido en castellano," dice el señor Cuervo, "se han orijinado muchos errores que cuidadosamente deben excusarse; cuales son *vertid, virtió, virtamos,* etc. Estos verbos se conjugan exactamente al tenor de perder, por ejemplo; así diremos: *cernemos, vertemos, (perdemos); cerneis, verteis, (perdeis): cernió, vertió, (perdió); cerned, verted, (perded); cerniendo, vertiendo, (perdiendo); cerner, verter, (perder).*

> "¡Qué placer es verla (a una mujer) hacer su colada, lavar su ropa, aechar su trigo, *cerner* su harina...!" (A. DE GUEVARA.- *Epístola familiar.*)

> "*Cernió* sin echar harina
> I no se debe espantar,
> Que por mucho madrugar
> No amanece mas aina."
> (CASTILLEJO- *Rimas.*)

La confusion nace de haber equiparado a *cerner* con *discernir,* i a *verter* con *divertir.*

CIÉNEGA.

Suele decirse, i mal, porque la palabra es *ciénaga* o *cenagal.*

> "Sin conocimiento para la disecacion de las vastas *ciénegas* formadas por todas partes." (MIGUEL DE LA BARRA.- *La América.*)

CIERRO.

Solemos llamar así el papel en que se cierra una carta. Lo propio es *cubierta.*

> "¿O rasgará por leeros
> La *cubierta* de esa carta?"
> (TIRSO.- *La Celosa de sí misma.*)

Tambien puede decirse *sobre, sobrecarta* i *sobrescrito.*

CISION, ESCISION.

Palabras casi tan traidoras como *cerner* i *verter* de que un poco mas arriba tratábamos.

La primera no significa, como muchos creen, *division* o *separacion,* sino *incision* o *cisura.* Dígase, pues, que ha ocurrido una *escision* entre los miembros del ministerio, o de éste o aquél bando, si se desea evitar el disparate de dar a entender que los tales miembros han sido objeto de alguna *cisura.*

> "A la corte incumbe la principal obligacion de sacrificar, si fuese necesario, todos los intereses i bienes del mundo por evitar la menor

separacion o *escision* de los miembros de Cristo." (VILLANUEVA.- *Vida literaria.*)

COBADERA.

Por depósito de *guano* [→] no lo traen los diccionarios de la lengua.

COBRAR.

Recomendamos a pleiteantes, abogados i escribanos, porque puede importarles tengan mui presente que *cobrar* no es, como talvez están creyendo, *exijir el pago*, sino *recibir el dinero*: ¡i bien i de sobra se saben ellos que media entre una i otra cosa tal cualilla distancia!

Si Pedro otorgase en favor de Juan una escritura autorizándolo *para cobrar ciertos pagarées*, con el ánimo de facultarlo solamente para demandar por el pago, podria llevarse buen chasco; porque en realidad, i segun el texto mismo del poder, lo habria autorizado para recibir del demandado el valor de aquéllos.

"El cesante es incapaz de ocuparse en nada ni de buscar ningun medio decoroso de subsistencia; aun su cesantía, si llega a *cobrar* alguna parte, no le sirve de nada porque el mismo dia que *cobra* se lo gasta alegremente." (GIL I ZÁRATE.- *El Cesante.*)

COCAVÍ.

Provision de comestibles que llevan en las alforjas los que viajan a caballo; la palabra es compuesta probablemente del nombre que tiene el conocido arbusto llamado *coca* (*erythroxylum peruvianum*) cuyas hojas se quemaban a manera de incienso en los altares dedicados al Sol bajo el réjimen de los incas, i en la actualidad, mezcladas con quínua o tierra calcárea, mascan en sus viajes, para entretener el hambre i el cansancio, los indios del Perú i de Bolivia.

"Cuando salí de mi tierra
De nadie me despedí;
Solo de una *china* vieja
Que me arregló el *cocaví.*"
(*Tonada popular.*)

"Con las criadas de casa preparaba
El *cocaví* sabroso i necesario;
Gallinas fiambres, tortas i conservas
En sendos hermosísimos canastos."
(C. WÁLKER MARTÍNEZ.
- *El Proscrito.*)

Tambien pudiera venir *cocaví* de la voz cubana *cacabí* o *cazabí*, como se vé por el siguiente ejemplo que tomamos del *Sumario de la natural Historia de las Indias* por don Gonzalo Hernández de Oviedo i Valdes.

"Hai otra manera de pan que se llama *cazabí* que se hace de las raices de una planta que los indios llaman *yuca*," etc.

COCHAYUYO.

Véase *huiro* [→].

COCHI O COCHE.

¿En qué se parecen los mas despreciados animales a los hijos de los monarcas?- En los muchos nombres.

Ahí están en prueba los aporreados rebuznadores que acarrean la piedra de empedrar i arena por nuestras calles, con cinco: *asno, burro, borrico, jumento* i *pollino.*

Ahí está tambien el gruñidor de nuestros chiqueros que tenia en español cuatro: *cerdo, puerco, marrano,* i *verraco,* i que ha recibido en América dos mas, el quichua *cochi* i el araucano *chanchu.*

Sobre este último haremos en lugar oportuno las observaciones del caso.

El padre Fébres en su *Vocabulario de la lengua araucana,* hace notar la rara circunstancia de que sea Chiloé, esto es la provincia chilena que se halla mas léjos de Bolivia, aquella en que se designe mas frecuentemente a los cerdos con su nombre quichua de *cuchi.* Si la asercion del padre Fébres fuese exacta, seria realmente curioso; como no deja de serlo tampoco que en las demas provincias, cuando dirijimos de alguna manera la palabra a los cerdos, se las dirijamos siempre en quichua, i cuando hablamos de ellos en tercera persona los nombremos siempre en araucano. Tan inusitado seria llamar a un puerco gritándole: *¡chancho! chancho!* como vender su carne al grito de ¡carne de *cochi!*

Acerca de la palabra materia de este párrafo nos observa el señor Páulsen: “Para mí es abreviacion de *cochino,* pues siempre lo he oido únicamente en el vocativo. Nadie vende un *cochi* ni tiene *cochis.* El padre Fébres dirá que *chancho* es araucano; pero yo preguntaria al padre qué animal habia entre los araucanos que ni remotamente se asemejara al cerdo. A priori diria que *chancho* no es araucano.”

La objecion sin duda es poderosa; pero si *chancho* no viene del araucano ¿de dónde viene?

COCHO.

Talvez del quichua *ppochcco, mazamorra de maiz cocido,* o mas probablemente del anticuado *cochar,* cocer.

Es el nombre que tiene en las provincias del Norte la mazamorra formada de harina tostada i agua caliente o fria, que por acá llamamos *ulpo* [→] o *chércan* [→].

CODEAR, [COD]EADOR, A. [+ CODEO]

Provincialismo boliviano (*codear*) segun Salvá, quien lo define: “sacar el dinero u otra cosa al prójimo con maña.”

Pues si eso significa *codear* en Bolivia, el señor Salvá hizo mal atribuyendo exclusivamente a nuestros hermanos de allende el desierto un vocablo que podríamos llamar, imitando el lenguaje de nuestros diplomáticos, *de participacion comun.*

Ademas de *codear,* i aunque parezca excusado advertirlo, tenemos en Chile *codeadores,* que son aquellos que por ocupacion habitual tienen la de espiar el momento oportuno para sacar el dinero u otra cosa al prójimo con maña; i *codeo,* que es la accion de *codear.*

COGOLLO.

A la chilena, en sentido recto, se llama *cogollo* cierta copla con que la persona que canta suele dar remate a la tonada.

Estas coplas, cuya composicion métrica es varia, van por lo jeneral enderezadas, en son de elojio i felicitacion, a alguno de los asistentes, i una que otra vez sirven al cantor para enviar tristes quejas o picarescas declaraciones de amor al objeto de su cariño.

Al ejemplo que dimos en la voz *agachar* [→], agregaremos los siguientes:

> "¡Que viva *mi sia* Juanita
> *Cogollito* de limon!
> Candadito de mi pecho
> Llave de otro corazon."

> "¡Que viva el señor don Pablo
> Verde *cogollo* de olivo!
> Advierta que soi constante
> I lo que quiero no olvido."

> "¡La niña donosa viva
> *Cogollito* de durazno!
> Me quitarán que la mire,
> Pero que la quiera… ¿cuándo?"

Tambien encontramos *cogollos* sin *cogollos* ni *cogollitos*:

> "¡Que viva Tula mil años
> Cascarita de granada!
> Yo me muero por Ud.
> I a Ud. no se le da nada."

Por una traslacion mui natural se ha dado a *cogollo,* en sentido figurado, la acepcion de *lisonja, adulacion,* elojio lanzado a boca de jarro, jeneralmente sobre alguno que no lo merezca.

Es palabra expresiva i bastante usada en las polémicas de los diarios.

Leemos en uno de ellos:

> "Son afortunados, no hai duda, los hómbres que nos hacen el honor de gobernarnos. Tanto han llovido sobre ellos los aplausos i los *cogollos* que poco a poco se han ido creyendo los hombres indispensables," etc.

COGOTUDO, A.

Ni en su sentido propio, de persona fornida de cogote, está en el Diccionario de la Academia. Ademas de ese le atribuimos en Chile el figurado de *persona rica, influyente, notable,* i en tal acepcion es sinónimo de *copetudo, a* [→ *copete*].

COLACION.

Los confites menudos que llamamos en Chile así, se llaman en España *grajea*:

"I comienzo a desmigajar el pan sobre unos no mui costosos manteles que allí estaban...; despues como quien toma *grajea* lo comí i algo me consolé." (D. Hurtado de Mendoza.- *Lazarillo de Tórmes.*)

Véase un ejemplo del uso chileno en *camison* [→].

CÓLERA-MORBO.

Esta voz aparece en los diccionarios i gramáticas, la del señor Bello inclusive, como masculina. Será por lo tanto equitativo atribuir a una inadvertencia o yerro del cajista el jénero femenino que se le atribuye en dos pasajes del *Derecho internacional* del mismo autor (pájs. 115 i 116.)

"I la opinion que en el dia parece tener mas séquito es que *la cólera* no es contajiosa tampoco" "*.....la cólera morbo.*"

COLIGARSE, COALIGARSE, COALICION, COLIGACION, COLISION.

Damos en seguida el sentido preciso de cada una de las anteriores voces, por creer que ello puede ser de alguna utilidad a los que con frecuencia las confunden i usan revesadamente:

Coligarse: unirse, confederarse unos con otros para realizar algun fin comun.

"Levantáronse a una los reyes de la tierra i *coligáronse* los príncipes de la Sinagoga." (Scio.- *Paráfrasis del salmo II.*)

Coaligarse: no existe sino en la mente de los que lo usan mal por el anterior.

Coalicion: confederacion, liga, union.

Coligacion: la accion i efecto de coligarse.

Colision: rozadura o herida, hecha de ludir o frotarse una cosa con otra: metafóricamente pugna entre afectos o intereses encontrados.

COLLAR.

Dígase *collera* por la que se pone a los caballos i mulas para tirar el coche, carro, etc.

COLLERAS.

Collera es en castellano el collar de cuero, relleno jeneralmente de paja o de estopa, que se pone en el pescuezo de mulas o caballos para tirar carruajes.

Nosotros lo usamos en singular para denotar el par de animales que amarrados caminan juntos; i en plural, para nombrar los botones pareados o de dos cuerpos con que se abotonan los puños i pechera de la camisa, botones cuyo nombre propio es *jemelos.*

COMBO.

Pesado y tosco martillo de fierro que usan herreros i mineros en los casos en que se necesita golpear con gran fuerza.

El equivalente castizo de *combo* es *almadana*; entre herreros, *macho*.

> "Al fin digan a Urmeneta
> Que no pierda su teson;
> Mas vale que busque el oro
> A *combo*, cuña i barreta."
> (GUAJARDO.- *¡Viva don Federico Errázuriz!*)

Puede mui bien haberse orijinado nuestro vocablo del sustantivo español *combo*, que es "el tronco o piedra grande sobre que se asientan las cubas."

¡Dar combo!: sigan Uds. dándose de mojicones.

COMEDIRSE. [+ DESCOMEDIDO, A]

Rarísimas veces hemos oido emplear este verbo en su significado castizo de *arreglarse, contenerse, moderarse.*

Es, sí, mui usado por prestarse con prontitud i buena voluntad a servir a los demas. Así llamamos *comedida*, no a la persona afable i urbana, sino a la oficiosa i solícita en ayudar a los otros en sus quehaceres; i al contrario *descomedida* a la indolente i buena para nada.

> "Hace una semana, dirá una dueño de casa a sus sirvientes, reconviniéndolas, que la niña anda con el vestido *desapretinado* i nadie se ha *comedido* a darle una puntada."

COMINILLO. [ESTAR CON UN o TENER UN]

Buscamos en el Diccionario a *cominillo* i nos remite a *joyo*. Vamos a *joyo*, i leemos: "Especie de grama que se cria entre los trigos i cebada; produce una espiga blanca i delgada con seis o mas granos que salen alternativamente de los dos lados de la cima en forma de espiguillas, con una semilla menor que la del trigo, encerrada en una cáscara negra que se termina casi siempre en cierta habilla o raspa puntiaguda." I hétenos así, sin pensarlo, delante del nombre que se da en España a la grama aquélla que tanto hace *chorear* [→] a nuestros agricultores *envallicándoles* los trigos.

En buen castellano, estar con un *cominillo* o *tenerlo*, seria sentir el alma *envallicada*.

Ya venga empero nuestro *cominillo* de *vallico*, ya sea una reminiscencia del escosor que causa el [*c*]*omino*, lo cierto es que en Chile dicen que lo tienen cuantos sienten alguna duda que los preocupa i mortifica.

COMISION.

Echan o hacen o enredan *comision* en el juego de volantines [→] los que en la altura se enredan del hilo por ver cuál tumba o se lleva a su enemigo.

> "Mas alegre, pero siempre sobresaltado, jugaba una tarde al *volantin*. Yo sujetaba el mio desde el patio de casa, i otros, desde la calle, trataban de enredar con él *comision*." (Z. RODRÍGUEZ.- *Loco Eustaquio*.)

COMPETER, COMPETIR.

"Vemos que con lamentable frecuencia," escribe el señor Cuervo, "se confunde a *competer* con *competir:* aquél significa *pertenecer, tocar, incumbir;* éste *contender rivalizar;* conjugase el primero como *beber,* el segundo como *pedir.* Patentízanlo estos ejemplos:

> Pondéase en el concilio la importancia de este servicio, confiérese el premio que le *compete.*" (Saavedra Fajardo.- *República literaria.*)
> "Ninguno sufre a quien *compite* con él en las cualidades del ánimo." (Id.- *Empresas políticas*)

> "Es tanta la beldad de su mentiraQue en vano a *competir* con ella aspira
> Belleza igual de rostro verdadero."
> (Lupercio L. de Arjensola.
> - Soneto: *Yo os quiero,* etc.)

> "El templo de Salomon,
> Aquesa fábrica antigua,
> Que ni ántes ni despues hubo
> Ni habrá otra que le *compita.*"
> (Calderon.- *El primer refujio del hombre.*)

COMUCHO O CUMUCHO.

Agrupamiento de personas, animales u objetos inanimados. Véase *acumuchar* [→].

CONCHABO, [CONCHAB]AR.

Hai entre el chileno *conchabar* i el español cierta analojía de significado, que está revelando a las claras el oríjen de aquél. En efecto, *conchabar* es *unir, juntar, asociar;* i *conchabarse* unirse dos personas entre sí con algun fin, que jeneralmente se reputa malo.

Ahora bien, en Chile *conchabamos* a alguno cuando convenimos con él en que nos preste algun servicio, mediante una recompensa que puede ser pagada en dinero o especies.

Conchabo es la accion de *conchabar,* i ademas las ventas menudas o trueques de baratijas i chucherías que hacian los vendedores ambulantes, que nosotros llamamos *faltes* [→] i que en España se llaman *buhoneros.*

> "Ademas del inquilinaje i los pueblos de indios ha quedado un recuerdo vivo de lo que era la mita en los *mingacos* [→], como se llama todavía a los *conchavos* (otra palabra indíjena) que se hace para las trillas, siembras i otras operaciones rústicas." (Vicuña Mackenna.- *Historia de Santiago.*)

CONCHO, CONCHOS.

Del quichua *cconchus, heces, asiento;* o mas inmediatamente del araucano *concho, la borra de la chicha.*

El mismo señor Vicuña Mackenna, cuyo nombre ha aparecido ya i tendrá que aparecer con frecuencia en este *Diccionario,* pues ha sido el mas entusiasta rebuscador de las curiosidades de nuestra habla, explica así el oríjen histórico de *concho,* o mejor dicho de *los conchos* (pues en sentido figurado carece de singular.)

> "En los toros que se celebraban durante tres dias (en las fiestas reales) se acostumbraba servir refrescos al Presidente, a la Audiencia i convidados por los vecinos que tenian sus casas inmediatas a la plaza, lo que era de mucho honor, i los sobrantes se tiraban en seguida a la muchedumbre que los recibia con grande algazara. De aquí la costumbre de *los conchos* (palabra indíjena por mas que no lo parezca) i talvez la de *corcova* que suele usarse a la postre, quizás porque el pueblo recibia *corcoveando los conchos* de las juras."

La anterior explicacion es injeniosa. Con todo mas probable nos parece explicarnos el sentido de *conchos* por una de esas traslaciones, tan frecuentes en todas las lenguas, del sentido propio al figurado. Bien pudo el pueblo que llamaba *conchos* a las *heces,* sin necesidad de que *le tirasen los sobrantes de los refrescos,* caer en la cuenta de que podia llamarse *conchos* tambien de alguna fiesta la mas modesta diversion del dia siguiente, en que no hai para satisfacer el hambre i sed de los convidados mas elementos que los restos o *conchos* de la víspera.

En cuanto a la etimolojia de *corcova* [→], haria mal quien lo tomase por algo mas que por lo que es, una donosa chulada.

Los equivalentes castellanos de *concho,* ademas de *heces,* serán segun los casos, *sedimento, poso, asiento, solera, residuo, broza* i *borra.*

Es voz, *concho,* que se usa desde mui antiguo en todos los paises americanos que formaron parte del imperio de los incas. Don Antonio de Ulloa, hablando de los indios de Quito, dice:

> "El dia que sigue al de la funcion llamado del *concho,* que significa dia en que se beben los *asientos* que quedaron del antecedente," etc.

CON ESO.

No recordamos haber visto usado este complemento en los autores españoles en el sentido de *a fin de que,* o *con el objeto de que,* tan corriente en Chile.

> "Cuando te desocupes de barrer el patio, lávate las manos i ven, *con eso* peinas a las niñitas."

> "Levántate, hijita i ponte el mas alegre vestido que tengas, *con eso* vamos a pasear juntos i a hacer que el viento de Mayaca se lleve tus pensamientos tristes." (Z. Rodríguez.- *Loco Eustaquio.*)

CONSERVATORIO.

Llámase así en Chile lo que en buen español, *invernáculo* o *estufa.*

Véanse ejemplos en las voces *ramo* [→] i *resolana* [→].

CONTESTA.

Mui usado entre el poblacho por *contestacion,* i hasta cierto punto autorizado por mui respetables y frecuentes analojías; como *protesta* de *protestar*, *apuesta* de *apostar*.

> "Una niña que dijo que volveria por la *contesta*, respondió el sirviente." (BLEST GANA.- *Martín Rivas*.)

CONTIMAS, CUANTIMAS.

La segunda de estas palabras es una mui antigua, graciosa i castiza síncopa de *cuanto mas* o *cuanto i mas*.

> "Se afrentaba despues mi alma de ver que pueda parar en ninguna cosa criada, *cuantimas* aficionarse a ella." (*Santa Teresa*.)

Sentido idéntico al de esta otra frase de Cervántes:

> "No tengas pena, amigo Sancho, que yo te sacaré de las manos de los caldeos, *cuanto mas* de las de la Hermandad." (*Quijote*.)

En Chile, donde es de uso corriente aunque solo vulgar *contimas* en el sentido que queda dicho, se emplea tambien en otro que lleva envuelta la idea de contraste i de burla, difícil de explicarse, pero fácil de comprenderse a la lectura del siguiente ejemplo:

> "Te buscarán un marques (por marido) a ver si te gusta. ¡*Contimas* que *sois* tan bonita!" (BLEST GANA.- *Martín Rivas*.)

CONTRA.

El vulgo i algunos que no pertenecen al vulgo dicen *la contra*, por antídoto. Parece que la misma mala costumbre hai en Colombia.

> "Contra- yerba de las que sirven de antídoto para la mordedura de víbora." (ISAACS.- *María, en el vocabulario*.)

Garcilaso, en sus *Comentarios reales*, 2.ª parte, libro 4.º, cap. XXVII, dice: *contrayerba*.

CONTRACCION.

Ni en frances ni en castellano ha significado ni significa *aplicacion*, como quieren los que dicen, v. gr.: "Su contraccion a los negocios corre parejas con su habilidad i honradez."

> "Es modo de decir inadmisible." (BARALT.- *Diccionario de galicismos*.)

Es vocabulillo corriente en Chile, patria de infinitos bastardos de la misma ralea.

CONTRAPESO.

Es este un chilenismo de significacion idéntica a *cominillo* [→]. Como el que está con un *cominillo*, el que siente un *contrapeso* anda inquieto por alguna duda que le mortifica o eventualidad que teme.

> "Un cruel rigori un martirio
> Temor, miedo i *contrapeso*,
> Digo verdad i confieso
> Son mi desvelo i suicidio."
> (GUAJARDO.- *Penas, sentimientos, rabias i suspiros*.)

CONTRAPRODUCENTEM.

Expresion latina que, perdiendo su *m* final, ha pasado al castellano i sirve para denotar que los hechos o argumentos que álguien alega en su apoyo obran precisamente en contra suya.

De lo expuesto se infiere que *contraproducente* carece de plural i que seria impropio decir que ésta o aquella medida han tenido efectos *contraproducentes*; tampoco podria decirse *contraproducente,* como quiera que los dichos efectos en el ánimo de quien tal escribiese no habrian sido contrarios a la persona cuyas fuesen aquéllas, sino contrarios al fin u objeto que habria perseguido al dictarlas.

En caso de duda, vale mas adoptar otro rumbo, como verbigracia este de Jovellános:

> "Tales providencias obran en sentido *contrario de su fin.*" (*Lei agraria.*)

CONTRI.

Del araucano *conthi* o *conthùl, mollejas* de las aves.

Como la traduccion de *conthi,* que acabamos de dar, clara para un español, no puede serlo para nuestros compatriotas, que dan a *mollejas* una acepcion arbitraria, como se verá en el lugar correspondiente[45], creemos oportuno advertir que tomamos esta palabra en su jenuino sentido; conviene a saber en el de "estómago muscular que tienen las aves, mui robusto especialmente en las granívoras, i que les sirve para triturar i ablandar por medio de una presion mecánica los alimentos que ellas no pueden mascar ni ensalivar en la boca como los mamíferos" (ACADEMIA.- *Diccionario.*)

Conocido ya el oríjen i significado de *contri,* solo nos resta agregar que con él se forma la expresion complementaria *hasta el contri,* hasta la parte mas interior del cuerpo.

> "¡Cuidado con la sopa: la primera cucharada me ha quemado hasta el *contri!*"

COÑETE.

En estilo familiar nos servimos de este vocablo como sinónimo de *miserable, tacaño, mezquino.*

COPETE [DE], [COPET]UDO, A.

Sustantivo i adjetivo (con pequeña diferencia este último) significan en nuestro uso corriente lo mismo que en España.

Nos recordamos distintamente si el señor Vicuña Mackenna, al hablar del *copete* que los oidores de la colonia debian llevar levantado sobre la frente, explica por esa costumbre la que tenemos de llamar *copetudas* o

45 La entrada *mollejas* no llegó a ser incluida en el *Diccionario de chilenismos* [NdE].

de copete, a las personas de muchas campanillas.

Si así fuese, el señor Vicuña habria caido en un error, pues la circunstancia de encontrar en el Diccionario de la Academia sustantivo i adjetivo con explicaciones perfectamente convenientes a los que usamos en Chile, nos demuestra que así como de España nos vinieron los *copetudos* i *los copetes,* así tambien (¡i perdonen Uds. señores copetudos!) nos vinieron de allá los nombres de *esas cosas.*

CORCOVA.

El llamar así a la fiesta o fiestas que en tiempo e importancia suelen seguir a las grandes, es cosa no mui fácil de explicar, como queda ya dicho en el párrafo que dedicamos a exponer el sentido i la etimolojía de *conchos* [→].

Sinembargo, i aun a riesgo de caer en alambicamientos que con el mayor cuidado hemos procurado evitar hasta aquí, no estaria demas tener presente que *corcova* no solo significa en castellano la prominencia o montículo aquél que con tanta crueldad el bellaco de Quevedo enrostró al buen D. Juan Ruiz de Alarcon en los versos que empiezan

> Tanto de *corcova* atras
> I adelante Alarcon tienes;

sino tambien el bulto o corvadura que se levanta sobre la superficie de alguna cosa. En este sentido, i a virtud de la colocacion posterior i del carácter accesorio de las fiestas que se trataba de bautizar, es tan razonable suponer que la jente de estilo las llamase a la española *corcovas,* como que la intonsa i mazorral las llamase a la araucana *conchos.* ¿O por ventura habria que hacer mayores esfuerzos de imajinacion para figurarse a la fiesta principal como a un *curcuncho* que lleva a la espalda, a guisa de *corcovas,* a una o mas fiestecillas, que para imajinarse aquélla bajo la forma de una enfriadera de *chicha* [→], que agotada el primer dia, puede hacer frente con los *conchos* a las necesidades del segundo?

CORONTA.

Del quichua *ccoronta;* el corazon del *choclo* [→].

CORRESPONDER.

¿Deberá decirse por cuenta *de quien* corresponda reclamar, o por cuenta de *a quien* corresponda reclamar?

Lo segundo nos parece lo correcto:

> "Por cuenta de *a quien* corresponda recibirlas." (*Código de Comercio art.* 203)

> "Con el objeto de llamar la atencion *de quien corresponda.*" (DOMÍNGUEZ.- *Diccionario*; –VOZ FULANO.)

CORRIDO.

¿Es un chilenismo éste cuando significamos con él cierta clase de romances que corren entre el bajo pueblo? Así lo creimos hasta que leyendo la coleccion de Romances Castellanos en la Biblioteca de Rivadeneira, dimos en la páj. 117 del tomo I con la siguiente nota que nos sacó de nuestro error:

> "Con algunas variantes se conserva e imprime este romance (el II de Gerineldo) i es uno de los vulgares que venden los ciegos. Todavía en Andalucía con el nombre de *corrio*, o *corrido* o *carrerilla*, que así llama la jente del campo a los romances que conserva por tradicion, se recita o cuenta el siguiente que trata tambien de Gerineldo."

CORRIMIENTO.

Raras veces el escritor chileno que se ve en la necesidad de usar de esta palabra resiste a la tentacion de tirarle raya por debajo, imajinándola cuando ménos de sospechoso oríjen.

Sinembargo es castiza, i no ha dejado de serlo apesar de que anda por lo regular en bocas que en lo que ménos pecan es en causar envidia a las rosas de los jardines i a los granados de los huertos:

Un ejemplo para los incrédulos:

> "Neguijon debió ser o *corrimiento*
> El que dañó las perlas de su boca;
> Quiero decir sus dientes i sus muelas."
> (Cervántes.- *El Rufian viudo.*)

Lo mas singular es que el anterior pasaje del príncipe de los prosadores castellanos parece dar razon a nuestros *guasos* [→] contra la Academia que no atribuye los *corrimientos* a los nervios, sino a los humores i que, desconociendo los de la cara, anda mui preocupada con "los que padecen en los pechos a menudo las mujeres que están criando."

CORRION, CORREA.

No constituye propiamente esta palabra un verdadero chilenismo. Ella es solo una de las tantas que en su traslacion a América fueron en su sentido i estructura un tanto maltratadas.

Nuestro *corrion* es sin duda el *correon* español ménos la *e* (que aparece trocada en *i* segun la mas constante regla a que obedece el vulgo en su pronunciacion) i ménos tambien su carácter de aumentativo de *correa* que llevaba consigo. Empero no es lo dicho todo, pues miéntras por una parte quitábamos a *correon* su forma i carácter de aumentativo, por otra lo hacíamos bastardear de su propio significado estableciendo una diferencia notable entre él i *correa*, designando con esta voz las anchas, sobadas o curtidas, i reservando aquélla para las angostas, tiesas i crudas.

COSCACHO.

El golpe que se dá en la cabeza, que no saca sangre i duele, se llama *coscorron* segun el Diccionario. ¿Por qué lo llamamos nosotros *coscacho*? Avérigüelo Várgas!

Lo único que hemos averiguado nosotros es que el provincialismo éste no es solo chileno; que tambien, aunque con una letra de ménos (*cocacho*) es de uso corriente en Bolivia.

COSTAL, BOLSA, SACO, SACA.

Las cuatro palabras son castellanas; pero hai que notar con respecto a la manera como las usamos las peculiaridades siguientes:

1. que *costal* significa en español *saco* o *bolsa de jénero burdo,* miéntras que en Chile se aplica exclusivamente al *saco hecho de cuero* en que se envasan i acarrean los frejoles, carbon, etc.
2. que *bolsa* no se dice nunca sino de las de jénero (salvo la *bolsa tabaquera;*) ni tampoco para designar las que sirven para el trasporte del trigo, cebada, harina etc.
3. que *saco* es la palabra con que se designa el *costal de cáñamo* o *algodon* en que esas producciones se acarrean i exportan.
4. i último, que *saca,* que en castellano significa *un saco grande,* se emplea solo en Chile para designar el *costal de cuero sin curtir* i de una forma especial en que nos viene del Paraguai la *yerba mate.*

Saca denota tambien la accion de sacar, i así no hai pero que poner a nuestros *chacareros* [→ *chacra*] cuando dicen: "Tal dia principiamos *la saca* de las *papas.*"

COSTINO, A.

Lo que pertenece a la costa se indica en español con el adjetivo *costanero, a.*

Nosotros hemos reservado el uso de ese adjetivo para modificar los objetos inanimados que pertenecen a la costa, i asi decimos: vapor *costanero* i no vapor *costino.* Pero usamos de este último siempre que se trata de personas o de animales: "Todos los jueves llegan a Quillota los *costinos* con sus *chiguas* [→] de pescado." "No hai carne mas sabrosa que la de las ovejas *costinas.*"

> "Estos rebeldes *indinos* [→]
> Han quebrantado la alianza
> Deponiendo su confianza
> En los caciques *costinos*
> O mejor dicho *abajinos* [→]
> Que eran del gobierno aliados."
> (Guajardo.- *Rebelion de los indios salvajes.*)

COSTIPADO, [COSTIP]ACION.

Algunos creen, i creia tambien hasta no ha mucho el que escribe este *Diccionario,* que decir, *estoi costipado,* para denotar que se sienten los síntomas de un resfrío, era hablar *al ruido de las nueces,* por denotar solo aquella palabra el estreñimiento de vientre. Tal creencia es infundada, sin embargo, por mas que en frances *constipation* signifique solo *impossibilité ou difficulté extrême d' aller à la selle*; i por mas que en castellano *constipacion* i *constipado* signifiquen *tambien* eso.

No habia, pues, motivo para la bastardilla que encontramos en los versos que van en seguida, i que reconocemos como propios en expiacion de nuestra culpa.

> "El uno se acostó arromadizado
> I levantarse no osa porque teme
> Cojer, saliendo al aire, un *costipado*."
> (*No me mezclo con política*.)

COTENSIO O COTENSE.

Decimos en Chile por *cotanza*, especie de lienzo que se hacia en *Coutances*, puerto de Normandía.

> "Se invirtieron en ochenta varas de *cotense* para telones." (VICUÑA MACKENNA.- *Historia de Santiago*.)

COTO. [+ COTUDO, A]

Del quichua *kcoto, papera*, turjencia que sale en el pescuezo.

Nos servimos de ella exclusivamente para designar la enfermedad que es conocida en la ciencia médica con el nombre de *bocio* o *bocione*, i que, si no nos engaña la presuncion de meternos a hablar de lo que no entendemos, consiste en la hipertrofia de la glándula tiróides.

La Academia, que no dá ninguna explicacion de *bocio*, parece tenerlo por sinónimo de *papera*. Si tal sinonimia fuese exacta deberíamos conservar nuestro *coto* como oro en paño, pues entre *papera*, que es *el tumor escrofuloso que se forma en la papada*, i la hipertrofia de la glándula tiróides, que es lo que llamamos *coto*, hai una regular diferencia.

¿Qué *cotudo* no protestaria contra el insulto si lo llamasen escrofuloso? ¿I a quién se le ocurre que el famosísimo *cotudo* Vera habria podido llamarse tambien e indistintamente, Vera el *paperudo*?

COTON [ó COTONA].

Palabra que en dialecto de los jitanos significa *jubon* i a la cual atribuye nuestro pueblo una significacion mui parecida, pronunciándola indistintamente *coton* o *cotona*.

I tan indudable es la procedencia germanesca de la palabra que estamos considerando, que en el dialecto de esa jentualla, que segun Cervántes "nacen de padres ladrones, críanse con ladrones, estudian para ladrones i finalmente salen con ser ladrones corrientes i molientes a todo ruedo" encontramos la clave de aquellos conocidos i terribles versos que habian mortificado nuestra curiosidad desde niños:

> "*Coton colorado*
> Mató a su mujer

Con un cuchillito
Del porte dél,
Sacó las tripitas
I salió a vender:
¿Quién compra tripitas
De mala mujer?"

La clave está en estas cuatro palabras que copiamos del Diccionario: "*Coton colorado.*- Germania.- El que ha sufrido la pena de azotes."

¿I no tienen tambien un marcado acento jitanesco estos otros versos, en que tambien anda figurando, no mui decente ni relijiosamente, un *coton*?

"Veinte mil i mas murieron
En el cuello de un *coton*.......
Pero como piojos eran
Murieron sin confesion."

COTOTO.

Del mismo oríjen que el anterior[46], o acaso de su primo hermano el sustantivo *ccotto,* que en el idioma de los incas significa *monton.*

En Chile es de uso jeneral por *chichon,* el bulto o hinchazon que se forma en la frente o cabeza a consecuencia de algun golpe.

CÓVUR.

Don Vicente Salvá asegura que este *cóvur* es un provincialismo chileno, equivalente a *armadillo.*

Nosotros cuanto podemos decir acerca de él es que no lo hemos oido sonar en los dias de nuestra vida.

CRECE.

Hai en castellano un sustantivo plural *creces,* que entre otras cosas significa *aumento, ventaja, exceso en alguna cosa,* como aparece de este ejemplo:

"Si es verdad que en vida tuya
No me es dado
Ni admirarte ni aplaudirte
Sin pecado;
Puede que un dia te pague
I *con creces,*
Deuda cabal i cabales
Intereses."

Lo que sí se buscaria vanamente en los Diccionarios de la lengua es el sustantivo *crece,* en singular, como lo usamos en Chile para denotar el aumento de agua que toman los rios por grandes lluvias o derretimiento de nieves, porque el nombre castizo de los aumentos tales es *crecida.*

"El suelo que el agua ocupa o desocupa alternativamente en sus *creces* i bajas periódicas." (*Código Civil chileno art.* 650.)

"Bien sea al principiar, deslindando al norte por la línea estensa del Tajamar que opone una valla a las frecuentes *creces* del Mapocho." (A. BLEST GANA.- *El Ideal de un Calavera.*)

46 Probablemente Rodríguez se refiere a *coto*, y no a *coton*. [NdE]

CRISTIANO.

No andan tan fuera de camino nuestros *guasos* [→] i *rotos* [→] al emplear la palabra *cristiano* como equivalente de *hombre o persona;* pues una de sus acepciones segun el Diccionario de la Academia española es *hermano* o *prójimo.* Ahora bien, si segun el Catecismo son nuestros prójimos todos los hombres ¿por qué seria incorrecto decir: "Aquí, donde está clavada esta cruz, debe de haber muerto algun cristiano?"

CRISTO.

Andar sin cristo o *sin un cristo* es frase chilena que corresponde a la española *andar sin blanca.*

Seguramente que nuestro provincialismo trae oríjen de la antigua moneda macuquina, llamada vulgarmente de *cruz,* porque tenia por una de sus caras el signo de la redencion.

Lo propio para denotar el signo que en las cartillas de antaño precedia a las letras del alfabeto es *cristus:*

> "Letras, respondió Sancho, pocas tengo porque aun no sé el A, B, C; pero básteme tener el *cristus* en la memoria para ser buen gobernador." (CERVÁNTES.- *Quijote.*)

CRUJIDA.

Hasta hace poco estábamos creyendo que nuestro *pasar crujidas* era un lejítimo, si bien algo caprichoso, derivado de *crujir.*

Leyendo el *Viaje al Parnaso* de Cervántes salimos de nuestro error, que no era chico como lo harán comprender los siguientes versos que copiamos del susodicho poema:

> "Hecha ser la *crujia* se me muestra
> De una luenga i tristísima elejía
> Que no en cantar sino en llorar es diestra.
> Por ésta entiendo yo que se diria
> Lo que suele decirse a un desgraciado
> Cuando lo pasa mal, *pasó crujia.*"

De manera, pues, que cuando decimos que alguno ha pasado *muchas crujidas,* decimos sin saberlo que ha sufrido muchas de las que en tierra se llaman *carreras de baqueta.* En efecto, *pasaba crujia* en las antiguas galeras el infeliz a quien se le obligaba a correr de popa a proa por entre dos filas de desalmados marineros, quienes, al pasar aquél, a fuerza de látigo, lo desollaban vivo.

CRUJIDERA.

Llamamos así las tiritas de cuero que se ponen entre la suela de los zapatos de modo que al pisar con ellos crujan especialmente cuando nuevos. Ignoramos como se llaman las *crujideras* en España, o porque éstas no existen o porque, existiendo, no hemos podido dar con su nombre.

CUADRA.

¿No es en verdad curioso que no aparezca en los diccionarios de la lengua esta palabra en su sentido de medida de lonjitud? Pues no la hemos encontrado en ninguno. El de Salvá, que es el que mejor la trata, nos la presenta como un provincialismo que en la isla de Cuba indica "el frente que ocupa una manzana de casas" i en el Perú "una porcion de tierra de sembradura."

¿Cuál es entónces el oríjen de llamarse *cuadra* nuestra medida (ya legalmente abandonada) de ciento cincuenta varas lonjitudinales, o de 22,500 cuadradas? Lo ignoramos.

Lo que sí advertiremos porque nos consta es que en el Sur del Perú el terreno de sembradura no se mide por *cuadras* sino por *topos*, que contienen, si no recordamos mal, 5,000 varas cuadradas cada uno.

Cuadra es anticuado en España por *sala principal* de una casa.

> "I entre tanto se podrán vuesas mercedes entrar a sentarse a la *cuadra*. Ellas entraron por el patio en una sala bien aderezada." (M. ALEMAN.- *Guzman de Alfarache.*)

En Chile no es anticuado en esta acepcion, aunque el buen tono pide ya que se diga *salon*, i en pocos años mas no se oirá dicer *cuadra* a nadie.

CUADRILLAZO [DAR].

Ya, ocupándonos de *acuadrillar* [→], espusimos que *dar cuadrillazo* es un chilenismo que sirve para dar a entender que álguien ha sido objeto del ataque de alguna cuadrilla de jente traidora i mal entretenida.

Tambien solemos decir en casos tales *dar un malon* [→ *malon*].

CUANTO HA.

Nos parece digno de notarse el uso de *cuanto* seguido del verbo *haber*, en la tercera persona del presente de indicativo apocopada, para denotar largo espacio de tiempo. "¿Cómo van los negocios de nuestro amigo?- *Cuanto ha* que no recibo noticias suyas."

CUARTA.

Provincialismo cubano: "látigo que usan los caleseros para arrear las bestias, tejido de cuero con un mango de cerca de una *cuarta*."

Parece, pues, que el señor Salvá, que nos da esta noticia, diese a entender que llamarse *cuarta* en Cuba el instrumento que en España se llama *látigo* o *zurriago* i en Chile, *guasca* [→], proviene de la circunstancia de alcanzar el mango a una *cuarta* de largo mas o ménos.

Forzadilla nos parece la explicacion i amen de forzadilla de todo punto incapaz de esplicarnos por qué nosotros hemos llamado *cuarta* a la correa con que se asegura la carga de la carreta, i que suele tener algunas varas de largo.

De la frase *a la cuarta,* ya hablamos al tratar de las formadas con la preposicion *a* [→].

CUARTAGUEAR. [+ CUARTAGO]

Cuartago llama el Diccionario al caballo de mediano cuerpo.

En Chile llamamos *cuartago* al rocin que es por naturaleza *de paso,* esto es sin que lo hayan artificialmente *trabado* de tal.

De *cuartago* en esta última acepcion se ha formado el verbo *cuartaguear,* que se aplica a los que, caminando, mueven las piernas semejantemente a los caballos de aquella especie:

> "Da risa ver a los viejos
> Cuando van a enamorar;
> *Agarran* un trotecito
> Que llegan a *cuartaguear.*"
> (GUAJARDO.- *El viejo lacho.*)

CUARTEROLA.

Significando el tonel pequeño que hace la cuarta parte del ordinario, es español; no así denotando una especie de arma de fuego, mas corta que la tercerola, que usa la caballería.

CUARTILLERA, [CUART]ILLO.

Cuartillo, por la cuarta parte de un real, es castellano, aunque crea i diga lo contrario el señor Salvá. No lo usamos sinembargo en Chile para significar la cuarta parte del celemin o almud, que es otra de sus castizas acepciones; pues a la medida ésa acostumbramos designarla con el nombre de *cuartillera,* que es de invencion chilena.

CUARTO REDONDO.

Llámase así los que no tienen patio ni corral, con puerta a la calle, i que por lo comun sirven de habitacion a los pobres.

> "Que con otros individuos cometian desórdenes en un *cuarto redondo,* como se llamaba (i llama todavía) en Santiago a los *cuartos cuadrados.*" (VICUÑA MACKENNA.- *Historia de Santiago.*)

CUBIERTO.

Usase impropiamente por *cuchillo i tenedor* i aun por cuchillo solo.

En castellano significa el servicio de mesa compuesto de plato, cuchillo, tenedor, cuchara, pan i servilleta; i tambien cuchillo, tenedor i cuchara solos.

Véase un ejemplo en la voz *pararse* [→].

CUBILETE, [CUBILET]EAR, [CUBILET]ERO.

Vienen estos tan trillados vocablos del sustantivo *cubilete* que en castellano es el vaso de que se sirven los prestidijitadores para varios de sus juegos. Ampliando i trasladando un tanto ese significado, hemos venido a llamar *cubilete* la *intriga, cábula* o *ardid* especialmente políticos: *cubiletear* es *maquinar hipócritamente,* o por lo ménos en secreto, alguna sorpresa o golpe contra los adversarios; i *cubileteros* son los que profesan en arte tan honorable i socorrido.

CUCARACHO.

El señor Gormaz quiere que se diga *cucaracha.*

Cucaracho es en Chile voz jenérica de todas las especies de escarabajos.

La voz española *cucaracha* parece haberse formado del *cockroach* ingles, que significa lo mismo.

CUCURUCHO.

Véase *cartucho* [→].

CUESTION.

That is the question, que vemos todos los dias en los diarios traducido, *esta es la cuestion,* no es castellano.

> "El plan era excelente
> I moral el asunto;
> Pero ¿i la ejecucion?- *ese es el punto.*"
> (J. J. de Mora.- *La Zorra i el Gato.*)

CUI.

Del quichua *ccoue, conejo.*

Es efectivamente el nombre que damos a un *conejo pequeño,* orijinario a lo que se nos imajina del Perú, donde los *cuyes* son mucho mas abundantes que en Chile i mas apreciados, pues se comen, no solo los domesticados sino los silvestres o *alzados,* que en Dios i en nuestra alma se asemejan tanto a nuestros *ratones* por mal nombre llamados *pericotes,* como un huevo a otro huevo.

Parir como un cui; es frase con que se pondera la extraordinaria fecundidad de alguna, i que está mostrando que *cui* no cambia de terminacion al aplicarse a la hembra.

CUICO.

Apodo que suelen dar los habaneros a los mejicanos, si hemos de atenernos al testimonio de Salvá.

Hemos oido una que otra vez usarlo en Chile para designar a nuestros hermanos de Bolivia. Seria mas conveniente que nos olvidáramos de él porque los apodos suenan mal entre hermanos.

CUJA.

La Academia, que consigna esta voz en la última edicion de su Diccionario, la explica diciendo: "Bolsa de cuero asida a la silla del caballo para meter el cuento de la lanza o bandera i llevarla mas cómodamente. Ant. La cabecera de la cama."

Salvá, que la consigna tambien, dice de ella ser un provincialismo de Venezuela i del Perú donde significa "cama de matrimonio primorosamente torneada."

En Chile, donde las *cujas* pertenecen ya a la historia i a los museos, eran ellas catres de madera preciosos, tallados con primor, incrustados de bronce, de plata i aun en la cabecera de rayos de oro figurando un sol.

En el sainete *Los dos preceptores*, que ha sido alterado i casi completamente rehecho por nuestros cómicos de la legua, D. Alberto dice a su sirviente José, recomendándole aderece i limpie la pieza del dómine que acaba de llegar sin *esas charlatanerias de cofres i maletas:* "Que nada falte: la *cuja* dorada, la colcha verde ¡eh!..."

Eran jeneralmente tan anchas que podia dormir en ellas una familia entera, i tan pesadas que sus patas servian de postes para amarrar a los niños traviesos, hasta ya *guainitas* [→]. No debieron de ser pocas de contado las fuerzas de D. Félix Sotomayor "mayordomo de los jesuitas" que segun el señor Vicuña Mackenna, "atándose una soga al pié, arrastraba una *cuja* o catre colosal con cuatro o cinco colejiales acostados encima."

CULERO.

Pieza del vestido de nuestros mineros que a modo de una faja ancha les cubre los riñones i la barriga. Los hai tambien mas ordinarios, de cuero sin curtir que, cubriéndoles por detrás las asentaderas, les sirven para sentarse sobre las piedras i cascajo, sin daño de los pantalones.

> "El minero aunque trabaja
> Dos temporadas al año
> Jamas ve su desengaño
> Ni para gastar se ataja.
> Luego que del cerro baja
> Cae en el *resumidero*
> Empeña hasta su *culero*
> I despues vamos *al clavo.*"
> (GUAJARDO.- *El Minero.*)

CUMPA.

Palabra que indudablemente es de formacion indígena; pero cuya etimolojía no podemos dar sino a tientas i como adivinando. Puede que venga del quichua *ccorppa*, que significa *huésped*; puede tambien que sea compuesto de las dos voces araucanas, *con, confidente, amigo de confianza*, i *pa, llegar.*

De todas maneras, *cumpa* es en lenguaje de la jente que aun conserva el pelo del pueblecito de indios en que se crió, *el camarada, el amigo predilecto*:

> – "Veamos el calabacito, decia uno."
> – Está tapado con corcho, dijo otro: talvez es aficionado a la música *el cumpa.*" (Z. RODRÍGUEZ.- *Loco Eustaquio.*)

El significado sornástico de *cumpa* en este ejemplo nos induce a creer que bien pudiera venir de *cùmpen, hombre para poco, tonto.*

CUNCUNA.

Del araucano *cuncuna*, que segun la donosa explicacion del padre Fébres es "un gusano del todo parecido a los de seda, ménos en el color i en morder;" i en el pelo, agregaríamos nosotros.

Hacerse una curcuna; encojerse, doblarse, enrollarse como las culebras.

CURARSE.

Uno de los innumerables verbos con que nuestros rotos llaman su distraccion favorita de embriagarse. ¡Se acuerdan tan poco de proporcionarles otras ménos groseras cabildantes i ediles!

> "Se *curó*, hizo pecho ancho
> I sobre picado dijo:
> Ahora mismo de fijo
> Voi al enganche i me engancho."
> (GUAJARDO.- *Los enganchados.*)

CURCUNCHO.

Nombre de oríjen indio cuya raiz es probablemente *kcurruruna*, en quichua *el corcovado*, o *ckunco*, que en aymará significa lo mismo.

No faltan en la Historia de Chile personas que hayan pasado a la posteridad con el adjetivo éste antepuesto al nombre de familia; i así como no se conoce a Don Bernardo Vera i Pintado sino por *el cotudo* [→ *coto*] Vera, así tampoco nadie conoce al politiquero D. Santiago Rámos, alias *el quebradino*, sino por el *curcuncho Rámos*.

CURTIEMBRE.

La teneria u oficina en que se curten pieles se llama, segun la Academia española, *curtiduría;* i segun Salvá *curtimbre.*

Por estos mundos no la llamamos ni así ni asá, sino *curtiembre.*

De los tres, si se nos pusiese en el aprieto de elejir, elejiríamos el académico *curtiduría*, que es sin duda de mas correcta formacion.

> "Las *curtiembres* de Córdova gozaban nombradía sin rival en toda Europa." (MARCIAL MARTÍNEZ.- *Análes de la Universidad, octubre de* 1864.)
> "Se preparaban en algunas *curtiembres* algunas malas suelas i algunos malos cordobanes." (M. L. AMUNÁTEGUI.- *Los Precursores.*)
> "La cáscara que suministra el tanino para la *curtiembre.*" (SASTRE.- *El Tempe arjentino.*)

CUSPE.

Del quichua *keuzpi, trompo, peon lijero.*

Hai, sin embargo, una diferencia notable entre el *trompo* i el *cuspe*; tan notable que no se encontrará en Chile niño de teta que los confunda. El trompo se envuelve en la *guaraca* [→] i se suelta a bailar sin que vuelva a ser tocado por ella hasta que *se apague*. El *cuspe* nó, porque careciendo de *puya* [→] (no es mas que un pequeño cono de madera que se hace bailar sobre la punta) es incapaz de perseverar en el baile si no se le está dando continuamente *guasca* [→].

Se nos imajina que tampoco han de confundir este juguete con el del *trompo* los niños españoles, pues segun vemos por el Diccionario de la Academia, que lo define perfectamente "pieza de madera en figura cónica i sin punta de hierro, la cual baila azotada de una correa" él tiene el nombre especial de *peonza.*

"No veo gran sentimiento de la belleza en el acto de jirar los hombres como *peonzas* o de convertirse las mujeres en lagartijas, arañas o saltamontes." (Ochoa.- *Paris, Lóndres i Madrid.*)

El provincialismo colombiano correspondiente a *cuspe* es *china.*

Como un cuspe; con grande ajilidad i lijereza.

CH

CHACANEAR.

Destrozar con la espuela los hijares del caballo, o mas exactamente levantarle hinchazon en las costillas, por ser malas las espuelas o no saber servirse de ellas el jinete.

> "Pero la yegua va un poco lerda i *he tenio* que chacanearle las costillas *fuerte i feo todita* la mañana, observó José." (*Huérfano.*)

Probablemente *chacanear* es un derivado *sui géneris* del araucano *chagcum,* o *chigtun* que significa *despedazar.*

CHACARANDÁ. [+ JACARANDÁ]

Segun Salvá, es así como debe llamarse la preciosa madera que llamamos *jacarandá.*

CHÁCHARAS, CHACHARACHAS.

La segunda no es española; la primera sí lo es, i significa abundancia de palabras inútiles.

Debe reputarse por lo tanto como un provincialismo chileno el uso que hacemos indistintamente de uno u otro de los dos sobrescritos vocablos, dando a entender con ellos, baratijas, adornos ridículos i de poco valor.

CHACRA, CHACARERO, A, [CHACAR]ERIA. [+ CHÁCARA]

El S. D. Juan M. Gutiérrez, en un artículo que sobre el quichua publicó no ha mucho en una revista literaria de Buenos Aires, dice que *chacra* viene de *chhacra,* que en esa lengua significa *heredad de labor;* pero no hemos encontrado la palabra en el Diccionario del P. Mossi, ni en otros vocabularios ménos completos que tenemos a la mano.

Segun lo atestigua D. Gonzalo Hernández de Oviedo i Valdes en el vocabulario de voces americanas que adjuntó a su *Historia jeneral de las Indias, chacra,* es una voz *aimará* que significa *cercado de piedras o árboles* para señalar la extension de cada hacienda.

Dando por verdadera esta etimolojía, es fácil imajinarse como en su traslacion del aimará al castellano *chacra* dejó de significar el continente i pasó a significar el contenido, denotando ya la heredad misma, ya las sementeras que era costumbre hacer en ella. En efecto, *chacra* en nuestro uso corriente significa dos cosas: 1.° las propiedades rústicas que por su extension ocupan un lugar intermedio entre las quintas i las haciendas; i 2.° las sementeras de legumbres, en contraposicion a las de trigo i cebada.

Chacarero es el que habitualmente se ocupa de sembrar i cultivar legumbres.

Chacarería el conjunto de *chacras* en el segundo sentido, i tambien el arte de cultivarlas con provecho.

Chacra por *granja,* o mas exactamente acaso por lo que los franceses llaman *ferme* i los ingleses *farm,* no tiene derivado alguno; pero tiene en cambio la variante *chácara,* como suelen decir ciertos puristas *al divino boton,* que se imajinan que para hablar castizo con apartarse siempre del vulgo basta i sobra.

Parece que a los principios los españoles dijeron i escribieron como todavia dicen i escriben algunos *chácara.*

De un *auto sobre repartimiento de chácaras* expedido en Santiago por su fundador don Pedro de Valdivia, el 12 de abril de 1546 es la frase que sigue: "Otrosí, mandan que ninguna persona pueda vender ni enajenar la *chácara* o estancia que tuviere sino fuere yéndose de esta tierra, o en caso de fallecimiento que las pueda dejar a sus herederos como bienes propios ganados por sus servicios." (Del primer *Libro Becerro* del Cabildo de Santiago.)

CHALA.

Del quichua *chhalla,* hoja seca del maiz.

Una que otra vez hemos oido usada esta palabra para designar la hoja seca del *choclo* [→]. En cambio no se oye otra cosa en Arequipa, donde sirve para mentar, no solo la hoja, sino tambien la caña seca, que allá se guarda, como que es utilísima para alimentar durante el invierno las caballerías, si con permiso de ellas nos es lícito dar semejante nombre a las borricadas, que es de las que se trata.

Chala suele llamarse tambien en el Perú el cigarrillo que llamamos en Chile *de hoja.*

CHALCHA, [CHALCH]UDO, A.

Ateniéndonos al oríjen (en araucano *chalcha* es *papada*) el sustantivo debiera denotar exclusivamente la carne que crece en abundancia debajo de la barba hasta formar bollos salientes i aun colgantes; pero en el uso comun tiene una significacion mas comprensiva. Asi llamamos *chalchuda,* no solo a la persona que ostenta papada debajo de la barba, sino tambien a ciertos perros cuyos labios superiores les cuelgan a manera de cortinas por uno i otro lado de las mandíbulas.

CHALILONES.

Dias en que es costumbre jugar a la *challa* [→ *chaya*], *carnestolendas.*

Correr los chalilones; entregarse en cuerpo i alma a los juegos de carnaval. Tanto esta costumbre como la mas moderna de *correr a Cristo* el domingo de Cuasimodo se van perdiendo ya de nuestras grandes ciudades.

El domingo, lúnes i mártes que preceden al miércoles de ceniza se distinguen de los demas del año en que se llaman domíngo, lúnes, i mártes de *chalilones.*

> "Tampoco corrimos los *chalilones* como era costumbre entre los jóvenes i aquellas personas a quienes su estado o condicion lo permitian." (Z. RODRÍGUEZ.- *Loco Eustaquio.*)

CHAMANTO.

Manta gruesa i burda que, apesar de los muchos i buenos oficios que presta a los pobres que la usan, no merece el honor de que sus orillas i boca sean ribeteadas con vistosas *huinchas* [→] de lana como los *ponchos* [→].

> "Hácele sombra, *aleton,*
> Un gran sombrero de lana
> I un *chamanto* mui *guaroso*
> Hasta el *avío* le baja."
> (*Huérfano.*)

CHAMBAO, O CHAMBADO.

El vaso que se hace de los cuernos de los animales vacunos, recibe varios nombres segun su forma, destino i esmero con que se trabaja.

Inmediatamente sobre el *cacho* [→], que es el mas rústico de todos i que a veces no muestra otras señales de la industria humana que la lisura de los bordes de su boca operada por algun afiladísimo *belduque* [→], está el *chambao* o *chambado,* que tiene la parte posterior tapada con una tablita i que sirve para tomar *ulpo* [→], i hasta *chércan* [→] i agua caliente; así como mas arriba del *chambao* está el *guámparo* [→], que es mas largo, un tanto corvo i cubierto a veces de dibujos. Es la copa de oro en que los *guasos* [→] acomodados beben la *chicha* [→] i el ponche *cuando repican fuerte.* Por último, i colgados por ahí de alguna estaca clavada en la pared o de alguna punta saliente de la *quincha* [→], se ven los *chifles* (que siempre los tales andan *en colleras* [→]) con su regular provision de aguardiente, los *chifles* que son grandes cuernos bien alisados i aun labrados i pintados, con una tapa fija en la parte de la base i con otra de quita i pon en la boquilla del otro extremo.

En una relacion del asesinato del ilustre Portáles escrita por su compañero de cautividad i de agonía, el bravo jeneral Necochea, i publicada solo en marzo de 1874, se lee esta frase, que acredita fué un *chambado* la humilde taza en que la conmiseracion del amigo ofreció unos cuantos tragos de agua caliente, endulzada con azúcar prieta, al gran patricio que desde mas de 30 horas atras no habia recibido de sus verdugos otro alimento que la hiel de la ingratitud i el vinagre de los escarnios.

> "Luego que amaneció el dia cinco", escribe Necochea, "dándole algun dinero al cabo que teníamos a nuestra inmediacion, conseguí un poco de agua caliente que procuré partir con el ministro, a quien consideraba con igual necesidad a la que yo sentia, mandándole un *chambado* con un soldado, i lo mismo hice mas tarde con alguna carne asada, única comida que tomamos en nuestro desgraciado viaje, porque debo decirlo, aunque con rubor, que en toda aquella reunion de oficiales no hubo ninguno a quien la conmiseracion, cualidad tan propia de las almas nobles i jenerosas, lo moviera a ofrecernos un bocado de pan en la estrecha incomunicacion que sufríamos."

CHAMELICOS.

Bártulos, trebejos, chilpes [→].

Es nombre que por humildad o socorronería dan los pobres a sus trastos i ropa.

Liar los chamelicos, equivale a la frase española *liar los bártulos.*

CHAMIZA.

Segun vemos en las *Apuntaciones* del señor Cuervo, tambien en Bogotá es costumbre llamar *chamiza* a la leña menuda, sarmientos, pasto seco, varillas de arbustos, etc. El mismo señor nos advierte que es mala costumbre ésa, pues, sin necesidad de sacar al vocablo de su acepcion propia, caña silvestre, podemos llamar al objeto de que se trata con su nombre castizo *chamarasca.*

CHAMPA, [CHAMP]UDO, [CHAMP]EAR.

Voces sacadas de la abundante mina del quichua que, de suyo i sin exijir trabajo alguno, tanto ha enriquecido el castellano que hablamos los americanos de esta parte de América.

En efecto, creemos que ni *champear,* ni *champudo* tienen equivalentes en la lengua española, en la cual para expresar las ideas que esos vocablos expresan, hai que valerse de rodeos i circunloquios.

Champear es sacar *champas* de la tierra con la pala para formar *tranques* en los rios, canales i acequias; *champudo* se dice de las plantas que al ser arrancadas sacan mucha tierra entre las raices, o en sentido metafórico de las personas que tienen cabellera crespa i abundante.

Los equivalentes castizos de *champa* son *tepe,* i *césped* (del latin *cespes* que los romanos usaban como la *champa.*).... "*et ad aggerem cespitibus comportandis.*" (J. César.- *De bello gallico, lib. III.*)

Tiene ademas *champa* el derivado *achamparse* [→], acerca del cual hemos ya dicho oportunamente lo preciso.

CHAMUCHINA.

Acertado nos parece dejar al señor Don Juan de Arona la explicacion de este vocablo. A pesar de que ni nos han faltado ni probablemente nos faltarán en lo sucesivo por acá las *chamuchinas,* seria temeridad en los que escribimos a orillas del Mapocho disputar la competencia para describirlas a los que viven a orillas del Rímac.

Dice, pues, el señor de Arona que *chamuchina* es "voz de grandísimo uso en Lima para significar plebe, populacho, populo bárbaro i jente ruin i soez. Probablemente (no puede tener otro oríjen) es corrupcion de *chamusquina* que en castellano significa riña, pendencia.

> "El négro, el chino, el cholo, el zambo, el blanco
> I toda la revuelta *chamuchina*
> Puede trepar al sol de un solo tranco
> I dictar reglamentos de cocina:
> "¡Viva Caitiya!" dice el negro franco
> Cuando roba o estafa o asesina,
> I al que intente a su fin oponer dique
> Lo aterrará con un: "¡Muera Chiñique!"
>
> (JUAN DE ARONA.- *Poesías peruanas.*)

CHANCA, [CHANC]AR, [CHANC]ADO, A.

Del quichua *chamcca,* mazamorra gruesa de *chuño* [→]; o bien de *chancani,* hacer la *chanca.*

El sentido que atribuimos a *chancar* es partir i despedazar lo entero, piedras, granos, frutas, de modo que quede reducido a pedacitos. Tratándose del trigo encontraria un equivalente en *frangollar*; pero ¿quién toleraria *frangollar las piedras*?

En este caso, i en jeneral, el equivalente castizo de nuestro *chancar* es *triturar,* como de *chanca* lo es *trituracion.*

Figuradamente hacer una cosa *chancada, chancarla,* es ejecutarla con poca atencion, mal i por mal cabo.

CHANCACA.

Es éste un provincialismo americano de corrientísimo uso, que no ha tenido sinembargo todavía el honor de ser reconocido por la Academia, como si la ilustre corporacion tuviese empeño en seguir con las nuevas palabras de estos paises, la misma política pachorruda que el gobierno de Madrid sigue con los nuevos estados que surjieron de la guerra de la independencia. ¡Solo en este año ha reconocido la de la república de Venezuela!

CHANCLETA, [CHANCLET]EAR. [+ CHANCLETEO]

Chancleta por chinela es castellano; como lo es tambien *enchancletar* por doblar hácia adentro el talon de los zapatos a fin de usar de éstos como *chinelas.*

No puede decirse otro tanto de *chancleta* que, en sentido despreciativo i vulgarmente, empleamos como sinónimo de mujer. Así no es raro topar con maridos que, pasados los afanes del parto de su cara mitad, con cierto bochornillo que salta a la vista, contesten a la inevitable pregunta: "¿Qué fué?- ¡Fué *chancleta!*"

Chancletear es andar en *chancletas;* i *chancleteo* el ruido que éstas forman al moverse los piés.

CHAÑA O CHUÑA, CHAÑAR, [CHAÑ]ADURA, [CHAÑ]ADO, A.

Larga descendencia del araucano *chañan, arrojarse,* dejarse caer al suelo, o de *chañalu,* que es la forma activa del mismo.

La *chaña, chuña,* o *chañadura* es la accion de arrojarse los muchachos sobre los *volantines* [→] que caen al suelo en las *comisiones* [→], a fin de hacer presa de ellos si pueden agarrarlos intactos, lo que raras veces sucede, o del hilo i de los maderos. De ahí es que por extension llamemos *chañadura* la rebatiña de los bienes i la distribucion poco limpia de los caudales públicos entre los parientes i paniaguados de los que gobiernan.

¿Por qué, sin embargo, decimos del hombre mal vestido, sobre todo si es caballero pobre, que anda mui *chañado*?

Talvez para dar a entender que por malos de sus pecados o de los ajenos, sus bienes han sido objeto de desastrosa *chañadura.*

Chuña es forma usada solo por los *chiquillos de la calle,* que viven, no solo chañando *volantines,* sino tambien rayando paredes recien pintadas, i jugando al *choclon* [→], al *picarse,* o a las *chapitas,* haciendo *desesperar* a los *pacos* [→], i cometiendo todo jénero de infantiles fechorías.

CHAÑO.

Del araucano *chañu,* los sudaderos del *avío* [→].

Jerga, que por lo comun, es de lana i tejida en el pais. Sirve en los *ranchos* [→] de colchon, de frazada, de mantilla (*pañuelo de rebozo*) de sudadero i de cuanto se ofrece.

El *chaño* se diferencia del *chamanto* [→], en que carece de la boca que éste tiene en el centro para dar paso por ella a la cabeza.

El provincialismo mejicano correspondiente a *chaño* es *jorongo.*

CHAPA. [+ CHAPEADO, A; + CHAPEARSE]

Por *cerradura* o *cerraja* es un provincialismo de uso jeneral, a lo que entendemos, en toda la América española.

Significando *chapa* "lámina o plancha de metal que sirve para firmeza o adorno de la obra que cubre", (Diccionario de la Academia) claro se está que nosotros damos al todo el nombre de la parte. Los dos pasajes de Cervántes que siguen pondrán mas en evidencia lo que va de uno a otro vocablo:

> "Él se encerró en un aposento i por los agujeros de la *cerradura* estuvo mirando i escuchando lo que los dos trataban." (*Quijote.*)

> "Luis probó sus fuerzas, i casi sin poner alguna se halló rompidos los clavos i con la *chapa de la cerradura* en las manos." (*El Celoso extremeño.*)

> "Voi a abrir, contestó éste, porque al paso que éstos anden me harán pagar todas las *chapas* de la casa." (A. Blest Gana.- *El Ideal de un calavera.*)

Chapeado decimos castizamente, aunque a la antigua, de la enjalma, freno, o cualquier otro mueble adornado con *chapas*; i en sentido metafórico de la persona que tiene muchas prendas de valor, especialmente de plata labrada.

Chapearse es adquirir buena ropa, comprar muebles, alhajas, el que carecia de ellos.

CHAPALEAR O CHACALEAR.

En la primera de sus formas el verbo éste se usa tambien en Lima. No así en Arequipa, donde para expresar la accion de golpear el agua con los piés o las manos dicen *chcllar.*

El equivalente castellano, abuelo sin duda de nuestro *chacalear,* es *guachapear* [→], con el cual hemos de encontrarnos mas adelante.

Juan de Arona habla tambien de *chapatalear,* pero no aparece en el Diccionario de la Academia.

CHAPE, CHAPECAN.

Del araucano *chape,* trenza de cabello, o de *chapecan,* trenzarlo.

Hacerse los chapes es peinarse de trenzas.

El *chape* único i largo, colgante por detras, era signo de autoridad entre los indíjenas; al ménos del centro i Norte de Chile, pues nos inclinamos a pensar que nunca lo trajeron los mas famosos tóquis araucanos. De ahí la frase *jente de chape* para significar jente rica, de respeto, de pro.

En español *chape* es *coleta.*

Chapecan, sinónimo del anterior, solo se diferencia de él en que es mucho ménos usado.

CHAPETON, [CHAPET]ONADA.

Derivados del primero de los anteriores [→ *chape*]. Acerca de ellos dice el señor Vicuña Mackenna: "Así designaban los criollos a los españoles por el *chape* que traian de Europa *en forma de trenza,* (excusada parecia la explicacion) como ellos habian llamado *orejones* a los indíjenas a causa de los grandes *aros* que solian usar. Llamaban en consecuencia *chapetonada* todos los lances que ocurrian a los peninsulares por su poca práctica del caballo" etc.

En el uso ahora corriente *chapeton* es sinónimo de *torpe,* i *chapetonada* de *torpeza, bisoñada.*

> "Saca ella a fuerza de industria,
> Actividad i denuedo,
> Del poder de los caribes
> A su *chapeton* ileso."
> (Felipe Pardo.- *Frutos de la educacion.*)

En este pasaje (se trata de un asturiano) *chapeton* está por *español, godo.*

CHAPURREAR, [CHAPURR]EADO, A. [+ CHAMPURREAR; + CHAMPURREADO, A]

Dicen groseramente algunos; ni faltan tampoco chapuceros que, anteponiendo una *m* a la *p,* digan *champurrear, eado, a.*

Lo correcto es *chapurrar.*

> "Es cosa de ver i mucho para admirar cómo se borra la lengua española de la memoria de los galiparlistas apénas empiezan a *chapurrar* un poco el frances." (Baralt.- *Diccionario de Galicismos.*)

CHAQUIRA.

Dice D. Gonzalo Hernández de Oviedo que *chaquira* en la lengua de Cueva significa sartal de nácar o conchas.

Lo que nosotros podemos afirmar es que la voz ésta nada tiene que ver con el araucano, en el cual las *chaquiras* se llaman *llancatu,* ni con el quichua en cuyo vocabulario no se encuentra.

Segun lo que es posible presumir racionalmente, *chaquira* fué palabras que oyeron sonar los españoles al desembarcar en las Antíllas, i notando que con ella se nombraban los collares de conchas que llevaban las indias, donde quiera que en lo sucesivo encontraron el objeto se sirvieron para designarlo de aquella palabra, i así la propagaron hasta los confines australes del continente. Fué lo que sucedió con *cacique, canoa, chicha, ají, hamaca, nigua, petaca, maiz* i muchísimas otras.

Como la mayor parte de estas voces jeneralizadas en América por los conquistadores, *chaquira* tiene su lugar en el Diccionario de la Academia, el cual la define: "En el Perú el grano de aljófar, abalorio o vidrio mui menudo que llevaban los españoles para vender a los indios."

CHARQUI, [CHARQU]EO, [CHARQU]EAR, [CHARQU]ICAN.

Del araucano *charqui, cecina, tasajo,* i mas orijinariamente del quichua *chharqui, tasajo,* i tambien *seco* i *flaco.*

Excusado parece, puesto que escribimos en la tierra del *valdiviano* [→] i del *charquican,* digamos que *charqui* es la carne de vaca seca al sol; que *charquear* es separar en tajadas la carne de la res para que pueda fácilmente secarse; que *charqueo* es la accion de *charquear;* i que *charquican* es un guiso cuyo elemento predominante es el *charqui.*

Tambien damos a *charquear* la acepcion mas comprensiva de despedazar la carne, ya de las frutas, ya de los animales. Así decimos: "Ya es tiempo de *charquear* las peras o los tomates." "Los salteadores no se dieron por satisfechos con robar al infeliz cuanto tenia; despues de robarle lo *charquearon.*"

> "No entendian los cabreros aquella jerigonza de escuderos i de caballeros andantes, i no hacian otra cosa que comer i callar i mirar a sus huéspedes, que con mucho donaire i gana embaulaban *tasajo* como el puño." (CERVÁNTES.- *Quijote.*)

Adviértase sinembargo que *tasajo* no corresponde exactamente a *charqui*; porque aquél es la carne *salada i acecinada,* i éste la carne *sazonada no mas* i *secada al sol.*

Transcribamos ahora un curioso párrafo sobre nuestra voz, de un artículo del *Times* de Lóndres, firmado W. Bridges Adams, que se publicó en el núm. 2,896 de *El Ferrocarril* de Santiago.

> "Las primeras noticias de que tenemos memoria nos fueron suministradas por los viajes i correrías de los piratas americanos, quienes daban a este artículo el nombre de *jerked beef* (carne azotada). Los piratas fueron en su oríjen secadores de carne, no solo de buei sino tambien de puerco, preparada por medio del humo i llamada así en francés con la palabra *boucaner* (secar con humo) como lo harian los caribes con los prisioneros que caian en sus manos. La expresion *jerked beef* es una corrupcion de la voz americana *charqui,* que a su vez parece ser tambien una corrupcion de la *chair cuite* o carne cocida de los piratas, (*boucaniers*) franceses. Hasta ahora se llama entre los franceses *charcutier* al que vende carne de puerco, porque en los primeros tiempos se vendia el puerco seco bajo la forma de jamon o tocino."

De manera que si el señor Bridges Adams estuviese en la verdad, *charqui* no seria ni araucano ni quichua, sino de procedencia francesa.

CHASCA, [CHASC]ON, ONA, [CHASC]ONEAR.

Del quichua *chhasca, enredado,* o *enmarañado.*

Esnos comun con los peruanos el uso de *chasca* (que segun el Diccionario de Mossi tiene en la lengua de los Incas el significado que acabamos de atribuirle, i segun el señor de Arona el de *greña* o *vedija,*) para nombrar la cabellera revuelta i desgreñada.

En cuanto al adjetivo, que aplicamos a la persona que lleva el cabello en semejante manera, nótase la diferencia que va de *chascon, ona,* como se dice por acá, a *chascoso, a,* como se estila en Lima.

Los arequipeños, que son hombres de cantar las verdades al lucero del alba, dan a éste el nombre de *chasca,* llamándolo, mediante una atrevida metáfora, *el crinado* o *pestañoso* por excelencia.

Tambien han formado de *chasca* nuestros hermanos del Perú el tan poético como expresivo *chascallagua,* con la ayuda del cual puede el enamorado jóven decir en ménos que canta un gallo al objeto de su cariño: "Tiene Ud. unos *ojos sombreados por largas i crespas pestañas,* que me matan."

> "Pronto ví a un muchacho *chascon* i con un libro viejo en las manos que se asomó a la puerta, i tornando a entrarse prorrumpió en el siguiente grito que alcancé a percibir claramente: ¡Niños, carne nueva! carne nueva tenemos!". (Z. Rodríguez.- *Loco Eustaquio.*)

CHASQUE.

Del quichua *chazqui, correo de a pié.*

Se llamó así en tiempo de la conquista i de la colonia al mensajero extraordinario que se mandaba para conducir papeles importantes o noticias de bulto.

En la actualidad es de poquísimo uso en Chile. No así en la República Arjentina, donde los correos no han logrado aún desterrarlos completamente.

CHASQUEARSE.

Creemos que el usar este verbo como reflexivo en el sentido de padecer algun desengaño o salir mal de alguna empresa es un chilenismo; pues en castellano no hai mas que el activo *chasquear,* manejar el látigo haciéndole dar chasquidos, i el neutro, de forma idéntica, que significa dar chasquidos la madera cuando se abre por sequedad o mutacion de tiempo.

CHATRE.

No se conoce fuera de Chile este vocablo, por *amante, querido, cortejo, galan,* etc.

> "Deja el poncho i la pereza,
> Ponte de *chatre* cabal
> Gasta todo tu caudal
> En vida gustosa i tierna."
> (El P. López.- *En el Bosquejo histórico de la poesía chilena por A. Valderrama.*)

CHAUCHA.

En quichua i araucano una clase de *papa* [→] chica i tempranera; i tal es tambien el sentido que se atribuye a *chaucha* en el Perú. Entre nosotros es la *papa* menuda que queda para semilla despues de escojida la grande.

Apénas las viejas pesetas, monedas de dos reales, fueron reemplazadas por las de veinte centavos que ahora tenemos, el vulgo se apresuró a remediar el descuido del gobierno en darles un nombre, i las llamó *chauchas* i *chirolas.*

Vaya un ejemplo, en que la fuerza del consonante, que tantos estragos causa en la lengua, obligó al poeta a dar a *chaucha* terminacion masculina:

> "De arriba vienen los gauchos
> Los que ganan real i medio; (hoi ganan seis)
> Vienen buscando en la línea
> De sus males el remedio
> Adonde corren los *chauchos*.
> (*Tonada popular.*)

CHAVALONGO.

Del araucano *chavoloneo, calor, fiebre en la cabeza.*

Es el nombre vulgar, aunque sinembargo mui propio, con que designamos el tífus. Nos gusta mas que la ya mui extendida *fiebre tifoidea.*

> "Pero, ¡oh lejislador mio! acuérdate que aquella cofradía ya murió de *chavalongo* ántes de dar un solo paso en este mundo." (CAMILO HENRÍQUEZ.- *El ciudadano Horacio al honorable ciudadano Terraza.*)

CHAYA.

Challani es en quichua *rociar, asperjar.*

Aunque no entra en nuestro plan explicar con un articulillo de costumbres nacionales cada una de las palabras que a ello se prestan, tarea que exijiria mas tiempo del que podemos consagrar a la presente obra, queremos hacer una excepcion de *chaya,* tanto porque en los paises extranjeros se comprenderá mucho mejor su sentido poniendo el juego en accion a la vista de los lectores, cuanto porque ya otra vez, sino con el donaire que seria de desear, con escrupulosa exactitud, tuvimos ocasion de describirla.

> "De la mesa nos trasladamos a la pieza principal de la casa cuyo era el frutillar; i como, a pesar del buen apetito con que habíamos comido, quedaba aún bajo la *ramada* [→] mucho que lo incitara, acudieron allí todos los muchachos i chicas que ántes se habian estado a la distancia, i despues de gozarme un punto en ello i de observar la prisa que se daban, me entré al aposento en que a la sazon tañian el arpa i a mas no poder se divertian. Entró en esto una fregona, gorda i sonrosada, trayendo en brazos i apoyada sobre la barriga una canasta de éstas en que recojen la uva en las vendimias, llena i rebozando de albahacas, claveles, clarines i otra crecida variedad de flores. Aquí fué ello: acudieron hombres i mujeres con tal empeño por cojer a cual mas i con presteza tanta que era cosa de verse; i así que cada cual hubo tomado la municion que creyó suficiente i que mas pudo, comenzó el combate mas extraño i reñido que, atendida la condicion i jénero de las personas que allí habia, pudiera imajinarse."

> "Principiaron arrojándose unos a otros algunas hojitas de rosa, con la mesura i cortedad que en el comienzo de todas las cosas se acostumbra. Al tirarlas, los mozos, como con timidez, decian: ¡*Chaya señorita*! a lo que la favorecida, entre risueña i sonrosada, contestaba: ¡*Gracias*

caballero! Hacian lo mismo las ñiñas i contestábanles en sentido análogo los jóvenes. Parecióme alegre, inocente i sencillo aquel jénero de entretenimiento; i arrojé yo tambien mis florecillas a María, tratando de darle en la cara o el pecho, i ella hacia otro tanto conmigo. Despues que fueron adquiriendo confianza, tirábanse las flores sin deshojarlas previamente, i hasta matas enteras de albahaca, toronjil i malva. I como aunque las flores eran muchas no tardaron en acabarse por la profusion con que se arrojaban, los desprovistos alzábanse de sus asientos para recojer las que por el suelo i sobre la estera desparramadas se encontraban, llegando a tal punto la lijereza con que menudeaban i a ser tales los golpes que las cabezas de amapola i los botones de rosa daban en las cabezas i en los rostros, que mas parecia fuego graneado de numeroso i bien disciplinado batallon que dimes i diretes enviados entre flores."

"Poco despues una de las que mas valientes por el lado de las hembras se habia mostrado, no quiso deshacerse de un tieso i gran gancho de cedron que habia llegado a sus manos, sino que, asiéndolo de la parte mas gruesa, principió a dar a los hombres tales *varejonazos* que bien poco polvo debió dejarles del mucho que sus mantas habian cojido en el camino. No quisieron por su parte quedarse atras los mozos, i acudiendo a los duraznos i cedrones de la huerta, entraron en la batalla con armas iguales a las de las niñas, que, excusado es decirlo, no anduvieron rehacias en hacer lo mismo que los hombres. Sacudiéronse el polvo con tal furia que a ser ejercitantes de la corrida de semana santa no lo hubieran hecho con mas ganas, i apesar de eso ni se enojaron ni asomaron a sus ojos las lágrimas, que ántes como agradecidos i alegres se mostraban."

"I como la juguetona furia iba creciendo, natural era que siguiese miéntras algun desgraciado suceso no le pusiese término; que de la autoridad de las señoras mayores no podia esperarse, que ántes bien se reian con todas ganas, oyéndose solo de vez en cuando la voz melíflua i afilada de la mas vieja que decia: ¡Eso es niñas! diviértanse: para eso son *chalilones* [→] i estamos de paseo! Creia, pues, que solo algun mal suceso podia poner término a aquella jornada, i así fué; i ocasionólo un mancebo que tendria a mi juicio mas de cuatro dedos de *chicha* [→] sobre los sesos, porque, asiendo de la mas ladina i retozona de las mozas por lo lagartos, despues de variar cabriolas i de voltear mucho con jeneral contento, sacóla de la pieza i dió con ella en una acequia que no léjos corria, no dejándole hilacha en el cuerpo por mojar. Encolerizáronse las niñas i por tomar venganza i no darse por vencidas, fuéronse sobre el agresor i, dándole por la espalda i de improviso un fuerte empellon, tuvieron el gusto de verlo tendido cuan largo era en la acequia, de donde, enjuta i estirada como un espárrago, acababa de levantarse la niña." (*Loco Eustaquio.*)

CHÉRCAN.

Tenemos tres palabras para indicar la mazamorra que se hace de la harina del maiz o trigo tostados: *chércan, ulpo* [→] i *cocho* [→]. Las dos primeras son voces araucanas, i hai entre ellas segun el padre Fébres la diferencia de que el *chédcan* es la harina de maiz tostado, remojada con agua caliente; miéntras que el *ulpùd* es la misma harina remojada con agua fria.

En cuanto al *cocho,* persona que ha vivido algunos años en Copiapó, donde se usa bastante, nos asegura que se emplea indistintamente en las acepciones de *ulpo* i de *chércan.*

Talvez *cocho* sea de procedencia quichua; talvez derivado del antiguo *cochar* que significaba *cocer.*

CHEUTO, A.

Palabra es ésta que debiera apresurarse a adoptar la Academia española, pues hace falta en su Diccionario una que pueda aplicarse con propiedad al que tiene hendido alguno de sus lábios.

El Diccionario que corre por ahí, con mas fama de la que merece, bajo el nombre de *Diccionario de una sociedad de literatos,* trae *labihendido.*

¿De dónde viene nuestro *cheuto*? Barrúntelo por sí mismo el lector, sabiendo que *chelghe* es en araucano *los dientes delanteros*; i que en quichua se llaman *chhecta runa* a los *labihendidos,* i dicen *checta* por *henderse, partirse.*

El provincialismo colombiano que corresponde a *cheuto* es *boqueta*; el mejicano *tencua.*

CHICA (HACER LA)

¿Por qué del que ha incurrido en un gazapaton, o ejecutado alguna avería o cometido una barbaridad decimos que *ha hecho la chica*? Dificililla es la respuesta, pero así, decimos, i ahí está el romance de *La Pulga presera,* uno de los mas famosos del popular Guajardo, que no nos dejará mentir:

> "*Tira* la pulga a mover
> Sus patas para saltar
> Porque ve que va a pagar
> Las hechas i por hacer.
> La dama la alcanza a ver
> I al momento le replica:
> *Indina, has hecho la chica"* etc.

CHICOCO, A.

La palabra que en buen castellano se usa familiarmente para denotar cariño a la persona de corta estatura es *chicote,* estándonos al testimonio de la Academia.

Acaso no es mas que una corrupcion de esa voz nuestro *chicoco.*

CHICOTE, [CHICOT]AZO.

Suele usarse por nuestros paisanos *chicote* (que es un pedazo de cuerda) por *látigo,* i *chicotazo* en lugar de *latigazo,* por el golpe dado con el *látigo.*

> "Estas frases de efecto que Raynonard, el autor de los *Templarios,* llamaba *chicotazos.*" (M. L. AMUNÁTEGUI.- *Juicio crítico del J. Fernández Madrid.*)

CHICHA.

Lo que sigue es tomado de *El Comercio* de Lima (abril de 1865.)

> "*Chicha* solo significa entre nosotros la bebida fermentada de maiz, arroz, piña u otras sustancias (uva, manzanas, peras, en Chile); pues bien, Domínguez le da otra acepcion mui orijinal: dice que en el Perú es zapato de dos o tres suelas."
>
> "¡Cierto que se ven impresas
> Cosas que no están escritas!"
>
> "Seguramente Domínguez al escribir ese desatino debió haber estado *enchichado.*"
> "Aun en las veces que acierta a definir bien una voz americana no deja de decir un disparate. Por ejemplo al hablar de *choclo* [→] dice que en América se come asado, cocido i *aun crudo. Choclo* crudo solo comen los puercos i los loros; pero merecerian comerlo tambien los que se meten a hablar de cosas que no entienden."

CHICHARRA.

Por *cigarra* es palabra española. Lo ignorábamos cuando la escribimos, tirándole raya por debajo, en esta frase de *La Cueva del Loco Eustaquio:*

> "El vientecillo con olor a albahaca que soplaba i el pesado i monótono canto de las *chicharras* ocultas entre las hojas de los árboles, comunicaban a el alma un vago e indecible sentimiento de amor de confianza i de muelle pereza que hizo que nuestra conversacion fuera dulcísima."

No anduvimos, empero, tan fuera de camino al subrayarla como un chilenismo en esta otra frase de la misma novela, en que hablábamos de uno de los instrumentos favoritos con que los muchachos hacen, o mejor dicho hacian, ruido al acercarse la Pascua de Navidad.

> "Llegado arriba, comencé a sonar mi *cacho* con cuanto esfuerzo pude, i sinembargo, con mucho pesar mio, noté otros que mas estrepitosamente sonaban. Una *chicharra* extraordinariamente grande i un *capagato* como jamás habia visto eran los únicos cuyas voces distintamente se podian oir" etc.

I no está la justificacion de nuestra bastardilla en que los muchachos de España vivan privados del placer de imitar a las *chicharras* en la fiesta de Noche Buena; sino en que por allá creen remedar su canto, *mirabile dictu!*, ni mas ni ménos que con el instrumento con que por acá remedamos el maullido de los gatos. Así se comprueba por la explicacion del Diccionario académico, que es como sigue:

> "Juguete que usan los niños por Navidad i consiste jeneralmente en un cañuto corto, tapado por uno de sus extremos por un pergamino estirado en cuyo centro se coloca una cerda o una hebra de seda encerada. Pasando por ella los dedos forma un ruido tan desapacible como el canto de la cigarra."

Si la Academia se decidiera a hacer la prueba escucharia un ruido mas que de cigarras, verdaderamente gatuno, i confesaria mal de su grado que, o se equivocó al definir, o los niños chilenos entienden muchísimo mas de ruidos que los peninsulares.

CHICHE.

Chilenismo cuando se usa para decir que una niña o mozo es una alhaja, una joya: corresponde con el castellano *fililí*, siendo éste el sentido metafórico; el recto es *joyel, bujería*.

CHIGUA.

Véase *achiguar* [→], donde se encontrarán la etimolojía i significado de esta voz.

CHILPE.

De significacion idéntica a *chamelico* [→]. La única diferencia que talvez podria notarse entre una i otra es que, miéntras aquélla se aplica de preferencia a la ropa andrajosa, puerca i ordinaria, ésta se aplica, como lo hemos dicho ya, a todos los utensilios, muebles i trastos de los pobres.

En quichua *chhillpi* es la hoja del *choclo* [→] puesta a secar.

No seria extraño que tal fuese la procedencia de nuestro *chilpe*.

CHILINDRA.

En el Norte la moneda de 20 centavos que por acá llamamos *chaucha* [→] o *chirola*; corrupcion del español *chilindrina*.

No valer una chilindra: valer poco mas de nada. ¡Oh, i cómo se conoce que Copiapó es, o ha sido por lo ménos, la tierra de la plata!

CHIMBA, [CHIMB]ERO, A.

Del quichua *chimpa*, la otra parte o banda del rio, quebrada o acequia.

Así se comprende por qué en algunas ciudades americanas, situadas a orillas de rios, lleve el nombre de *chimba* el barrio ménos importante que queda de la otra banda, i se llame *chimberos* a los vecinos de esos barrios.

CHINCHE, [CHINCH]OSO, A, [CHINCH]ERÍA.

Creyendo estábamos que esta fea palabra, que con tanta frecuencia anda en nuestros salones emporcando los mas hermosos labios, era una expresion del mal gusto de nuestras paisanas. En nuestro error permanecimos hasta el dia en que, abriendo el Diccionario de la Academia, encontramos: "Chinchoso: adjetivo metafórico i familiar que se aplica a la persona molesta i pesada."

Suele usarse tambien *chinche* por *chinchoso*: "¡Es mui chinche el mocito!"; i no es raro que despues de oir las enfáticas i empalagosas declaraciones del amartelado galan, diga la infeliz víctima mui quedo a la amiguita del ado: "¡Vaya en la *chincheria!*"

CHINCHIBÍ.

Así dicen por la *cerveza de jenjibre,* imitando el nombre ingles *gingerbeer.*

> "Otro llamará *yinyibia* a la cerveza de jenjibre." (HARTZENBUSCH.- *Prólogo al Dic. de Gal. de Baralt.*)

CHINCHORRAZO.

Debe decirse *chincharrazo.*

CHINGANA. [+ CHINGANEAR; + CHINGANERO, A]

Segun Salvá *chingana* es un peruanismo que significa socavon o conducto subterráneo; i un provincialismo boliviano i chileno, denotando los bailes que se dan en las inmediaciones de las ciudades los dias festivos o con motivo de algun regocijo público.

Casi es excusado advirtamos cuánto hai de inexacto en la explicacion de Salvá, quien cae en el error de tomar por nombre de las danzas populares que se bailan en las *chinganas,* el nombre de estas mismas.

No conocemos ninguna palabra española equivalente a nuestra *chingana.* Las que mas se le aproximan, que son *figon* i *taberna,* se quedan sinembargo de ella un largo trecho. En efecto, en la *chingana* los concurrentes comen como en el figon, i beben como en la taberna; pero tambien oyen cantar tonadas de arpa y vihuela, i ven bailar i bailan *cuecas, resbalosas* i *zajurianas,* como en ella sola.

Hai *chinganas* permanentes e improvisadas. Las primeras son casas destinadas a los objetos que quedan dichos, a las cuales acude a *remoler* [→] la *chamuchina* [→] los domingos, lúnes i demas dias festivos. Algunas municipalidades las han prohibido; otras se han contentado con reglamentarlas e imponerles una fuerte patente.

Las improvisadas consi[s]ten en *carpas* [→] que se forman en las *plazas* o *pampillas,* los *dieziochos* [→], pascuas i otras fiestas cívicas o relijiosas, i que solo permanecen en pié durante aquéllas.

¡*Es una chingana!* se dice metafóricamente de una cámara, de un cabildo, de un gobierno que proceden en sus debates i resoluciones sin concierto ni decencia.

Chinganear, es andar de *chingana* en *chingana,* bebiendo i bailando, en una palabra, *remoliendo* [→].

Chinganero, es el que a la continua *chinganea.*

> "Porque mi niña bailo
> Zamacueca ¡acriminarla!
> ¡I estará harto el herejote,
> De aplaudirla en las chinganas!"
> (FELIPE PARDO.- *Frutos de la educacion.*)

CHINGARSE, [CHING]ADO, A.

Palabras mui usadas en Chile, que no vienen en los Diccionarios de la lengua.

Primitiva i propiamente se aplicaron a los *voladores* [→] i demas cohetes, que por algun defecto de su fabricacion, al quemarse, no estallan ni hacen estruendo. "Los fuegos estuvieron como nunca de malos: casi todos los *voladores se chingaron.*"

Por extension decimos que *se chinga* la persona que fracása en alguna empresa, especialmente cuando el fracaso tiene en sí algo de ridículo.

Tambien *se chingan* las fiestas que no tienen el feliz éxito que sus organizadores presumian.

Chingarse es palabra expresiva que usa a menudo, bien es verdad que solo en el estilo familiar i jocoso, la jente educada.

CHINGUILLO.

Del araucano *chinguill* o *chinguillhue*, una especie de saco grande, tejido de látigos en forma de red, que sirve para acarrear paja u otras cosas lijeras en carga o en carreta.

En español se dice *sarria.*

CHINO, A, [CHIN]AMENTO, [CHIN]ERO, [CHIN]ERÍA, [CHIN]ITO, A.

Parece racional suponer que en su oríjen el llamar *chinos* a los indíjenas de América proviniese, o bien de que realmente los descubridores creyeron que habian arribado a comarcas dependientes de la Gran China, o bien de que encontraron en el hombre americano facciones que les recordaron las que caracterizan a los hijos del Celeste Imperio. Recuérdese que no pudo ser otra la causa de que se calificasen de *indios* hasta el dia de hoi a los aboríjenes del continente americano.

Puede ser tambien que *chino* i sus derivados traigan su oríjen del quichua, pues en esta lengua se llama *china* a la *criada* o *moza de servicio.*

Sea de ello lo que fuere es lo cierto que en la América republicana, donde somos demasiado demócratas para hablar de plebeyos, somos bastante caballeros para no tener un vocablo que nos permita designar a las personas de baja alcurnia sin acudir a las sutiles distinciones de indios, mestizos, zambos i mulatos.

Chino es por lo tanto *el plebeyo:* siendo de advertir que la terminacion femenina en que es mas usado, suele tomarse en mala parte. Pruébalo esta epigramática copla contra los oficiales de la difunta *Chile*:

"La *Chile* se vá a la mar
Dos botes la van tirando:
Las *chinas* del Arrayan
¡Cómo quedarán llorando!"

En el siguiente ejemplo *china* está tomada por *plebeya:*

> "¡Casado con una *china*, dijo con voz ahogada doña Engracia, apretando convulsivamente a Diamela entre sus brazos." (Blest Gana.- *Martín Rivas.*)

Chinería o *chinamento*, es reunion de jente baja i soez, *chamuchina* [→], tanto de este como del otro lado de la cordillera:

> "I luego atras en lo externo
> Del arco que hace la indiada
> Viene la *mancarronada*
> Cargando la *tordería*
> I tambien la *chinería*
> Hasta de a tres *enancada*."
> (Ascásubi.- *La indiada.*)

Chinero es adjetivo con que se echa en cara a los hombres de levita su aficion a las mujeres ordinarias.

Chinito, a, familiarmente se usan para denotar cariño:

> "Vente conmigo *chinita*,
> A donde vivo yo!"- concluye una tonada popular.

CHIPIPE [MOJADO, A COMO UN].

Lo único que sabemos de esta voz es que en el Norte cuando alguna persona se cae a una acequia, o al mar i sale que le estila el agua, dicen de ella que sale *mojada como un chipipe.*

Por acá i *por los lados de arriba* [→] se dice en tales casos, tampoco sabemos por qué, *mojado como una diuca* [→].

CHIRIMOYA, [CHIRIMOY]O, [CHIRIMOY]ERO, A.

> "La gran fruta del Perú, dice Juan de Arona, en cuyo elojio se han desatado casi todos los viajeros europeos, como Tschuddi, Marckam, Haencke etc. llamándola fruta incomparable el primero, i éste último una obra maestra de natura."
> "Su nombre botánico segun Tschuddi es *anona tripetala,* i segun Raimondi *anonae cherimolia.* Los equivalentes vulgares en otras lenguas son, en ingles *custard apple,* manzana de crema, i en frances *corossol du Perou.*"
> "La flor del *chirimoyo,* aunque de ninguna belleza, encierra una suavísima fragancia mui gustada.
>
> "I dentro de su piel reticulada
> La *chirimoya* con bondad extrema
> Miel nos ofrece i crema
> En una verde red aprisionada."
> (*Poesías peruanas.*)

Lo dicho de la *chirimoya* peruana rija con la de Chile, donde suelen darse tambien mui capaces de sacar de quicio al mas positivista de los ingleses o al mas flemático de los alemanes.

Mas nos atrevemos a adelantar, aunque a muchos parezca un despropósito: preferibles nos parecen las chirimoyas de Quillota o la Ligua a las peruanas, que de puro almibaradas, en siendo de regular tamaño, a las cuatro o seis ya dan en rostro, miéntras que aquéllas ni a las doce, ni a las veinticuatro. Si el señor de

Arona lo duda puede venir a probarlas, diez leguas tierra adentro de Valparaiso,

> "Allí en el fértil valle donde juntos
> El limonero i el naranjo crecen,
> Donde nacen silvestres las violetas
> I el *chirimoyo* i lúcumo florecen."
> (Z. RODRÍGUEZ.- *Recuerdo de la infancia.*)

CHIRIPÁ.

Mas que de Chile es éste un provincialismo propio de la República Arjentina, donde segun el Señor Salvá, denota un "pedazo de bayeta con que la jente pobre de Buenos Aires i Montevideo se cubre desde la cintura hasta mas abajo de las rodillas." Mas exacto habria andado nuestro autor si en vez de Buenos Aires i de Montevideo hubiese dicho: en la campaña de la República Oriental i en las pampas arjentinas;… i eso *in illo tempore.*

En Chile solo los araucanos, (i no todos) usan para cubrirse de una pieza de vestido semejante, que llaman, sirviéndose de una palabra de su propia lengua *chamal.* El *chamal* no es de bayeta de Castilla, sino de la misma tela, tejida en el pais, de que se hacen los *ponchos* [→].

¡CHIT! O ¡CHITO!

Esta interjeccion que se pronuncia de una manera particular, como si hubiese una *s* ántes de la *ch,* cargando mucho la voz sobre las *ies* i dándoles un sonido que se acerca algo al de la *u* francesa, sirve en Chile para hacer callar a los que hablan o forman ruido, i particularmente a los arrieros i carreteros para intimar que se detengan a mulas i bueyes. En el primer sentido equivale a las interjecciones castellanas *¡chit!, ¡chite!, chito!* o *chiton!,* i en el segundo al ¡*jo*! que se lee en este pasaje de Quevedo:

> "Los que yendo a caballo con espuelas calzadas, ora se quieran adelantar, ora por otra causa dijeren ¡arre! los condenamos a que se quiten las espuelas i, caminando sin ellas, no incurran en esta pena; i lo mismo a los que, llevando la rienda en la mano, dijeren ¡*jo*! *macho*! pues le pueden detener con ella." (*Premáticas i Aranceles jenerales.*)
> ¡"*Chit!,* calla; mírale por donde viene otra vez." (LEANDRO DE MORATIN.- *Traduccion de Hamlet.*)

> "Mas *¡chiit!* .... En cuenta caigo que aun camino
> Por pais civilizado. A mi derecha
> Se sienta un literato lechuguino
> Que con sonrisa de desden me acecha…"
> (Z. RODRÍGUEZ.- *En el tren.*)

Ejemplo de ¡*chito*! imponiendo silencio a la española:

> "¡*Chito*! *chito*! compadre
> Exclamó el *Rojo:*
> La suerte nos proteje,
> Que pasos oigo."
> (Z. RODRÍGUEZ.- *La iglesia libre en el Estado libre.*)

En el sur del Perú, i entendemos tambien que en Bolivia, se emplea ¡*chiit*! en sentido opuesto al que le atribuimos en Chile, pues los arrieros de por esos mundos la usan en vez de ¡arre! para animar a las caballerías.

CHIVATEADO, A.

Feo nombre de una bonita cosa, porque ¿quién estará tan para el otro mundo que no desee tener *chivateaditos* algunos miles de pesos? Es preciso que se sepa, en efecto, que hai en el dinero *chivateado* algo de mas propio i seguro i deleitoso que en el dinero efectivo, o contante en moneda corriente; como quiera que para que aquel calificativo merezca, es preciso que esté contado i recontado i metido dentro de la bolsa de cuero de *chivato,* i atada ésta en su boca con un cordelito o una fuerte *huincha* [→], i el todo guardado debajo de algun ladrillo del dormitorio, o en el mas escondido rincon de alguna cajuela.

Sinembargo, i a pesar de que gracias a los bancos los cuervos de chivato van siendo innecesarios, el adjetivo que de ellos se derivó se conserva como equivalente a *sonante,* hablando de dinero.

CHIVATEO.

La grita atronadora que forman los araucanos al entrar en pelea.

Figuradamente cualquier gritería desapacible i grosera.

> "¡Oh si pudiera la palabra mia
> Ser una brasa ardiente
> I, alzando un *chivateo* de ironía,
> Marcaros en la frente!
> (G. Matta.- *Juvenal.*)

CHOCLO. [+ CHOCLITO]

Del quichua *chocllo,* la mazorca del maiz verde.

Sin decidirnos como el señor de Arona por los *choclos cocidos* i contra los asados, ni haber tenido la dicha de tomarlos de aquella suerte acompañados de queso fresco como se usa en el Perú, unimos nuestro testimonio al del susodicho señor cuando declara que el *choclo* tierno i verde cocido "aunque bocado esencialmente rústico, figura con honor i por extraordinario en las mejores mesas donde se le acoje con grandes aclamaciones."

> "Desde la alforja con menestras viles,
> Desde el *choclo* i la *yuca* hasta el talego
> En que acarrea el hacendado miles,
> Todo sirve de blanco al ardor ciego,
> Al indistinto anhélito del robo
> Que cunde aquí como en maleza el fuego."
> (Juan de Arona.- *Poesías peruanas.*)

Familiarmente llamamos *choclo* o *choclito* a lo que es apretado. *Uva de choclito* es aquella que se da mui tupida en racimos chicos i mas o ménos semejantes a la mazorca del maiz. Tambien solemos llamar *choclitos* los brazos de los niños, cuando por su gordura, morbidez i hoyuelos que se les forman en los codos convidan a besarlos i aún a morderlos.

¡*Hasta el tiempo de choclos*! o ¡*para el tiempo de choclos*!; para nunca jamas, para las calendas griegas, o a la chilena, *para el dia de San Blando que no tiene cuando.*

Véase *chicha* [→].

CHOCLON.

Del araucano *chocoll*, puñado, o del verbo *chocolln*, cojer a puñados.

Es nombre que dan los niños a uno de sus juegos favoritos. Se juega abriendo en el suelo un hoyuelo del tamaño de un puño i tirando para meter en él 4, 8, o 16 bolitas, nueces o cocos suministrados por mitad entre los dos jugadores. Si el que tira acierta a echar pares adentro del hoyuelo gana i recoje en consecuencia todas las nueces, bolitas etc. de adentro i de afuera; en el caso contrario pierde.

El provincialismo colombiano correspondiente a nuestro *choclon* es *chócolo* segun el señor Cuervo, quien recuerda al efecto que el nombre castizo de ese juego es *hoyuelo* o *boche.*

Tambien damos a *choclon* un otro sentido, que acaso no sea mas que el anterior trasladado mediante una metáfora. Vulgarmente suele darse el nombre de *choclon* a los clubs o conciliábulos políticos, para denotar que los que concurren a las reuniones, por carecer de pensamiento i voluntad propia, obedecen como máquinas a la voz de órden del partido o del jefe.

CHOCO.

Nombre que damos a una especie de perros, chicos de cuerpo, de lana crespa i abundante, mui nadadores i aficionados al agua, de la cual aficion les viene sin duda el nombre de *perros de agua,* con que en España se conocen.

Figuradamente llamamos tambien *choco,* a la persona de cabello ensortijado, sobre todo si por ser roma i arremangada de narices i de facciones recojidas, se asemeja algun tanto a los *perros de agua.*

> "Si bien los apóstoles de su doctrina eran Voltaire i Rousseau, autores que solia leer en consorcio de sus íntimos confidentes como Cavada i el *choco* Silva, en la práctica fomentaba el culto a mano descubierta." (Vicuña Mackenna.- *Portáles.*)

Algo mas dificultosillo que indicar el sentido de nuestro vocablo es atinar con su etimolojía. I no porque las probables falten, que ántes por el contrario abundan, sino porque no hai medio de descubrir cuál puede ser la verdadera.

En efecto, *choco* (*chocon*) es la palabra con que se califica en araucano a la persona o animal que están mui mojados, traspasados de agua i frio.

La misma voz, salvo un pequeño cambio de sonidos, (*chocollo*), denota en aimará a las personas o animales de baja estatura.

Por último ¿no es propia para dar qué pensar la siguiente frase que encontramos en el capítulo LXVII de la *Crónica del Perú* por don Pedro de Cieza de Leon?

> "Por las casas de los indios se ven muchos perros diferentes de la costa de España, del tamaño de gozques, a quien llaman *chonos*."

Entre las tres hipótesis elija el lector la que mas racional le parezca. Lo que es nosotros a la primera nos atenemos, que léjos de contrariar a las demas acaso no hace mas que robustecerlas i confirmarlas.

CHOCOLATE [SACAR].

¿Quieren saber nuestros *alionados* [→ *aleonar*] colejiales cómo dicen en España los de su clase *sacar chocolate*? Pues dicen, i búsquelo quien lo dude en el Diccionario de la Academia, *hacer la mostaza.*

CHOLO, A.

Sirve esta palabra en el Perú, donde es muchísimo mas usada que en Chile, para señalar denotando a la jente baja i soez, proveniente de la mezcla de la sangre española e indíjena.

Ocupa el *cholo* en la sociedad peruana mas o ménos la misma posicion que el *roto* [→] en la chilena. Hai, no obstante, entre las cualidades de uno i otro notables diferencias.

Aquél es por lo jeneral débil de complexion, flaco de piernas i abultado de panza; éste robusto, musculoso i enjuto de carnes: aquél expansivo i casi siempre palangana; éste taciturno i reservado: aquél mas artista; éste mas esforzado: i aquél en fin un andaluz injerto en indio peruano; éste un vizcaino injerto en araucano.

> "No trabajo como un *cholo*,
> Soi un pobre hijo de Apolo;
> Pero desden no merece
> Mi humilde trabajo, solo
> Porque a la faz no aparece."
>
> (Juan de Arona.- *Todos trabajan.*)

CHONCHON.

Ave fatídica nocturna creada por la imajinacion de nuestros campesinos. Figúransela a lo que entendemos como una especia de lechuza que vaga favorecida por el silencio i oscuridad de la noche, de rancho en rancho, anunciando enfermedades, muertes i otras semejantes desgracias.

Sin duda ninguna que esta abusion fué heredada por los *guasos* [→] de los indíjenas, quienes segun el señor Gay "miran a la lechuza como a precursora de algun triste acontecimiento i cuando por la noche la oyen graznar salen al punto de sus chozas para arrojar ceniza al aire con lo que creen preservarse de todo accidente..... a veces se contentan con pronunciar en la cama algunas palabras de suplicacion; i no faltan tribus que la miran solo como el anuncio de mal tiempo i sobre todo de nieblas para el dia siguiente."

Apresurémonos a declarar que tan inveteradas preocupaciones en contra del *chonchon* no solo carecen de causa sino hasta de pretexto. Las lechuzas, por la caza incesante que dan a ratas i ratones, prestan a los agricultores preciosos servicios, en cambio de los cuales bien merecian de ellos que las tomasen bajo su proteccion.

"A mí tambien me ha pasado
Que dijo un amigo fino
Allí viene Bernardino
(¿Cómo de él me burlaré?)
Al hablarlo le diré:
¡Pasa *chonchon* tu camino!
(GUAJARDO.- *El chonchon pasajero.*)

Chonchon es tambien nombre de una especie de *volantines* [→].

CHOPE, [CHOP]AZO.

Chopazo es equivalente vulgar de *puñetazo.*

¡Dar chope! es exclamacion de que los mirones se sirven para animar a los que pelean a puñadas.

¿Habrá alguna relacion de procedencia entre nuestro *chope* i el hongo que se llama *chhocph* en lengua quichua?

CHOREAR, [CHOR]EO.

No conocemos voz castiza que indique con exactitud las ideas que *chorear* i *choreo* representan. Las que mas se les aproximan, *renegar* i *reniego*, quedan todavía de ellas un buen trecho.

Diremos, pues, que *chorea* el individuo que, obligado a hacer algo de mala gana, aprovecha la ausencia del que lo obliga para desahogar su rabia i mal humor en imprecaciones, maldiciones e injurias. El *choreo* es el nombre vulgar de la protesta que el débil, o el perezoso, o el desgraciado oponen platónicamente al opresor, al jefe, o al destino.

El choreo es libre, es máxima que en Chile han debido respetar aun los gobiernos mas despóticos; i algo como un eco apagado del celebérrimo *¡pega pero escucha!* del jeneral ateniense.

"De cualquier cosa, caballero, cobra el victorioso; con lo que se suspenden las hostilidades para romperlas cuando cada cual lo estime por conveniente, sin que ninguno de los otros tenga derecho a estorbárselo, porque entónces vendria abajo la base de esta diversion que es el conocido principio: *el choreo es libre*!" (JOTABECHE.- *El puerto de Copiapó.*)

CHÚCARO, A.

Acerca de esta voz dice el señor de Arona lo que a continuacion copiamos:

"El potro, burro o mula ántes de ser enfrenados, arrendados o meramente domados. Es voz de muchísimo uso i no le veo estricto equivalente en español, porque *indómito, bravío, montaraz, cervil, salvaje* etc. parecen decir mas de lo preciso. ¿No tendrá *chúcaro* alguna relacion con *chacra* o *chácara* como dicen algunos?"

CHUCHOCA.

Del araucano *chuchoca,* maiz tostado o cocido para secar i guardar.

La *chuchoca* entra como ingrediente barato i sabroso en ciertos guisos, entre los cuales merecen especial mencion las *papas* [→] *con chuchoca,* de los mejores entre los llamados *de viérnes,* i *la cazuela de pavo con la misma,* acerca de la cual nos asegura un amigo que acostumbra regalarse con una todos los años en el dia de su natalicio que mal año para cuantos asados i trufados i rellenos se comen en ámbos hemisferios.

CHUCHE.

Entre la plebe vale *romo.*

¿Cuántos de los que lean estas líneas no recordarán haber oido de niños a la nodriza o a la cocinera empezar alguno de sus cuentos,

> "Este i estera
> Pan i queso
> Para los *lesos*
> Pan i *luche*
> Para el diablo *chuche*" etc?

CHUCHUMECA, O.

No creemos, apesar de la semejanza de sonidos, que esta voz tenga que ver con la raza mejicana de los *chichimecas* como lo escribe Pichardo en su Diccionario de provincialismos de la isla de Cuba.

Segun Salvá las *chuchumecas* de Lima son lo que las *manolas* de Madrid, mujeres lindas i livianas.

Arona, que da a *chuchumeca* ámbas terminaciones, dice que en la primera equivale a zandunguero, currutaco, limitándose a observar que en la segunda se toma en mala parte.

En Chile, donde solo se usa la terminacion femenina, tiene un sentido mui semejante al que le atribuye el señor Salvá en su Diccionario.

CHUECA.

Segun la Academia "el hueso que juega con otro en algunas coyunturas del cuerpo; i tambien bolita pequeña con que los labradores suelen jugar en los ejidos al juego que llaman de la *chueca.*"

Se ve, pues, que se engañan los que creen que el juego de la *chueca* es de oríjen araucano. Lo que sí debe de serlo es llamar *chueca* no a la bola con que se juega, sino al palo corvo por una de sus puntas con que se golpea aquélla.

Otra cosa digna de notarse es que miéntras en la Península se dice *jugar una buena chueca,* por jugar una mala partida, en Chile decimos de la persona astuta i hábil en trampas, intrigas i muchas otras artes, que *es una buena* o que *no es mala chueca.*

Otro juego mui semejante al de la *chueca* es el del *linao*, que aun se mantiene en todo su vigor en Chiloé, como aparece del siguiente curioso articulillo que tomamos de *El Chilote* de 12 de marzo de 1874:

> "Los bárbaros juegos de *chueca* i *el linao*, fueron traidos al archipiélago de Chiloé por los araucanos mucho tiempo ántes de la conquista española, segun la tradicion que se conserva."
>
> "Vino la conquista i pasaron casi tres siglos de la dominacion, i los citados juegos quedaron tales como los habian aprendido los primitivos habitantes. Nada se hizo para sostituirlos por otros ménos bárbaros, ni ménos para desterrarlos."
>
> "Sacudió la nacion el yugo opresor i, libre e independiente, empezó a gobernarse por sí misma. Entónces los elementos civilizadores principiaron a abrirse paso bajo la sombra de la libertad."
>
> "Sinembargo los expresados juegos quedaron siempre en uso, hasta que hace algunos años, se prohibió el de la *chueca* a causa de las muchas desgracias que ocasionaba, siendo la última el hecho de haber muerto un jugador, en la liza, de un bolazo que le hizo pedazos el cráneo."
>
> "Esto sucedió en Castro i allí tambien fué la prohibicion decretada por la autoridad."
>
> "Pero quedó en boga i firme el no ménos bárbaro juego del *linao*, solo sí que debia usarse bolas que no fueran de madera."
>
> "El juego éste, aunque se haga con bolas de goma i livianas, es no solo bárbaro para nuestros tiempos de cultura, sino hasta indecente i desmoralizador."
>
> "Supóngase el lector a una pandilla de hombres, casi completamente desnudos, que se disputan la victoria de sacar la *bola* a la línea de su bando, con otra pandilla igual que se denomina *contraria*. I todo esto en medio de algazara i bulla en que se vierten palabras tan deshonestas como de *mal olor*, i en medio de un fuego graneado de coces, manotadas, pezcozones, etc.; lo que siempre da por resultado tres o cuatro peleas en forma, de las cuales, como se hacen imitando con las manos la lanza i el hacha de los antiguos torneos, mas de un prójimo queda mordiendo el polvo i muchas veces mal herido."
>
> "Todo esto se practica en presencia de numeroso público, compuesto de mujeres, ancianos i niños. ¿Es esto moral i decente? ¿Debe permitirse mas semejante juego en nuestro pueblo de Vilipulli i en los demas de la provincia?"

CHUECO, A.

Seguramente de jugarse a la *chueca* con un palo que termina a manera de garfio por una de sus puntas vino el llamar *chueco* a lo que en castellano es *torcido* i mui particularmente a la persona que tiene las piernas como estevas, a la española *estevadas, patituertas*.

> ¿Ves esa repugnante criatura,
> Chato, pelon, sin dientes i *estevado*?
> Pues lo mejor que tiene es la figura.
>
> (MORATIN.)

"Como de costumbre los apostadores no se conformaron i la querella fué a la Audiencia, quien mandó que el *chueco* i el *zarco* (este es castellano) volvieran a correr de nuevo, con lo que puede decirse que ellos i no sus amos perdieron el litijio." (Vicuña Mackenna.- *Historia de Santiago.*)

"Tras de esto un protestante
Quiso engancharse de guapo:
Porque parecia zapo
Fué desechado al instante,
Cada pierna del tunante
Era *chueca* como un gancho."
(Guajardo.- *Los Enganchados.*)

CHUICO.

Es palabra araucana que significa botijuela, tinajita, en este sentido suelen usarla nuestros *guasos* [→]. El *chuico* es un *canco* [→] pequeño, *chacarero* [→ *chacra*].

"Trae tu actividad i ponte
A explicarme a Jenofonte
I oh! *chacarero* confiesa
Que es tan árdua aquella empresa
Como descuajar un monte."
(J. de Arona.- *Todos trabajan.*)

CHUÑA, CHUÑAR.

Véase *chaña* [→].

CHUÑO.

Del quichua *chuñus, papas* [→] molidas. Es el nombre que damos a la fécula de la *papa,* del *liutu* i de otros tubérculos.

Descuella entre todos el de Concepcion. Por ser tan agradable como dijerible es el preferido de los enfermos. Se trabaja en Concepcion de la raiz de una planta llamada *liutu* que crece en las haciendas inmediatas.

CHUPAYA.[47]

Sombrero de paja ordinaria, un poco mas puntiagudo de copa i angosto de alas que el de *pita,* llamado tambien de *jipe i japa.*

Llámase probablemente *chupaya* del nombre indíjena de la planta de cuyas hojas se elabora (*achupaya.*)

"Lo sacaron, pues, botando agua por narices i boca, destilando por todos los poros de su cuerpo i de su ropa, pero ya bastante refrescado i con pérdida de la *chupaya* únicamente." (*Artesano de Talca,* núm. 5 de noviembre de 1871.)

El autor del *Huérfano* habla de una *chupaya* de anchísimas alas; lo que prueba que no las conocia; pues la tal debió de ser algun soberbio *guarapon* [→].

---

47 En la edición original, el autor indica que "se cometió la [errata] de imprimir [...] con *ll*, la palabra *chupalla*, que segun su pronunciacion deberia de haberse escrito, con *y*, *chupaya*" (Rodríguez 1875: 487). En atención a la voluntad del autor, introdujimos esta corrección [NdE].

CHUPE.

Guiso popular del Perú, equivalente, en lo popular (que en lo sabroso ni con mucho) a nuestra cazuela. Viene del quichua, en que significa caldo con *papas* [→] i carne majada.

Se hace, segun el señor de Arona, que por poco compone una oda en su celebracion, "o simplemente de *papas* en caldo, en cuyo estado no pasa de *chupe cimarron*; o con pescado, para que constituya *el de viérnes*; o con carne, llamándose entonces *asado de papas*; o finalmente con camarones, leche, queso, huevos, pescado, *ají* [→], tomate i algun otro ingrediente mas. Aderezado de la última manera, compone el mas complejo, el mas historiado, el mas aristocrático, el mas monumental de los *chupes*, i con tamaño copete, abigarrado de mil colores, preséntase en las grandes i memorables comilonas."

Así será; pero a los chilenos que vayan al Perú i quieran llevarse de nuestra opinion, les aconsejaremos que teniendo en el bolsillo con que pedir lo que mas sea de su gusto, pidan *chupe de camarones*, mondo i lirondo, esto es, a lo sumo con un poco de *ají* [→] i unas cuantas *papas*, i tendrán de qué acordarse para toda la vida.

CHUPETE.

El *volantin* [→] que por tener mui delgado sus maderos, al recibir el viento, se encoje formando buches como si lo chuparan por detras.

CHUPON.

Del quichua *chhupre, tumor, postema*. El equivalente castizo es *divieso*.

D

DE.

No entra en nuestro plan explicar ni enumerar siquiera los oficios que cada una de las palabras que vamos apuntando puede desempeñar castizamente en el discurso; que si entrara, a buen seguro que no serian pocas las pájinas que la preposicion *de* nos tomaria.

Quien desee formarse una idea de la variedad de relaciones que con ella han indicado los clásicos españoles, puede satisfacer su curiosidad leyéndose el capítulo que el señor don Gregorio Garces le consagra en su ya citada obra del *Fundamento del vigor i elegancia de la lengua castellana*: ni perderia tampoco su tiempo consultando en el *Diccionario de Galicismos* de Baralt el artículo correspondiente, cuya lectura le daria a conocer, tanto los mas groseros galicismos que en el uso de la indicada preposicion se cometen, como la manera de evitarlos.

Nosotros, que no escribimos ni una Lexicografía castellana, ni un Diccionario de galicismos, cumpliremos nuestro intento exponiendo en este lugar acerca de la *de*:

1. Que aunque no mui frecuentemente, se halla usada la *de* en los escritores del siglo de oro a la manera que acostumbran nuestros compatriotas poco ilustrados, por *tan luego como*. Pidiendo mil excusas por la comparacion, ¿qué diferencia hai en este pasaje de la anjelical Santa Teresa "*De que* ví que era imposible ir a donde me matasen por Dios, ordenamos (un hermano i yo) ser ermitaños;" i este otro del poco anjelical paisano Bernardino Guajardo?

> "Se le acercó por idea
> El malvado basilisco
> I *de que* le dió un pellizco
> ¡Ai! ai! ai! dijo la fea!"

2. Que es uso disparatado el que se hace de la susodicha preposicion cada vez que se la antepone a *ex profeso*; porque significando *ex*, *de*, no hai para qué expresar dos veces seguidas la misma relacion, una en latin i otra en castellano.

> "No parece sinó que Felipe III, Felipe IV i Cárlos II subieron *ex profeso* al trono de las Españas para arruinarlas i destruir la obra de sus antepasados." (Anjel de Saavedra.- *Masaniello*.)

3. Que es mui chilena i campesina la locucion *de efectivo*, para dar a entender que algo sucede sin

interrupcion, constante i permanentemente.

"El agua corre por esta acequia *de efectivo*"; es decir, corre siempre.

> "Me atormenta *de efectivo*
> Un incendio abrasador
> I no quiero que el doctor
> Con medicinas me acuda,
> Porque yo sin haber duda
> Estoi enfermo de amor."
> (GUAJARDO.- *Enfermedad de amor.*)

4. Que erradamente creen algunos, a lo que es posible adivinar por el uso de la bastardilla, que *de nó,* equivaliendo a la frase *para el caso en que así no suceda,* es modo de hablar incorrecto o poco castizo.

> "Lo que yo quiero es que te cases, o *de nó* te mato, contestó Amador con tono de resolucion." (BLEST GANA.- *Martín Rivas.*)

> "I así me darán el premio
> Si es de lei; *de nó* paciencia!"
> (GUAJARDO.- *Reparticion de premios de los años a los meses.*)

Fácil es suplir lo que por elipsis falta en ambas frases, poniendo en la primera *de no hacerlo* te mato; i en la segunda *de no suceder así,* paciencia!

No tenemos a la mano ningun ejemplo de los clásicos que autorice la construccion en que nos estamos ocupando; pero, encontrando en ella el mismo enérjico laconismo que en las equivalentes *donde nó* i *si nó* tan del gusto de Cervántes, no nos atrevemos a condenarlas:

> "La importancia (dijo D. Quijote) está que sin verla (a Dulcinea) lo habeis de creer, confesar, afirmar, jurar i defender, *donde nó* conmigo sois en batalla, jente descomunal i soberbia." (CERVÁNTES.- *Quijote.*)

> "Miente delante de mí, ruin, villano, dijo D. Quijote. Por el sol que nos alumbra que estoi por pasaros de parte a parte con esta lanza: pagadle luego sin mas réplica; *si nó* por el Dios que nos rije que os concluya i aniquile en este punto." (ID.- *Id.*)

DEJACION (HACER).

Como quiera que *dejacion* no es mas que *la accion de dejar* i que una de las acepciones de este verbo es *omitir, abandonar,* etc., habria temeridad en tildar de bárbara la frase que viene infaliblemente a los labios de nuestros paisanos cada vez que se les recuerda alguna promesa para exijirles su cumplimiento: *He hecho dejacion.*

En efecto, si puede decirse en castellano, ajustándose a lo que manda el Diccionario de la Academia, *hacer estimacion* de alguno para dar a entender que se le estima, ¿por qué no podria decirse que se ha *hecho dejacion de un negocio* para indicar que se le ha abandonado u olvidado?

La frase causa estrañeza sinembargo; pero a nuestro entender, mas a causa de ir callado el complemento, que porque ella adolezca de algun vicio esencial.

DEJANTE QUE.

En boca del vulgo se oye sonar con frecuencia esta estrafalaria locucion a la cual se atribuye el sentido de *ademas de que, con que no, con ser que.*

> "Sabe, ña Juana, que si continúa Ud. atrasándose con la ropa busco otra lavandera el dia ménos pensado?- *Dejante que* el carbon se ha puesto tan caro, i que dan dos palitos de leña por medio, i que está el tiempo tan continjente que casi no se merece el sol!"

> – "¿I no te pedia que le buscaras niditos de *diucas* [→] o *chincoles?*
> – ¡*Dejante que* se enojaba conmigo porque dejaba que mis niños sacasen los huevos a los pajaritos del nido! Decia que le daba mucha pena." (Z. Rodríguez.- *Loco Eustaquio.*)

DEJAR.

Nos atrevemos a calificar de chilenismo el uso que se hace de este verbo como intransitivo solo en la tercera persona del plural: *dejan, dejaban, dejaron, dejarian a misa,* o simplemente *dejan, dejaban, dejaron, dejarian.*

Con todo, como una de las acepciones castizas de *dejar* es abstenerse de seguir en lo que se estaba haciendo, como cuando decimos en son de reproche al que nos muele: "¡deje Ud!"; bien puede creerse que cuando decimos *dejan a misa,* damos a entender, *las campanas dejan ya de tocar a misa.*

> "Pero ¡caramba! *ya están dejando las campanas,* vamos a misa que una vez no mas se avisa." (*Huérfano.*)

DEMONTRE.

Por *demonio.*

> "¿Cómo no he de andar confuso, cuando las cosas del mundo me tienen la cabeza dada al *demontre*? (Camilo Henríquez.- *El ciudadano Horacio al honorable ciudadano Terraza.*)

Parece que es provincialismo vascongado:

> "Uno es un pobre bolonio que no sabe tratar con los caballeros; pero qué *demonche,* usted disimulará" etc. (Trueba.- *Camino de la aldea.*)

DENUNCIO.

Esta voz tan corriente en Chile es anticuada en España, donde solo se usan *denunciacion* i *denuncia.*

DERRUMBE.

La tierra que se cae i desmorona al influjo de una corriente de agua que la mina por abajo, o por otra causa semejante, se llama en español *derrubio.* La accion de derrumbarse i sus efectos se llaman *derrumbamiento,* que es lo mismo que en Chile llamamos *derrumbe* tan a boca llena, que si nos damos el trabajo de advertirlo, mas es por satisfacer la curiosidad de los curiosos, que porque abriguemos la mas leve esperanza de que se enmienden los que pecan por este capítulo, que ciertamente no son pocos.

Entre mineros españoles *derrumbe* es lo mismo que *derrumbamiento*, i en esa acepcion lo trae tambien el Diccionario de Salvá.

DESARRAJAR.

Cuando se nos pierde la llave de la cerradura de alguna puerta, cofre o escritorio i hemos desesperado de encontrarla, llamamos al cerrajero para que nos *desarraje* la *chapa* [→]; sin advertir que, puesto que de lo que se trata es de romper la *cerraja* o *cerradura* [→ *chapa*], lo propio i correcto seria ordenarle que la *descerrajase*.

DESBARRANCAR, SE.

Ni *desbarrancar*, ni *desbarrancarse* son castellanos.

Eslo sí *desabarrancar*, que tiene una significacion diametralmente contraria a la que atribuimos nosotros a sus dos mencionados bastardos. En efecto, miéntras en España quien *desabarranca* al prójimo ejecuta una obra de misericordia sacándolo del barranco, del pantano o del berenjenal en que se encuentra; en Chile quien lo *desbarranca* rara vez tiene otras intenciones que echarlo de cabeza al fondo del *barranco*, o de patas afuera de la casa en que vive la dama de sus pensamientos.

Dígase en el primer sentido *despeñar* o *despeñarse*, i en el segundo *desbancar*.

DESBORONAR.

Dicen algunos dengosos de miedo a *desmoronar*; i los pobrecitos huyendo de las llamas caen en las brasas, porque sin saberlo, vuelven la espalda a una voz de uso jeneral i moderno para servirse de otra que lleva en los diccionarios la nota de anticuada.

DESCARMENAR.

Dígase *escarmenar*.

DESCOCADO.

Dijimos ya (voz *caroso* [→]) que llamamos *descarosado* i mas a menudo *descocado* al melocoton que se pone a secar al sol despues de privado de su hueso. Tambien indicábamos en el aludido articulillo que, a lo que habíamos podido averiguar, el vocablo castellano que mas se aproximaba en su significacion a *descocado* era *orejon*.

Ahora cúmplenos agregar que, puesto que el *orejon*, que es el melocoton puesto a secar despues de dividido en cintas, es algo mui diverso del *descocado*, que es el melocoton puesto a secar o seco sin su hueso, no hai motivo para abandonar nuestra palabra, *siquiera* nos parezca preferible sostituirla por *deshuesado,* que no viene en los diccionarios pero que es de mui correcta formacion.

DESCOZOR, DESCOCER.

Dígase *escozor, escocer.*

DESDE AB AETERNO, DESDE AB INITIO.

> "Son notoriamente pleonásticas, observa con mucha razon el señor Cuervo, las expresiones *desde abeterno, desde abinitio,* por cuanto el *ab* significa desde (*desde* la eternidad, *desde* el principio).
>
> "Esta nueva mujer escojió Dios *abeterno* i la adornó con todas las virtudes i gracias para que fuese digna madre de su unijénito hijo." (Frai Luis de Granada.- *Meditaciones.*)
> "Solo Dios comprendió *abeterno* sin error la fábrica de este mundo." (Saavedra Fajardo.- *Empresas políticas.*)

DESECAR, DISECAR.

Verbos son éstos de mui diversa significacion, pero que con frecuencia se usan revesadamente a causa de la semejanza de su estructura.

Viene el primero del latino *exsiccare* i significa extraer el agua o humedad de alguna cosa, especialmente de los terrenos pantanosos, a fin de habilitarlos para el cultivo.

El segundo trae su oríjen de *desecare,* i significa dividir artificiosamente en partes algun animal o su cadáver para examinar su organizacion o con algun otro propósito.

No echen el parrafillo éste en saco roto los paisanos que con tanto aprovechamiento en la agricultura nacional se ocupan en *desecar* las vegas, ni los que, ejercitándose en el arte difícil de nuestro inolvidable doctor Sazie, *disecan*, armados de escalpelo i de paciencia, los cadáveres en la Escuela de Medicina.

La accion i efecto de *desecar* se llama *desecacion* o *desecamiento;* la de *disecar, diseccion.*

DESEMBARAZAR, DESEMBARAZO.

Tiene, no hai duda, la moda raros caprichos en materia de lenguaje; i no es ciertamente de los ménos raros la ojeriza que inspira a ciertas palabras tan útiles como castizas. Ahí están en prueba cuantas, hablando de su *embarazo* sin mas que uno que otro melindre, no hablarian de su *preñez* si las asaeteasen. Ahí las otras tantas que, *desembarazando* o *saliendo con bien* no mui de tarde en tarde, no consentirian en *parir* una sola vez ni por toda la plata de Caracóles.

De sobra se nos alcanza que en materia tan grave como la que representa la palabra de que tratamos, tiene toda su fuerza el dicho frances: *le nom ne fait rien à la chose*; pero, teniendo en vista el castellano que dice, *el saber no ocupa lugar,* i viniendo a pelo, hemos creido del caso advertir que en castellano, *desembarazar* en su sentido recto es un verbo activo que significa quitar el impedimento que se opone a alguna cosa, evacuar, desocupar, i que en el metafórico se usa reflejamente por apartar o separar uno de sí lo que le estorba o incomoda para conseguir algun fin. No puede, por lo tanto, emplearse a la chilena como intransitivo, en vez de *parir,* diciendo: *La Fulanita desembarazó anoche:* ni tampoco que tuvo feliz *desembarazo,* pues esta voz no es sinónima de *alumbramiento* o *parto,* puesto que significa *despejo, desenfado.*

DESGARRAR, [DESG]ARRO.

Es éste otro síntoma con cuyo nombre raras veces atinan médicos i enfermos. Ni *desgarrar* ni *desgarro* son castizos en la acepcion en que los estamos considerando; pero por mas que diga la Academia, en esta vez le volveremos resueltamente las espaldas para irnos aguas abajo tras la bandera de la moda, bien decididos a no arrepentirnos miéntras no nos ofrezca vocablos mas bien educados i mas limpios que los dos insoportables que nos presenta.

Carreño dice *esgarrar,* en su *Manual de urbanidad.*

Desgarro se ha llamado ántes *flema* por el cuerpo médico i por todo el mundo.

DESGRACIARSE.

Algunos escritores nacionales, i el autor anónimo del *Huérfano* entre ellos, subrayan este verbo cada vez que lo usan como reflexivo en el sentido de malograrse alguna persona o cosa.

La acepcion indicada es, no obstante, castiza, si bien de aquéllas que evitan en la conversacion i escritura las personas letradas; porque, a fuerza de andar en los labios del vulgo, ha adquirido cierta mala fama tan inmerecida como innegable.

DESGREÑO.

De *desgreñar,* siguiendo nuestra tendencia ya notada a abreviar frases y palabras, hemos formado *desgreño,* con la cual indicamos el efecto i accion de *desgreñar,* olvidándonos de *desgreñamiento* i *desgreñadura,* que son los únicos que para expresar semejantes ideas cuentan con el visto bueno de la Academia.

> "Estos sientan las partidas con notable desgreño." (Donoso.- *Manual del párroco.*)

DESMEMBRAR.

Una buena leccion nos da sobre este verbo el señor Cuervo cuando nos advierte que *desmembrar* significa arrancar, cercenar los *miembros,* i *desmembrarse* dividirse un cuerpo en sus *miembros*; en esta virtud, aunque personas mui letradas se expresen de otro modo, deberemos decir "los verdaderos repúblicos temen que se *desmiembre* la nacion".

"Mira la parva el desdichado,
Que tanto por instante se *desmiembra*
Que le viene a faltar para la siembra."
(VILLAVICIOSA.- *Mosquea.*)

DESPACIO.

Hablar *despacio* no es hablar *quedo, en voz baja,* en este sentido es de jeneral i frecuentísimo uso entre nosotros, sino hablar *lentamente.*

"I él hablando despacio, ella de prisa,
Ni él la dice quien es, ni ella se nombra."
(CAMPOAMOR.- El Drama universal.)

DESPARPAJO.

En español *desparpajo* significa mucha facilidad para hablar.

A la chilena se usa como equivalente a *desórden, desbarajuste.* Así decimos: "El *desparpajo* administrativo es una consecuencia de la ineptitud del ministerio." "De un Congreso elejido por el Ejecutivo i preocupado solo de mostrarle su agradecimiento, ¿qué otra cosa podia esperarse que el *desparpajo* de los caudales públicos que estamos presenciando?"

DESPILFARRADO, A.

Despilfarrado debiera ser *el que malgasta* o *despilfarra.* Entre nosotros hace los oficios de *ralo, desmedrado.*

"El parral da grandes racimos de excelente uva: ¡lástima sí que los dé casi siempre *despilfarrados!*"

DESPOLVOREAR, POLVOREAR.

Maliciosa pareja es ésta, cuyas zancadillas han hecho estrellarse en los cantos del sendero las narices a mas de un arrogante trepador del Parnaso.

Para evitar tales percances, conviene saber que *despolvorear* significa cabalmente lo contrario de *espolvorear*; porque miéntras el que *despolvorea* quita o sacude el polvo, el que *espolvorea* lo echa i derrama.

DESPOTRICAR. [+ DESPOTRICAMIENTO]

Damos a este verbo, cuyo propio sentido es *hablar cuanto se ocurre*, uno mui semejante a *despachurrar, despedazar* a alguna persona aplastándola.

Tambien una que otra vez hemos oido *despotricamiento,* por la accion i efecto de *despotricar.*

DESPULGAR.

Dígase *espulgar.*

DESTAJO.

La significacion castiza de este vocablo es la misma que atribuimos en Chile a *tarea*, esto es, "la obra u ocupacion que se ajusta por un tanto".

Entiéndase, en consecuencia, que se comete un chilenismo cuando se emplea aquél para indicar la porcion de frutas, legumbres u otros artículos de uso doméstico que se compran sin pesar, contar ni medir, a la vista i *ad corpus*. Así el frutillero, mostrando el fondo de su canasto a la *casera* [→] que le pregunta "¿a cuánto el ciento?", le contesta: "no me quedan ya mas que unas pocas: ofrézcame por el *destajito*."

DESTEMPLAR.

Oigan las cantoras.

Cuando estén Uds. cansadas de las exijencias de los *lachos* [→], ora sean *guasos chapeados* o *futrecillos* [→] *de porra*, i quieran pasarlos por el aro valiéndose de la *cábula* [→] de que a cada nada la *moledera* de la guitarra se desafina, no digan que se *destiempla*; porque si por casualidad el futrecillo conservase en la memoria las lecciones de su profesor de gramática, podria hacer a Uds. *la pava* [→] *lo mas bien*, diciéndoles mui orondo que *templar* tiene por afin a *temple* [→ *tiemple*], i que se conjuga *templo, templas, templa*, etc: todo lo cual es aplicable a *destemplar*.

Tampoco hai ejemplo de que dientes o muelas se *destiemplen*, por mas que el *destemple* de tales herramientas sea achaque frecuentísimo de los que sufren dentera.

> "Que ni del agua sorda el ronco estruendo
> El sueño profundísimo les *templa*,
> Ni el tropel de las armas estupendo
> Que el alma a Júdas con rigor *destempla*
> Velar los hace......"
>
> (HOJEDA.- *Cristiada*.)

> "La augusta soledad que la amargura
> Talvez del alma combatida *templa*."
>
> (ESPRONCEDA.- *Diablo mundo*.)

DESTILAR, [DESTIL]ADERA.

> "Lo que en Lima se llama eternamente *agua destilada*", dice Juan de Arona, "es simplemente *agua pasada por un filtro de piedra*."
> "La *destiladera* es una piedra horadada de la forma i tamaño de un pan de azúcar. Descansa sobre unas angarillas o aguaderas firmes, i filtra gota a gota o *destila* el agua sobre una gran vasija de barro llamada tinaja o la tinajera (*tinajero*), i ámbas piezas van encerradas en una gran jaula de madera con fierro, llamada por su contenido la *destiladera* o la *tinajera*."
> "Es una de las piezas mas importantes de nuestra vida doméstica."

Nuestras *destiladeras* son en España *destiladores*.

La *destiladera* es un instrumento para *destilar* algun licor; el *destilador* uno para *pasar* por él agua.

Bien mirado, ese mortero no deberia llamarse tampoco *destilador*; pero ya sabemos que no es la Academia la que inventa las voces, o las aplica a los objetos; es el pueblo.

DESTRONCARSE, [DESTRONC]ADO.

Destroncado dicen nuestros campesinos del caballo que por vejez u otra causa llega a perder la ajilidad de las choquezuelas de sus patas delanteras; i es casi por demas advertir que *se destronca* el que sufre semejante achaque.

DESVEIDO, A.

Que dicen muchos por *desleido* i tambien por *bajo de color, desteñido,* es intolerable corruptela.

> "Despues de esa introduccion tan *desveida* i prosaica, viene en la obra que analizo, la descripcion del crepúsculo." (M. L. Amunátegui.- *Juicio crítico de Heredia.*)

DEVANARSE.

Es de frecuentísimo uso, aunque solo en la frase *devanarse los sesos,* que equivale a cavilar. Probablemente este devanarse no es mas que el verbo activo español *devanear,* decir o hacer devaneos, disparatar, delirar; a no ser que se crea acertado hacerlo proceder de *devanar,* suponiendo que a virtud de una violenta metáfora, la fuerza de la atencion con que se discurre i cavila contrae i envuelve los sesos como en un ovillo.

DIABÉTIS.

Es como jeneralmente se dice; debe decirse i escribirse *diabétes.*

DIA POR MEDIO.

No es usada esta locucion en España, donde se dice *un dia sí i otro nó,* i de otras varias maneras.

> "Llámase doble cuando repite dos dias con *uno de hueco.*" (Academia.- *Diccionario,* voz *cuartana.*)
> "*Cada tercer dia,* modo adverbial que se dice de las cosas que se repiten *con el claro o intervalo* de un dia." (Id.- voz *dia.*)

DICTAMINAR.

El señor Salvá pone a esta voz la nota: "Provincialismo de la América Meridional, dar dictámen", aseveracion confirmada por el silencio que acerca de ella guarda el Diccionario de la Academia.

De desear seria que se procediese cuanto ántes a otorgarle carta de ciudadanía; pues es lo cierto que si se eliminase no quedaria, para expresar la idea, mas arbitrio que recurrir al circunloquio *dar dictámen,* i sabido es que nunca debe desterrarse un vocablo correctamente formado, aunque sea nuevo, para servirse de circunloquios o de frases.

DIEZIOCHO, ENDIEZIOCHADO, A.

Cuando se dice en Chile *el dieziocho,* ya se sabe sin mas explicacion que se habla del *dieziocho de Septiembre,* que es el dieziocho por excelencia i antonomasia.

Debemos tambien a las fiestas cívicas que por el 18 de Septiembre se celebran todos los años en conmemoracion del dia en que se reunió la primera Junta Nacional, otra palabra mui expresiva, el adjetivo *endieziochado,* con el cual damos a entender que álguien anda tan alegre i entusiasta como en las susodichas fiestas se acostumbra.

DILATARSE.

Castizamente podria decirse, dando a dilatar la significacion de demorar: "Son muchos los hombres que, conservando la fe i resueltos a convertirse, *dilatan* no obstante la hora de la conversacion hasta la de su muerte."

Pero dudamos mucho que en esa acepcion pueda usarse reflejamente, como cuando preguntamos al criado que se demora mas de lo justo en volver de la calle: ¿por qué te has *dilatado* tanto?

DINTEL, UMBRAL.

A los escribidores, copleros i traductores zarramplines dedicamos las observaciones mui oportunas que sobre la voz materia de este párrafo hace el señor Cuervo, i que son como siguen:

> "De algun tiempo a esta parte es increible el número de hombres que se han convertido en moscas u otros gusarapillos semejantes, porque siempre oimos que hai quien pise los *dinteles* de las puertas o se siente en ellos; nosotros mismos estuvimos al canto de realizar esa metamórfosis ovidiana, cuando, pretendiendo traducir una poesía de Byron pusimos:
>
> Llegó a su *dintel* el Medo
> Su trono el Persa ocupó:
>
> casi lágrimas nos ha costado este pecado; solo nos consolamos con ver reos de lo mismo a varios académicos que a sí mismos se condenan con no dar cabida en el Diccionario a semejante acepcion. Es excusado llamar *dintel,* que significa "la parte superior de las puertas i ventanas que carga sobre las jambas" al *umbral* que es "la parte inferior o escalon por lo comun de piedra i contrapuesto al *dintel* en la puerta o entrada de cualquier casa;" i es semejante abuso tanto mas reprensible que *umbral* se acomoda perfectamente al lenguaje propio como al figurado: *el umbral de la casa, los umbrales de la vida, de la ciencia.*

"Entónces tu nombre
Impreso al primor
Por esos *dinteles*
I esquinas de Dios
Será en letras gordas
Sobre un cartulon."
(JOVELLÁNOS.- *Jácara a Huerta.*)

"Solo agradezco el vivir
Por morir a sus *umbrales.*"
(CALDERON.- *Saber del mal i del bien.*)

DISPARAR.

Provincialismo de la América Meridional segun Salvá: tomar soleta, apretar los talones.

En su forma refleja significa partir con violencia, o echar a correr sin rumbo determinado. Andan por lo tanto mui bien avenidos con la Academia nuestros *guasos* [→] cuando dicen: "Al sentir el cañonazo de las nueve los caballos del coche *se dispararon.* Para que no *se disparen* las mulas al cargarlas es preciso no olvidarse de taparles ántes la cabeza."

"Al sentir que llegaba el sereno los ladrones *dispararon* saltando la tapia," sí que es un chilenismo de tomo i lomo.

DISPAREJO, DESPAREJO.

Bajo ninguna de sus dos formas aparece en los diccionarios de la lengua esta palabra que es de uso frecuentísimo en Chile entre toda clase de personas. Se aplica especialmente al terreno que no presenta una superficie plana, en cuyo sentido se dice tambien malamente *accidentado* [→], cuando lo propio seria *quebrado.* Metafóricamente i hablando del *estilo* o del *carácter,* lo correcto seria *desigual.*

> "¡Bien haya lo *disparejo*
> Del camino que he andado!
> Me ha dado tanto trabajo
> Por no haberlo *emparejado.*"
> (GUAJARDO.- *El Judio errante.*)

DISTRAIDO.

No es el que fija poco la atencion en las cosas que hace o dice, el desatento; sino "el entregado a la vida licenciosa i desordenada." (*Diccionario de la Academia.*)

DITA. [+ ENDITARSE]

Usamos de esta voz, que denota en castellano la persona o cosa que se señala como fianza de un pago, en el sentido de *deuda.*

Tambien corre entre el vulgo *enditarse* por cargarse de deudas, contraer tantas i tales que parezca imposible pagarlas.

DIUCA.

"Especie de jilguero de la América Meridional", dice Salvá, "cuyas plumas son de color turquí hermosísimo i canta suave i delicadamente al rededor de las casas al amanecer."

La *diuca* (*fringilla diuca*) es sin duda uno de los pajarillos mas notables de Chile.

Su canto, sin ser tan variado como el de la *tenca,* ni tan melodioso como el del zorzal, ni tan *repiqueteado* como el del jilguero, es no obstante dulcísimo i tiene la particularidad de anunciar con admirable precision la hora del alba, pues empieza al despuntar la primera luz de la aurora i concluye al desaparecer las últimas sombras de la noche.

De esas circunstancias han provenido las frases *al canto de las diucas,* o *al primer diucazo*, para señalar la hora en que amanece.

Tambien se dice de la persona o animal empapado, *como una diuca,* ignoramos por qué.

"Veinticuatro veces tan solo han vuelto a cantar las *diucas* sobre los techos de las casas celebrando sus amores o su nueva familia, i ya mi cabeza blanquea como blanquea el floripondio en la estacion de los calores; mis miembros han perdido su ajilidad, todas mis fuerzas se han concluido." (Z. Rodríguez.- *Loco Eustaquio.*)

DIVERTIDO, A.

En lenguaje de *chinganas* [→] i *bodegones,* el ébrio, achispado.

DOMINGUEJO, A.

Es la palabra favorita con que las señoras antiguas reprendian a las personas de su servidumbre, sobre todo a los *chinitos* i *chinitas* [→ *chino*] que, despues de recojidas del zaguan criadas, se permitian alguna frescura con sus amos.

Tal vez este *dominguejo* no es otro que el *dominguillo* cuyas señas da así la Academia:

"Cierta figura de hombre formada ordinariamente de un cuero de los que sirven para el vino, lleno de aire i con un pan de plomo en el fondo, que le sirve de pié para quedar siempre derecho. Se hacen tambien (i son mas comunes) de corcho u otra materia mui lijera de reducido tamaño, para diversion de muchachos."

Los equivalentes de nuestro *dominguejo* serian *pegote, pelagatos.*

DONDE.

Dase, no solamente en Chile, sino en toda la América española i aun en España a este adverbio un significado que no admite la Academia española, i que no le ha dado ningun escritor de nota. Es éste el que tiene la preposicion francesa *chez,* i así decimos los chilenos: "Ayer estuve *donde* Fulano; voi *donde* Perejano." En castellano se dice en lugar de este *donde, en casa, a casa,* segun lo pida el verbo, i tambien *a donde está* Fulano.

El señor Bello señaló este vicioso uso de *donde* en unos artículos lexigráficos que publicó en *El Araucano,* en diciembre de 1833.

Los señores Amunáteguis, en el juicio crítico del poeta ecuatoriano don Juan Leon Mera, le censuran el uso de *donde* en la acepcion indicada.

Don Rafael M. Baralt (Dic. de Galic.) dice que la jente vulgar de Castilla incurre en este barbarismo.

"Ah! vuela *donde* ella." (E. de la Barra.- El ánjel de mi guarda.- *Correo del domingo, núm.* 14.)

"I *donde* una vieja fondista llegaron." (Isidoro Errázuriz.- *En la voz de Chile.*)

"Mas ¿por qué recurrir *donde* el malvado? (*Gonzalo Pizarro por Felipe Perez* – (*neogranadino.*)

"Cuando llegué *donde* doña Mercedes se ocupaba en rizar con una bombilla de plata los negros i abundantes cabellos de una niña." (Z. RODRÍGUEZ.- *Loco Eustaquio.*)

"I cuando no le quieren pagar se va *donde* el padre que se pone furioso." (A. BLEST GANA.- *Martín Rivas.*)

Véase como se evita el tal *donde*:

"Diéronle una carta que le enviaba el arzobispo, su tio, en que le facia saber que estaba mui doliente et que le enviaba a rogar que si le queria ver vivo que fuese luego *para él*" (*Conde Lucanor.*)

"Vente conmigo *delante* Calisto, oirás maravillas." (FERNANDO DE RÓJAS.- *Trajicomedia de Calisto i Melibea.*)

"¿Por qué no te vas al padre que te crió?" (GRANADA.)

"Venian *a él* todas las jentes." (P. SCIO.- *Traduccion de San Márcos.*)

"Se fué *a él* abierto los brazos." (CERVÁNTES.)

DORMILONA.

Especie particular de pendientes que en la escala del lujo ocupan un término medio entre los casi indíjenas aros de oro, con una que otra perlilla, i las ricas i deslumbradoras *caravanas* [→] de brillantes.

Tal vez el bautizarse así a los tales pendientes provino de que por su forma i valor podia dormirse con ellos sin peligro de la cara i del bolsillo.

DRAGONEAR.

Del oficial mayor del ministerio que despues de haber sido electo por el gobierno, de representante del pueblo va a la Cámara i sale como sus fuerzas se lo permiten en defensa de la política gubernativa cada vez que ve a sus jefes en apuros, dice el público *que dragonea para ministro.*

I con decir lo dicho i añadir que *dragonear* no es castellano, creemos excusado pasar adelante.

DROGA, DROGUISTA.

Del individuo que ha caido en el infierno de deber a cada santo una vela, se dice que es una *droga viviente,* o que las *drogas se lo comen,* o que es un *droguista insigne,* o por último que está *endrogado hasta las narices.*

Al oir tales cosas ¿no seria de creer que en Chile los drogueros viven pereciendo de hambre? Pues no les va tan mal que digamos.

Droga por embuste i droguista por embustero, tramposo, son sin embargo castellanas.

E

ECHAR.

No es de nuestra incumbencia, puesto que no estamos escribiendo un diccionario de sinónimos, explicar en qué se asemejan i en qué se diferencian *echar* de *despedir* i de *botar,* i *echarse* de *tenderse* i *acostarse.*

Bástenos declarar que hablan castizamente los que dicen:

"*Eché* al criado, o *eché* con doce huevos a la gallina, o el perro estaba *echado* en el umbral de la puerta." ¿Podria tolerarse sin embargo: "cansado de tanto escribir, me eché un rato sobre el sofá?" Sí, en nuestra opinion, por mas que el señor Barcia en su Diccionario de sinónimos crea que *echarse* solo es aplicable a los animales. I porque nuestra opinion contrapuesta a la de tan erudito escritor pudiera parecer liviana a algunos, vamos a darle peso con las palabras que siguen que son de la Academia española.

"*Echarse.*- Tenderse, acostarse los animales. Tratándose de los racionales se dice cuando se tienden vestidos por un rato mas o ménos largo".

En Arequipa es de uso frecuentísimo *echarse* en la última de las acepciones indicadas.

En Chile formamos con *echar* la frase, que tenemos por provincialismo, *echar periquitos,* que vale tanto como echar pestes contra álguien, verter contra él palabras de execracion i enojo.

Echar de ver por advertir, que hemos visto en alguna parte con bastardilla, es, no obstante, una locucion aunque familiar, mui castiza.

ECHONA.

Del quichua *hacchhuna, garabato, garfio de hierro.*

Echona es el nombre popular que tiene en Chile la pequeña hoz con que exclusivamente se hacian las siegas de trigo, de cebada o de pasto. Aun cuando las máquinas segadoras vinieron a remplazar a la *echona* en muchos casos en que sus servicios eran indispensables, es ella todavia una de las herramientas que los prestan mejores a nuestra agricultura.

EDITORIAL.

En la acepcion de artículo escrito para publicar en los periódicos por los redactores encargados de apreciar la conducta de las autoridades i estudiar las cuestiones políticas que ocurran, es, segun el señor Salvá un provincialismo mejicano. Puede ser que fuera orijinariamente mejicano;

mas, es lo cierto, que en la actualidad el sustantivo *editorial* es de uso comun tanto en América como en España.

No haria mal en nuestro humilde juicio la Academia, legalizando el empleo de una voz que, sobre ser útil, no es mas que la sustantivacion del adjetivo *editorial,* esto es, lo perteneciente al editor. Es probable que se comenzaria por llamar artículo editorial aquél que se suponia escrito por el editor o por encargo de él, o aquél de cuya publicacion se constituia responsable; i que mas adelante, suprimiéndose el sustantivo, se reemplazase éste por el adjetivo sustantivado i se dijese mas brevemente: "Hoi viene el diario sin *editorial.* Rarísimas veces leo los *editoriales* que versan sobre cuestiones políticas".

EFECTIVO.

Véase *de* [→].

EJES.

Cobre en barra, es el que, por medio del fuego, ha sido separado de las escorias i reducido despues a lingotes.

Cobre en ejes, es el que se deja solo a medio purificar i de esa manera se exporta.

ELABORAR.

Se usa impropiamente este verbo por *concebir,* i en casos como los dos que siguen:

"Como se sabe, las ideas que *elaboran* los cerebros humanos son muchas i de distintas clases etc." (M. L. AMUNÁTEGUI.- *Juicio crítico de Guillermo Matta*).

"Pero ni su cabeza ni su corazon (habla de la mujer) están de ordinario preparados para *elaborar* esos pensamientos elevados, para dirijir esos sentimientos nobles." (CATALINA.- *La Mujer.*)

ELEVACION, [ELEV]ARSE, [ELEV]ADA.

Damos a estas palabras una acepcion desconocida de los clásicos españoles i no consignada en el Diccionario, cuando las empleamos para denotar la suspension o falta del flujo menstrual.

Elevada es la mujer enferma de *amenorrea,* entre los doctores; entre los profanos, *opilada.*

EMBROMISTA

Suele decirse, i no hai tal: la palabra castellana es *bromista.*

EMPACARSE.

Comun a todos los paises de la América en que se habla español es el uso de este verbo, para denotar la accion de mostrarse rehacio el animal para seguir adelante. Se aplica tambien a las personas en sentido metafórico, indicando entónces el hecho de resistirse por capricho u otro motivo a continuar en alguna ocupacion o ejercicio.

> "Empacóse el Sanson i no daba ya en bola." (Z. RODRÍGUEZ.- *Loco Eustaquio.*)

Empaque es un provincialismo andaluz que vale *catadura, semblante, continente.*

Una que otra vez hemos oido esta palabra en Chile, i a lo que recordamos, por *cachaza.*

Empacarse es en castellano haronearse. El caballo que tiene este vicio se llama en España *repropio.*

EMPAQUETARSE.

Es *emperejilarse, acicalarse:* i se ha formado del adjetivo tambien chileno *paquete* [→], por *compuesto, elegante, pisaverde.*

Paquete [→] es americanismo mui usado en Buenos Aires.

EMPASTAR, EMPASTADOR.

Significa el primero encuadernar libros en pasta, i el segundo la persona que tiene por oficio el de encuadernarlos así. Son provincialismos de la América Meridional, segun Salvá; pero mui dignos de conservarse porque, ademas de bien formados, no tienen equivalentes castizos.

> "Algunos ejemplares de regalo, finos i bien empastados." (LARRA.- *La Noche buena de* 1836.)

EMPECINARSE.

Mui curioso es el párrafo que dedica a este vocablo el señor Cuervo en sus *Apuntaciones.* Va en seguida copiado íntegramente:

> "Con respecto a *empecinarse* ahí va una conjetura: sabido es cuánto renombre cobró en la guerra que sostuvieron los españoles contra los franceses a principios de este siglo el guerrillero Juan Martin Díez, llamado, dice Toreno, "el Empecinado" (apodo que dan los comarcanos a los vecinos de Castrillo de Duero, de donde era natural). La fama de su tenacidad i resistencia hubo de pasar los mares i llegar a estas tierras, donde dirian para ponderar lo incontrastable de alguno en un empeño: "Es un empecinado", como a otro propósito se usa "es un Cid"; oscurecido el oríjen i siendo engañosa la apariencia del vocablo, se sacaria el verbo *empecinarse,* que vale aferrarse, obstinarse, empeñarse, encapricharse."

EMPELOTARSE.

Se dice bien a la española *en pelota* por en cueros, desnudo.

> "Manda que entremos en carnes
> Desde el cuello hasta la cinta.
> Amábanle de manera
> Sus vecinos, que sabida
> Su resolucion, salieron
> Los mas de la suerte misma
> A recibirle *en pelota.*"
> (TIRSO DE MOLINA.- *Las Amazonas de las Indias.*)

No puede decirse otro tanto de *empelotarse*, cuya raiz es *pelotera*, i que significa *confundirse, enredarse, reñir.*

> "Sacando unos con otros las espadas comenzó una batalla de comedia, metiéndolos en paz los mozos de mulas con los frenos que acababan de quitar; i dejándolos *empelotados*, se salieron D. Cléofas i Cojuelo." (VÉLEZ DE GUEVARA.- *Diablo Cojuelo.*)

Claro se ve que el equivalente de nuestro *empelotarse* es *desnudarse.*

En pelo se dice de los caballos en contraposicion a *ensillados.*

EMPIPARSE.

Por hartarse, atracarse, dicen en Colombia *apiparse* i nosotros *empiparse.* Uno i otro descansan sobre la base de suponer que el que se ahita echa alimentos a su estómago en cantidad bastante a llenar una pipa.

EMPLUMAR.

De una persona que huye se dice en estilo familiar i en España que *toma soleta* o *las de Villadiego,* en Colombia que *las empluma,* i en Chile lacónicamente que *empluma.*

Si no estamos equivocados, el equivalente arjentino de nuestro *emplumar* es *apretar el gorro.*

EMPOLLA, [EMPOLL]AR.

Dígase *ampolla, ampollar.*

Bien entendido que la gallina no *ampollará,* sino que *empollará* sus huevos.

EMPRESTAR.

Observa con razon el señor Cuervo que falta en castellano un verbo que denote la accion de pedir prestado (en frances *emprunter,* en ingles *to borrow*); puesto que no faltan quienes se sirvan de *prestar* indistintamente, aludiendo ya a la persona que recibe, ya a la que da el préstamo.

Larra, notando el vacío, evocó de su tumba, para llenarlo, al anticuado *emprestar,* i escribió en su artículo 2.º sobre las calaveras, "*Empresta* para no devolver". Su ejemplo no ha sido imitado.

En Chile se usa bastante *emprestar* entre el vulgo, que le atribuye el mismo sentido del anticuado español *dar prestado, prestar.*

EN CIÉRNES.

Dicen en Chile en vez de *en cierne,* que es como debe decirse segun la Academia i comun práctica de los clásicos:

> "I quedó el deseo
> *En cierne,* desvalido e ignorante."
> (CERVÁNTES.- *Viaje al parnaso.*)

Sin embargo encontramos en el *Juan de las Viñas* del mui correcto don Juan E. de Hartzenbusch la siguiente frase: "El abate *en ciérnes,* amenaza i se escurre."

ENCIMAR.

Por llegar a la cima, no existe.

"I que se hace perceptible al *encimar* el caracol de la cuesta" (V. MURILLO.- *Revista de Valparaiso, junio de* 1874.)

ENCOLIGUAR. [+ ENCOLIGUADO; + COLIHUE]

Cubrir con *colihues* la enmaderacion de los edificios para que puedan ser tejados.

Encoliguado es la estera que forman los *colihues* sobre los tijerales.

ENDENANTE[S], ENENÁNTES, ENÁNTES, DENÁNTES, DE ÁNTES.

Endenántes i enenántes son voces anticuadas.

Deben cambiarse en *denántes* o *enántes* que significan *poco há,* como lo muestran los siguientes ejemplos:

"Aunque *denántes* dije que yo era licenciado, no soi sino bachiller." (CERVÁNTES.- *Quijote.*)

"El viento *enántes* mudo, que pausado,
Al despertar de la primera aurora,
Osó apénas de aljófares bañado
Besar las flores que la luz colora."
(REINOSO.- *Inocencia perdida.*)

De ántes nos muestra un mui diverso significado, pues equivale a *anteriormente, de primero*:

"Abrazó (Corchuelo) al licenciado i quedaron mas amigos que *de ántes.*" (CERVÁNTES.- *Quijote.*)

"Al tercer dia tornó a ser de ellos (escrupulos) combatido como *de ántes.*" (RIVADENEIRA.- *Vida de S. Ignacio.*)

ENGORDA, [ENGORD]ERO.

Ignoramos cuáles sean, si es que existen, los equivalentes castellanos de estos vocablos, el primero de los cuales denota el conjunto de animales vacunos que el hacendado hace engordar todos los años a fin de matarlos o venderlos para el consumo.

Engordero es el que habitualmente se ocupa en comprar animales flacos con el objeto de engordarlos, venderlos despues i ganar la diferencia de precio.

ENLAZAR.

Es éste un provincialismo arjentino i chileno, i aun podríamos agregar uruguayo, que expresa la accion de enredar i cojer con el *lazo* (*rejo de enlazar* en Colombia) a los animales que pacen sueltos por los campos.

Véase *lazo* [→].

EN MANGAS DE CAMISA.

Decimos en Chile en vez de *en cuerpo de camisa,* que es como lo traen los diccionarios, esto es, andando sin chaleco; que si se habla de quien lo lleva, está bien *en mangas de camisa.*

ENROLLAR.

No lo trae el Diccionario de la Academia. Es sin embargo tan español como *arrollar.*

> "Pero hechos un *rollo* o *enrollados,* ya no pueden esconder u ocultar nada." (Hermosilla.- *Juicio crítico.*)

ENTERAR, ENTERADO.

Notable es el uso que hacemos de *enterar* en frases como ésta: "¿Cómo está Ud., doña Tomasa?- Mui buena, Teresita, i Ud. ¿cómo lo pasa?- *Enterando.*"

Enterado, a, es un adjetivo que expresa la idea de *engreido, satisfecho, presumido,* pagado de sí mismo. "Nada hai que fastidie tanto a las niñas como los muchachos *enterados*", leemos en una novela.

ENTIERRO.

Casi no sabemos llamar de otra suerte lo que llaman *tesoro* a una los códigos i diccionarios.

ENTREMEDIO.

No hai tal adverbio de lugar. El Diccionario trae *entremedias,* adverbio de tiempo y lugar.

> "Abrase aquel escritorio, que dentro estarán mis doblones, i los diez de a diez *entremedias* de ellos." (M. Aleman.- *Guzman de Alfarache.*)

> "I así *entremedias* de ámbas hai grande anchura i fondo." (Las Casas.- *Diario de Colon.*)

ENTRETENCION.

Dicen mal algunos por *entretenimiento.*

> "Pues equivalia a dar una cita a la jente de buen humor que busca por doquiera los placeres i la *entretencion.*" (Moises Várgas.- *Lances de noche buena.*)

ENYERBARSE.

Llenarse de yerbas un jardin, una arboleda o sementera. Segun Salvá, seria este provincialismo de procedencia cubana.

EPÍGRAFE.

Usan algunos esta voz como si fuese sinónima de título, i la usan mui mal de contado; pues *epígrafe* significa el resúmen que precede a un capítulo, párrafo o discurso, i tambien la sentencia que suelen poner los autores a la cabeza de un escrito, capítulo, etc.

> "El mismo dia que aparecia la anterior composicion en el periódico mencionado, la *Gaceta del comercio* de Valparaiso publicaba otra del mismo autor con un argumento análogo i bajo este *epígrafe*: Dieziocho de setiembre de 1844: libertad en Chile." (M. L. Amunátegui.- *Juicio crítico de E. Lillo.*)

EQUÍVOCO.

Equívoco, sustantivo, es en castellano, lo que en frances *équivoque,* la palabra que tiene dos sentidos diferentes, como *cáncer* que es uno de los signos del Zodíaco i tambien una enfermedad. No puede por lo tanto decirse como se oye frecuentemente, sin faltar a la propiedad de las voces: "Está Ud. equívoco. He incurrido en un *equívoco* etc." En el primer caso lo propio seria *equivocado*; en el segundo *equivocacion.*

Salvá trae sin embargo a *equívoco* como familiar de *equivocacion.*

ESCALA, ESCALERA.

Trastrocamos en nuestra práctica ordinaria el sentido de estas dos palabras, empleando *escala* por *escalera* i viceversa.

Lo que para nosotros es *escala,* conviene a saber la parte del edificio compuesta de peldaños de piedra, madera u otra materia para subir i bajar, es para los españoles *escalera*; i al reves, el instrumento portátil de madera que sirve a albañiles i carpinteros para trabajar en la construccion de los edificios i a muchos otros para muchos objetos diversos, que acostumbramos llamar *escalera*, es para el Diccionario *escala* o *escalera de mano.*

ESCAMOTEAR.

Es como dicen muchos. Debe decirse sin *e*, *escamotar.*

ESCARPE.

Llaman los mineros la accion de descubir la veta en la superficie quitándole de encima la tierra o piedras que la cubran.

Hase formado el sustantivo éste del verbo escarpar en la acepcion de limpiar i raspar materias i labores de escultura por medio del instrumento llamado antiguamente *escarpelo* i hoi *escofina.*

ESCLAVATURA.

No existe. Dígase *esclavitud.*

ESCLAVÓCRATA.

A propósito de esta palabra dice el Señor Cuervo:

> "*Aristocracia* es el gobierno de los ciudadanos mas distinguidos, i *aristócrata* el que lo sostiene; *democracia* el gobierno del pueblo, i *demócrata* el adicto a tal gobierno; *oclocracia* el gobierno de la multitud, i *oclócrata* seria el partidario de él, etc.; en vista de esto ocurre, preguntar ¿dónde tenia la cabeza el infeliz a quien se le ocurrió llamar *esclavócrata* al sostenedor de la esclavitud? Basta abrir los ojos para echar de ver que semejante vocablo, sobre jenízaro, revesado, no puede significar sino el sostenedor del gobierno de los esclavos; esto es, algo mas de lo contrario de aquello que se presume decir."

ESCONDIDAS (JUGAR A LAS)

Es jugar *al escondite.*

ESCUPIDERA.

Afectando limpieza i cultura hemos dado en servirnos de esta voz para nombrar dos tiestos tan diversos como son la *bacinilla* i la *escupidera,* con gran perjuicio siempre de la propiedad de las palabras, i en muchos casos con peligro grave de no darnos a entender.

Tanto ménos razon hai para perseverar en la práctica que censuramos, cuanto que si a limpieza i cultura fuese, *bacinilla,* derivado de bacin, no tendria por qué sonrojarse delante de *escupidera*, hija lejítima de escupir.

ESPALDEAR.

De espalda hemos formado el verbo *espaldear,* que es guardar las espaldas de álguien, ya en sentido recto, ya en el figurado. Así el ratero que penetra entre algun grupo de jente para practicar su industria, siempre que puede se hace seguir de alguno que, yendo tras él, lo *espaldee,* esto es, le prevenga de los peligros que se presenten por la espalda. Así tambien el orador novel raras veces se atreverá a formular una interpelacion contra el ministerio sin haberse cerciorado previamente de que algun veterano de entre sus correlijionarios estará dispuesto a *espaldearlo,* esto es, a tomar de su cuenta a los interruptores i a algun temible i no previsto adversario que pudiese salir a la palestra.

En suma, *espaldear* es guardar las espaldas; i guardar las espaldas es, segun la textual explicacion del Diccionario de la Academia, resguardar a otro, mirando por él para que no sea ofendido."

ESPELUCAR, O DESPELUCAR.

Nos servimos de estos verbos para indicar la accion de revolver, *chasconear* [→ *chasca*] el cabello. Ambos son inútiles i groseras parodias de los castizos *espeluzar* i *despeluznar* que han servido a los clásicos i buenos escritores de todos los tiempos para significar la idea de enmarañarse los cabellos.

> "Cuando yo me llegaba a comulgar i me acordaba de aquella majestad grandísima que habia visto, los cabellos se me *espeluzaban*". (SANTA TERESA- *Vida*).

> "Siempre ví pintar al miedo, flaco, *despeluznado,* amarillo, triste, desnudo i encojido". (MATEO ALEMAN.- *Guzman de Alfarache.*)

Lo único que nos resta advertir con respecto a *espelucar* (i tambien ello podria convenir a *chasconear*) es que solo expresan la idea de enmarañarse o descomponerse los cabellos, a diferencia de los castizos *espeluzarse* i *despeluznarse,* que ademas de esa idea, pueden expresar tambien la de *erizarse* por miedo, horror u otra causa semejante.

ESQUILENCIA.

Dicen casi todos los enfermos i no pocos doctores por *esquinencia.*

ESQUILMO.

Es el fruto o provecho que se saca de las haciendas i ganados. No lo entienden así nuestros viñeros i viñadores (*viticultores* en el estilo a la moda) que llaman *esquilmo* a la parte leñosa que resta del racimo despues de desgranada la uva. El nombre castizo del residuo de que se trata es *escobajo.*

ESQUINA.

Llámanse así en Santiago los *despachos* o *figones* que ocupan las esquinas de las manzanas.

ESQUINAZO.

En nuestro lenguaje popular *dar esquinazo* es lo que llaman los españoles *dar murga* o *serenata*; i los peruanos *dar borregas* o *dar gallo.*

Debe tenerse presente, sin embargo, que el uso chileno ha establecido una diferencia notable entre *serenata* i *esquinazo;* como que la primera se da con música de viento o con toda una orquesta, i el segundo siempre con vihuela i tonadas con *cogollo* [→] i *voladores* [→], cuando no de pólvora, hechos por medio de un cuero de oveja que se refriega i golpea en la pared.

> "Aquel que haya despertado alguna vez por el ruido de esa extraña i arrebatadora melodía que se llama *esquinazo,* que comienza por golpes en la puerta o ventana, continúa con el puntear de la vihuela, sigue con una agradable i picarezca voz femenina i concluye con *voladores,* palmadas, gritos i adioses, podrá comprender algo de lo que yo gocé esa noche". (Z. RODRÍGUEZ.- *Loco Eustaquio*).

ESTACA.

Llamamos en Chile el *garron* o *espolon* de las aves.

ESTERO.

Llamamos así en América lo que es en castellano *arroyo, riachuelo.*

Estero es el caño o brazo de mar que sale de un rio i que participa de las crecientes i menguantes del mar, con lo que a veces es navegable.

> "La verde yerba nace tan menuda
> Orillas del *estero* cristalino".
> (PEDRO DE OÑA.
> - *Arauco domado.*)

Estero está aquí por *riachuelo.*

ESTIRAR.

Es un provincialismo arjentino que significa matar. *Lo estiraron*, lo mataron.

Entre nosotros no se usa *estirar* en ese sentido. Tenemos en cambio la frase vulgar *estirar las patas,* que equivale a morir.

ESTOCADA.

En lenguaje minero se llama *estocada* una labor corta (de tres cuatro metros) que se efectúa para hacer algun reconocimiento en el cerro.

ESTRATEJIA.

"Estratejia" dice el señor Cuervo, "es la ciencia propia de un jeneral de ejército; i *estratajema* es un engaño o ardid de guerra i extensivamente cualquier engaño o treta artificiosa; así no diremos "Fulano usa de muchas estratejias". "Tengo pensada una estratejia para sacarle el dinero".

> "La caza es una imájen de la guerra; hai en ella *estratajemas,* astucias, insidias para vencer a su salvo al enemigo". (CERVÁNTES.- *Quijote.*)

> "Tales comparo al juego de la Arabia
> Táctica diestra y *estratejia* sabia,"
> (MAURI.- *Esvero i Almedora*).

ETIQUETA.

Es voz galicana que debe sostituirse por *rótulo, rotalata;* i cuando significa el papel pegado a las piezas de jénero para indicar en él el contenido, debe decirse *marbete.*

EXPRESO.

Es un útil chilenismo tomado del ingles, con el cual indicamos, ya la casa de comercio que se ocupa en trasportar encomiendas i equipajes, ya el tren que hace su viaje con mas rapidez que los ordinarios, en cuyo caso úsase tambien como adjetivo. "La familia se fué en el tren expreso de la tarde."

EXTRALIMITAR.

No existe. El verbo español que mas se le acerca es *trasgredir.*

F

FAENA.

Por trabajo corporal o mental, es castellano.

En un chilenismo, indicando el lugar en que forman sus ranchos i acampan los peones i demas operarios de una mina, de un ferrocarril, de un canal o de cualquier otro gran trabajo por el estilo.

> "Cien historias como ésta se narran en las noches de invierno al rededor de los fuegos de las *faenas*." (Jotabeche.- *La mina Candeleros.*)

FAJAR.

Fajar con alguno es en español acometer contra él.

No lo usamos nosotros de esa suerte, sino como activo equivalente a *azotar, golpear, maltratar:*

> "Les hemos *fajado tupidito* a los bueyes en el camino; así es que ya revientan." (Blest Gana.- *La Aritmética en el amor.*)

FALTE.

Es el único nombre con que conocemos a los que en España se llaman *buhoneros* o *mercachifles.*

Buhonero es poco ménos que griego para nuestros paisanos, i *mercachifle* lo hemos reservado para zaherir i ridiculizar a los comerciantes que tienen tiendas o despachos *de preguntas i respuestas,* como llama graciosamente a los mui pobres un amigo nuestro.

> "Rengifo, acompañado de su amigo de infancia, Melgarejo, adoptó la profesion de *falte,* llevando desde Buenos Aires a las vecindades de Potosí todo lo que cupo de mercaderías en una carreta." (Vicuña Mackenna.- *Diego Portáles.*)

Nada decimos sobre la etimolojía de *falte,* porque no atinamos con alguna que tenga siquiera visos de probable.

FALLA. [+ FALLERO, A]

Por inasistencia de álguien a la reunion o lugar a que debia concurrir, es palabra castellana, aunque anticuada.

No así *fallero, a,* adjetivo de nuestra invencion i que presta frecuentes i útiles servicios para designar a las personas que, teniendo obligacion de asistir a alguna parte, tienen la mala costumbre de singularizarse por sus frecuentes faltas.

FARRUTO.

Dicen así en Chile del que es *enfermizo, enclenque, débil.*

FERROCARRIL URBANO.

Los que así llamamos en Chile, se llaman en Madrid i en el Diccionario de la Academia *tranvías.*

FILO (TIRAR UN).

Tirarse un filo con alguno es frase con que vulgarmente se expresa la accion de trabar pendencia, o por lo ménos disputa acalorada.

> "Por ahora solo es preciso *que me tire un filo* con él esta noche." (*Huérfano.*)

FIRME (DE).

Es castizo el modo adverbial *de firme* i significa *con solidez.* En Chile, donde es de frecuente uso, la locucion *de firme* no significa eso, sino con constancia, sin interrupcion. Ejemplo:

> "Si estoi refiriendo un verso
> Se para el tonto *de firme*
> A tacharme i a decirme
> Que es falso lo que converso."
> (Guajardo.- *Los tachadores.*)

FLOREAR.

Usase impropiamente este verbo en Colombia por *florecer,* segun lo asevera el señor Cuervo.

En Chile lo usamos tambien de una manera impropia, aunque en diverso sentido del que le atribuyen los bogotanos; pues para nosotros, ni significa *adornar o guarnecer con flores* como en España, ni *florecer* como en Colombia, sino escojer entre muchos objetos semejantes los mas preciosos, hermosos o *floridos.*

FLORCITA.

El diminutivo de flor no es *florcita* sino *florecita,* i tambien *florecica* i *florecilla.*

FLOTAR.

Dicen muchos por *ondear,* lo cual es un galicismo.

> "A los pasajeros de la *Novara* debia ofrecer una satisfaccion sublime la idea de ser los primeros de la marina imperial que han tenido la felicidad de hacer *flotar* el pabellon austriaco en aquellas aguas." (Anales de la Universidad, diciembre de 1863.- Viaje de la fragata austriaca *Novara;* traduccion de la parte relativa a Chile por R. Rivera Jofré, bajo la direccion del doctor Lobeck i correjida por don Rafael Minvielle.)

¡Linda era la felicidad a fe!; arrojar su pabellon al agua para que *flotara!*

Las banderas cuando las bate el viento *undulan* i tambien *flamean.* Decimos tremolar una bandera por enarbolarla, batirla en el aire.

FOMENTO.

Tenemos por un provincialismo, no solo chileno sino hispanoamericano, el uso de *fomento* para significar el remedio que consiste en poner a los enfermos paños empapados en algun cocimiento.

FORZAR, FORZOSA (HACER LA).

"Decíamos en una ocasion a un sujeto", escribe a propósito de *forzar* el señor Cuervo: –"Ud. nos *fuerza* a comer demasiado", i el tal tuvo el desuello de correjirnos de este modo: "Nó, señor, yo no le *forzo* a Ud." La hora del desquite ha llegado: los lugares siguientes recuerdan que *forzar* sale de *fuerza* i dirimen la cuestion:

> "Cada dia descubro en vos valores que me obligan i *fuerzan* a que en mas os estime." (Cervántes.- *Quijote.*)

> "Calla, mísero cristiano;
> Que al alma a tu voz atenta
> No sé qué afecto la rije,
> No sé qué poder la *fuerza*
> A temerte i adorarte."
> (Calderon.- *El Purgatorio de S. Patricio.*)

> "Porque si en versos refiero
> Mis cosas mas importantes,
> Me *fuerzan* los consonantes
> A decir lo que no quiero."
> (Baltazar de Alcázar. - *Sobre los consonantes.*)

A estos ejemplos que muestran la verdadera conjugacion de *forzar* i que pueden ser útiles en nuestro pais, nos parece oportuno agregar que en Chile tenemos la frase *hacer la forzosa*, que nos muestra la accion de obligar a alguno por la fuerza a ejecutar alguna cosa que no es de su obligacion:

> "– Te daré un cigarro.
> – ¿Te burlas?
> – Pues no tendrás eso ni nada.
> – Veremos.
> – ¡Calle! ¿Me piensas *hacer la forzosa*?" (V. Murillo.- *Una víctima del honor.*)

> "No seria curioso que, so pretexto de que enterrar a los muertos es una de las obras de misericordia, pretendiésemos obligar a los administradores de los cementerios protestantes a dar sepultura a los cadáveres de los católicos, o que los protestantes quisieran *hacer la forzosa* a los administradores de los cementerios católicos, tratándose de los cadáveres de los correlijionarios de aquéllos?" (*Independiente.*)

FORRO (ECHAR UN).

Pegar un petardo, causar a álguien una molestia de aquellas que las costumbres o reglas de urbanidad lo obligan a aceptar con la sonrisa en los labios i la rabia de los dientes adentro.

FRANCOLINO, A.

Francolino, a, es un adjetivo que aplicamos a las aves privadas por naturaleza del apéndice que tiene su oríjen en la rabadilla. El se ha formado, sin duda ninguna, por la adjetivacion del sustantivo *francolin*, nombre de una ave del tamaño de la perdiz i semejante a ella.

El equivalente castizo de *francolino* es *reculo.*

FRANGOLLO, [FRANGOLL]AR.

¿Cómo se llama en España el trigo despues de quebrantado i triturado? No pudiendo satisfacer a esta pregunta con decir que en la Península no se hace con el trigo tal operacion, puesto que existe el verbo *frangollar* con que se nombra, el único partido que nos resta es confesar nuestra ignorancia.

Segun el Diccionario de la Academia, *frangollo* es "el trigo cocido que se suele comer en caso de necesidad en lugar de potaje" es decir mas o ménos lo que por acá llamamos *mote molido* [→ *mote*].

Frangollo, segun nuestra práctica, es el trigo (tanto crudo como cocido) que para que lo coman con ménos trabajo los pollitos, i suelte en el puchero con mas facilidad su sabor, se tritura, machaca, o *chanca* [→] en la piedra de moler.

El *frangollo* de maiz es *chuchoca* [→].

FREGAR, [FREG]ADO, A, [FREG]AZON.

Pocos provincialismos han llegado en Chile a estar tan en boga como éste. El suena en los labios de nuestros paisanos con la misma frecuencia con que caen al corazon las gotas del dolor físico o moral, del tedio, del desengaño, i del abatimiento.

En Chile *se friega* el comerciante que hace un mal negocio, el litigante que pierde su pleito, el colejial que saca erres o bolas negras en sus exámenes, el enamorado que recibe calabazas de su dama, el hacendado que es sorprendido por el primer aguacero con el trigo en la era, el dormilon cuyo sueño de la mañana interrumpen los carruajes o los vendedores ambulantes, el ministerio que se ve acosado por las interpelaciones, en una palabra, de pordiosero a presidente, cuanta humana criatura se ve obligada a reconocer prácticamente que no hai en la tierra felicidad cumplida.

Sí, todos vivimos mas o ménos *fregados,* i por este aspecto el nombre que mejor cuadra a tan *fregada* vida es el de la mas larga, aburridora e insoportable de las *fregazones.*

Debe notarse tambien acerca del *fregado* que no siempre tiene significacion pasiva i denota al que sufre, como quiera que frecuentemente se emplea como activo para indicar el molesto, fastidioso, *que hace sufrir.*

Ni se crea que Chile goza del privilejio de ser la patria exclusiva de los *fregados* i de las *fregazones.* El señor Cuervo juzga que, aunque expresivos, *fregar* i *colear* por incomodar, hostigar, perseguir, jorobar, moler, son inaceptables por lo repugnante de las ideas que despiertan. Juan de Arona no se ha olvidado tampoco de este popular provincialismo americano en sus *Apuntes,* que ántes por el contrario le dedica unos cuantos parrafitos que merecen ser copiados i que dicen así:

> "FREGAR.- Hé aquí otro americanismo: *fregar,* en toda la extension de la palabra, no es sino el *moler* de los españoles, salvo cuando se dice *lo fregaron o lo fregó,* que solo equivale a perder a alguno."
>
> "*Que se friegue,* es lo mismo que decir *que sufra*, que *padezca.* La *fregadura* es el daño que sobreviene, el contratiempo, el compromiso, la estrechez, ¿qué se yó? Un volúmen entero tendria que escribir si quisiera agotar todas las acepciones de *fregar* i de sus infinitos derivados."
>
> "No olvidemos, empero, el *fregado* i el *mui fregado,* que sustantivadamente significan el hombre de jenio fuerte, díscolo, trabajoso, etc. Repito lo de arriba i añado: que así como hai en cada pais plantas por excelencia que dan para todo, como la palma en Oriente i el plátano (banano), el maiz i aun la caña dulce de que hablaba hace poco, en América; así hai palabras sintéticas, de uso infinito, que donde ménos se piensa se las ve reaparecer con un nuevo matiz."
>
> "Por supuesto que absorbidos los americanos con la significacion metafórica o caprichosa que dan a este verbo, casi no se acuerdan de la única que realmente tiene en español, que es la de limpiar platos, tanto que puede decirse que la *fregona* no existe para nosotros sino en la novela de Cervántes."

Se nos olvidaba advertir que *fregar* no solo se usa como intransitivo (¿hasta cuando *friega,* hombre?), i como reflejo (*fregarse*), i con complemento directo de persona (ha *fregado* toda la santa noche al pobre alojado un maldito perro que se puso a ladrar en la ventana), sino tambien con los dos complementos directos de cosa, *la pita* i *la paciencia,* que aparecen en muchos casos como los objetos sobre que recae directamente la accion de *fregar.*

> "¡Quítate de mi presencia,
> Contestó el Loro con prosa:
> Deja, Lora fastidiosa,
> De *fregarme la paciencia.*"
>
> (GUAJARDO.- *Celos de la Lora al Loro.*)

> "Lo mismo es el artesano
> Cuando a los vicios se entrega:
> Miéntras mas gana mas *friega*
> I clava el jénero humano."
>
> (ID.- *El minero.*)

FRENO, FRENA.

El primero es castellano significando el conocido instrumento de hierro que sirve para sujetar i gobernar las caballerías, constante de *camas, bocado i barbada.*

La que llamamos *frena* tiene un uso idéntico, pero se diferencia del *freno* en que carece de *bocado* i *barbada.* Suple este defecto por dos palancas que, abriendo las quijadas del caballo al tirar de la rienda el jinete, impiden que aquél se desboque.

La *frena,* casi exclusivamente usada por los caballos cocheros, las mas de las veces es extranjera: el *freno* casi siempre es *hechizo* [→] i nuestros *guasos* [→] sostienen que los trabajados en Peñaflor son los mejores del mundo.

FRESCO, A, [FRESC]URA.

Frescura por desembarazo, desenfado, es castellano; no así *fresco* para designar a la persona que es desenvuelta mas de lo justo. Se dice especialmente de los mozos que en su trato con las mujeres no les guardan los miramientos debidos, propasándose en palabras o acciones.

Hemos leido en alguna parte i copiado: "Dígote Pascual que eches de la casa al mocito: es un *fresconazo* el *futre* [→] i el dia ménos pensado vamos a tener aquí una de Dios es Cristo."

FRICA.

"*Fricacion*" dice el Diccionario, "la accion i efecto de *fricar.- Fricar,* estregar. Estregar es restregar una cosa con otra.

No usamos en Chile ni *fricar* ni *fricacion*; pero sí *frica,* que dista de *fricacion* lo que va de estregar aunque sea con un escobillon, a *dar una soba, zurra, tanda,* o *vuelta de azotes.*

FRIJOL.

Véase *poroto* [→].

FRISA.

En castellano tela ordinaria de lana. A la chilena el pelo suave o felpa larga de cualquier tejido:

> "El amor que te tuve
> Fué de bayeta:
> Se le acabo la *frisa,*
> Ya no calienta."
>
> (*Zamacueca.*)

> "Allá en los pasados años
> Cuando apuraban los frios
> A fines del mes de mayo
> Bajo tu *frisa* mi padre
> Me hacia dormir cantando."
>
> (Z. Rodríguez.- *La manta del jornalero.*)

FRITANGUERA.

Llaman así en Chile a la mujer que frie pescado, empanaditas i frutas de sarten para vender.

La Academia no trae mas que *freidora,* que es en Andalucia la que frie pescado para vender.

Cervántes usó *freidera:*

> "La *freidera* que se halló con una sarten puesta al fuego, llena de aceite hirviendo para freir unos albures, cojióla en las manos, etc." (*Entremes de los mirones.*)

FRONTON DESCABEZADO.

Ni la Academia ni Domínguez dan a *fronton* la acepcion de labor minera que declina a medida que va profundizando en el cerro. Es mui usado de los mineros chilenos i Salvá lo trae como castizo. Ni él trae sin embargo *fronton descabezado,* locucion expresiva que nos muestra un fronton que va bajando, al penetrar en el cerro, la altura de una cabeza humana por paso.

FULMINANTE.

Es el único nombre que damos al dedalito de cobre que tiene en su fondo un baño de pólvora fulminante, el cual, herido por el martillo (*gatillo*), se enciende i comunica el fuego al cañon.

En castellano esa pieza se ha llamado siempre *piston*.

"Uno de los colejiales que era cazador i llevaba escopeta hizo varios tiros al paso; quiso matar algo tambien el alumno de Vitrubio i al disparar se le entró una hojuela de cobre de un *piston* en un dedo." (HARTZENBUSCH.- *Un Viaje en galera.*)

"¡Cuál no seria su gozo cuando al reconocerse para ver si el tiro le habia levantado la tapa de los sesos, se encontró con que un cachito del *piston* le habia reventado el tumor de la cara que ya no le dolia con la evacuacion del pus, i que ninguna otra herida habia recibido!" (TRUEBA.- *Las Animaladas de Perico.*)

FULLERO.

Es en castellano el *tramposo*; entre nosotros el *presumido, fanfarron* i *farandulero.*

"Yo, serrana estoi picado
De esos ojos lisonjeros,
Que deben de ser *fulleros*
Pues el alma me han ganado."
(TIRSO DE MOLINA.
- *La Venganza de Tamar.*)

FULLINGUE O FUÑINGUE.

Adjetivo de oríjen para nosotros desconocido, i del cual nos servimos para designar en tono despreciativo i burlesco el tabaco o cigarro que son de mui mala calidad. Por extension llamamos tambien *fullingues* a las personas o cosas ordinarias, de poco valor.

"Yo conocia un diablucho
Que de pólvora un cartucho
Revolvia con *fullingue*
Para los que andan *al pringue*
I el *pitar* les gusta mucho."
(GALLARDO.- *Tiro a los bolseros de puchos.*)

Despues de escritas las anteriores líneas el señor Páulsen se sirvió enviarnos las cuatro que en seguida copiamos i que descubren el oríjen de nuestro vocablo:

"*Fullingue.*- En Andalucía la hoja del maiz (la túnica de la mazorca) se llama *follico* i el pueblo dice tambien *foñico.* Este *follico* es claro que es el *folliculus* latino. El pueblo, tan amigo de formar voces caprichosas, tan espresivas a veces ¿no sacaria su *fullingue* de ese *follico* para denotar burlescamente el cigarro en que era mas la hoja que el tabaco?"

FUNDILLOS, [FUNDILL]UDO, A.

Fundito i *fundillo* son formas diminutivas de *fundo,* heredad.

Fondito i *fondillo,* diminutivos de fondo, en cuanto a caudal.

¿Cómo se llama entónces la parte trasera de los calzones o pantalones anchos que en Chile conocemos con el nombre de *fundillos*?- Se llama *fondillos,* i es sustantivo que no se usa en singular.

Dicho lo que queda, inútil parecerá advertir que el que trae grandes *fondillos,* ni recta ni figuradamente es *fundilludo,* sino *fondilludo,* aunque no se encuentre éste en el Diccionario de la Academia.

Llamamos *fundilludo* al bobo, papamoscas o papanatas.

FUNDIRSE.

Nos parece que es peculiar a Chile el decir: "Fulano *se fundió,* por se arruinó." "Pedro *está fundido* con Antonia" por Pedro está perdidamente enamorado de Antonia, anda que bebe los vientos por ella.

Fundido como un tacho, es frase con que se pondera lo mimado de algunos niños.

Sin admitir como correctas las anteriores locuciones i otras por el estilo, nos parece oportuno observar que, despues de todo, los que las usan no andan tan completamente fuera de camino cual pudiera creerse a primera vista. En efecto, antiguamente *fundirse* significaba *hundirse*; ¿i no es verdad que por muchos aspectos el que se arruina se hunde? I luego ¿no hai cierta gracia i propiedad en suponer que el infeliz que toca a los últimos grados de la amorosa fiebre, es un hombre que *se funde* o poco ménos?

FUSTAN O JUSTAN.

Solo bajo la primera forma se encuentra en el Diccionario de la Academia, segun la cual es "especie de tela jeneralmente de algodon que se destina a forrar vestidos i otros usos análogos."

En Chile vulgarmente llaman *fustan* a las enaguas, de las cuales, a diferenciarse en algo, se diferenciaria el *fustan* en tener ménos ruedo.

"El traje de las chilenas", dice don Antonio de Ulloa, "se reduce en la ropa interior a camisa i *fustan* (que en España se dice enaguas blancas), un faldellin abierto i un jubon blanco en verano o de tela en el invierno."

FUTRE.

Sinónimo de *paquete* [→], del cual se diferencia el *futre* en tomarse siempre en mala parte.

El caballero de caudal i de buen gusto que se compone i acicala es *un paquete.*

El mozo de medio pelo que sale con su ropa dominguera, tieso como si se hubiese tragado una baqueta, es *un futre* i puede ser tambien *un futre encolado.*

El que se desvive por andar siempre *paquete* logrando a lo mas andar *futre,* es el *siútico* [→] o el *pije* [→]; si bien es de advertir que aquél se refiere principalmente a la traza, i éste a la posicion social.

Con todo *futre* en boca de la jente de *poncho* [→] i de los *rotos* [→] suele significar ni mas ni ménos que hombre de levita, vestido decentemente.

> "Pero ¿no confesó el *futrecito* la maldad?" (MURILLO.- *Una Víctima del honor.*)

> "Los *futres* por apetito
> Van donde el empanadero
> Diciéndole: *Pequenero*
> Sírvanos un *pequencito.*"
> (GUAJARDO.- *¡A las calduditas, mi alma!*)

G

GALPON.

Los diccionarios no traen este vocablo tomado de la lengua azteca.

> "A la puerta de la sala estaba un patio mui grande en que habia cien aposentos de 25 a 30 piés de largo, cada uno sobre sí en torno de dicho patio, e ahí estaban los señores principales aposentados como guardas del palacio ordinarias, i estos tales aposentos se llaman *galpones.*" (OVIEDO.- *Historia de las Indias,* M. S. lib. 33, cap. 46.- Prescott, Conq. of México.)

GAMELA.

Especie de cesto: dícese en Chile impropiamente por *gamella,* especie de barreño.

GANANCIA.

Segun Salvá, es éste un provincialismo mejicano que significa "añadidura que da el vendedor de pan o velas sobre lo justo".

Usase tambien en ese sentido por nuestros pobres, aunque con mas frecuencia en el de *vendaje,* esto es, para denotar la paga que el dueño o productor de algun artículo de consumo doméstico da al que se encarga de venderlo al menudeo.

GANARSE.

Debe reputarse como un chilenismo el uso que hacemos de este verbo, que es solo activo, cual si fuese reflejo, dándole el sentido de *acojerse, refujiarse, meterse.*

> "Me sentia tan constipado que a las cuatro de la tarde, no pudiendo aguantar mas en pié, *me gané* a la cama."

> "La policía siguió al ladron hasta que éste *se ganó* a un conventillo, donde fué imposible dar con él" etc.

Escusado nos parece ponderar el gazafaton que dicen los que de semejante manera se expresan.

GARÚA, GARUAR. [+ GARUGA: + GARUGAR]

El señor Gormaz quiere que se diga *garuando.* Olvida sin embargo de advertir que en español se dice *lloviznar* i no *garuar. Garuar* es provincialismo peruano i chileno, i la jente educada no debe hacer uso de provincialismos, sino en casos mui bien justificados.

Garúa es en español *llovizna, mollizna, cernidillo*; *garuar* es *lloviznar, mollizna*r o *molliznear.*

En Chile la jente zafia dice *garuga* i *garugar. Con el tiempo i la garuga todo se arruga*; es refran que nos advierte la brevedad de la vida e instabilidad de la belleza juvenil.

GAUCHO.

El señor Vicuña cree que viene del latin *gaudeo* i que se aplicó en el Plata a la jente alegre.

En Chile solo lo usa el vulgo para nombrar despectivamente a los arjentinos, cuando no quiere designar a los habitantes de las provincias del antiguo Cuyo, a quienes dice *cuyanos*.

Véase un ejemplo en la voz *chaucha* [→].

GLORIA PATRIA.

Singular expresion de que el vulgo se sirve con frecuencia para designar a las personas i a las cosas de poca importancia.

> "¿En qué se ocupa ahora tu compadre?"- En llevarse sentado mano sobre mano tras el mostrador de un despachito de *gloria patria*."

> "¿I dónde has puesto a servir a tu hijo?- Por desgracia mia en casa de unos *gloria patria*", (de unos amos de medio pelo.)

GLORIADO.

Bebida que se hace mezclando agua caliente con aguardiente, i endulzándolo todo con azúcar, las mas de las veces tostada.

> "I cuando por la mañana
> Amanece constipado
> Tomándose su *gloriado*
> Con el mismo licor sana."
> (GUAJARDO.- *El Gustador.*)

Es palabra expresiva i que muestra bien a las claras la estimacion que por la susodicha bebida tienen *lachos* [→], *remoledores* [→ *remoler*], *chinganeros* [→ *chingana*] i *gustadores* [→ *gustar*].

GORRO FRIJIO.

El Diccionario de la Academia no lo trae.

Domínguez dice de él: "Gorro que llevan algunos en varias naciones como distintivo o insignia de cierta dignidad."

En América se ha hecho de dicho gorro un emblema de la libertad política.

> "El retrato de Marco Bruto le saqué de una medalla de su mismo tiempo, original..... en que se ve entre los dos puñales el *pileo* o *birrete*, insignia de la libertad." (QUEVEDO.- *Marco Bruto.*)

GRADAS.

Las de los templos, como la Catedral, Santo Domingo, San Ignacio, etc, debieran llamarse *atrios*.

GRANO.

Grano (i tambien *picada* [→]) llama el vulgo a la *pústula* o *carbunclo maligno*.

Grano hace alusion a la circunstancia de aparecer siempre un grano como nuncio de la enfermedad; i *picada* a la de trasmitirse a los hombres i animales por medio de la picadura de insectos que han sacado el virus de otros animales enfermos ya o muertos de ese mal.

GRIMILLON.

Provincialismo chileno, equivalente a *multitud.*

> "Quiebra el alma el ver ese *grimillon* de patriotas beneméritos oprimidos i aflijidos." (Carta citada en *don Diego Portales por Vicuña Mackenna.*)

GRINGO, A.

Apodo con que se designa vulgarmente a los ingleses. En España se usa tambien, pero como sinónimo de griego; así hablar *en gringo* es hablar en lenguaje inintelijible.

A poco de haberse entregado al tráfico el ferrocarril entre Santiago i San Bernardo, cantaban por las *chinganas* [→] i *ramadas* [→]:

> "*Bernardo* se llama el tren,
> *Diz* que corre mui lijero
> I que mató a un caballero
> Que no se supo hacer
> A un ladito del camino,
> Porque lo llevaba el *gringo*
> Con mucha velocidad;
> I el autor de esta deidad
> Señor *Matidas Causiño.*"

GROS.

Dice el señor Gormaz que es *grodetur*, por la tela fina de seda.

En el Suplemento al Diccionario de Salvá viene la voz *gro* como sinónima de *grodetur.*

Tambien leemos en el Diccionario frances español de Martínez López, en la voz *Fraille.*- "Tela de seda parecida al *gros* de Nápoles."

Nosotros diremos siempre *gros,* o a lo mas *gro,* porque *grodetur* tiene una forma demasiado francesa: *Gro de Tours.*

GUACA, GUAQUERO, A.

Del quichua *huaca, ídolo, cosa sagrada, templo, sepulcro.*

Solo en la provincia de Atacama suelen oirse estas palabras, la primera de las cuales designa "un montecillo artificial de figura cónica en cuyo centro se halla el nicho que fabricaban los indios del Perú para enterrar dentro de él al difunto con las alhajas, armas i vasijas que habia usado", i la segunda "a las personas que se daban a buscar las dichas *guacas* para cabarlas i revolverlas a fin de apoderarse de las prendas de algun valor que en ellas raras veces dejaban de estar enterradas."

GUACARNACO, A.

Se dice burlescamente de las personas mui altas, de largos zancajos, especialmente si son flacas i bobaliconas.

GUACO, A.

Es un adjetivo que solo lo hemos oido usar en la terminacion femenina para indicar las pepitas de las sandias que las tienen de color *blanco.*

GUACHALOMO. [+ GUACHALOMERO, A]

Las lonjas de carne que tienen los animales vacunos a uno i otro lado de la espina dorsal i pegadas a ella. Es la carne mas tierna y sabrosa de la res i la que se asa de preferencia en las cocinas de los ricos.

> "Las *humitas* (*humintas* decian los indios) i la *chuchoca* como condimentos del *choclo* o (?) grano de maiz, el *chuño* del *lintu* i de la *papa* i el sabroso *hurpo* (*hulpo*) tan frugal como agradable, están probando que los galopines castellanos tuvieron algo que aprender de las cocineras indíjenas, madres i abuelas de las que hoi todavía nos preparan i sazonan cada dia la *cazuela* i el *huachalomo.*" (Vicuña Mackenna.- *Historia de Santiago.*)

Guachalomero, es el que vende *guachalomos,* ordinariamente a domicilio. Su grito es: *¡Guachalomo salpreso! el guachalomero!*

GUACHAPEAR.

Es castellano significando el ruido que forman, al andar, las herraduras de los animales mal herrados, o cuando a las dichas les faltan clavos, acepcion desconocida en Chile.

Nuestro *guachapear* significa entre colejiales i jentes de buen humor, hurtar prendas de poco valor: un cortaplumas, un libro, cigarros, *volada,* etc.

GUACHO, A, [GUACH]ARAJE.

En aimará *huajcha, huérfano.*

En quichua *Huaccha, pobre, huérfano.*

En araucano *huachu,* el *hijo ilejítimo,* los animales *mansos, domesticados.*

Las acepciones que damos a *guacho* guardan perfecta consonancia con las etimolojías que acabamos de apuntar.

Su significacion mas conocida, fundamental, por decirlo así, es *bastardo*: terrible palabra con que la sociedad echa en cara a los hijos el pecado de los padres.

Viene en seguida la acepcion quichua i aimará, *huérfano.* Usado en ella *guacho* deja de ser un cruel ultraje, i principalmente en su forma diminutiva, *huachito, a,* es palabra afectuosa i manera compasiva, aunque vulgar, de designar a los niños que han perdido a sus padres.

Por último, tenemos la segunda acepcion araucana, de manso, domesticado; así se llama *guacho* al gorrino, cabritillo, o avecita que se cria en las casas i hasta cierto punto en familia, talvez por la circunstancia de arrancárseles cuando pequeños del nido o de la lechigada i equiparar su suerte con la de los huérfanos.

> "Con fecha de febrero 4, dirijiéndose Portáles al ministro Cavareda, despues de arrojar un terrible sarcasmo sobre el jeneral O'Higgins, a quien llamaba esta vez el mas inmundo i malvado de los *huachos*, etc." (VICUÑA MACKENNA.- *Diego Portáles.*)

> "Razon tiene mi madre; se le ha perdido un tordo, i cada vez que se pára algun pájaro en los árboles de la huerta, entra corriendo i dando voces llamando a su *guachito*, figurándosele i porfiando que lo es; pero los pájaros se vuelan a sus gritos porque son de los sueltos del campo i ella se queda desconsolada i triste." (Z. RODRÍGUEZ.- *Loco Eustaquio.*)

Guacharaje es voz mui usada de vaqueros i capataces para indicar la reunion de los terneros separados de las vacas.

Tambien suele decirse *guachos* de aquellos objetos que, siendo por su naturaleza u oficio pareados, existen o están solos, como zapato *guacho*.

Dar las guachas a alguno; aventajarlo mucho en habilidad, destreza, experiencia.

GUACHI.

Es voz araucana (*huachi*) i significa una especie de lazo para cojer aves.

GUAGUA, [GUAGÜ]ITA, GUAGUATEAR, [GUAGUA]TERO, GUAGUALON.

Del quichua *huahua*, el niño hasta la edad de tres años. No es difícil explicarse la extraordinaria fortuna que ha tenido *guagua* en casi toda la América Meridional. Hacia falta en castellano una palabra que fuese a los labios maternales dulce como un beso i suave como un arrullo. *Niño* era demasiado jenérico, *infante* demasiado sabio, *mamon* demasiado grosero. *Guagua* no tenia ninguno de esos inconvenientes. Suave, familiar, de humilde extraccion, no podia ménos de penetrar en todos los hogares. Pocos años despues de la conquista del nuevo mundo, desde Quito hasta Concepcion, todas las mujeres europeas i americanas sabian la dulce palabra i la repetian, de chicas al jugar con sus muñecas de trapo i de carton, de solteras entre sonrojadas i envidiosas, i de casadas con el acento de la mas santa de las alegrías i de la mas completa de las felicidades.

Guagüita, es afectuoso diminutivo de *guagua*.

Guaguatear, llevar a un niño en los brazos, mecerlo, arrullarlo.

Guaguatero, a, el o la que *guaguatea*.

Guagualon, tómase en mala parte, pues se aplica al niño demasiado crecido para su edad, bobo, simplote.

> "¡Renunciar a ser madre, a ser esposa,
> I renunciar por fuerza!

I resignarse humilde i respetuosa
A *guaguatear* los hijos de una hermana.
A quien mecí en la cuna.
¡Oh, suerte cruel, tirana!
¡Oh, sino adverso, o desigual fortuna!"
(*Meditacion de una fea,*)

Segun el pequeño vocabulario que trae E. G. Squier en su *The States of Central America*, *guagua* es tambien palabra de la lengua de Honduras (dialecto de Opatoro) i significa niño (*boy.*)

GUAINA. [+ GUAINITA]

Del quichua i aimará *huaina, mozo, mancebo.*

Se usa en Chile en la misma forma i con idéntica significacion.

Guainita, jovencito, mui jóven, adolescente.

GUALLIPEN.

Otra palabra, i no será la última que tendremos que apuntar de invencion chilena, para echar en cara a alguno su abundancia de carnes i escasez de entendimiento, sus largos i desairados pasos. Talvez la voz española que se asemeja mas a *guallipen* es *zampatortas.*

GUÁMPARO.

Ya en la explicacion que dimos de *chambado* [→ *chambao*], dijimos lo que era *guámparo,* i cuáles eran sus semejanzas i diferencias con aquél i con *cacho* [→] i *chifle.*

GUANACO, A.

Del quichua *huanacu.*

Aunque el *guanaco* (*auchenia guanaco*) es el mas corpulento de los cuadrúpedos indíjenas de Chile, no habríamos hecho figurar su nombre en este Diccionario, si no fuese por el sentido metafórico en que usamos de su nombre tanto en la terminacion masculina como en la femenina.

En ese sentido indica a la persona que por su continente, ademanes, largo cuello i delgadas piernas se asemeja algun tanto a los *guanacos.*

GUANO, [GUAN]ERO, A.

Del quichua *huano, estiércol.*

Designar con el nombre de *estiércol* los valiosísimos depósitos que de él se encontraron en las Chinchas, habria sido ingratitud i ademas quebrantamiento de la regla tan comun en el siglo en que vivimos: quien enriquece se ennoblece.

El *guano* es el estiércol, pero considerado industrial, mercantil i científicamente.

Guanero es el que se ocupa en explotar los depósitos de *guano* i el buque empleado en trasportarlo.

I no decimos mas sobre estas voces, porque propiamente hablando, mas son peruanas que chilenas.

GUANTON.

Decimos por el golpe dado con la mano cerrada.

Lo propio es *puñete, puñada* i *puñetazo*: *mojicon* cuando se da en la cara; i *guantada* cuando se da con la mano abierta.

GUARA, [GUAR]OSO, A.

Damos a *guara* dos sentidos, el uno equivalente a movimientos graciosos en el baile, sal, donaire: "Muchas veces lo habia visto bailar zamacueca; pero nunca con tantas *guaras* como ahora." El otro, a adornos de los vestidos: "No sientan bien las *guaras* a los vestidos de terciopelo."

Guaroso es el que baila haciendo graciosas cabriolas; i el vestido, o cualquier otro objeto que llama la atencion por el número i calidad de sus adornos.

Es probable que *guara* proceda del quichua *huaira*, viento, aire; o de *huairalla*, lijeramente, tan lijero como el viento.

GUARACA, [GUARAC]AZO.

Del quichua *huaraca, la honda.*

Ademas de su significacion primitiva de *honda,* damos a *guaraca* la de *soga corta, trenza de cáñamo.* Así en los antiguos bailes de chinos, negros, *catimbaos* [→] i empellejados que aparecian en las fiestas de Córpus, los que desempeñaban el papel de Diablos, llevaban en la mano una *guaraca,* con la cual ahuyentaban a los muchachos, chasqueándola con fuerza i haciéndola producir un estruendo como de cohete. Así los niños llaman tambien *guaraca* la cuerda con que envuelven el trompo i con que azotan el *cuspe* [→] (peonza.)

Guaracazo, es el golpe dado con la *guaraca,* i tambien el sonido que se hace con ésta chasqueándola.

GUARANGO.

De sentido semejante a *guacarnaco* [→], *guagual* [→ *bagual*] *i guagualon* [→ *guagua*]; pero ménos usado que éstos.

GUARAPON.

Desígnase con este nombre el sombrero de paño o paja, redondo de copa i de alas anchas i horizontales.

Empléase como sustantivo:

> "Cubria su cabeza un gran sombrero de pita de los que entónces se llamaban *guarapones* i que, por sus inmensas alas, hacia el oficio de quitasol i de paraguas". (*Huérfano.*)

A veces tambien como adjetivo:

> "Al cabo de ellos (de dos meses) vi una mañana entrar con sus espolones de hierro que sonaban en las piedras, i su sombrero *guarapon,* i sus piernas arqueadas a José, el mayordomo de la quinta, etc." (Z. RODRÍGUEZ.- *Loco Eustaquio.*)

En Méjico llaman a los *guarapones, jaranos.*

GUASCA, [GUASC]AZO.

Del quichua *huasca, soga, cordel grueso.*

Alterando algun tanto su significacion orijinal, empleamos nosotros esta voz por *látigo, azote, fusta, manopla, disciplina, zurriago. Dar guasca* i *dar penca,* son frases con que se anima e incita a seguir adelante a los que están comprometidos en alguna pendencia o empresa semejante.

Guascazo es el golpe dado con la *guasca.*

El provincialismo colombiano equivalente a *guasca* es *rejo*; asi como el equivalente a *dar guasca,* es *dar rejo.*

En castellano lo mas autorizado es *látigo,* si bien parece preferible *fusta* o *manopla* para designar el que usan los cocheros.

> "Todo se yela i en silencio yace,
> Solo el chasquido de la *guasca* zumba:
> ¡Qué veo!- esclama el peregrino, i cae
> Yerto en la tumba!"
>
> (Z. Rodríguez.
> - *El Carro de la vida.*)

> "Al rigor con que os trato dad la gloria,
> Pues no aguarda que el *látigo* castigue
> Lo que pudo enmendar la palmatoria."
>
> (B. L. de Argénsola.- *Epístola.*)

> "En Manchéster la blanca muchedumbre
> Que suda el quilo con mezquina paga
> Quizá padece mas que de la *fusta*
> El herrado bozal de Africa adusta."
>
> (Breton.- *Desvergüenza.*)

GUASO, A, [GUAS]ERIA.

Del quichua *huasa,* los *lomos i ancas de las bestias.*

Domínguez da a *guaso* el sentido de lazo arrojadizo, usado por los indíjenas de América, es decir, el de *laqui* [→ *laque*]; i es por demas hacer notar que toma el rábano por las hojas.

Acerca de la misma voz escribió el señor Vicuña Mackenna en su *Historia de Santiago*: "Otro tanto puede decirse de *huaso* o *huasa,* palabra quichua i araucana a la vez, que significa espalda, anca, i de aquí fué que a los hombres que los indios veian sobre la espalda o anca de los caballos, comenzaron a llamarlos *huasos,* por lo que la jenuina expresion tan popular no es propiamente *hombre de campo,* sino *hombre de a caballo.*"

El señor Vicuña tiene razon, salvo en creer que *huasa* es palabra araucana, en cuya lengua por espaldas se dice *vuri,* i por ancas, *ñudo,* si hemos de creer al padre Fébres, que es autoridad en la materia.

Tampoco seria exacto afirmar que por que *huasa* significa *ancas* o *lomos* en quichua, *guaso* no sea propiamente *el hombre de campo,* sino *el hombre de a caballo.* Por mas que segun todas las probabilidades se empezase a usar la palabra en la manera indicada por el señor Vicuña, no es ménos de presumir que, observándose que todos los hombres de campo andaban como injertados en sus caballos, se viniese a llamar mui propiamente *guasos* a los campesinos de a pié i de a caballo.

El hecho es que nadie llamaria *guasos* a los receptores i carteros que dia a dia recorren a caballo las calles de Santiago; al paso que nadie tendria embarazo en llamar así a los que las recorren a pié, vendiendo *peumo, maqui, cóguiles,* i otros artículos semejantes, cubiertos todavia con el pelo de la dehesa.

Guaseria, es *encojimiento, torpeza, grosería,* propia de la jente rústica.

> "De uno a uno la visitan
> El gañan i el artesano
> El militar i el paisano
> I hasta un *guaso* de Viluco
> Corriéndola con el cuco
> Se la llevó por el llano."
> (GUAJARDO.- *La pobrecita de mi Juana.*)

> – "¡Mas cerca! gritaron los *guasos*: no le *tengais* miedo! si no te hace nada *hoo!*" (Z. RODRÍGUEZ.- *Loco Eustaquio.*)

El provincialismo mejicano correspondiente a *guaso* es *jarocho.*

GUATA, [GUAT]ON, ONA, [GUAT]ERO, ERA.

Del araucano *huatha, panza,* el cual a su vez probablemente viene del quichua *huacta, lado, costilla.*

Usamos de *guata* en dos diversas acepciones: 1.ª por *panza, vientre* o *barriga*; i 2.ª por estómagos de los rumiantes, aun cuando algunos tengan nombres especiales, como por ejemplo el tercero, que llaman los carniceros *librillo* [→].

Guaton, es el *panzon* o *barrigudo.*

Guatero, el que vende por las calles *guatitas* de vaca o de cordero.

Como guata, se dice de aquellas cosas mui suaves, lacias i peladas.

Hablar de guaton, es hablar por hablar, sin son ni ton, porque se tiene boca.

Tenderse de guata, tenderse a la bartola.

> "Las *guateras i pateras*
> Desde mui temprano están
> Vendiendo con grande afan;
> Lo mismo hacen las *chancheras*;
> Las *materas* i floreras
> Tienen su venta especial."
> (GUAJARDO.- *De todas artes.*)

> "Qué borracho tan diablo,
> Tan bebedor:
> Se le ha puesto la *guata*
> Como un tambor."
> (*Zamacueca.*)

GUATAPIQUE.

Los corredores cohetes, tan comunes en nuestros fuegos artificiales, i que sin estallar nunca, corren caracoleando por lo bajo, las *viejas* [→] en una palabra, no dan ménos que hacer a los filólogos americanos que a las mujeres tan tímidas como curiosas que con una lechigada de niños asisten a ver quemarse los *arbolitos* [→] i *ruedecillas* [→].

Estos cohetes sin varilla, que encendidos corren por la tierra entre los piés de la jente, se llaman en Colombia *buscaniguas.*

Con respecto al uso peruano dejaremos hablar al señor de Arona.

> "BUSCAPIQUE," dice, "no se usa de otra palabra, salvo mui raras excepciones, para designar uno de aquellos cohetes tan comunes en los fuegos artificiales i cuyo verdadero nombre es *buscapiés.*"
>
> "La razon de esta traduccion, de este cambio de *piés* en *pique* es obvia. Los bichos llamados *piques (pulex penetrans),* i en otras partes de América, *niguas,* se introducen en el pié, del cual hacen su asiento; i al llamar *buscapique* al *buscapiés,* tomamos al contenido por el continente; como cuando entre la plebe se amenaza a los piojos, queriendo significar la cabeza del que los lleva."
>
> "Habrá fuegos
> *Buscapiques*
> I repiques,
> De aguas juegos
> I de manos," etc.
> (J. DE ARONA.- *Poesías peruanas.*)
>
> "Antes de concluir advertiré que debe decirse *buscapiques* i no *buscapique,* como es mas propio decir cortaplumas, tenazas, despabiladeras, pelagatos, mataperros, etc., aun cuando solo se trate de cosa o persona en singular."

Queda ya dicho que, volviendo nosotros la espalda a *buscapiés* a *buscaniguas* i a *buscapiques,* hicimos la cuenta de que eran moros los cohetes caracoleadores de que vamos hablando i los bautizamos con el nombre de *viejas.*

En cuanto a *buscapique* lo utilizamos, transformándolo en *guatapique* para designar aquella otra especie de cohetes que estallan sin dar llama por el lecho de arrojárseles con fuerza contra el suelo, cohetes que, sea dicho con entera franqueza, ignoramos como se llaman en castellano, si es que tienen algun nombre castizo.

GUAYACA.

Del quichua *huayaca, talega, alforjas.*

Nuestros campesinos llaman *guayaca* una bolsa de cuero o de tela, con dos o tres departamentos que sirven para guardar por separado el tabaco i la *chala* [→] (hoja de *choclo* [→]) o papel con que se hacen los cigarrillos.

> "Por eso pasé sin pena
> Lo que siguió del camino
> Con mi herramienta i *guayaca*
> I tirando a mi barcino."
> (*Romance popular.*)

GUSTAR, [GUST]ADOR, ORA.

Gustar es en el lenguaje del vulgo, *divertirse, tunar,* dar rienda suelta a la gula, a la pereza i a la lujuria.

Gustador, el *tunante,* amigo del vino i de las mujeres.

"Cuando salia a *gustar*
Afilaba su cuchillo
Dejándolo relumbrante
Como el espejo mas fino."
(*Huérfano.*)

"No hai un hombre *gustador*
Que no tenga su refran
I cuando *gustando* están
Lo lucen a cuál mejor."
(GALLARDO.- *El Gustador.*)

H

HABILOSO.

Habiloso, en nuestro lenguaje familiar es aquél que en su conducta da muestras de habilidad e intelijencia i mui especialmente de astucia. O nos engañan las apariencias o este *habiloso* chileno no es mas que el *habilidoso,* andaluz que se aplica a la persona que tiene habilidades.

Comparando el uso de *hábil* con el de *habiloso,* es fácil notar que miéntras aquél indica la posesion de altas o por lo ménos de útiles facultades, éste indica solo que se tienen las precisas para las pequeñas empresas i grandes travesuras. *Hábil* es el publicista, el jeneral, el abogado, el banquero, i hasta el artesano: *habiloso* es el niño que, despues de hacer alguna rateria en la alacena o algun estropicio en el jardin, encuentra medios de obtener perdon i bizcochos de *yapa* [→].

HACER.

Son tantos i tan varios los sentidos que en castellano tiene este verbo segun la manera como se costruya, que no es fácil cosa atinar con aquellas construcciones i acepciones que puedan estimarse en justicia como verdaderos provincialismos de Chile. Las que encontramos en nuestros apuntes i vamos a someter, no sin algun recelo, al criterio del lector ilustrado son las siguientes:

1.ª *Hacer daño,* locucion con que se da a entender que alguno, usando de malas artes, ha causado a otro enfermedad o muerte. Aunque la frase es castellana, la abusion es sin duda orijinaria de Arauco. Raras veces, en efecto, los indios creen que el que muere, sucumbe a sus enfermedades, a sus vicios o a sus años. Para ellos toda muerte supone un matador, álguien que por obra de majia, brujería o encantamiento haya quitado la vida al difunto. Pues bien este matador es en lenguaje indíjena el que *hizo daño* al muerto; i que mas de una vez ha tenido que pagar con su vida las bárbaras preocupaciones de los deudos i amigos de la supuesta víctima.

Hablando de los párvulos, lo mas comun es decir que los *ojean* o que sufren *mal de ojo.* (Véase *ojear* [→])

> "Sí comadre, a mi chiquitina me le habian *hecho daño.*" (V. Murillo.- *Una Víctima del honor.*)

2.ª No recordamos haber leido en los buenos autores *hacer dejacion*

[→ *dejación (hacer)*], frase que (como es de suponerse en la tierra clásica de los *dejados*) anda de boca en boca, denotando que, no por olvido, sino simplemente por pereza, se ha faltado al compromiso contraido, o dejado en proyecto la obra, empresa, dilijencia, visita, etc. que habíamos prometido o nos habíamos propuesto realizar. Lo dicho no obsta para que tengamos por castiza la frase de que estamos tratando, como quiera que, significando *dejacion* la accion i efecto de dejar, i siendo omitir una de las acepciones de éste, nada tiene de contrario a la índole de la lengua que se emplee *hacer dejacion* para indicar que se ha *dejado de hacer* u *omitido* el hecho a que nos referimos.

3.ª *Hacer herejías,* es una singular locucion comun a Chile i a la República Arjentina, que equivale a *hacer atrocidades, maltratar cruelmente, herir, descuartizar.*

> "I desdichada mujer
> La que despues de casada
> Comete alguna *falsiada*
> Que el indio llegue a saber,
> Porque con ella ha de hacer
> *Herejías..........*
> (Ascásubi.- *La Indiada.*)

4.ª *Hacerse:* no sabemos si entenderia el criado español a quien se le preguntase: "¿*Te haces con Don Fulano*? o *en la casa*? o simplemente, *te haces*?" Lo que sí aseguramos es que en Chile desde Atacama hasta Chiloé no habria fámulo ni fregona que no entendiese i contestase al punto, segun los casos: "Estoi *mui hecho*; si me estoi pasando la gran vida: el patron es una alma de Dios i la casa un donaire" o *mutatis mutandis* "¡Qué me tengo de *hacer,* comadrita de mis ojos! si el rico es un Neron, la casa es un *sucucho* i cada niño un basilisco!"

> *Hacerse,* en el caso de que tratamos, equivale a *habituarse, bien hallarse.*

5.ª *Hacerse del rogar*: evidentemente el artículo redunda en esta frase. Con *hacerse de rogar* basta i aun sobra.

> "Si *se hace de rogar* algunas veces es por no concedernos la merced que le pedimos." (Malon de Chaide.- *Tratado de la Magdalena.*)

6.ª *Hacer la forzosa.* (Véase *forzosa* [→ *forzar*])

7.ª *Hacer la pava* (*pavear* [→ *pava*]) *Hacer fisga,* burlarse de alguno, engañándolo, zahiriéndolo, metiéndolo por el aro.

HACIENDA, HACENDADO.

Hai personas, i algunas mui ilustradas, que miran con cierta desconfianza estas palabras, i que procuran evitarlas en sus escritos cual si desconfiasen de la lejitimidad de su oríjen i de la limpieza de su sangre. Otros, i el Sr. D. M. L. Amunátegui entre ellos, sin desecharlas sistemáticamente, ni ir hasta escribirlas con bastardilla, las mas de las veces optan por *estancia* i *estanciero,* cual si fuesen mas autorizadas i castizas.

Tales recelos carecen de fundamento, pues habria mucho mejor razon para tachar a *estancia* i *estanciero* de americanismos, que no a *hacienda* i *hacendado.*

Nótese, pues tambien establecida queda, la gradacion de la extension de las propiedades raices por los nombres con que las designamos: *hacienda, chacra* [→], *quinta*; la primera destinada a la crianza de ganados i a las sementeras en grande; la segunda a la *chacarería* [→ *chacra*], planteles para negocio, engordas, lecherías, etc.; i la última, casi exclusivamente a huertos, jardines, parrales, en una palabra, al recreo i cómoda habitacion de la familia.

HASTA CADA RATO.

Sobre esta frase (apénas usamos de otra para despedirnos de las personas con quienes nos vemos a menudo) observa el señor Cuervo en sus Apuntaciones:

> "*Hasta cada rato,* es fórmula usual de despedida i creemos que solo es menester aplicar un momento a ella la atencion para reconocer su absurdidad. *Hasta* fija el término de una duracion la cual en frases semejantes comienza desde el momento en que se profieren i cesa en el punto anunciado por la preposicion: v. gr. *hasta mañana*; esto es "el no vernos *durará* el espacio comprendido entre ahora i mañana;" *cada rato* indica repeticion i no es posible que algo acabe con frecuencia, si no comienza cuantas veces haya de verificarse el acabar."

Con licencia i perdon del insigne hablista bogotano, cuyas son las líneas anteriores, nos atrevemos a insinuar que acaso la frase censurada no merezca el rigor con que la trata. En efecto, ¿por qué la frase *hasta mañana* no podria entenderse "*hasta vernos que será mañana*?" I esto admitido, ¿por qué no admitiríamos que la otra, *hasta cada rato,* pudiera tambien, sin violencia, entenderse "*hasta vernos que será a cada rato*?"

HECHIZO, A.

Ocasion hemos tenido ya [→ *cata*] de hacer notar la linda costumbre que tenemos los chilenos de llamar *brutos* a todos los animales indíjenas o introducidos por los españoles, en contraposicion a los *finos*, que es como caracterizamos a los extranjeros.

Hechizo, a, es el *bruto* de mas arriba aplicado a los artefactos.

Gallo bruto, toro bruto, perro bruto, son los gallos, toros i perros chilenos, aclimatados en el pais desde tiempo inmemorial; gallos, toros i perros *finos*, son los traidos en fecha reciente de afuera. Zapato, *poncho* [→], frazada, *hechizos*, son los elaborados en el pais; los demas son de extránjis.

Rastreando el oríjen de la acepcion chilena de *hechizo*, recordamos haber leido en uno de los mas chistosos, aunque no sin duda de los ménos libres, romances de Quevedo:

> "¡Oh! quien viera cuando todos
> Armados de acero fino
> Amojonen lo que hicieron
> En el mayorazgo *hechizo!*"

Hechizo en el pasaje copiado, si el sentido jeneral de la composicion no nos engaña, se toma en la acepcion, anticuada ya en España, de *contrahecho, falseado, imitado*, acepcion que es la misma que en nuestra humildad le damos siempre que nos servimos de aquel vocablo para caracterizar los productos de la industria nacional.

HEMBRAJE.

Hembraje es la palabra que los *gauchos* [→] de la República Arjentina i los *guasos* [→] de la nuestra emplean para significar el conjunto de los animales hembras de un ganado. Por los mismos el conjunto de los machos se llama *machaje* [→], siendo de advertir que se aplica comunmente la primera a la reunion de becerras, i la segunda a la de terneros.

El conjunto de las crias de una vacada, sin distincion de sexo, se llama *guacharaje* [→ *guacho*] aquende i allende los Andes.

> "Luego no mas en tendales
> Quedó todito el *hembraje*
> I atrasito entró el *machaje*
> A rodar como costales."
> (Ascásubi.- *Descripcion de un vapor.*)

HENDIJA.

Acerca de esta voz escribe el señor Cuervo:

> "En castellano tenemos *rendija*, *rehendija*, i en lo antiguo hubo *hendrija*; formas las dos últimas que permiten rastrear el oríjen del vocablo, (*hender*) i dan asidero para defender nuestro *hendija*, voz quizas añeja que, por no hallarse en los autores, no ha entrado en el Diccionario."
> "La *rendija* se ha convertido en un anchuroso boqueron." (Bálmes.- *Cartas a un escéptico.*)
>
> "Mas ájiles no son las lagartijas
> (I del pedestre símil no se enfaden)
> Prensándose en angostas *rehendijas*.
> (Breton.- *Desvergüenza.*)
>
> "Cierra su puerta i las *hendrijas* tapa." (B. L. de Argensola.- *Sátira.*)

HERVIDO.

La comida que se compone por lo comun de carne i legumbres cocidas, se llama en español, *puchero, olla*, i tambien *cocido*.

Nosotros, olvidándonos de nombres tan autorizados i castizos, llamamos a ese plato *hervido,* voz que aunque pudiera alegar en su defensa el ejemplo de su primo hermano *cocido,* siempre deberia ser condenada por redundante.

HERRAJE.

Por el conjunto de piezas de hierro o acero con que se guarnece algun artefacto, es castizo. En Chile usamos exclusivamente esta palabra para denotar el conjunto de piezas de plata con que guarnecen los *guasos* [→] acomodados los arreos de sus cabalgaduras. *Freno de herraje, montura de herraje,* son el freno i montura adornados con piezas de plata, como chapas, cadenitas, copas, etc.

HERRAR, ERRAR.

Estos dos verbos, ámbos irregulares e idénticos por su sonido, deben distinguirse cuidadosamente en su ortografía i conjugacion.

Herrar es *poner herraduras* i *marcar* o *guarnecer con hierro.*

Errar es *no acertar, equivocarse.* Las formas irregulares de éste son *yerro, yerras, yerra, yerran; yerre, yerres, yerre, yerren; yerra tú.*

Las del primero, *hierro, hierras, hierra; hierre, hierres, hierre, hierren; hierra tú.*

No hai, pues, que escribir como algunos por descuido o ignorancia suelen: No *erra* o no *hierra* disparate; porque el tal, con tan inexcusable *yerro,* daria motivo al adversario para que le devolviese el cumplimiento colgándolo en su propia horca.

> "Tucapel de furioso el tiro *yerra*
> I el furioso troncon metió por tierra."
> (ERCILLA.- *Araucana.*)

> "Saltó la dueña, hecha otra dueña, por no decir un rejalgar, i dijo: Dí tu nombre i qué *hierras* aquí donde no hai bestias." (QUEVEDO.- *El Entremetido, la dueña i el soplon.*)

HIERRA.

La operacion de señalar los animales aplicándoles una marca de hierro hecho ascua, es en castellano *herradero.*

En Colombia se llama *herranza.*

En la República Arjentina i en Chile *hierra.*

HINCARSE.

"Hincar", dice el señor Gormaz en sus *Correcciones,* "significa solo introducir o clavar una cosa en otra."

> "Se mettre à genoux, arrodillarse, *hincarse,* ponerse de rodillas." (MARTÍNEZ LÓPEZ.- *Diccionario frances español i viceversa, en la voz* GENOU.)

> "Corrió a su amado altar, *se hincó* a adorarle
> I al vital resplandor de su bujía......"
> (ZORRILLA.- *Cantos del Trovador.- Margarita la tornera.*)

HOBLON.

Los mercaderes franceses que introdujeron el *hombrecillo* o *lúpulo* lo tradujeron por *hoblon* u oblon, del *houblon* frances, i nuestros paisanos han adoptado jeneralmente este nombre de *oblon.*

> "Durante la ebullicion se echa una sustancia amarga que suele ser la piña hembra del *lúpulo* u *hombrecillo.*" (MONLAU.- *Hijiene.*)

> "*Humulus lupulus,* el *hombrecillo* o *lúpulo* (en Chile dicen *hoblon,* del frances *houblon,* pero esta voz no es española.") (PHILIPPI.- *Botánica.*)

HORQUETA.

En castellano es sinónimo de *horcon,* palo terminado por dos ganchos que sirve para apuntalar los árboles i formar los parrales. Mas largo i delgado es *horquilla.*

El equivalente castizo de nuestra *horqueta* es *bieldo.*

> "Al forzudo extremeño habreis mirado
> Mas de una vez sobre el monton de mieses
> Burlar de Sirio abrazador los fuegos
> Lanzando al viento los trillados granos
> Con el dentado *bieldo.*"
> (MELÉNDEZ.)

Salir de algun negocio o *quedarse, con la pala i la horqueta:* es salir sin un centavo, quedar con lo encapillado, por puertas.

HOSTIGAR.

Dicen muchos mal por *empalagar, dar en rostro,* v. gr.: "Este manjar me *hostiga.*"

> "El mismo guiso todos los dias acaba por *hostigar* aun cuando sea de faisan, porque el apetito gusta picar de aquello i de esto." (G. V. AMUNÁTEGUI.- *Pedro de Oña- "Correo del domingo, núm.* 9.)

Oña no dice *hostigar*: véase *Arauco domado,* Canto 17.

> "La mujer caprichosa al fin *hostiga*;
> Cuidado pues amiga!"
> (GUILLERMO MATTA.- *Poesías.*)

> "Un manjar solo continuo, pronto *ponte* hastío." (ROJAS.- *Traji-comedia de Calisto i Melibea.*)
> "Por mui precioso que fuese un manjar, si se comiese toda la vida *daria en rostro.*" (GRANADA.- *Memorial.*)

HUEÑI.

Hueñi llaman los araucanos al niño que ha pasado de 5 años i no ha llegado a los 15; i así tambien en las provincias del Sur los de habla española a los *chinitos* [→ *chino*] que obtienen *de la tierra* para el servicio doméstico.

HUERO, A.

Segun el Diccionario de la Academia *huero* "se aplica al huevo que por no estar fecundado por el macho, no produce cria, aunque se eche a la hembra clueca." Tambien metafóricamente se dice de lo que es vacío o carece de sustancia. En este sentido Quevedo puso por título a una de sus sátiras contra los poetas: *Premáticas del desengaño contra los poetas güeros.*

En Chile damos a *huero* una significacion que, mas que a la española, se asemeja a la que atribuyen los araucanos a su adjetivo *huera, hueja,* o *hueda,* lo *que está malo, corrompido.* Así llamamos *güeros* a los huevos que con el trascurso del tiempo llegan a podrirse i a despedir un olor insoportable.

HUESILLO.

¿Cómo se llaman en España los duraznos secados al sol? Si tienen algun nombre fuera del de *duraznos secos,* que es algo mas que uno, lo ignoramos.

Entre nosotros, donde es mui comun secar los duraznos para comerlos cocidos en el invierno i primavera, los llamamos *huesillos,* cuando se les ha secado sin sacarles el hueso; que ya queda dicho que en el caso contrario se llaman *descocados* [→] o *descarosados* [→ *caroso*].

> "El grito del *motero* [→ *mote*] anuncia la entrada del verano, época en que principia sus ventas. ¿En qué se ocupa el *motero* durante el invierno? Nadie lo sabe; pero el caso es que durante la estacion calurosa se le oye por las calles vendiendo *huesillos i mote fresquito,* porque ninguno se contenta con vender *mote* solo..." (Tornero.- *Chile ilustrado.*)

HUEVADA.

Huevada, nidada, riñones, nucleos, papas, etc. llaman los mineros aquellos puntos de la veta en que aparece el metal en grande abundancia, amontonado i como a granel.

¡HUICHE! O ¡HUICH!

Talvez del quichua *huicchi, silvar.*

Bajo sus dos formas es interjeccion mui usada para burlarse picaresca i familiarmente, para provocar en sus barbas a alguno, echándole en cara su rabia o su impotencia.

> "Una niña en su cueva
> Regalándose está
> ¡*Huich*!.... oyelá."
> (*Adivinanza popular.*)

> "¡*Huiche!* que ya te pillé
> Lo que tanto me negabas!
> Voi a buscar amor nuevo,
> Contigo no quiero nada."
> (*Zamacueca.*)

HUINCHA.

Del araucano i quichua, *huincha,* cinta que traen los indios en la cabeza i con la cual enlazan i sujetan los cabellos. Esta cinta es llamada vulgarmente *vincha* [→] o *jaque*; i hemos reservado a *huincha* para significar las cintas gruesas de lana con que se ribetean los *ponchos* [→], alfombras, etc., sobre todo cuando son trabajadas en el pais, i entonces suelen llamarse *hechizas* [→].

Hacer huincha a alguno, es darle una zurra.

Hacerse huincha, doblarse, encojerse.

HUIRA, [HUIR]O.

De araucano *huiron, hender,* o de *huirun, desollar.*

Llamamos *huiras* las tiras que se obtienen despojando de la corteza a ciertos árboles, especialmente al *maqui,* i que sirven para liar fardos, amarrar las parras a sus rodrigones i tambien para azotar a los muchachos, i de aquí es que *dar huira* equivalga a dar *guasca* [→], dar látigo.

Comer maqui i sacar huira, es un adajio mui expresivo que usan nuestros *guasos* para indicar que con un mismo trabajo o esfuerzo se obtienen dos ganancias, o se realizan dos empresas distintas. *Comer maqui i sacar huira,* es hacer una via i dos mandados, o matar dos pájaros de una pedrada.

Huiro es una especie de alga u ova ménos estimada que la que se come i llamamos vulgarmente *cochayuyo* [→].

> "¿Sabes, le dijo un dia
> A cierto tajamar un *cochayuyo*
> Que no léjos vivia,
> Que es gusto singular el gusto tuyo?"
> (Z. Rodríguez- *El Tajamar i el Cochayuyo.*)

Como cochayuyo, mui negro.

HUIRHUIL [COMO UN].

Del araucano *huillhuill, tasajos de carne mui delgados i largos, orejones.*

Huirhuil es mui usado, aun que solo en la frase *como un huirhuil,* que vale *roto, hecho tiras, andrajoso, desarrapado.*

¡HUPA! O ¡HUP!

Interjeccion para llamar la atencion del que se distrae o despertar al que está dormitando.

> "¡Si está roncando el bárbaro!....¡qué engaño
> Es esto del sereno!....¡*hupa*! sujeta
> Tu sombrero, José, que el viento aprieta!
> ¡Con tal que siga así bueno va el año!
> (Z. Rodríguez.- *El Borracho.*)

HURGUETE, [HURGU]ETEAR.

Hurguetear se usa mucho en Chile en el sentido de rebuscar, i de ahí *hurguete* el que rebusca.

I

IMBUNCHE, [IMBUNCH] AR.

Dice el padre Fébres, explicando (i no claramente por cierto) la significacion de la voz araucana *ivumche*, "los que consultan los brujos en sus cuevas, donde los crian desde chiquitos para sus hechicerías o encantos: a estos llaman las indias *ivumcoñi.*"

Segun el uso de la jente ignorante i superticiosa, *imbunche* es *maleficio, encantamiento diabólico, hechicería,* o tambien *medium* (como dirian de los espiritistas, esos otros supersticiosos de levita i de sombrero *de pelo* [→]) que sirve a los brujos de ajente o instrumento de sus brujerías.

> "En otra ocasion el mismo se habia propuesto hacer un viaje por el aire al pueblo de Chillan; pero al emprender el vuelo, cuando ya estaba emplumado i convertido en *imbumchi* se habia dado un gran porrazo, porque etc." (*Huérfano.*)

Otro sentido que damos a *imbunche,* i que a diferencia del anterior ninguna relacion tiene con el orijinal araucano, es el de *enredo, madeja,* tanto en el sentido propio como en el figurado. "El niño que al recojer su *volantin* no cambia continuamente de lugar corre peligro de formar con el hilo un *imbunche.*" Tambien *imbunches* son los pleitos explicados por mujeres i defendidos por leguleyos, con o sin título universitario.

INCLUSIVE.

Es este un adverbio (otro tanto podria decirse de exclusive) i como tal invariable. Grande debe reputarse por tanto el disparate de aquéllos que le dan plural en frases como: "El niño ha estudiado hasta los verbos irregulares *inclusives*", i otras de la laya.

INDEPENDIZAR.

Acerca de este neolojismo dice el señor Cuervo:

> "Otro verbo cuya formacion da mucho en que pensar es *independizar*: lo cierto es que no hai otro en *izar* derivado de adjetivo en *ante, ente,* pues nuestro *dementizar* en lugar de *dementar* es un disparate; pero con ser así arguye en contra de aquél, porque da a entender que no se puede suprimir el *ent.* Si a cualquiera se pregunta como se formaria un verbo que significase *volver protestante* es seguro que no contestará *protestizar* sino *protestantizar.* Sea de esto lo que se quiera, en castellano siempre se ha dicho *emancipar.*"

INDINO, A.

Seguramente este adjetivo es corruptela de *indigno, a*; pero ¿por qué hacerlo significar contra su naturaleza, *astuto, pillo* i mas exactamente *picaruelo*, pues se toma siempre en buena parte?

INFLIJIR, INFRINJIR.

No faltan quienes confundan estos verbos o experimenten cuando ménos cierto embarazo para usarlos. Tengan los tales presente que el primero viene de *infligere*, imponer una pena, i el segundo de *frangere*, quebrar.

Tampoco es raro que la poca atencion de los que se sirven de *inflijir*, los haga caer en el despropósito de emparentarlo por fuerza con *infrinjir*, agregando a aquél una *n* entre la *i* i la *j*.

INFLUENCIAR, INFLUIR.

Influenciar no es mas que el frances *influencer*, galicismo tanto ménos perdonable cuanto que tenemos en castellano el verbo *influir*, formado de la misma raiz i de significacion idéntica.

> "*Influidos* por las creencias populares, no dieron un solo paso adelante." (LARRA.- *Literatura*.)

> "El congreso, intimado por la popularidad de la junta patriótica i viendo el decidido apoyo que le prestaban muchos de sus miembros, toleraba el porte descomedido de aquel cuerpo i se dejaba *influir* por él en los negocios." (BARALT I DIAZ.- *Historia de Venezuela*.)

No hai duda que el *influir* de estos dos pasajes nos disuena: ¡tan acostumbrados estamos a la práctica francesa que consiste en emplear *influer*, siempre que se trata de accion ejercida sobre cosas, e *influencer* solo cuando se habla de la influencia que se ejerce sobre las personas!

INFUNDIA.

Es como dicen uno que otro médico, i la innúmera caterva de las i los aficionados a practicar a costillas de los enfermos la socorrida ciencia hipocrática.

Debe decirse *enjundia*.

> "Tienen por feo en la mano un dedo mas; i ¿pueden creer que tres dedos de *enjundia* sobre el rostro le es hermoso?" (FRAI LUIS DE LEON.- *Perfecta casada*.)

INHUMANO, A.

Es en español *falto de humanidad, bárbaro, cruel*, acepcion corriente tambien entre los chilenos instruidos.

Otra empero es la que predomina en el uso del vulgo. Segun él, *inhumano* ha llegado a ser equivalente de *excesivo, en sumo grado*. Por ejemplo, del muchacho que se cae a la acequia se dice que sale *inhumano de puerco o de mojado*. I así por el estilo hai jentes *inhumanas* de *rotas, de pobres, de lastimadas,* etc.; i un amigo tenemos que cuando empieza a dar cabezadas i tamaños bostezos, se disculpa diciendo *que está inhumano de sueño!*

INQUILINO, A, [INQUILIN]AJE.

Atendiendo a la etimolojía de estas voces es fácil deducir de los tres elementos de que constan su recta significacion. *Inquilino,* viene de *inquilinus,* el cual se formó del prefijo *in,* en, de *colo, colis, colere,* habitar, i de *alienus, aliena, alienum,* ajeno. Inquilino será, pues, *el que habita en un pais, en un lugar ajeno.* ¡I digan despues que por que nuestros antepasados no tenian a la mano el *Diccionario etimolójico* de Monlau no eran sapientísimos en el arte de poner nombres nuevos a las cosas nuevas!

Ya se verá por lo dicho si haria bien la Academia española ensanchando un poco la significacion de *inquilino* "el que ha tomado una casa o parte de ella en alquiler para habitarla."

Si *inquilino* es el que vive en tierra ajena, en nada se ofende a la verdad i al contrario, con llamar así a los individuos a quienes dan nuestros hacendados un pedazo de tierra para que levanten en él su rancho i hagan sus pequeñas siembras, miéntras así convenga a los intereses de aquéllos.

El sistema agrícola que consiste en servirse de *inquilinos* para el cultivo de las grandes propiedades, i tambien el conjunto de *inquilinos* se llama *inquilinaje.*

> "El rei habia ordenado que los indios vivieran en reducciones o poblaciones, rejidos por majistrados propios, i sin que los encomenderos pudieran entrometerse con ellos; pero despues tuvo que consentir en que muchos quedaran trabajando en las chacras o estancias."
>
> "Estos eran llamados *naborios* en Méjico, *yanaconas* en Perú, *inquilinos* en Chile."... ....
>
> "Los *inquilinos* o indios residentes en las mismas estancias de sus patrones, estaban obligados a servir ciento sesenta dias cada año en las diversas labores del fundo."
>
> "En recompensa el dueño les suministraba un pedazo de tierra para que el *inquilino* levantase su rancho i pudiese sembrar un almud de maiz, dos de cebada, dos de trigo i otras legumbres; i a prestarle los bueyes e instrumentos necesarios para el cultivo."
>
> "De estos ciento sesenta dias, solo veinte i nueve eran retribuidos a real el dia, debiendo servir gratuitamente en los restantes para compensar el tributo." (AMUNÁTEGUI.- *Los Precursores de la Independencia de Chile.*)

Nuestros *inquilinos* van siendo ya verdaderos *colonos.*

INTER. [+ INTERTANTO]

Por *miéntras; entretanto* es anticuado en la Península. En Chile es mucho mas usado que *ínterin,* i se emplea, ya solo, ya antepuesto a *tanto,* formando con él una sola palabra, *intertanto.*

"*Inter* en sueño reposa
A Adan el mismo Señor,
Le formó con sumo amor
De una costilla su esposa."
(GUAJARDO.- *Fin de la Creacion.*)

INVERNADA, INVERNADERO.

Ambas voces son castizas i derivadas de *invierno*; pero tienen diferentes significaciones, pues miéntras *invernada* lleva en sí la idea de tiempo i denota la estacion del invierno, *invernadero* es el lugar apropósito para pasar ésta, i mas comunmente el paraje abrigado que se destina a que pasten los animales durante la temporada de las lluvias i hielos.

"Por causa de los puertos o *invernada*
Retirará la poderosa armada."
(ERCILLA.- *La Araucana.*)

En Chile se usan como si fueran de igual significacion *invernadero* e *invernada,* si bien ésta mucho mas frecuentemente entre los campesinos siempre que se trata del paraje en que pasan los animales el invierno. Pocas son las haciendas de Chile que no tengan en los planes algun potril o en las cordilleras algun cajon que no se llame *la invernada.* ¿Cuántas son aquéllas que tienen *invernaderos*?

INYECTAR.

Usase mucho i se usa mal este verbo siempre que se junta con *ojos* para expresar la circunstancia de que ellos se encienden i vuelven rojos, a consecuencia de la cólera, del furor, o tambien de alguna enfermedad.

Como *inyectar* es introducir algun líquido en un cuerpo, se cae de su peso que *ojos inyectados* no pueden ser *ojos ensangrentados.*

Los buenos escritores españoles han dicho siempre *encarnizados.*

"Esto dijo en voz tan alta que lo oyó la duquesa, i volviendo i viendo a la dueña tan alborotada i tan *encarnizados los ojos*, le preguntó con quien las habia." (CERVÁNTES.- *Quijote.*)

IPEPACUANA.

Dicen a una curanderos i pacientes. Debe decirse *ipecacuana.*

IR.

Una de las muchas acepciones de este verbo es *consistir, depender,* i así se dice: "En ese negocio *le va* a Pedro su fortuna". "En la aventura que ha emprendido Juan, puede *irle* la vida". Pero tenemos por chileno el uso que se hace entre nosotros de *ir* para indicar la propension de alguno a hacer tal o cual cosa, como se verá mas claramente en los populares versos que siguen:

"¡Ai quien fuera como el perro
Para no saber sentir!
El perro no siente nada,
Todo *se le va* en dormir!"

Tambien merecen notarse las frases *ir a peor, ir a mejor,* por *ir empeorando* o *convaleciendo* paulatinamente de alguna enfermedad.

"Estoi enfermo de amor
No hallo qué remedio hacer,
En vez de convalecer
Cada dia *voi a peor.*"
(GUAJARDO.- *Enfermedad de amor.*)

"Suele hallarse este verbo *ir* como auxiliar de sí mismo: v. gr. "Yo *voi a ir*; tú *vas a ir;* el *iba a ir*" etc.; pero es preciso advertir aquí que esto es un abuso gramatical censurable, contrario a todas las reglas del buen gusto." (FLÓRES.- *Gramática española.*)

ISLILLA.

Segun el Diccionario de la Academia, "*islilla* es la parte del cuerpo desde el cuadril hasta debajo del brazo."

En Chile llamamos *islilla* al hueso situado transversal i oblicuamente en la parte superior del pecho, cuyo propio nombre es *clavícula,* llave del pecho.

J

JABA

Jaba es un provincialismo cubano i denota una especie de cesto tejido de la hoja del yarei.

Lo usamos nosotros tambien, i es nombre que damos a los cestos hechos de gruesas varillas que sirven para el envase de la loza, porcelana i cristales que se internan en el pais.

JENTE.

Notamos como chilenismo el empleo que hacemos de esta voz para denotar personas de calidad, de pro, de elevada posicion social. Así decimos: "A los palcos del Teatro municipal solo va *la jente*". "Fulano es *mui jente.*" "No hai pan que me guste tanto como *el de la jente,*" etc.

JINETEAR.

Segun Salvá, *jinetear* es un provincialismo mejicano que significa *domar los caballos cerriles.*

Entre nuestros *guasos* [→] corre tambien, aunque en sentido un tanto diverso, pues *jinetear* es montar un caballo i manejarlo como cumple a un diestro i valiente jinete.

JIRO, A.

Provincialismo cubano, que segun Salvá vale tanto como nuestro *castellano,* que no es por cierto oriundo de Castilla.

Entre nosotros *jiro* es un adjetivo que denota color i se aplica a gallos i gallinas; pero no a las pintadas de blanco i negro, sino a los matizados de colorado i amarillo.

Ir cuatro al jiro i cuatro al colorado, es frase con que se moteja a los políticos murciélagos, que hacen a pluma i a pelo, i que llevan los principios en la barriga.

JONJA.

Es un chilenismo, por *burla, fisga, vaya.*

JOTE.

Llamamos así una especie de buitre de color negro, algo menor que un pavo, i comun a toda la América, (cathartes aura). Se parece bastante al *gallinazo* (cathartes urubú).

Tambien es apodo con que se designa a los clérigos.

JULEPE

Es palabra usada en España, solo en el trato familiar, i equivale a *reprimenda, zurra.*

Es ademas bebida medicinal, segun Salvá.

En Chile denotamos con ella, *miedo, susto.*

L

LABORERO.

Es voz minera que sirve para designar al empleado que lleva la direccion de los trabajos de una labor, sujetándose a las órdenes del administrador.

LACRE.

No es español, por *colorado, encarnado.*

> "Azucenas i *lacres* amapolas." (E. Lillo.- *Loco de amor.*)

LACHO, A.

Hemos hurgado no poco nuestros vocabularios por ver de dar con la etimolojía de este vocablo en que el tipo indíjena está patente, i la única que nos atrevemos a presentar como probable es la que se funda en la semejanza de forma i de significado que tiene nuestro *lacho* con la palabra aimará *gualaicho,* que quiere decir *alegre, travieso.*

Sea como fuere, es lo cierto que pocas voces mas expresivas tiene el lenguaje de nuestros *rotos* [→] i *guasos* [→]. El *lacho* es el amartelado galan, el pisaverde, i a veces tambien el Tenorio i el Montecristo del mundo de los campos i *chinganas* [→].

> "Montaba don Diego (Portáles) por lo jeneral en silla inglesa, pero tenia un *avío de pellones* del pais, aperado de *chifles,* machete, alforjas i *pegual,* que cuidaba con esmero i en el que en ciertos dias se ostentaba como el mas gallardo *lacho.*" (Vicuña Mackenna.- *Diego Portáles.*)

Tambien se usa, si bien ménos frecuentemente, en la terminacion femenina, i entónces se toma siempre en mala parte.

> "Le pasaba a la cantora
> I le decia: Muchacha,
> Seas o no seas *lacha,*
> Conmigo te vas ahora."
> (Guajardo.- *Un lazo de verijas.*)

LADEADA.

La accion i efecto de *ladear* o *ladearse una cosa,* o de inclinarse el ánimo hacia una determinacion, es en castellano *ladeo,* segun la Academia; i mejor, segun Domínguez, *ladeamiento.*

El uso corriente en Chile no sigue ni a Domínguez ni a la Academia, pues apénas emplea otra voz que *ladeada,* ya en el sentido recto ya en el metafórico. Así del *volantin* [→] que se inclina hácia un lado se dice que tiene *ladeada* para la izquierda o para la derecha. *Hacerle la ladeada,* es tirarlo de manera que se ladee hácia donde quiera la persona que lo maneje.

LANA MERINO.

¡Cosas de mercachifles gabachos! En España siempre se dijo *lana merina*. En Santiago todo el mundo dice ahora *lana merino*, i así se vé en rotulatas de tiendas i en los avisos de los diarios.

LAPICERA.

Lapicera no es palabra española, pues el instrumento que sirve para colocar i ajustar el lápiz se llama *lapicero*.

Nosotros llamamos *lapicera* al cañon de metal, marfil, madera u otra materia en que se coloca la pluma metálica con que se escribe.

Segun el Diccionario de la lengua, este cañon se llama *pluma*; pero como ese es tambien el nombre de la pequeña pieza metálica que se le ajusta en uno de los extremos para tomar con ella la tinta i escribir, no puede negarse que, aunque mal formada, nuestra *lapicera*, no es del todo ociosa i debe mantenerse en razon de necesidad miéntras no se presente mas aceptable reemplazante. ¿Por qué así como a la cajita que sirve para poner los fósforos se llama *fosforera*, i *cartera* al estuche en que se colocan las cartas, no llamar *plumera* al instrumento en que se ajustan las plumas? Solo por una razon: porque así lo quiere alguno que suele atenerse poco a las razones, el uso, que es hoi como en tiempo de Horacio *jus et norma loquendi*.

LAQUE, [LAQU]EAR.

Laque es voz araucana i probablemente de oríjen patagónico. Es nombre que dan los indios de este i del otro lado de los Andes a un instrumento que usan en sus guerras i cacerías para cojer *guanacos* [→], avestruces i animales vacunos, i para ofender tambien a los enemigos. Se compone de una soga o látigo, largos de uno o dos metros, en cuyas extremidades amarran piedras o bolas de plomo. El *laque* es arma arrojadiza i los indios pampas, pehuenches i patagones lo manejan con destreza admirable.

Laquear, es derribar a alguno, cojerlo o matarlo por medio del *laque*.

> “I cuando se sabe que el padre Valdivia no fué el único miembro de la Compañía de Jesus que consagró su existencia a tan santa obra, cuando uno lee la vida i trabajos apostólicos de un Mascardi, que atraviesa las pampas patagónicas anunciando la buena nueva a sus tribus errantes, hasta morir *laqueado* por los bárbaros……. no es posible ahogar en el corazon el tierno sentimiento de respeto i de simpatía que despiertan virtudes tan heroicas i sacrificios tan sublimes.” (Z. Rodríguez.- Artículo bibliográfico sobre *Los Precursores* del señor Amunátegui.)

LARGAR.

Por mas que una de las acepciones castizas de este verbo sea *soltar, dejar libre*, tenemos por chilenismo el uso que de él hacen nuestros *guasos*

[→], dando a entender que el jinete emprende la carrera aguijoneando i azotando a su caballo.

...... "La hacia un ovillo (a una yegua)
I al *largarla* llano abajo
Sobre la *tusa* tendido
Era lo mismo que un rayo,
No se le via el polvillo."
(*Huérfano.*)

LATIGUDO, A.

Llamanos en Chile, *nemine discrepante, latigudas* todas aquellas cosas que pueden fácilmente doblegarse i extenderse, talvez por ser esa una de las cualidades de las látigos. Tal voz es desconocida en España, cuyos escritores i diccionaristas atribuyen la representacion de aquella propiedad al adjetivo *correoso.* La noticia puede ser de algun provecho a los *alfeñiqueros,* aunque seria pensar en lo excusado imajinarse que por todos los diccionarios del mundo habian de abandonar su grito: *¡alfeñique latigudo fresquito!* para reemplazarlo en adelante por el castizo de, *¡alfeñique correoso fresquito!*

En virtud de un procedimiento mui semejante al empleado por nosotros para sacar de *látigo,* a *latigudo* los colombianos, que llaman *rejo* a lo que los chilenos *lazo,* han sacado de aquél el adjetivo *rejudo,* equivalente al castellano *correoso.*

"Son hechos los poetas de una masa
Dulce, süave, *correosa* i tierna."
(Cervántes.- *Viaje al Parnaso.*)

LAUCHA.

Llaman los araucanos *llaucha,* i nosotros *láucha* a los pequeños mamíferos, orijinarios del Oriente i trasportados de Europa a América, que los zoólogos denominan *mus musculus.*

I ya que hablamos de estos bichos no estará demas advertir que, como quiera que *láucha* se aplica a las especies de mas pequeños individuos de la familia de los musídeos, no es sinónimo de *rata,* segun vulgarmente se cree, sino de *raton,* o *ratoncillo.*

El nombre chileno que corresponde a *rata* es *pericote,* acerca del cual, ya que lo hemos nombrado, copiaremos un pasaje que trae el señor Gay en su *Historia de Chile,* al ocuparse del *mus decumanus,* vulgarmente *raton,* castizamente *rata,* i a la chilena *pericote.*

"En el año de 80 se experimentó lo mismo en Valdivia, donde se vió el rio cubierto de *pericotes.* Yo mismo he observado que en las partes adonde no se ha secado el *colegüe* no se ha sufrido tal mal. Hemos visto muchos *pericotes* muertos todos de un mismo porte, mayores que las *lauchas,* casi todos pardos i algunos enteramente blancos." (*Relacion manuscrita de un viaje hecho por O'higgins a Nueva Osorno a fines del siglo XVIII.*)

De manera, pues, que resumiendo, la práctica es llamar *pericotes* a los jigantes de la familia, *ratones* a los granaderos, *ratas* a los de talla mediana, i *láuchas* a la menudencia.

Como una láucha, se dice de una persona flaca i menuda de facciones.

Miéntras los gatos duermen los pericotes se pasean; es refran con que se da a entender que cuando los jefes son desidiosos, los subalternos no tardan en hacer de las suyas.

LAVADERO.

Copiamos del Diccionario de Salvá: "LAVADERO.- Provincialismo de la América Meridional: El paraje del rio o arroyo de donde se sacan arenas o pepitas de oro, que se lavan allí mismo, ajitándolas dentro de una naveta de cuerno en la corriente del agua."

LAVATORIO.

En España nuestro *lavatorio* es *lavabo* (neolojismo). Los diccionarios no lo traen en esta acepcion. Domínguez dice que *lavabo* es un estuche. Sinembargo, en Madrid nuestros *lavatorios* se llaman *lavabos.*

LAZO. [+ LACEAR]

De esta voz sí que puede decirse que es un verdadero provincialismo de los paises situados en la parte sur de la América Meridional; pero un provincialismo tan necesario i propio que es realmente extraño no haya sido aceptado ya por la Academia. En efecto, puesto que en Chile i repúblicas platenses, el gobierno de los animales que pacen sueltos por los campos se verifica por medio de una larga tira de cuero torcido o trenzado, que termina en un lazo corredizo con el cual los *guasos* [→] los enredan i cojen i puesto que era preciso poner un nombre a ese instrumento, ¿qué otro mas propio i expresivo habria sido posible darle que el de *lazo*? Si una de las acepciones de esta voz es la cuerda de hilos de alambre, de cáñamo o de cerdas, con su lazada corrediza, que asegurada en el suelo sirve para cojer conejos, perdices, etc. ¿no era natural que se llamase *lazo* el látigo, que con su lazada corrediza tambien, asegurado al *pegual* [→] del *avio* [→], sirve para cazar toros montaraces i potros cerriles?

Engañólo por tanto un sentimiento poco justificable de amor patrio al señor Cuervo cuando, al tratar del provincialismo colombiano equivalente a *lazo* escribió en sus *Apuntaciones:*

> "Como ocasionaria notoria confusion el pretender nombrar el *rejo de enlazar* de nuestros campesinos con otra voz mas propia, como *lazo* (este es el nombre usado en Buenos Aires y otros puntos de la América austral) *soga,* etc., nos abstenemos de indicar variacion a este respecto."

Que *lazo* es mas propio que *rejo,* el mismo señor Cuervo lo confiesa. Que no existe el peligro de la confusion, nos los dice la experiencia, i tambien el discurso, pues él solo ocurre cuando se emplea una misma palabra para designar objetos distintos i cuyos nombres suelen andar en los labios de unas mismas personas u ocurrir con frecuencia alternativamente en una misma conversacion.

Pero ¿qué peligro cabe de confusion entre el *lazo* de la modista, i el tendido por el desalmado calavera a la inocente niña, i el que lleva el vaquero *a los corriones*?

Por lo demas *nihil novum sub sole*. Salomon lo dijo, i el señor Cuervo lo prueba en lo que respecta al *lazo* con la siguiente cita de Heródoto, en que el venerable padre de la historia profana describe el modo de guerrear de los Sagarcios, pueblo de la antigua Persia:

> "No usan armas algunas, ni de cobre, ni de hierro, escepto puñales; se valen de cuerdas de cueros retorcidas i confiados en éstas van a la guerra. Su modo de pelear es el siguiente: así como vienen a batalla con el enemigo, tira cada uno su cuerda que tiene en la punta una lazada corrediza, i ora le caiga a un caballo, ora a un hombre, sea lo que fuere, lo arrastran así i perece enredado en el *lazo*." (HERÓDOTO.- *Polimnia*.)

> "Pláceme ver en la llanura al *guaso*
> Que, al hombro el poncho, rápido galopa,
> I con certero pulso arroja el *lazo*
> Sobre la res que elije de la tropa."
> (BELLO.- *El Campo*.)

Lacear, es cojer con el *lazo*, echarlo.

LECHUZA.

Llaman así los mineros al tiro que se pierde por haber sido mal preparado.

LEIDO, A.

Dicen vulgarmente en Chile de la persona que ha leido muchos libros, que es ilustrada, que goza fama de docta.

La jente culta se abstiene de usar *leido* en la indicada acepcion, olvidando quizá que ella es mui castiza i está autorizada por la práctica de los buenos escritores.

> "A lo cual Pedro respondió, que lo que sabia era que el muerto era un hijodalgo rico, vecino de un lugar que estaba en aquellas tierras, el cual habia sido estudiante muchos años en Salamanca, al cabo de los cuales habia vuelto a su lugar con opinión de mui sabio i *mui leido*." (CERVÁNTES.- *Quijote*.)

LENGUISTA.

Asevera el señor Gormaz que *lenguista* no existe i que debe decirse *lengüero*.

Lenguista i tambien *linguista* se han usado por buenos escritores; aunque que el señor Baralt observe con razon que estos vocablos no nos hacen falta, teniendo como tenemos a *filólogo* i a *poligloto*.

En cuanto a *lengüero* ignoramos de dónde puede haberlo sacado el autor de las *Correcciones lexigráficas*.

LEPIDIA.

Lepidia es el nombre vulgar de la indijestion.

Lepidia de calambre, es la que, ademas de vómitos i evacuaciones, causa dolores agudos i contraccion de los nervios. Su nombre científico es *cólera europeo, nostra o esporádico,* i la jente que, siendo ilustrada no es sin embargo de la facultad, suele llamarla tambien *colerina.*

LESO, A, [LES]URA, [LES]EAR. [+ LESERA]

Leso, a, es un adjetivo que usamos en Chile para designar a las personas que pertenecen a aquella numerosísima familia de los *necios,* que el señor don Francisco de Quevedo dividió en tres especies: una de los *necios* propiamente dichos, otra de los *majaderos* o *mazacotes*, i la tercera de los *modorros.*

Si eso significa *leso,* excusado parece advertir que *lesura* o *lesera* equivaldrá a *necedad, imbecilidad, majadería.*

Lesear es decir o hacer cosas propias de necios.

> "Tambien dicen estos tales,
> Cabezones i sin sesos,
> ¡Vé como tienen los *lesos*
> Rodeando a Pedro *Urdemales*!"
> (Guajardo.- *Los Tachadores.*)

> "Pues ¿quién es ese hombre extraordinario que propones?- Ya no tengo en quien pensar. ¿Será talvez el coronel Baquedano? A lo que Bórquez responde: No señor, Presidente, es el jeneral Cruz. ¡Qué *lesura* tan grande!" (Vicuña Mackenna.- *Diego Portáles.*)

En el Perú, por *leso, lesura,* dicen *liso, lisura,* si bien el señor de Arona niega resueltamente la equivalencia de aquellos a estos vocablos en el artículo de sus *Apuntes* que les dedica, i que es como sigue:

> "Liso.- Terco, bruñido, alisado en su acepcion jenuina i figuradamente, i talvez con abuso entre nosotros, *impávido, fresco, desfachatado, descocado, atrevido,* etc.
> "La mujer que va por la calle i se ve sorprendida por una galantería dicha con la mayor llaneza i frescura, hace un dengue i esclama: ¡Qué hombre tan *liso!*
> "Algunos chilenos al llegar a Lima se sorprenden agradablemente creyendo encontrarse con su *leso,* pero pronto sufren un cruel desengaño, por que la *lisura* es la gracia llevada hasta la impavidez, i la *lesera* es la total carencia de gracia."
> "Este usadísimo adjetivo tiene superlativo i es mui corriente oir de algun fulano: "que está *lisisimo.*"

El señor de Arona procede mui patriótica, aunque no mui fraternalmente con nosotros, echándonos encima para que llevemos solos la doble carga de los *lesos* i de la *lesera,* i reservándose para sí la mui liviana de los *lisos* con su *lisura* que es *la gracia llevada hasta la impavidez.* Pero si en el Perú llaman *lisos* a los graciosos

¿cómo acostumbran llamar a los *lesos*? O de la falta del nombre ¿hemos de deducir que no existe *la cosa*?

La verdad, dicha sin agravio de nuestros hermanos de la ciudad de los Reyes, es que no hai diferencia sustancial entre un *leso*, i un *liso*, i que la que ha creido notar el señor de Arona proviene de que hai bocas (i en Lima mas que en ninguna parte) capaces de salar la misma *lesura* i de decir a un majadero: "No sea Usted *liso*!" con un acento i una gracia propios para hacer que el ofendido caiga en la tentacion de contestar: "Desde hoi hago firme propósito de serlo miéntras viva, para merecer de esos corales denuestos semejantes!"

Por via de posdata copiamos el siguiente parrafillo del Diccionario etimolójico de Monlau:

> "*Feo*, en frances es *laid* i en catalan *lletj*, derivado de *laesus*, participio de *laedere*, dañar, ofender; como quien dice *leso*, dañado, ofendido, poco favorecido, deformado." (*Obra citada, voz* FEO.)

LIBRILLO.

Es el nombre vulgar que tiene en Chile el tercer estómago de los rumiantes.

LICORERA.

No encontramos esta voz en los diccionarios. Es, sin embargo, tan bien formada como *lechera*, *cafetera*, *azucarera*, etc., i por eso, i porque *frasquera*, si denota la caja en que se guardan frascos, no indica lo principal que es el licor contenido en ellos, nos atrevemos a defender su uso o a recomendar a la Academia su adopcion.

LIMO.

Llamamos así al árbol que da *limas*. El Diccionario, que no conoce otro *limo* que aquél de que formó el Divino Artífice el cuerpo de nuestro padre Adan, llaman al árbol de que hablamos *lima* o *limonero*.

LINA, [LIN]UDO, A.

Provincialismos chilenos, por *lana*, *lanudo*. Se aplica jeneralmente a las ovejas de lana larga: "Es mui *linuda*: tiene la *lina* mui larga."

LINAO.

Véase *chueca* [→].

LIONA, [LION]ERO, A. [+ LEONA]

¿Cuántos de los que usan estos vocablos se habrán imajinado alguna vez que ellos son de antigua i noble alcurnia? ¿I cuántos van a caer en tentacion de incredulidad al saber que nuestra vulgar *liona* procede en línea recta de la que fué en un tiempo la ilustre, activa i populosa *Liorna*, (i que hoi tiene todavia cerca de cien mil habitantes?).

Esta ciudad, que pertenecia a los jenoveses, a quienes en 1421 fué comprada por Florencia deseosa de ser una potencia marítima, adquirió tal importancia en el siglo XVI i llegó a tener un comercio tan activo, que para indicar un lugar de desórden, de confusion, de mucho movimiento se dijo: *es una Liorna*, como solemos decir todavia: *es una Babilonia*. Esta *Liorna,* al aclimatarse en Chile (ignoramos si se usa en algun otro punto de América) perdió juntamente con la *r* el recuerdo de su oríjen, i hoi llamamos *lionas* a los alborotos, como llamamos *lulos* [→] a los que son largos y flacos, *porque así se les llama.*

Que *Liorna* se usó en el sentido arriba indicado, pruébalo el siguiente pasaje:

> "Vóime a buscar un arriero
> Tomo el portante mañana
> I huyendo de esta *liorna*
> No paro hasta la montaña."
> (Jil i Zárate.- *Un año despues de la boda.*)

Que la recta pronunciacion de la palabra es *liona* i no *leona,* no hai para que advertirlo despues de los dicho.

Que aun los mas ilustrados de nuestros escritores no han atinado con su etimolojía i, creyendo a *liona* derivada de *leon,* han escrito *leona*, se ve en estas cuatro líneas que copiamos de la *Historia de Santiago* del señor Vicuña Mackenna:

> "Porque si es verdad que sus tropas (las de don José Miguel Carrera) eran de *leones,* especialmente sus oficiales, sus campañas fueron por lo mismo solo una *leona*."

Lionero es el que siempre anda formando alborotos, desórdenes, zalagardas, etc.

Alionado, de significacion mui semejante al anterior, aunque mas subjetiva.

Véase *alionar* [→ *aleonar*].

LIS.

Llaman así los mineros al mercurio descompuesto en la amalgamacion que el agua arrastra juntamente con los residuos mas pulverizados del mineral.

LIUDO, A, LIUDEZ.

Talvez del quichua *llullo, blando, tierno, flexible.*

El sentido que el uso vulgar le atribuye es el de *lacio, marchito, descaecido.* Se aplica principalmente al cuerpo humano para indicar el efecto que produce en los miembros un calor excesivo.

Llullo, o mas propiamente *yuyo,* es el nombre de una yerba de nuestra flora, no por cierto de las mas endebles; i sin embargo para dar a entender que sentimos una gran laxitud en los miembros decimos que tenemos *el cuerpo como un yuyo.* ¿No habria en esa frase como una reminiscencia del sentido que tiene en quichua la palabra que sirve de nombre a la yerba de que tratamos?

Liudez, laxitud.

LÍVIDO.

No es, como muchos creen, sinónimo de *pálido.*

> "Esta estaba *lívida.*" (Una niña por un gran susto.) (JORJE ISAACS.- *María.*)

> "Abrió el billete i apénas le echó una mirada cuando una *palidez lívida,*" etc. (*La San Felice por Dumas, traduccion de El Ferrocarril.*)

Tambien nosotros (¡Dios nos perdone!) cometimos el pecado que estamos censurando:

> "Bajé al pueblo i me encontré con los del baile: los hombres iban borrachos, las mujeres *lividas,* i todos soñolientos." (*Loco Eustaquio.*)

Lívido, no es *pálido* sino *amoratado.*

LO DE.

Lo de, que se usa solo por la jente del campo es un exacto equivalente de la preposicion francesa *chez.*- ¿A dónde estás alojado?- *Lo de* mi compadre el inspector," esto es "*en casa* de mi compadre el inspector."

Cuando el sentido del verbo así lo exije se antepone a *lo de* la preposicion *a.*

> "Fuí *a lo de* D. Samuel" (MURILLO.- *Una víctima del honor.*)

En vez de la locucion indicada, los mas ignorantes entre los rotos i destripaterrones suelen usar la preposicion chilena *enta*: "Fuí *enta* D. Samuel." "Voi a demandarte *enta* el subdelegado."

No pasaremos en silencio tampoco el uso que hacemos de *lo* anteponiéndolo al apellido de los propetarios de los fundos para formar el nombre propio de éstos.

Así por ejemplo, la hacienda que perteneció *in illo tempore* a un Aguirre, se llama hoi *Lo Aguirre*: la *chacra* [→] cuyo dueño fué un López, es conocida con el nombre de *Lo López,* etc. ¿Qué decir de semejante costumbre? La hemos visto censurada por la prensa, pero en virtud de razones que en nuestro concepto no son tales.

Para nosotros, que no hemos aceptado nunca la teoría del señor Bello, segun la cual, en construcciones como *lo bueno,* el *lo* seria sustantivo i *bueno* adjetivo; para nosotros que creemos precisamente lo contrario, nada tiene de raro que la idea compleja que traen a la imajinacion, *Aguirre* o *Lopez* en las locuciones citadas sea modificada por el artículo *lo.*

En confirmacion de lo dicho copiamos el siguiente pasaje del *Diccionario etimolójico* de Monlau, voz ESPAÑA:

> "Segun unos España se llamó primeramente *Pania,* de Pan, capitan de Baco i gobernador que fué de nuestro territorio, así como *Luso* dió nombre a *Lusitania* (el Portugal) añadiéndose la *s* o *is* i diciéndose *Spania, Hispania,* bien por mera eufonía, bien como equivalente a *lo de,* esto es *lo de Pan,* lo que poseia o administraba el gobernador Pan en aquellos tiempos ante históricos."

Nuestro colaborador el señor Páulsen no cree necesario recurrir a la gramática para defender la locucion de que tratamos.

He aquí su doctrina:

> "Para explicar la simple supresion de la preposicon *de* no recurriremos a la gramática. La supresion de esta *de* es comunísima en castellano: hojalata, telaraña, Puerto Cabello o Puertocabello, Puertomontt, o Puerto Montt, (que a no dudarlo será andando el tiempo *Puertomon*."

> "Me parece ridículo anteponer el *lo* a los nombres de fundos siempre que con ellos se designen lugarejos o grandes propiedades que puedan considerarse ya *como puntos jeográficos*. Así se dirá: Espejo, Aguila, Aguirre, i no *Lo Espejo*, etc. Sin embargo, si se trata de designar la propiedad del señor Espejo, del señor Aguila, del señor Aguirre, se dirá mui bien: *lo de Espejo, lo de Aguila, lo de Aguirre*. Yerran, pues, groseramente los que datan sus cartas: *Lo Espejo* o sea *Lo de Espejo*."

LOBO, A.

Adjetivo chileno que acaso no tiene equivalente en castellano: el que mas se le acerca es *arisco*.

LOCADOR.

> En el completo desgreño que reinaba entre los muebles i demas objetos que poblaban aquella pieza, se veía el sello del carácter de su *locador*." (A. Blest Gana.- *El ideal de un calavera*.)

El Diccionario no trae a este *locador*, que en castellano será *habitador* o *morador*.

> "Eran ya casi las doce del dia, i la dicha casa estaba cerrada por fuera, de lo que colijieron, o que no comian en ella sus *moradores* o que vendrian con brevedad." (Cervántes.- *La Tia finjida*.)

LOCERO, A.

Para designar a la persona que tiene por oficio fabricar ollas, cántaros, fuentes i otras vasijas de barro, no es mal formado; pero lo castizo i autorizado es *alfarero*.

LOCO (PERRO.)

Al perro enfermo de hidrofobia, que en español se llama *perro rabioso*, llamamos nosotros vulgarmente *loco*.

LOCRO.

Es un guiso que se hace de *frangollo* (trigo triturado) i de carne cocida.

El *locro* anterior es el mondo i lirondo. Hai otro que se llama *locro falso*, mas conocido que el verdadero, que se compone de zapallo, *porotos* [→] *tiernos*, *papas* [→], maiz i huevos. Es plato obligado en las comidas de Cuaresma.

LOICA. [+ LLOÍCA]

Dice el S. Gormaz en sus *Correcciones*, que debe decirse *llóica*, i se equivoca, pues es *lloica*, consonante de *chica*.

LONCO.

Es voz araucana i significa *cabeza*.

La usa nuestro pueblo en dos acepciones: 1.ª indicando cierta parte de los estómagos de la vaca que contiene el cuajo con que se corta la leche para hacer quesos: i 2.ª como sinónima de pezcuezo o cuello.

Decia un periódico de provincia, dando cuenta de un asesinato:

> "El miércoles de la presente semana ha sido traido al cuartel de policía de esta ciudad (Curicó) el cadáver de José Manuel Sepúlveda, encontrado en el lugar denominado la Cordillera, degollado horriblemente i casi con el *lonco* enteramente cortado." (*Sufrajio* 19. *Dic. de* 1873.)

LONGAMINIDAD.

Suelen decir algunos. Debe decirse *longanimidad*.

LORD.

No debe usarse sin el artículo, diciendo como se lee en los diarios "Lord Palmerston tomó la palabra" etc. Lo mas elegante i castizo es decir, como Puigblanch (*Opúsculos gramático satíricos*): "Calificó el dómine de oportuna mi observacion, i añadió para corroborarla que habiendo *el lord Holland*, formado un alto concepto del mérito de Jovellanos" etc.

El señor Bello en su *Gramática*, dice, empero, que es preferible no anteponer el artículo.

LUCHE.

Es esta una voz araucana (*lluche* o *luche*) de que nos valemos para designar una yerbecilla del mar, buena para comer.

Como un luche, mui arrugado.

LUCHO.

Juego mui conocido de los niños, es decir de todos los chilenos que, o lo son actualmente o en su tiempo lo fueron i en un pié jugaron a aquél.

En Bogotá llaman al *lucho*, *golosa*, i en España *infernáculo* o *reinamora*, aunque del primero de estos dos vocablos se haya olvidado la Academia en la última edicion de su Diccionario.

LUEGO, [LUEGU]ITO, [LUEGU]ITITO.

Este adverbio de tiempo se usa por nuestros *guasos* [→] como si fuera de lugar i equivaliera a *cerca*.

Lueguito, es *mui cerca*, i *lueguitito*, *cerca en extremo*, casi al alcance de la mano.

> – "Oiga *cumpita* de las velas i perdone; ¿para dónde va tan de prisa?
> – Voi aquí *lueguitito*, señor, contestó el hombre, parando su macho." (*Huérfano*.)

LULO. [+ LULERO]

Posible derivado del quichua *llullu, brote, pimpollo.*

El *lulo* es cualquier objeto a que, contra su naturaleza i ordinario ser, se hace tomar la figura de un largo i delgado cilindro. La mujer que anda con la ropa pegada al cuerpo, máxime si es alta i flaca, anda *como un lulo.* Se hace *un lulo* de una tira de papel enrollándola, de un peloton de masa que se soba sobre una mesa con el *ulero* [→] o *lulero,* de un árbol que se despoja de sus ramas, etc.

LUMBRERA.

Llaman los mineros a los piques que son mas inclinados que los *chiflones* [→].

LUNCH.

Dice sobre esta voz el señor de Arona:

> "LUNCH.- Palabra inglesa que ha desterrado por completo i sin motivo la española de *once.* ¿Qué mas dice *tomar lunch* que *hacer las once*? Nada, absolutamente nada. Pero cuando los pueblos i las lenguas llegan a su apojeo todo en ellos es bueno i hai que aceptarlo, i cuando están decaidos, ninguno de sus tesoros se aprecia. Con una gran parte del vocabulario español sucede lo que con los grandes terrenos de un fundo abandonado: que están *eriazos,* valiendo ménos por consiguiente *qu' une petite ferme pauvre, mais bien cultivéé.*"

Acerca de la misma, observa el señor Cuervo:

> "No es difícil que se tenga por rústico i palurdo a quien use entre las llamadas personas de tono la castiza locucion que da motivo a esta observacion (*tomar las once*) porque en esas rejiones suele tomarse a la inglesa un *lunch.* Como a estas cosas se espone uno tratando con necios."

LÚNES (HACER SAN).

De la mala, i por desgracia cada dia mas jeneral, costumbre que tienen nuestros paisanos artesanos i gañanes de destinar los *lúnes* de todas las semanas a malgastar en *remoliendas* [→ *remoler*], *parrandas* [→], *picholeos* [→] i *borracheras* el dinero ganado en la semana i no alcanzado a malgastar el domingo, ha nacido la frase *hacer san lúnes,* que vale no asistir en este dia a las tareas acostumbradas o al trabajo convenido.

LLEVARSE (A ALGUNO POR DELANTE.)

Los diccionarios traen *llevarse de calles,* esto es *atropellar, arrollar,* que es como debe decirse.

M

MACANA, [MACAN]AZO.

La Academia ha dado cabida en su Diccionario a esta voz, definiéndola "arma defensiva de que usan los indios."

La *macana* es, segun entendemos en Chile, el palo que ocupa como un término medio entre el garrote i la clava. La *macana* es un garrote, mas los nudos, i una clava, ménos las puntas de la cabeza.

> "Claro se vieron picas i *macanas*
> En iguales hileras todas juntas."
> (ÁLVAREZ DE TOLEDO.- *Puren indómito.*)

> "Solo Arango tiró un arcabuzazo
> Sin dejarle poner derecho el punto
> Que le dió Songobilo un *macanazo.*"
> (ID. ID.)

MACHACAR, MACHUCAR.

El señor Cuervo explica perfectamente el sentido de cada una de estas voces, que usamos en Chile como equivalentes, diciendo:

> "Cuando *machacamos* algo lo quebrantamos i desmenuzamos a poder de golpes, como por ejemplo, los ajos; cuando *machucamos* no hacemos sino golpear i ocasionar una contusion, como en los dedos de las manos o los pies."

> "Llegó otra piedra i dióle en la mano i en el alcuza tan de lleno que se la hizo pedazos, llevándole de camino tres o cuatro dientes i muelas de la boca i *machucándole* malamente dos dedos de la mano." (CERVÁNTES.- *Quijote.*)

> "Tómense cohombrillos silvestres i *machacados,* pónganse a hervir en agua e infúndase ésta sobre el casco." (BANQUERI.- *Agricultura de Abú Zacaría.*)

Para no dejar nada en el tintero solo resta advertir que la significacion de las voces de que se trata en este párrafo, como ella queda establecida, tiene en su contra al famoso caballero español don Diego Pérez de Várgas, que por haber *machacado* en una batalla, con su *macana* [→] cantidad prodijiosa de moros, se llamó en adelante don Diego Perez de Várgas *Machuca.* Pero aunque el tal sea todo ménos que una golondrina, no alcanza sin embargo a hacer verano.

MACHAJE.

Voz útil en los campos donde se la emplea para designar el conjunto o reunion de los animales machos de un ganado. Se usa mucho en Chile i mas todavía que en Chile en la República Arjentina.

Véase un ejemplo en el párrafo destinado a *hembraje* [→].

MACOLLAR.

Amacollarse es como manda el Diccionario.

Una que otra vez, si la memoria no nos engaña, hemos oido emplear este verbo con todas sus letras, aunque en la forma activa, pero en el sentido de *atesorar, guardar,* que es completamente caprichoso.

MACUCO.

De uso no mui jeneral. Equivale a *taimado, astuto, zorrocloco.*

MACUQUINO, A.

Adjetivo que se aplicaba a la antigua moneda, llamada tambien *de cruz.*

> "Este mismo objeto tiene la plata *macuquina* i con el mismo fin se acuñan los cuartillos, etc." (Horacio i Salustio.- *Aurora de Chile.*)

MACURCA.

El dolor que siente en los muslos i cintura la persona que, sin tener costumbre, entra a una mina o hace una caminata o viaje a caballo. El equivalente español es *agujetas,* desconocido en Chile.

MADRINA.

Costumbre es de nuestro pais i de otros que cada recua tenga una yegua que con su cencerro al pezcuezo sirva a aquélla de guia en los viajes. A esta yegua (probablemente por habérsela imajinado los arrieros madre adoptiva de las mulas i machos de la recua) llaman *madrina.* Camina sola a veces, i otras montada por un muchacho que se designa con los nombres de *marucho* [→] o *marinero.*

MALDITO.

Nombre que dan las monjas i mujeres piadosas al Diablo.

Estar alguno hecho el maldito, es familiarmente estar alguno en su hora de chistoso, zumbon i decidor.

MALO.

Úsase como el anterior en la primera de las dos acepciones notadas, que es castiza como se ve por el siguiente pasaje del Quijote:

> "Al entrar de la cual (ciudad de Barcelona) el *malo,* que todo lo malo ordena, i los muchachos que son mas malos que el *malo,* etc."

Como adjetivo, *malo* en frases semejantes a ésta: "Pedro no asistió ayer a su oficina porque estuvo *malo*", da a entender a la española que no pudo asistir porque estuvo *enfermo.* A la chilena no significa, empero, eso, sino estotro: "Pedro no pudo asistir a la oficina porque estuvo ayer *gravamente enfermo,* en *peligro de muerte.*"

MALON, MALOQUEAR, MALOCA.

Vienen estas tres voces de las palabras araucanas *malon* i *malocan,* con que los bárbaros de ultra Biobío nombran las correrias que hacen en tierra enemiga, matando, robando, incendiando i cometiendo todo jénero de atrocidades.

Maloquear a alguno, es tomarlo por objeto i hacerlo víctima de un asalto.

Malon o *maloca,* es la accion de *maloquear.*

Malon ha tenido la fortuna de ser aceptada por los diaristas i escritores políticos, fortuna que es fácil explicarse, ya por no existir en castellano una palabra equivalente, ya por la enerjía que le prestan su oríjen bárbaro i el cúmulo de atrocidades que trae a la imajinacion.

> "Una noche se envió una partida de bandidos en combinacion con la polícia i la escolta del presidente a dar un *malon* a los miembros de la junta directiva de la Sociedad de la Igualdad." (Francisco Bilbao.- *Carta a Santiago Árcos.*)

MALTON, ONA, [MALT]ONCITO, A.

Viene este adjetivo del quichua *mallta,* nombre que se da al cordero i ternero de uno hasta dos años.

Nuestro pueblo lo usa aplicándolo indistintamente a las personas i animales para indicar que, sin haber llegado al máximun de su desarrollo físico, se aproximan ya a él. Una niña *maltoncita,* es una niña *crecida,* i que en uno o dos años mas podria llamarse casadera.

MAMA.

Mamma es voz latina i tambien griega, que significa *madre, nodriza.*

Mama por *mamá* es un provincialismo andaluz. Se engañaria no obstante quien creyese que el *mama* que anda en boca de todos los niños en casi toda la América latina, es descendiente de aquel provincialismo, como lo da a entender el señor Cuervo. Si tal fuese la verdadera etimolojía de la voz que consideramos ¿cómo explicariamos el hecho de ser ella tanto mas corriente cuanto mas cerca corre de la fuente quichua, donde *mama* es ni mas ni ménos que *madre*? La distancia con que la miramos los descendientes de españoles i el apego natural que hácia ella muestran, indios, *cholos* [→], *guasos* [→] i rotos [→], ¿no es un indicio claro que nos autoriza a creer que el *mama* americano, aunque igual en forma i en significacion, ninguna relacion de parentezco tiene con el *mama* de Andalucía?

Hemos dicho que *mama* se usa exclusivamente entre el vulgo por madre o mamá; i ahora se nos ocurre agregar que circula tambien entre las personas ilustradas, pero en sentido diverso, pues entre ellas, donde *mamá* se reserva para la madre, *mama* sirve para designar a la nodriza.

¿Era madre o nodriza la de estos versos de un poeta colombiano?

"Iba a inclinarse al abismo
I exclamé: –¡Desventurada!
Detente: ¿qué vas a hacer?
– Voi a lavarme la cara
– ¿I por qué lloras así?
– Porque me pegó mi *mama!*
(*Dolor Supremo.*)

MAMADA.

Provincialismo mui expresivo, formado de *mamar,* i tan de moda entre nosotros como en Bolivia i el Perú.

A los españoles que desearan conocer con precision la idea que *mamada* representa les diríamos que es la misma que ellos expresan con su palabra *ganga.* Una *mamada* es *una ganga,* ni mas ni ménos.

Dos ejemplos ahora que comprobarán cuán poco escrupulosos nos mostramos para emplearla los que hacemos a verso i prosa, de este i de aquel lado del desierto:

"Esta entidad incorpórea
Esta ventaja magnánima
Magnánima, sí, que su ánimo
A llenar un mundo basta,
Es que las mujeres todas
Tienen una gran *mamada;*
Es que alcanzan las mujeres
Donde los hombres no alcanzan."
(JUAN DE ARONA.- *Poesías peruanas.*)

"¡I cuánto es mas patriótico
I prudente, i sensato,
Preferir nuestro inerme candidato!
Miéntras dijiera o duerma
Nadie temerá nada
I será su gobierno una *mamada!*"
(Z. RODRÍGUEZ.- *Las Abejas elijiendo Reina.*)

MAMADO, A.

Popular es esta palabra sobre todas las que sirven al vulgo para designar a los consuetudinarios adoradores del dios Baco.

A diferencia de *alegre, divertido, cufifo, apuntado,* que indican la primera i ménos repugnante de las fases porque sucesivamente van pasando las víctimas del alcohol, *mamado* se aplica (i lo mismo *curado* [→ *curarse*] i *rascado* [→ *rascarse*]) al que mira voltear el mundo en torno suyo i se siente vencido por el peso de su cabeza e incapaz de tenerse sobre sus piernas.

Mamado corre tambien en la República Arjentina, segun se vé por estos versos de Ascásubi:

"*Mamaos* atras van llorando
Los que *cautiva faltando,*
Es decir, los que no tienen
Mujer, desgracia que vienen
Con la *tranca* lamentando."

MAMAR, MAMANDURRIA.

Mui usados en Chile por, disfrutar favores, tener alguna pitanza, ganar fraudulentamente: es en rigor castizo.

No así *mamarse a alguno*, por *engañarlo, explotarlo.*

Ni tampoco en la acepcion tan chilena de *experimentar, sufrir,* hablando de burlas o en sentido irónico.

> "Ya comprendo, señor...... ¡El susto que se van a *mamar*!" (*Huérfano.*)

Mamandurria es la accion i efecto de *mamar* en la primera de las tres apuntadas acepciones. Compruébanlo los conocidos i picarescos versos con que alguien parodió los que formaban el coro de nuestro antiguo himno nacional:

> "Ciudadanos el amor sagrado
> De la patria os convoca a la lid:
> *Mamandurria* es el grito de alarma.
> La divisa: lograr o morir!"

MAMPATO, A.

Adjetivo que se aplica a las jacas, i en jeneral a los animales i aves rechonchos, de gran caja i de cortas piernas, semejantes a los patos.

A las gallinas retacas suele llamárselas tambien *pachachas* [→]: a los caballos achaparrados, *petisos* o *chilotes* por ser los mas orijinarios de Chiloé; i a las personas retacas, *potocas.*

MANCO. [+ MANCARRON; + MANCARRONADA]

Del araucano *mancu* o *mancun, caballejo, caballo flaco, inservible.*

Manco i *pingo* sirven en Chile para nombrar el caballo de mala traza i de poca alzada, que los españoles llaman *rocin.*

Mancarron, encarece aún la mala traza de la bestia, i es casi equivalente al castizo *matalon.*

Mancarronada, es la reunion de *mancos* o de *mancarrones.*

Manco i *pingo* son provincialismos comunes a Chile i a la República Arjentina; pero conviene advertir que miéntras de este lado de la cordillera las dos voces son sinónimas, del otro se diferencian lo que va de lo vivo a lo pintado. En la República Arjentina *pingo* es el corcel brioso i arrogante, que en término poético i castizo se llama *bridon,* miéntras que en Chile, como queda dicho, es lo mismo que *manco.*

> "¡Ei pucha el *pingo* lijero!
> ¡Bien *haiga* quien lo parió!"

pudo decir un poeta arjentino. Bernardino Guajardo no habria podido decir eso. No es propio de los que por acá llamamos *pingos,* la lijereza.

Pero sí, no habria tenido nuestro poeta de *poncho* [→] dificultad para escribir estos versos de otro vate arjentino, de Ascásubi, ya citados:

> "I luego atras en lo externo
> Del arco que hace la *indiada*
> Viene la *mancarronada*" etc.

Es para poner dudas sobre la procedencia araucana de *manco* el siguiente pasaje del poeta mejicano José María Esteva:

> "Por una choza pasaba
> Cuando su canto acabó,
> I al *manco* alazan paró;
> Que algo de allí le gustaba
> O alguno allí le llamó."

MANCORNAR, MANCORNA.

Mancornar, por *unir* o *juntar* dos cosas o animales de la misma especie, máxime si son de asta, es uno de los muchos provincialismos que, habiendo nacido en las Antillas, fueron traidos por los españoles hasta estos últimos confines del Nuevo Mundo.

Tambien hai en Cuba un provincialismo que sirve para designar a las cosas o animales *mancornados*, solo sí que por allá llaman *mancuerna*, lo que nosotros *mancorna*.

De dos individuos que, luchando, se toman a brazo partido, o, riñendo, de los cabellos, se dice que *se mancuernan*.

MANDIL.

Decimos del paño que se pone a las caballerías debajo de la silla.

El señor Gormaz dice se debe sostituir por *manta*. Lo propio es *mantilla*.

> "Un hermoso caballo blanco primorosamente enjaezado con silla del terciopelo i *mantilla* de grana bordada en oro....." (B. del Barco.)

MANGUEAR.

Denotamos con este verbo en sentido propio la accion de espantar los animales o aves de caza a fin de que se pongan a tiro del cazador. El verbo castizo, aunque desconocido en Chile, que denota esa accion es *ojear*.

> "Yo vine miéntras se reunian todos a avisarte para que nos *manguearas* la perdiz." (*Huérfano*.)

En sentido figurado, *manguear* es uno de los mas socorridos vocablos de nuestro diccionario provincial. El ajente de la casa de comercio *manguea* a los compradores bisoños i de bolsillos bien provistos, el ministro a los diputados incómodos i domesticables, la mamá previsora a tal o cual jóven que cree haria la felicidad de su hija casadera, etc."

MANIJAR.

Aunque mas que un chilenismo es éste un *vulgarismo* (si se nos permite la palabra) hemos querido consagrarle un parrafillo porque nos habria dejado en la conciencia algo como un remordimiento el no advertir, no solo que su forma correcta es *manejar*, (cosa que a no echarse como suelen en olvido tantas cosas que de su peso se caen, por sabida debiera callarse) sino tambien, lo que es mas digno de notarse, que se le atribuye la acepcion de *tener*, *poseer*, desconocida en España.

Úsase, pues, *manijar* entre *guasos* [→] i rotos [→] en tres sentidos diversos aunque parecidos:

1. °, es de gobernar, administrar, rejir: ejemplo, el refran popular: "¿Quién lo manija?- Tello.- ¡Así anda ello!"

2. ° Por llevar en *las manos, al cinto, consigo.*

> "*Manija* siempre *cacho* en las *alforjas, lazo* a los *corriones, puñal* en la *cabeza de la enjalma* i buenas espuelas de plata."

3. Por tener o poseer.

> "Si Ud. quiere, ahora lo que salga la misa, podemos ir a aquella esquina que es de una comadre mui curiosa que tengo. Ella *manija* una chiquita de lo rico." (*Huérfano.*)

MANIPULEAR.

El uso de la jente instruida i el Diccionario quieren que se suprima la *e* que está de mas.

MANO.

Con ser casi innumerables las acepciones castizas de esta voz, creemos no engañarnos al notar de chilena la que le damos de, *lance, trance, aventura,* como en la frase "Me acaba de suceder una *mano* mui orijinal."

No es ménos de notarse el uso que el vulgo, i en particular los vendedores ambulantes, hacen de la voz que consideramos para expresar el número cuatro. "El ciento tiene veinticinco *manos*". "Las frutillas están todavía mui caras: dan cinco *manos* por medio."

MANOTADA, [MAN]OTON, [MAN]OTAZO, [MAN]ADA, PUÑADO, PUÑADA, PUÑO, AMBUESTA.

Con dar la verdadera significacion de cada uno de los sobrescritos vocablos, nos eximiremos del trabajo de explicar los casos en que se usan disparatadamente.

Manotada, manoton i *manotazo,* indican el golpe dado con la mano.

> "A Tomizas en fin la dilijencia.
> Valió una *manotada* con la zurda
> Que, cuando no le aturda,
> No es poco para zurda *manotada.*
> Que le dejó la cara desgatada."
> (Burguíllos.- *Gatomaquia.*)

> "Pues la pícara de la muchacha, siempre que me veia fumar me habia de tirar el cigarro de un *manotazo,* esclamando: ¡anda vicioso!" (Trueba.- *Fumemos.*)

Manada es la cantidad de trigo, o yerba que se puede cojer de una vez con la mano. Se diferencia de *puñado* en que éste indica la cantidad que puede tenerse en la mano, cerrado el puño; así *puñado* dista de *puñada* lo que vá de encerrar en el puño a dar un golpe con el puño cerrado, lo que se llama tambien en buen castellano *puñetazo.*

> "Segarlo quiere el villano,
> La hoz apercibe ya:

> ¡Qué de *manadas* derriba!
> ¡Qué buena prisa se dá!"
> (Lope de Vega.- *El Labrador de Madrid.*)

En las recetas de las médicas y curanderas, figuran con frecuencia *puños* de sal, de *raspadura de palqui* [→], de cebada i de otras cosas ménos manoseables. No aseguraríamos nosotros que tales recetas anden mui ajustadas al arte de Hipócrates; pero partidarios como somos de la libertad de profesiones i de oficios, nos complacemos en absolverlas de todo pecado contra la propiedad de las palabras. *Puño,* en una de sus acepciones, es sinónimo de *puñado.*

Nos queda *ambuesta,* de la cual dice la Academia que es "la cantidad de cosas menudas que cabe en las dos manos juntas ahuecándolas."

MANTENCION.

Lo correcto es *manutencion* o *mantenimiento.*

> "De esta manera, acabado el curso de un año, queda hecha provision de *mantenimiento,* asi para el hombre como para los animales que le han de servir". (Granada.- *Símbolo de la Fé.*)

MANTEQUILLA. [+ MANTECA; + MANTEQUILLERA]

Parece que en España no conocen mas que una palabra, *manteca,* para nombrar las dos sustancias tan diversas que nosotros distinguimos con los nombres de *manteca* i de *mantequilla.*

A la chilena, *manteca,* denota *la grasa del cerdo,* nada mas.

Grasa, la gordura mas fina de los animales vacunos.

I *mantequilla,* la sustancia crasa que se saca de la leche batiéndola, i la que existe en algunos frutos, como en el cacao.

Segun Salvá, esta acepcion de *mantequilla* seria de orijen cubano.

Excusado parece advertir que, puesto que en España la *mantequilla* es *manteca,* nuestras *mantequilleras* han de ser *mantequeras.*

El uso chileno, que tiene por lo ménos la ventaja de no designar con un mismo nombre dos cosas diversas, nos parece digno de conservarse i jeneralizarse.

MANTO, MANTEAR.

Manto, por una especie de mantilla, jeneralmente sin adornos, es castellano. Eslo tambien significando la veta que se extiende horizontalmente hácia los lados, sin considerable inclinacion al centro de la tierra.

No puede decirse otro tanto de *mantear,* que expresando a la española, "la accion de levantar con violencia en el aire a algun hombre, mamarracho o bruto puesto en una manta, tirando a un tiempo de las orillas varias personas", se dice a la chilena de las vetas que, no siendo *mantos*, tienden sin embargo a transformarse en tales.

MAÑA, [MAÑ]ERO, A, [MAÑ]OSO, A.

Dos palabras castizas que empleamos con frecuencia, pero en sentido que se aparta algun tanto del autorizado. En efecto, el Diccionario nos dice que *mañero* da tanto como *sagaz, astuto*; i que *mañoso* es *el que tiene maña*, habilidad, destreza."

¿Es eso lo que entendemos decir cuando decimos: "Rara es la mula cuyana que no tenga ninguna *maña*." "Caballo *mañoso* no debe ser montado por niños." "Hai en la hacienda muchas perdices; pero es difícil cazarlas porque los cazadores las han puesto *mañeras*?" Sin duda que nó, porque segun la práctica corriente en Chile, *maña* es *resabio* (en las personas, *costumbre ridícula, reprensible;*) *mañero, escaldado, receloso,* i *mañoso,* el animal *arisco, coceador, que respinga.*

Salvá trae a *mañero* i *mañoso* entre los provincialismos mejicanos.

MARCHANTE.

Lo que es éste no nos viene de Méjico, sino de mas léjos, de Andalucía, por el intermedio de Cuba. Tanto en la que se llama *la perla de las Antillas,* como en la que álguien llamó el *salero de la Península* *marchante* es lo que entre nosotros, el *parroquiano*, el *casero* [→].

Tambien suele la jentualla tomarlo en mala parte, nombrando así al *casero* de las casas i cuartos, *non sanctos.*

MARIDAR.

> "Los franceses tienen el capricho de *casar* (*marier*) cosas que nosotros, sin cometer incesto, hermanamos, v. gr. las armas con las letras......"
> "Pero nosotros *casamos* como ellos, los colores, las piezas, las telas i, poéticamente el olmo con la vid, la caridad con la fé, la fé con la razon....." (BARALT.- *Diccionario de galicismos,* VOZ CASAR.)
> "... que es uno de los pocos prosistas de la jeneracion presente que saben *maridar* la precision con la pureza, la concision con la amplitud de la frase i la armonía del período." (J. MAÑÉ I FLAQUER.- *España en Lóndres.*)

En este ejemplo se *marida* la concision con la amplitud i la armonía, infrinjiendo las leyes que prohiben la poligamia, i pecando ademas contra el órden natural, pues las tres *maridadas* son hembras.

MARITATA.

¿Cómo llaman las *maritatas* en España? ¿O son por allá desconocidas? Puntos son éstos que no hemos podido averiguar. Tampoco hemos sido mas felices para descubrir el oríjen etimolójico o jeográfico de esta palabra.

Lo único que sabemos i acerca de lo cual podemos dar noticias es que nuestros conciudadanos mineros (aunque seria mas propio *pirqueneros* [→ *pirquen*]) llaman *maritata* a un pequeño canal o acequia de cincuenta centímetros mas o ménos de ancho, por ocho o diez metros de largo, cuyo fondo cubren con pellejos de carnero, para que, corriendo por encima el agua a la cual se echan minerales pulverizados, ésta deponga el polvo de oro sobre aquéllos.

En el Norte llaman *maritatas* unos como cedazos con tela de alambre, movidos por motor de vapor o de sangre.

MAROMA, [MAR]OMEAR, [MAR]OMERO.

No hai en castellano ni *maromear* ni *maromero*; i se comprende, pues *maroma* es la cuerda gruesa de esparto o cáñamo.

En Chile llamamos *maroma* el espectáculo que en España se ha llamado siempre *volatin*, por mas que el Diccionario de la Academia no dé, en el artículo que dedica a esta voz, otra acepcion que la de "la persona que con habilidad i arte anda i voltea por el aire en una *maroma*, haciendo otras habilidades i ejercicios semejantes."

Hemos dicho *en el artículo que dedica a esta voz* [→ *volatin*], i así era de justicia, pues explicando la voz payaso, dice: "*el que en los volatines* i fiestas semejantes hace el papel de gracioso, con ademanes, trajes i jestos ridículos." Luego *volatin* es, no solo el héroe de la fiesta, sino tambien la fiesta misma.

Volviendo ahora a nuestros chilenismos, observaremos que *maroma* es el *volatin*-fiesta de los españoles; *maromero* el *volatin-persona*, o para evitar confusiones i puesto que tambien es castizo, el *volatinero*; i *maromear*, andar, saltar i voltear sobre una maroma, i por extension, conservar el equilibrio físico o moral en circunstancias ocasionadas a darse un costalazo.

> "Mas como todavía no suele ser la hora de dormir me voi de aquí a otras partes con peligro de que en las calles atravesadas, al *maromear* sobre un puente, se sumerja mi humanidad en el agua." (JOTABECHE.- *El Puerto de Copiapó.*)

MARTILLO.

En la acepcion de *almoneda* no lo traen los diccionarios.

MARUCHO.

Véanse *arrinquin* [→ *arrenquin*] i *madrina* [→].

MASA AGUADA. [+ MASAGUADA]

Hacer la *masa aguada* o *masaguada* a alguno, es *engañarlo, jugarle una mala pasada*. Se usa tambien en el Perú i en el mismo sentido que entre nosotros, como se ve en estos versos de Segura:

"– ¿Pero una mujer honrada?
– ¡Qué honradez ni qué enemigo!
Si no hacemos lo que digo,
Nos hará la *masa aguada*."

MASHORCA.

Así se ve constantemente escrita en periódicos i libros arjentinos i en algunos chilenos la palabra *mazorca*.

Como el tirano Rosas aplicara un bárbaro castigo a sus enemigos, usando por instrumento de suplicio una *mazorca* de maiz, i como las últimas sílabas de esta voz suenan como *horca*, otra especie de suplicio, i la sed de matar era insaciable en el tirano, o como quien dice, *mas sangre*, los ignorantes identificaban ambas ideas confundiéndolas.

"Hasta no dejar en pié ni una *mashorca* de maiz." (Amunátegui.- *Los Precursores de la Independencia de Chile*.)

MAS QUE, MAS QUE NUNCA.

Dice don Vicente Salvá que por, *no importa, aunque*, es un adverbio vulgar mejicano; i se equivoca, como se prueba por el pasaje siguiente de Cervántes: "Habilidades i gracias que no son vendibles (añadió Sancho) *mas que* las tenga el conde Dirlos."

La que sí tenemos por locucion chilena, i tan enérjica como expresiva, es *mas que nunca*, equivalente a *suceda lo que quiera, venga lo que viniera*, i aún algo mas.

"¿Está Ud. resuelto a casarse?- Resuelto- ¿I con una viuda, pobre i cargada de hijos? – *¡Mas que nunca!*"

Francisco Bilbao se habia fijado en la concisa enerjía de la locucion de que tratamos i creyó, no sin motivo, que ella traducia fielmente la heroica testarudez araucana i podia servirle de divisa. De él es el pasaje que copiamos en seguida:

"Ella (la libertad) es la salvaguardia de los pueblos sudamericanos. Es por ella que (¡señor Baralt, Ud. dispense!) deben repetir el grito del Norte: *go ahead!* o el axioma araucano: *¡Mas que nunca!*" (*Movimiento social de la América Meridional*.)

MATANCERO.

Llamamos *al que mata i desposta las reses*, esto es, al mismo oficial que en castellano se llama *jifero, matarife*, i tambien *matachin*.

MATAR EL TIEMPO.

Es el *tuer le temps* frances; en castellano se dice: *engañar el tiempo*.

MATE, [MAT]ERO, A.

Del quichua *mate*, o, *mati*, calabaza.

Es lástima que la Academia se obstine en cerrar las puertas de su Diccionario a una multitud de voces americanas que, por útiles i por jeneralizadas, bien merecian de ella mas favorable acojida; pero es mas de lamentar aún que cuando las acoja sea para presentarlas a los lectores de allende i aquende el charco horriblemente desfiguradas.

Vea quien dude lo que es *mate* para la docta corporacion: "Nombre que dan en la América del Sur *a una hoja* procedente de un arbusto crecido, que tostada i macerada despues, se exporta en sobornales de cuero."

Si eso no se llama tomar el rábano por las hojas, se llama sí tomar la hoja de la *yerba* por la calabaza.

Mate, nadie lo ignora por estos mundos, es la taza o pequeño tiesto en que se toma la infusion de la *yerbamate*, o simplemente de la *yerba*; i se llama así porque lo comun es que la dicha infusion se haga en las pequeñas calabazas llamadas *mate* o *mati* en la lengua de los indios del Perú.

Matero, es la persona mui aficionada al *mate*, que ha contraido el vicio de usarlo inmoderadamente. Tambien la que vende en las plazas i recovas (recova es en este sentido un provincialismo andaluz) esa bebida:

> "La madre de María, ocupada únicamente en saborear el *mate* i ponderar la buena mano de Estefanía para *cebarlo*." (Z. RODRÍGUEZ.- *Loco Eustaquio.*)

> "Las guateras i pateras
> Desde mui temprano están
> Vendiendo con grande afan;
> Lo mismo hacen las *chancheras*:
> Las *materas* i floreras
> Tienen su venta especial."
> (GUAJARDO.- *De todas artes.*)

MATRERO, A.

En castellano, *astuto, diestro, experimentado.*

En nuestra práctica, i tambien en Méjico, segun Salvá, *suspicaz, receloso.*

> "Dijo la astuta Zorra
> I encantadas las Tórtolas bajaron,
> I confiadas i alegres
> Su vida con sus alas le entregaron.
> Hubo una sinembargo
> (Ala nó, sino tórtola) *matrera*
> Que volóse gritando:
> ¡Al valle! i salga el sol por Antequera!"
> (Z. RODRÍGUEZ.- *La Zorra conciliadora.*)

MAUGRON O MAURON.

Hai quien diga a lo que se dice en español *mugron.*

MAULOSO, A.

¿Cómo se llama en buen español, señor Diccionario, al *tramposo* i *mal pagador?*–De tres maneras, señor curioso: *maula, maulon* i *maulero*– Pues, sépase Ud. que ninguna de las tres ha podido aclimatarse en Chile, donde para designar a la polilla esa, hemos tenido a bien formar de *maula* una palabra nueva, *mauloso.*

MECHAS, [MECH]ONEAR.

Mecha es palabra castiza, no solo denotando la torcida de hilo, cáñamo o algodon que se pone en las lámparas, velones i candiles, sino tambien una guedeja o porcion de pelo.

No obstante lo dicho, debe reputarse chileno el verbo *mechonear* por tirar a alguno de los cabellos, i la frase, *irse a las mechas*, por acometerse, trabar lucha cuerpo a cuerpo, embestir."

"¡A *las mechas*! Dijo un pelado, i no tuvo que agarrar!" (*Refran popular.*)

"Me le puse *elante* al toro
I le *ije*: ¡a toro *indino*!
Entónces, furioso el bruto,
A las mechas se me vino."
(*Corrido popular.*)

MEDIAS, MEDIERO, A.

No cabe duda de que puede mui correctamente decirse en castellano dar una tierra *a medias*, o cultivarla *a medias* con otro, para denotar que gastos i cosechas se dividirán por mitad o por partes mas o ménos iguales. Lo que sí dudamos es que pueda decirse para expresar esa idea como ordinariamente decimos: *dar en medias*.

Mediero, por la persona que va *a medias* con otro en la administracion de una heredad, cria de ganados, etc., es un provincialismo de oríjen aragones, i de uso frecuente en Chile; eso sí que por acá lo que se estila es dar aquel nombre al que entra en la sociedad poniendo su industria i trabajo personal, i nunca o casi nunca al que pone las tierras, bueyes, instrumentos de labranza, en una palabra, el capital.

La sociedad misma, o mejor ese sistema de explotacion se llama *medias,* como se comprueba con el adajio, *las medias ni en los piés son buenas,* en el cual no existiria el retruécano, si *medias* no tuviera, ademas de la acepcion comun, la que acabamos de apuntar.

Los equivalentes castizos de *medias* i *mediero,* son *aparceria* i *aparcero.*

MÉDIO.

Con frecuencia se ve en los diarios anuncios de colejios en que se habla de *medio pupilos* i *medio pupilas,* i en que se vé a un sustantivo como es *pupilo* modificado por el adverbio *medio,* en vez de usar a *medio* como adjetivo, diciendo, *medios pupilos*, etc.

"Donde le tenian concertado un casamiento con una *media* parienta suya." (CERVÁNTES.- *La ilustre fregona.*)
"Habiendo visto las vanas pretensiones de los *medios hidalgos.*" (QUEVEDO.- *Premáticas i aranceles jenerales.*)
"Con cuyos proventos pudiesen mantenerse cincuenta pupilos i ciento i cincuenta *medios* pupilos." (JUAN EGAÑA.- *Exámen de la Constitucion.*)

MÉDULA.

Casi no hai persona ni diccionario que no acentúe esta voz en la antepenúltima, contra las reglas de la Ortografía[48] i la práctica de los clásicos.

"Los muchachos han hecho pepitoria
De todas tus *medúlas* i tus huesos."
(Cervántes.- *El Rufian viudo.*)

"Dijo, i a todos un cruel despecho
Corrió por las *medúlas* presto i vivo."
(Hojeda.- *Cristiada.*)

"I sus hijos, cada uno
De tan disforme estatura
Que era un monte organizado
De miembros i de *medúlas.*"
(Calderon.- *La Cena de Baltasar.*)

"Del labio amante en venas i *medúlas*
Fluido humano eléctrico circula."
(Maury.- *Esvero i Almedora.*)

MELGA.

Es *amelga.*

MENESTER (HABER DE)

"Cuentan algunos, escribe el señor Cuervo, entre las obras de misericordia la de "dar buen consejo al que lo ha *de* menester" i creemos practicarla aconsejándoles quiten ese ocioso *de,* pues la frase es *haber menester* i no *haber de menester.*"

"Yo soi noble i si no demasiadamente rico, no tan pobre que *haya menester* a nadie." (Cervántes.- *Pérsiles.*)

"Salga el rei de su corte; acuda a los que le llaman i *le han menester.*" (Melo.- *Guerra de Cataluña.*)

"*Menester* tiene un engañoso aspecto verbal, de donde resulta que el vulgo dice *yo menesto*; pero ¿qué mucho que el vulgo se extravie, si los clásicos mismos han considerado varias veces como verbo tal vocablo? Testigos los lugares siguientes:

"......Ese castigo
Materia de estado fué.
Sí; ¿mas con tanto rigor
Que ha llegado a *menester*
Valerse, señor, de algunos
Amigos, para comer?"
(Calderon.- *Saber del bien i del mal.*)

"Ahora bien no escucheis cuerdo
Que para lo que os propongo,
Loco, Alfonso, he *menesteros.*"
(Tirso.- *Del enemigo el consejo.*)

"I si es que habeis *menesterme*
Os serviré de podenco,
Para todo lo mostrenco."
(Id.- *El Celoso prudente.*)

MERECER.

"Se usa en algunas partes de un modo singular el verbo *merecer.* Dícese con propiedad: "Yo no merezco tanto favor" (yo no soi digno) o "no le *merecí* la menor atencion (le debí)"; pero no creemos que pueda decirse igualmente bien: "*No se merecen ahora las casas* (no se hallan casas)".

---

48 *Medulla* en latín, de la propia raiz que *medius,* medio, es grave por ser larga la *u* a causa de ir seguida de dos *l.*

(Andres Bello.- Artículo publicado en el número 171 (20 de diciembre de 1833) de *El Araucano.*)

MERENDARSE, BENEFICIARSE, TRAJINARSE, SOPLARSE.

Es un chilenismo usar estos verbos [→ *beneficiarse*; → *trajinar*; → *soplarse*] como el vulgo suele por *engañar, ganar con malas tretas* en el juego, *asesinar.*

"¿No te acuerdas de aquel *pipiolo* que *me merendé* el año pasado?" (*Huérfano.*)

En el mismo sentido se dice *trajinarse* a alguno, *soplárselo, beneficiarlo* o *beneficiárselo.*

"Si me lo dejan otro ratito *me lo habia trajinado,* pues." (*Id.*)

MERQUEN

Del Araucano *medquen, moler en la piedra, lo molido, harina.*

Llaman *merquen* en las provincias del Sur, i especialmente en las poblaciones de la frontera araucana, una mezcla de *ají* [→] i sal que se lleva en los viajes para condimentar las comidas que se improvisen en los alojamientos.

METALERO, A.

¿Cómo podria llamarse en castellano la mina que produce muchos metales? El Diccionario nos dice que *metalífera,* aunque advirtiéndonos que éste es un adjetivo de uso reservado a los discípulos de Apolo.

Siendo ello así, bien podemos usar sin escrúpulos, los que escribimos *en vil prosa,* nuestro adjetivo *metalero.*

METAMÓRFOSIS.

Hacemos esta palabra esdrújula sin que haya motivo para ello.

Como todos los vocablos griegos de igual terminacion (clorósis, apoteósis, neurósis, etc.) es grave.

"... Aquí
Tus ojos vencedores
De amor siempre invencible
Verán *metamorfósis.*"
(Tirso.- *La Vida de Herodes.*)

"Hoi paz, mañana guerra i propaganda:
¡Qué peripecias, qué *metamorfósis!*"
(Breton.- *Desvergüenza.*)

METERSE (DE FRAILE)

Opina el señor Cuervo que es menester quitar el *de* en las frases *meterse de fraile, de monja* i otras semejantes; i apoya su opinion en los ejemplos que siguen:

"¿No ves que me das enojos
Cuantas veces me amenazas
Entrarte monja?"
(Tirso.- *Quien no cae no se levanta.*)

"¿Fraile *te metes*, Perico,
Solo por no pasar hambre?
Pues dí que *gloton te metes*
No digas *te metes fraile*."
(LEON DE ARROYAL.- *Biblioteca Selecta*.)

"Si tanto te desazonan
Los requiebros de los hombres
Bien puedes *meterte monja*."
(BRETON.- *Elena*.)

METIQUERO, [METIQU]ERÍA O MITIQUERÍA. [+ MITIQUERO, A]

"La delicadeza, la compostura, la *mitiqueria*, permítasenos la palabra, de nuestro bruñido personaje." (R. VERA.- *Juicio crítico*.)

Este *mitiquería* ha sido, sin duda formado de *meticuloso*; pero con significado de *melindre, pusilanimidad*, etc.

Mitiquero o *metiquero*, es en español, *ninfo, esquilimoso, melindroso*.

MIELERO.

Del que vende miel, i del lugar en que ésta se guarda, se dice en español *melero*.

MINGACO, MINGAQUERO.

Creemos, salvo error, que *mingaco*, es una palabra que viene del quichua *mitayoc*, el que trabaja a turno o tanda, por el intermedio de *mita* o *minga*, nombre del trabajo que los españoles exijian de los indios en la época colonial.

Mita i *mitayo* son ya, por fortuna, palabras históricas, que han dejado de usarse con haber concluido la odiosa institucion a que se referian.

El señor Amunátegui explica así en sus *Precursores* el oríjen de la *mita*: "El Rei habia limitado todo el gravámen de los indios al pago de un tributo; pero despues tuvo que consentir en que mediante un jornal fuesen a trabajar personalmente en las labores de la agricultura, en la crianza de ganados, en la explotacion de las minas."

"El trabajo fué minuciosamente reglamentado para aliviar la condicion de los indios."

"Los caciques sorteaban a sus subordinados a fin de formar las cuadrillas o repartimientos que por turno i por tiempo determinado estaban obligados a ir a cultivar los campos o los planteles, a pastorear el ganado, a explotar las minas."

"Esto era lo que se llamaba la *mita*."

"En la actualidad llámase *mingaco* el trabajo hecho por una reunion de individuos que podríamos llamar *voluntarios*, que no cobran sueldo, convierten su tarea en una especie de fiesta, i reciben del interesado en la faena, siempre racion de comida i de aguardiente, *chicha* [→], u otro licor, i a veces tambien alguna parte de los frutos.

Mingaquero es el aficionado a andar de uno en otro *mingaco*.

MIÑAQUE.

Los diccionarios no traen este vocablo, provincialismo chileno segun parece. Su equivalente castellano es *encaje, randa.*

> "A urdir *miñaques* en un tamborillo de lienzo, a fabricar loza perfumada." (VICUÑA MACKENNA.- *Historia de Santiago.*)

MI SEÁ. [+ MI SIÁ; + MISIÁ]

Díjose en los buenos tiempos de la lengua castellana *mi so, mi sa,* abreviaturas lacayunas i fregoniles, como dice Cuervo, de *mi señor, mi señora.*

Ambas abreviaturas, no hai que dudarlo, emprendieron su viaje a América con los criados de los conquistadores; pero es lo cierto que *mi so* debió de ahogarse en la travesía, pues solo el *mi sa* llegó a estos mundos, i eso convertido en *mi seá* o *miseá, mi siá* o *misiá.*

Siendo, como queda dicho, *señora* la palabra contraida, parece que mas propio es escribir *mi seá,* o *miseá* en una sola palabra, semejante a la que han formado los franceses con *ma* i *dame*, que escriben *madame.*

> "Mi *sora* Cristina demos.......
> – ¿Qué hemos de dar *mi so Ocaña*?
> (CERVÁNTES.- *La Entretenida.*)

> "Si don Baltasar se casa
> Con *mi sa* doña Mayor,
> ¿Quién te puede estar mejor
> Pues todo se cae en casa?"
> (TIRSO.- *Desde Toledo a Madrid.*)

> "¿I *mi sa* doña Lucia?- Quedó......."
> (ID.- *No hai peor sordo.*)

> "– ¿Quién?" me dijo, como despertando.
> – Son mas de las cuatro, *mi seá* Merceditas." (Z. RODRÍGUEZ.- *Loco Eustaquio.*)

MISMO (PARA LO.)

Tengo por chilenismo la frase *para lo mismo,* en el sentido de *para nada, sin objeto, inútilmente.*

> – "Sí, pero hombre, pueden descubrir, i........
> – I dado caso que descubriesen, seria *para lo mismo.*" (*Huérfano.*)

MISTURA.

Aunque en español *mistura* sea la mezcla de varias cosas, entre nosotros i tambien, i aun mucho mas, en el Perú, se llama antonomásticamente *mistura* la mezcla que se hace de varias flores, que, rociadas con agua olorosa i encerradas en canastillos de papel de colores, se distribuyen a las damas en los saraos i otras fiestas.

> "......Es el jardin, do el alelí amarillo,
> Ingrediente esencial de la *mistura,*
> La hermosa dalia, de color de caña,
> La roja adelfa, a nuestro clima estraña,
> Surjen del sol bajo el radiante brillo."
> (JUAN DE ARONA.
> - *Poesías peruanas.*)

MITA, MITAYO.

Véase *mingaco* [→].

MOCHO.

Al relijioso lego se llama familiarmente en España *motilon.* Por acá lo llamamos *mocho,* talvez por tener de comun esta palabra con aquella la acepcion de *pelado, pelon.*

> "En la puerta *e* San Francisco
> Estaba un *mocho parao*
> Con unas espuelas grandes
> Que le hacian *riu, rao.*"
> (*Zamacueca.*)

MOHO, [MOH]OSO, MOHOSEAR, ORIN, HERRUMBRE, ARRUMBARSE, AMOHOSARSE, OXIDARSE.

Moho, es un agregado de hongos parásitos que se crian en cualquier cosa que empieza a corromperse. Hai impropiedad, por lo tanto, en designar con esta voz el óxido que se forma i aparece a manera de costra rojiza sobre el hierro i otros metales expuestos a la humedad. La corruptela cuenta sinembargo con la sancion de la Academia, que da tambien a *moho* el significado de *orin* o *herrumbre* que nosotros le damos.

Mohoso, debiera decirse de lo que está cubierto de *moho.*

Oxidado, tomado, o *herrumbroso,* de lo que está cubierto de *orin.*

En cuanto a los verbos, los que usamos son *arrumbarse* [→ *arrumbe*] i *amohosarse,* i ámbos son bárbaros.

El hecho de cubrirse de orin alguna pieza de metal se expresaba antiguamente por *orinecerse.* ("Ca si los ficiessen (los cálices) de fierro *orinecerse* hian aina." – D. Alonso el Sabio.- *Partida I.*) En vez de este verbo, que ha caido en desuso, tenemos el moderno, aunque un tanto sabio, *oxidarse.* Cubrirse algo de *moho* se dice a la española *mohecer, enmohecer,* o *amohecer.*

Herrumbarse (i no *arrumbarse*) es tomar sabor a *herrumbre,* el licor, dulce o comida que se prepara en tiesto de cobre u otro metal.

> "De las cubas sale mas oloroso el vino que de las tinajas; mas en las tinajas no se *enmohece* tanto como en las cubas." (Herrera.- *Agricultura jeneral.*)

Véase *arrumbe* [→].

MOJINETE.

Dice el señor Vicuña en su *Historia de Santiago* que "los *mojinetes* son mui comunes en Vizcaya i que de allá nos vinieron." De todas maneras, si los *mojinetes* nos vinieron de Vizcaya parece que su nombre no es vascuence (en las provincias vascongadas se llaman *casares*). ¿De dónde nos viene entónces? Nuestras dilijencias por averiguarlo han sido infructuosas.

Lo cierto es que damos a *mojinete* dos acepciones distintas, haciéndolo significar, ya el cordon divisorio de las aguas en los tejados, que en español es *caballete,* ya el pequeño techo de forma triangular que era moda construir sobre la puerta de las casas.

> "Con esta sola nomenclatura hecha a vuelo de ave i sin pararnos en ningun *mojinete* ni blason, habríamos creido dejar compendiada la organizacion civil i doméstica de la colonia i establecida al propio tiempo su admirable i compacta e indestructible unidad." (VICUÑA MACKENNA.- *Historia de Santiago.*)

En Castilla llaman a los *mojinetes* en la segunda de las dos notadas acepciones, *frontispicios.*

MOLDORÉ O MORDORÉ.

Se pronuncia en Chile el frances *mordoré* (rojizo) que no trae ningun diccionario autorizado.

> "Vestia... camisa de crimea *mordoré* etc." (L.V. MANCILLA.- *Una escursion a los indios Ranqueles.*)

MOLIENDA.

En España i en Chile (i creemos que en todas partes donde se habla castellano) *molienda* significa la accion de moler i la cosa molida de una vez. Por lo tanto nos parece que el señor de Arona se engaña, considerando la palabra de que tratamos como un peruanismo cuando denota la operacion de moler la caña, el tiempo que aquélla dura i el producto obtenido.

> "Tal es el cuadro que Cañete ofrece
> Cuando comienzan a verdear las lomas,
> Cuando la piedra de la cal florece
> I no amarmanta San Miguel sus tomas;
> I cuando, en fin, la hacienda,
> Parada la *molienda*,
> Un cementerio, un pateon parece."
> (JUAN DE ARONA.
> - *Poesías peruanas.*)

MONO.

Ademas de usarse entre nosotros esta voz para indicar el cuadrumano de su nombre, i a la persona que vive en continuo movimiento, i como adjetivo por lo que es pulido, delicado i gracioso, todas acepciones castizas, se usa tambien entre la jente zafia para denotar cuantos objetos de alguna manera nos representan personas o animales, cuadros, estátuas, muñecas, muñecos, etc.

Lo usa tambien la jente culta, pero no es para ésta tan socorrida voz como para aquélla, pues en sus labios casi es equivalente a *mamarracho.*

Un *guaso* [→] que refiriese a los amigos de su aldea o de la hacienda en que vive las maravillas vistas en Santiago, difícilmente se olvidaria de los *monos* de la plaza de Armas i Alameda.

Un crítico, al ver la estátua de O' Higgins, para mostrar la impresion que su vista le causaba, exclamó (i entre paréntesis, con sobrada razon): "*¡Esa no es una estatua*; *es un mono!*"

Notable es ademas el uso de *mono* en frases como estas: "Cuando estaba de candidato era todo para todos; mas desde que *aseguró el mono* ya ni conoce a sus amigos."

No soltar el mono; mantenerse inflexible, no abandonar la presa.

En Colombia *mono* se hace sinónimo de *bermejo.*

MONTAÑA.

Usamos esta palabra por *sierra*; *cordillera, lugar poblado de grandes árboles*; i usamos bien porque todas estas acepciones tiene.

MOSCOBADO, A.

En Chile se dice *azúcar moscobada.* Los diccionarios traen en la voz azúcar, *mascabada*; i en la voz *mascabado* dicen que se aplica al *azúcar prieto.*

MOTE, MOTERO, A.[49]

Del quichua *mutti,* (en araucano *muthi*), el maiz o trigo cocido en lejía.

Lo que se entiende por *mote* en Chile, todos lo sabemos. A los extranjeros que lo ignoren, les da la explicacion siguiente el autor de *Chile ilustrado:*

> "¿Qué es *mote*? preguntará el europeo. Ni mas ni ménos que trigo hervido en lejía, la que por su fortaleza i la ayuda del fuego hace soltar su vestimenta al grano, i luego, lavado varias veces en agua para que suelte el sabor de la lejía, que nunca pierde del todo. La medida que usa el *motero* es una taza grande de loza, cuyo justo precio es un *cuartillo* (3 centavos), i la cual llena de agua que siempre lleva consigo en un cántaro de barro."

No está mui correctamente explicado; pero ahí tienen los lectores una idea de lo que son el *mote* i el *motero.*

Otro caso en que se usa *mote,* a la chilena, es aquél en que nos servimos de él para significar que alguno, al hablar, se ha llevado de calles alguna regla de sintáxis, o estropeado alguna palabra, o escrítola con todas sus letras, pero atribuyéndole un sentido que no tiene. Así, verbi gracia, sin ir mui léjos, i sin dar muestras de exajerada severidad, podria decirse, a la chilena, que el autor del artículo cuyo es el párrafo que acabamos de copiar por ejemplo, *echó un mote,* empleando la palabra *vestimenta,* que es el vestido (i no como quiera sino el lujoso) para significar el *hollejo* del trigo.

MOTU PROPIO.

> "Luego no puede decirse en latin *motu propio,* en vez de *mea* (*tua, sua,*

49 En la edición original, el lema añade al final: "(PELAR MOTE)", pero no se refiere a dicha frase en el cuerpo del artículo, por lo cual hemos decidido suprimirla [NdE].

etc.) sponte", por de "motivo propio, *motu* propio, o de *motu* propio". (LOBECK.- *Progysm.*)

"El gabinete de Washington ofreció *de su propio motivo* la única reparacion que puede satisfacer a la nacion inglesa." (BELLO.- *Derecho internacional.*)

MOZA.

¿Puede considerarse el baile como un juego? Por qué? preguntará el lector. Porque de que se conteste negativa o afirmativamente a esta pregunta, depende que *moza* sea o no un chilenismo, por el último baile de un sarao.

En efecto, *moza,* en español de jugadores, es la última mano que se juega; miéntras que en chileno de bastoneros i mirones es el último valse i mas comunmente todavía, la última *cueca* que se baila. I aquí está este lugar de Jotabeche que nos echaria en rostro nuestra mentira si faltásemos a la verdad:

– "¡Jesus! es mui tarde! Tengo enfermo en casa! Vivimos tan léjos!"

"– Nó, por Dios, señorita! Mire Ud., las once i media en punto. Esta otra contradanzita i nada mas. ¡Las niñas están en baile!"

"– *¡La moza! ¡La moza!* gritaron todos."

MUCHI, MUSI I MISI.

Voces con que se llama cariñosamente a los gatos i que son las mismas con que designa a los individuos de la especie gatuna en quichua (*misi*) i en araucano (*michi*).

MUJO, A.

Servímonos con frecuencia de este adjetivo para significar el color de los hábitos que usan los relijiosos carmelitos; i nos serviríamos de él como Dios manda si, modificando algun tanto su pronunciacion, pusiéramos una *s* i una *g* en vez de la penúltima *j*, (*musgo*).

– "¿Tiene *castilla*? preguntó una vieja que entraba cuando el chiquillo salia."

"– De qué color, *mamita*? dijo el patron."

"– *Muja,* señor, contestó la vieja." (*Huérfano.*)

"Entónces una irrupcion
Viene de godos i alanos,
Espesa nube de frailes
Sobre mi casa tronando:
Blancos, cenicientos, *musgos*,
Negros, azules i pardos."
(MORATIN.- *Romance al príncipe de la Paz.*)

Dícese tambien en español *musco.*

MUNICION.

Llaman así en Chile a la municion menuda que sirve para cazar i que en español se dice *perdigones.*

"Ahí he visto los arrreos de caza de don Lúcas i todo es rico, todo es precioso en ellos: la escopeta i los frascos de la *municion* están guarnecidos

> de plata i los botines i el morral están bordados de seda." (ANTONIO DE TRUEBA.- *Nostaljia.*)

Aquí *municion* significa colectivamente la pólvora i los perdigones, i lo que constituye o forma la carga.

MUÑEQUEAR.

Es en español *jugar las muñecas,* desusado en Chile, donde el único que *muñequea* es el maiz, cuando a lo largo de la caña i entre ésta i las hojas empiezan a aparecer los *choclos* [→].

> "¡Mujer! mujer! ¿Has visto como los melones están *cayendos* i los *choclos muñequeando* que es bendicion de Dios?" (D. BARROS GREZ.- *Cuentos para los niños grandes.*)

MURALLA.

No se usa en español sino para indicar las obras de defensa con que se rodea una plaza fuerte o con que se impide la invasion de un enemigo, con baluartes de piedra, ladrillo, etc. La obra que sostiene los techos de las casas, se llama *pared.*

Muralla, en la acepcion chilena es un galicismo.

MURRO.

Con haber en la lengua un buen número de palabras para indicar los movimientos de que la cara es capaz (guiño, jesto, mohin, momo, mimo, mueca, visaje) no conocemos ninguna que nos muestre la expresion del rostro *del que se amorra.* En esa cara inmóvil hai algo que revela enfado, testarronería, berrinche; i ese algo lo expresamos diciendo: "Miren Uds. el *murro* de esa cara."

MUSCULACION.

Musculatura es como debe decirse.

N

NANA.

Del quichua *nanai, dolor, enfermedad.* Usa esta voz tanto la jente zafia como la instruida, pero solo para imitar el lenguaje de los niños a quienes se enseña desde temprano a designar con ella cuantos dolores o heridas, los mortifiquen.

NECROLOJIA.

Muchos la acentúan mal, pronunciando i escribiendo *necrolójia.* Su recta pronunciacion es *necrolojía* con el acento en la *í,* donde lo llevan los derivados del griego de igual terminacion: analojía, teolojía, etimolojía, etc.

NEGRO.

Es provincialismo de la América meridional como voz de cariño.

> "En la plaza andan vendiendo
> Ramilletitos de a peso;
> Le he de comprar *a mi negro,*
> Será mi gusto.... i por eso."
> (*Tonada popular.*)

NEVAZON.

Provincialismo tan afortunado como inútil. El temporal de nieve se ha llamado siempre en castellano *nevasca, nevasco* o *nevada.*

> "I llega otra vez el frio
> I vuelven las *nevazones*
> I de nuevo los podones
> Se arriman al molejon."
> (Z. RODRÍGUEZ.- *La Parra i el Podador.*)

NIGUA.

Mas feliz este bicho que muchos otros que le aventajan en utilidad i figura, ocupa mui orondo un lugar en el Diccionario de la Academia.

Nigua (*pulex penetrans*), segun el vocabulario que viene al fin de la Historia de las Indias, de Oviedo, seria de oríjen cubano.

> "Esta palabra (*inagua*) puede que sea derivada del vocablo lucayo *jimagua,* que quiere decir *jemelas,* lo que tendria aplicacion a las dos Inaguas. Pero no faltará quien prefiera hallar la etimolojía en las muchas *niguas* que aun constituyen una de las plagas de las dos Inaguas." (J. A. DE

VARNHAGEN.- *La verdadera Guanahaní de Colon.*)

NO LE HACE.

"- Oye, Juan, mañana le das otro riego a la viña.- Es que en la semana pasada no mas le puse el agua.- *No le hace.*- Es que está todavía húmeda.- *No le hace.*- Es que la uva se va a dar desabrida.- *No le hace.....*"

El testarudo viñador queria decir con su estribillo que nada importaba nada, salvo que su voluntad se cumpliese.

Ñ

ÑAÑA.

Del quichua *ñaña, hermana, amiga, paisana.* En araucano, *ñeñe* es *madrastra.*

Es provincialismo que corre mui bien aceptado entre la jente ignorante.

Por lo comun la *ñaña* es la hermana mayor; bien que en ocasiones la hayamos oido emplear como sinónima de *mama.*

> "Tocóle su turno a doña Mercedes Alderete i dijo:
>
> Cuando niño verde
> Cuando jóven colorado
> I cuando viejo pelado."
>
> "A lo que saltó la cocinera con visibles muestras de alegría:- ¡Qué gracia! ya la sabia yo desde que me la enseñó *ñaña* Peta: ese es el *peumo!*"
> (Z. Rodríguez.- *Loco Eustaquio.*)

ÑATO, A.

Designamos con esta palabra, cuyo oríjen puede ser mui bien la quichua *ñanppi, embotado, sin punta,* a los que en castellano se llaman *chatos* o *romos,* jente de nariz pequeña i aplastada.

Ñato es a menudo término de cariño en el trato familiar; i tanto en este sentido como en el de romo es usado en el Perú i la República Arjentina.

> "Yo que a narigona, *ñata,*
> Alta, baja, fea, hermosa, etc."
> (Estanislao del Campo.
> - *Monólogo de un tronera.*)

I de las consabidas narices nada mas diremos, porque está escrito:

> "En cuanto a nariz *ñata,* punto i coma....
> La nariz de esta clase no entra en broma."

ÑAUCAS.

Imposible nos ha sido averiguar la época en que este conocido personaje floreceria. Lo único que hemos sacado en limpio, es que debió de ser contemporáneo del *rei Perico,* i niño de un tiempo con *la reina Mari-Castaña.*

En tiempo de Ñaucas, equivale a *mui antiguamente,* en tiempo del rei *que rabió.*

Segun Juan de Arona *ahora ñaupas* es en el Perú una expresion que equivale a *ahora tiempos, a lo de marras,* etc.

¿Sería este señor *Ñaupas* o *Ñaucas,* algun célebre i antiguo personaje de la América bárbara? *¡Indiphodi!*

¡Indiphodi! contestaremos con el famoso poeta tecuzcano, Nezahualcoyolt, *lo ignoramos!*

ÑO, ÑA. [+ ÑOR, ÑORA]

Ñuño, ñuña, si hemos de creer al Diccionario de la Academia, era título de respeto, como hoi, *señor, señora, don, doña*; título que paró despues en apellido de familia.

En Chile, i si no nos engañamos en toda la América latina, se usa *señor, señora,* en su forma íntegra i en su forma abreviada, pero con significaciones diferentes.

Señor, a, es tratamiento que se da a las personas de respeto por su posicion social, sean o nó de avanzada edad.

Ño o *ñor* i *ña* se anteponen por lo comun al nombre de aquellas personas que, siendo pobres o plebeyas, merezcan por sus años o estado algo mas que el insolente *tú* de quien les dirija la palabra.

> "*Ño* Ambrosio el inglés, como llamaban las limeñas al mercachifle." (RICARDO PALMA.- *Tradiciones peruanas.*)

> "Oigajté, *ña,* Sacramenta,
> Le diré ajté mi pasion:
> Soi cojtante en el querer
> I en el amar dadivoso,
> Si ujté no lo quiere creer
> Lo dirá *ñor* Sinforoso."
>
> (JOSÉ MARÍA ESTEVA.)

> "Sí, sí, agregamos todos; está mala la adivinanza de *ña* Estefanía!" (Z. RODRÍGUEZ.- *Loco Eustaquio.*)

El *ño* de los ejemplos anteriores tiene gran semejanza de significacion con el *tio* de los españoles.

O

OBSEQUIO, OBSEQUIAR.

Ni en los clásicos ni en los diccionarios de la lengua encontramos a *obsequiar* como activo, por *regalar,* ni a *obsequio* por *regalo.*

No puede negarse, sin embargo, que el cambio de sentido que en ambos vocablos hemos operado, no tiene nada que repugne a la índole de la lengua, como que es mui semejante al que sufrieron en lo antiguo *regalar* i *regalo.*

No creemos por lo tanto habernos hecho reos de mui grave culpa al escribir:

> "Me dió lástima i no pude resistir a la tentacion de robar una (una guinda) que fuera para *obsequiársela.*" (Z. Rodríguez.- *Loco Eustaquio.*)

OCEANO.

¿Dónde lleva el acento esta palabra i con cuántas *cc* debe escribirse?

La Academia española escribe *océano.*

Don Andres Bello dice, que si bien es lícito cargar el acento en la *a* a los poetas segun la práctica ménos autorizada, no se tolera, ni en prosa ni en verso pronunciar *occeano* u *occéano,* con dos *cc.*

Don Valentin Gormaz en su *Correcciones lexigráficas,* nos hace saber que *occeano* no existe.

Don Rafael María Baralt i don José Gomez Hermosilla, pronuncian i escriben *occéano.*

Don Pedro Felipe Monlau en su *Diccionario etimolójico de la lengua castellana* escribe como la Academia i el señor Bello, *océano.*

Covarrúbias en su *Tesoro de la lengua castellana, oceáno,* con una *c* i el acento en la *a.*

Lo dicho probará que las opiniones andan sobre la pronunciacion de la palabra asunto de este párrafo, mui divididas, i que si bien hai motivos para inclinarse al parecer de la Academia, no lo hai para decir como el señor Cuervo en sus *Apuntaciones* "que es un disparate mayor de marca pronunciar *occeano* con dos *cc.*"

Nosotros no pronunciaremos así; pero nos guardaremos de declarar ignorantes o disparatados a los que abriguen una opinion diversa.

ODIO, ODIAR. [+ ODIOSITO, A]

Torcemos con frecuencia el significado de estas palabras, empleando el sustantivo como si fuese sinónimo de *majadería, molestia, fastidio,* i el verbo como equivalente de *fastidiar, moler.*

Cuando un niño no se está tranquilo, i llora, i se impacienta a cada momento, dice su madre que debe de estar enfermo, *porque está odiosito.*

> "Esto te pasa por *lacho*
> Salió diciendo la Lora,
> Yo veré si vas ahora
> *A odiarme,* Loro borracho."
> (GUAJARDO.- *Celos de la Lora al Loro.*)

OFERTAR.

Por *ofrecer* no existe. Es verbo inventado por algunos con ridícula afectacion.

OJEAR.

Un tiempo hubo en que opinamos que la creencia de que era posible *hacer daño* [→ *hacer*] a las personas, (por lo regular gallardas i hermosas) mirándolas fijamente, era una abusion de oríjen araucano. Mas abrimos el Diccionario de la Academia en la palabra *aojar* i salimos de nuestro error. *"Aojar"* dice el ilustre cuerpo, "es *hacer mal de ojo." Habemus confitentem reum!* La abusion no nos vino de Arauco; nos vino de España. De España tambien nos vino la palabra que ha conservado nuestro pueblo, sin mas alteracion que la precisa para convertir el castizo *aojar* en el rotuno *ojear.*

OJOTA.

Parece que es esta palabra de oríjen mejicano- indíjena (*uxota.*)

Designamos con ella unas como sandalias toscas de cuero sin curtir que usan los peones que trabajan en las *chacras* [→] i minas.

Las hai de dos especies.

Ojota chacarera es una sandalia que cubre la planta del pié i que se sujeta con unos *correoncillos* que se hacen pasar cruzados por sobre el empeine i el tobillo.

La *ojota minera* se asemeja mas al zapato, como que en realidad no es mas que una babucha de cuero crudo, groseramente amoldado al pié.

Bosquejando la fisonomía de la Plaza de Armas de Santiago en 1825, dice don José Zapiola en sus *Recuerdos de 30 años*:

> "De oriente a poniente i a cinco metros de distancia de la pared norte de la plaza, corria una acequia cubierta de loza en toda la extension de esa cuadra. Toda ella era ocupada por los vendedores de *ojotas.*"
> "Allí acudian los que usaban este calzado, que entónces eran muchos, por su bajo precio, un medio real. Las *ojotas* viejas quedaban donde se compraban las nuevas, i esta arma arrojadiza suministraba a los muchachos un elemento para empeñar todos los dias festivos esas *guerras de ojotas* a las que jamas faltamos por la inmediacion de nuestra casa al campo de batalla."

ÓLEO.

Poner a alguno el *óleo* u *olearlo* es ponerle la Extremauncion. Nosotros lo usamos revesadamente por Bautismo. I ya se ve que entre el sacramento con que la Iglesia se despide de los que agonizan i el con que recibe a los recien nacidos hai talcual diferencia.

ONCE.

Por la refaccion que se toma a medio dia, es palabra castiza; aunque no sea fácil encontrar ejemplo de ella en los escritos de los clásicos.

Como que la dicha colacion deriva su nombre de la hora en que se toma, carece de plural i es un disparate decir: vamos a tomar *las onces.*

> "Luego entraron los porteros i traian sendas botellas i vasos acompañados de tiernos panecillos, con lo cual todos se apresuraron a tomar las *once* para cobrar nuevas fuerzas." (*Mesonero.*)

> "Apénas nos habíamos sentado, cuando ya habia prevenido el amo que sacase las *once*: .... Amigo, nos pusieron una mesa con tantas viandas i tanto lujo, que apénas me atreví a probar un bocado." (HARTZENBUSCH.)

Es por lo tanto, aunque curiosa, completamente antojadiza la etimolojía que atribuye al vocablo cuestionado el señor Vicuña Mackenna en el siguiente pasaje de su *Historia de Santiago.*

> "I era tomar entre el desayuno i la comida, por via de confortativo un poco de mistela o *aguardiente,* i por las once letras de este último llamaban esta distribucion o parvidad *las once.*"

ORA U HORA.

Nombre vulgar de la epilepsia, alferecía i otras enfermedades de los nervios.

Por lo comun se dice que se enferman de este mal las gallinas que repentinamente se tuercen del pezcuezo i caen al suelo sin poder andar.

ORÍJEN. [SABER DE BUEN]

La locucion *saber alguna cosa de buen oríjen* no viene en los diccionarios, que dicen *saber alguna cosa de buen orijinal.*

ORIN.

Véanse *arrumbe* [→] i *moho* [→].

EL OTRO, LA OTRA.

> "Porque si ella no hubiese consentido *el otro* no podia entrar." (A. BLEST GANA.- *Martín Rivas.*)
> "Ademas, ¿qué culpa tienen ellas si *la otra* ha perdido la vergüenza?" (A. BLEST GANA.- *El Ideal de un Calavera.*)

En ambos lugares ha subrayado el autor las palabras *el otro, la otra,* para manifestar que el adjetivo *otro,* usado como sustantivo, es un provincialismo chileno o por lo ménos peculiar a la jente del pueblo. Pero hase equivocado el señor Blest Gana, porque el modismo es castellano.

> "Atrevidilla era la doña Mónica i gran cuco el tal don Sinforiano en mantenerse firme en sus trece para que *la otra* le apretase." (BARALT.- *Diccionario de Galicismos.*)

> "Sabemos lo que sucedió *al otro* que quiso ordeñar la mona antes de mirarle la cara." (*Capmany,* citado por Baralt, *Dic. de Galic.* voz GOBERNAR.)

> "Yo soi *el otro*; i me conocerás, pues, no hai cosa que no la diga *el otro.* I luego en no sabiendo como dar razon de sí dicen: como dijo *el otro.*" (QUEVEDO.- *Visita de los chistes.*)

OVERO, A.

Adjetivo que se aplica en España a los caballos de pelo blanco manchado de alazan i bayo. En Chile lo aplicamos a los animales de piel remendada o de varios colores, los mismos que castizamente se llaman *pios.*

P

PABLO, PAULO.

Criticando estas palabras de Sarmiento: "¿No se moria de fastidio Buffon al oir a Saint Pierre leer su *Paulo i Virjina?*" dice Villérgas: "Decididamente el señor Sarmiento sabe mucho; pero es poco afortunado para traducir nombres propio del frances. Antes tradujo *Pépin* por *Pipino,* i ahora traduce *Paul* por *Paulo.* ¿Ignora el señor Sarmiento, por ventura...... ¿ignora, digo, el profundo sabio de quien me ocupo, que el nombre *Paul* en frances es equivalente a *Pablo* en español? (J. M. VILLÉRGAS.- *Sarmenticidio.*)

La crítica de Villérgas es justa, si bien un tantico excesiva, porque aun cuando sea cierto que lo correcto, comun, autorizado i preferible, cada vez que se hable del apóstol de los jentiles es *Pablo,* como han escrito casi todos los clásicos, no debe olvidarse que ha solido decirse tambien *Paulo* i que este uso cuenta con la tolerancia de algunos maestros del idioma i hasta con la de la Academia, en cuyo Diccionario, última edicion, (1869) leemos: "PAULO, m. n. p. Pablo. Se usa hablando de los papas i emperadores de este nombre."

Cuanto a los maestros, bástenos hacer mencion de Covarrúbias que escribió en su *Tesoro:* "PABLO, latine *Paulus,* muda la *u* en *b* como es ordinario; i *tambien decimos Paulo.*"

El hermitaño en *El condenado por desconfiado,* de Tirso de Molina, se llama *Paulo.*

> "Os envio agora estas epístolas de San *Paulo* traducidas del griego en romance castellano." (JUAN DE VALDÉS.)

> "Valdés habla de esta obra suya en la dedicatoria de las epístolas de San *Pablo* a Julia Gonzaga." (R. MESONERO ROMÁNOS.)

PACO; PACO, A.

En que vulgar i socarronamente llamamos *pacos* a los soldados que en España llaman *guardias civiles,* i por acá en mas decente estilo *policiales,* no cabe duda ni disputa. Pero ¿cuál es la etimolojía de esta voz? Aquí la certeza falta si bien no falten las conjeturas.

La palabra *paco,* segun el vocabulario americano añadido por don Amador de los Rios a la *Historia de las Indias de Oviedo,* seria de oríjen quichua, en cuyo idioma quiere ella decir, *siervo, esclavo.*

El señor Vicuña Mackenna parece inclinarse a aceptar esta etimolojía a todas luces errónea. Errónea porque no existe en quichua una palabra que, significando siervo o esclavo, hubiera podido dar oríjen a nuestro *paco*; i errónea tambien porque es difícil percibir la relacion que exista entre la condicion de los siervos i la de los encargados de mantener el órden en las calles i plazas.

Lo mas probable nos parece suponer que el *paco* nuestro venga del quichua *ppáccu*, que significa *rubio, castaño, bayo*, como no solo es de suponerse, sino de afirmarse categóricamente con respecto al adjetivo, *paco, a*, bayo, a. Para explicarnos la sustantivacion de este adjetivo nos bastará recordar que hace algunos años no era raro ver abrigados a los *policiales* de Santiago con *ponchos* [→] *pacos*, únicos capotes con que aun se defienden del frio i de la lluvia los de varios departamentos, i que no faltan en nuestra patria ejemplos de adjetivos que expresan color trocados en sustantivos que designan a las personas que de él acostumbran vestirse. ¿No llamamos vulgarmente *morados* a los obispos, *negros* a los tordos? I por la inversa, no llamamos *carmelita* al color de que se visten los relijiosos de la órden del Carmelo, i *lacre* el rojo, solo porque este es el color que comunmente se da a aquél? ¿Por qué no suponer entónces que el color de los *ponchos* de los guardias civiles haya servido al vulgo para formarles un nombre, ya que él, o no existia en la Península, o no habia llegado a estas tierras?

Paco, a, como queda dicho, es *bayo, a*, i a veces tambien *pardo, a*.

> "Figúrese su mercé
> Que si yo salgo a la esquina,
> A la recova o al puerto
> A cualquier hora del dia,
> El primer *paco* que miro
> Me dice al pasar: Mi vida
> ¡Si te llevara *pa entro*!......."
> (M. Antonio Benavídes.
> - *La Mejor espuela*.)

PACHACHO, A.

De significacion mui parecida a *mampato* [→], *petiso, potoco*, de los cuales se distingue en aplicarse de preferencia a las gallinas enanas, o mas propiamente, de gran caja i de cortas patas.

Mampato i *petiso* se dice por lo comun de los caballos i cuadrúpedos.

Potoco, a, de las personas.

PACHOTADA.

Dígase *patochada*.

PADREJON.

Las aprendices de parteras, comadres o matronas (en la jerigonza de moda *profesoras de partos*) i las que desempeñan el oficio sin haberse dado el trabajo de aprenderlo, llaman *madre* el órgano de la mujer en que se forma i desarrolla el feto.

Ahora bien, como lo que no se le ocurre al diablo suele ocurrirse a las comadres, ocurriéndoseles a éstas que los hombres han de tener algun órgano correlativo *a la madre* de las mujeres, i que el nombre correlativo tambien que mejor cuadraba a aquél era el de *padrejon*. ¿Habrá desatino?

Nada es mas comun entre los enfermos pobres que acuden a las boticas, *despenserías* i médicos, que el explicar su enfermedad diciendo que se les ha *subido el padrejon,* o que *se les ha bajado,* o que *les salta,* o que a tiempos se *les atraviesa,* etc.

Un facultativo nos asegura que lo que toman rotos [→] o *guasos* [→] por *padrejon* las mas de las veces es el cólico.

PADRON.

No tiene entre sus acepciones castizas i autorizadas por los diccionarios de la lengua la de *caballo padre*, que le damos en Chile.

> "Por esto buscan siempre el macho cabrio, el morueco, el toro, o el *caballo padre* mas activo, etc." (MONLAU.-*Hijiene del matrimonio.*)

Tambien solemos llamar *potros* a los caballos padres, designando con el nombre de *potrillos* a aquéllos.

PAJONAL.

Entendiéndose por *paja* en España la caña del trigo, cebada, etc., despues de seca, triturada i separada de la espiga, es claro que no necesitaban de una palabra que indicase el sitio en que la *paja* se cria i produce. Con el *pajar* para guardarla tenian suficiente.

No así en Chile, donde llamamos *paja de totora* una especie de carrizo que sirve para hacer esteras, sillas, i para otros diversos usos.

El sitio en que esa clase de paja se produce se llama *pajonal,* i dada la acepcion de paja que hemos apuntado, no vemos medio de evitar el neolojismo. Para suprimir los *pajonales* seria preciso comenzar por suprimir la *paja de totora,* empresa que ni podria llevarse a cabo en quítame allá esas pajas, ni seria tan fácil como sacarlas de una albarda.

Véase *papal* [→ *papa*].

PALANGANA, [PALANGAN]ADA.

Un *palangana,* es, segun Salvá, que califica esta palabra de provincialismo peruano, un *presumido, entrometido,* que raja sobre lo que no entiende.

No tenemos a la mano las *Memorias del jeneral Miller*; pero recordamos haber leido en ese libro que tanto abundaban allá en la época de la independencia los *palanganas* en Lima, que se formaron batallones de ellos.

Un *palangana,* es en español un *charlatan, hablantin, tronera.*

Palanganada es accion o palabra propia de *palanganas.*

PALQUI.

Este arbusto, cuyo nombre botánico es *cestrum parqui*, es de uso tan jeneral en la medicina casera que, para decir que una persona o cosa es mui conocida de todos, se dice: *como el palqui*, o *mas conocida que el palqui*. En castellano se dice *mas conocido que la ruda*.

Palqui es voz araucana, i es raro que Mr. Gay manifestara no conocer el nombre vulgar de lo mas conocido que hai en Chile, escribiendo en su Botánica *parqui*.

PAMPA. [+ PAMPILLA]

En quichua *pampa*, es *plaza, suelo llano, llanada, campo*.

Úsase esta palabra en tres acepciones distintas: 1.ª llanura extensa, por lo jeneral árida o a lo ménos inculta (la *pampa* de Islai, las *pampas* arjentinas); 2.ª por *desnudo, descubierto*, a *cielo raso*; 3.ª por el salvaje que habita las *Pampas*.

> "Compañero, no hai por qué acobardar, hemos pasado lo mas difícil del camino i ya estamos en *pampa* rasa."
> (Vicuña Mackenna.- *Portáles*.)

> "Flores de suave fragancia
> Toda la *pampa* brotaba
> Al tiempo que coronaba
> Los montes a la distancia
> Un resplandor que encantaba."
> (Ascásubi.- *La Madrugada*.)

> "Campo *ajuera* se levantan
> Como nubes *polvaderas*
> Preñadas todas enteras
> De *pampas desmelenaos*, etc."
> (Id.- *La Indiada*.)

¿Quién ignora, por último, que *pampa* i a veces *pampilla* es el nombre con que conoce el vulgo el campo destinado a las revistas, paradas i ejercicios militares, i otras diversiones públicas?

Ni *pampa* ni *pampilla* nos llenan el gusto; pero si no hemos de decir *prado*, de mui buena gana nos quedaríamos con cualquiera de ellas a trueque de librarnos de los *campos de Marte*, que no son de cristianos.

Pampa ha sido adoptado por la Academia.

PÁMPANO.

En castellano, el sarmiento verde, pimpollo de la vid.

Entre nosotros, los *pequeños racimos*, especialmente aquellos que quedan en los sarmientos despues de hecha la vendimia.

Arrepentidos de haber cometido un tan garrafal disparate la primera vez que publicamos la composicioncilla titulada *El pajarero*, (aun cuando enmendamos la pampirolada en la insercion que hicimos de ella en el primer tomo de la *Micelánea literaria* poniendo *racimos* donde decia *pámpanos*) copiaremos aquí la estrofa en su primera forma, en penitencia i para ejemplo:

> "De pié, sobre un andamio improvisado

En medio de la viña, grita ronco
Un mancebo jentil,
Espantando los pájaros que chupan
El codiciado jugo que atesoran
Los pámpanos de abril!"

PANA.

Matanceros [→], carniceros, galopines i fregonas de cocina, llaman *pana* el higado de las vacas, carneros, cerdos, etc. *Pana* es evidentemente la *puanca,* con que los araucanos designan los intestinos o menudos de los animales.

PANANAS.

Pesado, inhábil para saltar o trepar, poltron.

Se aplica a las personas i a las bestias. Tiene alguna semejanza de significacion con *cutama,* i como ésta es de oríjen bárbaro.

Panananac en la lengua de los indios peruanos es, *repleto, harto de comer i beber.*

PANCHO, A.

Nombres que aplicamos familiarmente a los que en la pila bautismal han recibido el de Francisco, o Francisca. Segun Salvá es provincialismo de oríjen cubano. Viene, no obstante, sin la nota de provincial en el Diccionario de la Academia.

PANIZO.

Llámase así a la chilena el criadero de minerales o el lugar que a la vista presenta los caractéres propios de un criadero.

Panizo pintador, es el que promete metales abundantes i de buena calidad.

Panizo broceador, el que promete poco i anuncia próximo *broceo* [→ *brocearse*].

PANTEON.

Se llama en Chile cualquier cementerio: *panteon* tienen los villorrios i aldehuelas; i en *panteones* se depositan los restos mortales de los mendigos i ajusticiados.

"Panteon (de *pan* i *theos*) templo consagrado a todos los dioses." (MONLAU.- *Dic. etimolój.* voz DIOS.)
"Desde alguna distancia divisamos la bella fachada del *panteon* con su gran cruz al frente" (habla del pueblo de Puerto Montt.) (*Provs. meridionales de Chile,* por C. García Huidobro.)
"Pero luego encuentran nuestras miradas otro edificio, la cárcel, *panteon* de vivos en donde mora la corrupcion i el desórden." (ID. ID.)

PAPA, PAPAL, PAPERO, A.

Pocos habrá en América i aun en Europa que ignoren llamamos *papa* al tubérculo que los botánicos conocen con el nombre de *solanum tuberosum,* i los españoles, con el de *patata.*

Papa es voz de la lengua quichua, en la cual sirve para designar, no solo las patatas, sino las plantas que tienen raices bulbosas.

Papal, el sitio sembrado de *papas.*

El señor Gormáz dice en sus *Correcciones* que no se debe llamar *papal* el sitio sembrado de *patatas,* sino *papatal,* (probablemente la segunda *p* está en lugar de *t* por error de imprenta). I ¿por qué no *papal,* siendo que los americanos no decimos *patata* sino *papa,* voz que el Diccionario trae como sinónima de *patata*? Es cierto que éste no trae a *papal*; mas, ¿qué tiene de extraño que esta voz americana no haya llegado aún a los oidos de la Academia? Si llamáramos a las plantas en que nos ocupamos *patatas,* preciso seria diésemos el nombre de *patatal* al sitio sembrado de ellas; pero desde que se acepta *papa* es un absurdo negar el pase a *papal,* derivado de formacion irreprochable.

Como la doctrina que estamos sustentando servirá para saber a qué atenerse en los casos análogos que ocurren, que no son pocos, vamos a manifestar las razones i autoridades en que se apoya.

Dice el señor don J. Gómez Hermosilla en su *Arte de hablar en prosa i verso.*

"En las palabras nuevas hai que distinguir las que son sacadas de la lengua misma i las que son tomadas de otra, ya viva, ya muerta..."

"En cuanto a las que se sacan del propio fondo de la lengua, esto puede hacerse o por derivacion o por composicion. Por derivacion se hace una palabra nueva, cuando de un primitivo usual se deduce un derivado que hasta entónces no ha estado en uso. Por ejemplo, de muchos adjetivos en *ible, able, al, il,* no se usa el sustantivo en *idad,* verbi gracia, de *destructible destructibilidad*; i así cualquiera de estos que se forme e introduzca, será una palabra nueva por derivacion........

"Como ésta hai innumerables, i es absurdo i ridículo acusar de neolojismo al autor porque tales voces no se hayan en los Diccionarios. 1. º No existe en el mundo, i acaso no existirá nunca, un Diccionario que contenga todas las voces de una lengua, i mucho ménos todas las derivadas que con buena analojía se pueden deducir de las primitivas ya recibidas. 2. º El neolojismo consiste, como veremos, no en estas felices deducciones que enriquecen las lenguas; sino en la manía de querer alterar las significaciones autorizadas por el uso o mudar los accidentes gramaticales de algunas voces."

En virtud de lo dicho no puede condenarse a *papal,* voz formada de *papa* segun el jénio de la lengua española i las reglas de la analojía.

"En los nombres sustantivos", dice en su *Gramática* don Vicente Salvá, "las mismas terminaciones *al* i *ar*, i tambien *edo* i *eda* sirven para los nombres colectivos que comprenden muchas cosas o individuos de una misma especie, como *acebuchal, arenal, romeral*, etc."

Lo que precede es aplicable a *papero*, el cual es preciso aceptar, mas aún, el cual debe considerarse como implícitamente aceptado, desde que se aceptó su primitivo.

Concluimos con las siguientes reflexiones que son del Prólogo a la *Gramática* del señor Bello:

"Si de voces castellanas hemos formado (los americanos) vocablos nuevos segun los procederes ordinarios de la derivacion que el castellano reconoce i de que se ha servido i se sirve continuamente para aumentar su caudal ¿qué motivo hai para que nos avergoncemos de usarlos? Chile i Venezuela tienen tanto derecho como Aragon o Andalucía para que se toleren sus accidentales diverjencias cuando las patrocina la costumbre uniforme i auténtica de la jente educada."

PAQUETE.

¿Dicen en España del que anda acicalado, emperejilado, peripuesto, que *va hecho un paquete*? Lo ignoramos; pero si no lo dicen bien podrian, sin faltar a la Gramática ni al Diccionario. Lo que sí no dirán seguramente es que fulano o mengano anda *mui paquete*, como nosotros acostumbramos.

PARARSE. [+ PARADO, A]

Damos a este verbo en Chile, i aun pudiera decirse en toda la América latina, la acepcion de *levantar, alzar*, en que no aparece usado por los clásicos ni por los buenos escritores peninsulares modernos.

La acepcion fundamental de *parar* i *pararse* en español es *cesar en el movimiento o en la accion*; i así como mas o ménos directamente de ella se derivan i con ella se relacionan las demas que le atribuye el Diccionario, así tambien cuantas le damos en Chile se derivan de la idea de *levantar* o *levantarse lo que está en el suelo*.

Veámoslo confirmado con algunos ejemplos:

"Hiere con la mano el suelo,
Pára el rabo pequeñuelo."
(García Goyena.)

Pára, es *alza* o *levanta* el rabo.

"Por aquí un *gentleman fashionable* de grandes cuellos *parados*." (Moises Várgas.- *Lances de noche buena*.)

Parados, quiere decir aquí *tiesos, derechos*.

"Sentéme yo sobre el tronco caido de la parra i ella a mis pies i sobre el pasto… – ¿Sabes amigo que quisiera *pararme* i volverme a casa sin hablar contigo una palabra?" (Z. Rodríguez.- *Loco Eustaquio*.)

Aquí *pararme*, es *ponerme en pié*.

"Al cabo de cortos instantes *se paró* de su asiento." (A. Blest Gana.- *Martín Rivas.*)

Se alzó de su asiento, se puso en pié, o *dejó su asiento.*

"No me interrumpais, gritó con su voz mas agria i poniéndose en guardia como un gallo a quien *se le paran* todas las plumas." (Paris en América.- *Traduccion de D. Domingo Arteaga Alemparte.*)

Se le paran, es *se levantan,* i con un tantico de audacia, *se le erizan.*

"La prominente oreja
Pára i escucha atento."
(A. Lozano.- *Gran duelo de la Patria.*)

Para, es aquí *aguza.*

Tan comun es en América el significado provincial de *parar* que estamos explicando, que don José Joaquín de Mora se connaturalizó con él lo necesario para escribir:

"Luego tumba
Cosme Hermida:
¡Cuál retumba
Su caida!
I el *se pára*
¡Suerte rara!
Con la cara
Mal herida."

(*La Caza.*)

Procuremos confirmar ahora con ejemplos de escritores peninsulares la exactitud de los equivalentes que hemos señalado a las diversas acepciones de nuestro *parar.*

"*Álzese* el buen Aguilera." (Moreto.- *El valiente justiciero.*)

"Alzóse grave
El hijo de Laértes i, los ojos
Fijos en tierra, sin alzar la vista,
Parado estaba i sin hablar, i el cetro, etc."
(Gómez Hermosilla.- *La Iliada.*)

"Alzando el pastor la cabeza se puso lijeramente *en pie.*" (Cervántes.- *Quijote.*)

"Era la mula asombradiza i al tomarla del freno, se espantó de manera que, *alzándose* en los piés, dió con su dueño….. en el suelo." (Id. Id.)

"El lomo o extremo de la chimenea que se suele formar de una teja vuelta hácia bajo o de dos tejas o ladrillos *empinados* que forman un ángulo." (*Diccionario de la Academia.*)

Pararse en el hilo, decimos propiamente del *volantin* [→] que se remonta hasta quedar sobre la persona que lo sujeta, i figuradamente de la persona mui tiesa, emperejilada i presumida.

"A la mujer *enrestada*
Que por poquito se atiesa
I *mui parada en el hilo*
Te mira con desvergüenza
Bésala con el estribo
I abrázala con las riendas,
I verás que en poco tiempo
Se les soban las correas."

(*Huérfano.*)

PAROLA.

Segun el Diccionario, es *labia, verbosidad.* Nosotros lo aplicamos a los *fanfarrones, farolones, fachendas.*

Esta designacion de la persona por la palabra que indica en abstracto su cualidad predominante, es propia de la índole de nuestro idioma. Así al que se ocupa por lo comun en engaños i artificios, es decir, en *maulas,* se le llama mui a la española, *un maula.* Así tambien *fachenda* que fué en su oríjen *vanidad, jactancia,* pasó a indicar mas tarde al *vano i jactancioso.*

> "Nada caracterizará mejor a este personaje que la aplicacion adjetivada que damos los chilenos al sustantivo *parola.*" (A. Blest Gana.- *El Ideal de un Calavera.*)

PARRANDA.

Voz es ésta de significacion mui semejante a *remolienda* [→ *remoler*].

Si alguna diferencia pudiera notarse entre ámbas, seria la de indicar aquélla que la jarana se efectúa en el campo, como quien dice debajo de los *parrales.*

En el mismo sentido que entre nosotros se usa en Colombia, si hemos de creer al señor Cuervo, quien le da por equivalentes castellanos a *jaleo, jarana, broma, verbena, pandilla, zahorra.*

PARRON.

A la española, la *parra silvestre.* Entre nosotros, *la parra* o *conjunto de parras* sostenidas con armazon de madera, fierro, etc., que es lo que el Diccionario de la lengua llama *parral.*

> "En esa estacion en que las *diucas* sobre los techos de las casas cantan sus amores a sus pequeñuelos, mi madre cantó bajo los *parrones* de las viñas de su esposo al primer hijo de su amor." (Z. Rodríguez.- *Loco Eustaquio.*)

PARTES.

Femenino plural, significando las dotes o cualidades que adornan a alguna persona, es castizo. Conviene usarlo sin embargo, con cautela, pues tiene otra acepcion que aunque castiza puede para algunos no ser mui casta.

> "Nos lusitanos ví tanta ousadia
> Tanto primor *e partes* tan divinas, etc."

> "A voz *partes* é de significado honesto; mas a pezar d'isso se deve usar acauteladamente; pois que é fácil interpretal-a de sorte que passe a ser torpe." (Pedro José da Fonseca.- *Trad. da versific. portugueza.*- Nota a la estrofa 48 del canto 6.° de "*Os Lusiadas.*")

PARTURIENTA.

A la mujer que está de parto llamamos *parturienta.*

Es voz castellana, si bien poco usada por los buenos escritores peninsulares, que dicen *parturiente.*

> "Algunas *parturientes* rendidas de fatiga." (Monlau.- *Hijiene del matrimonio.*)

> "Hasta entónces la vida de las *parturientas* estaba entregada en manos

de la ignorancia mas supina."
(V. PADIN.- *Discurso fúnebre en honor del doctor Sazie.*)

PARVADA.

La reunion de aves es *bandada* o *banda,* la de animales cuadrúpedos, *manada,* las de peces, *gregario, cardúmen* o *cardume.*

Hai ademas de estos colectivos otros mas concretos que sirven para indicar la reunion de ciertas especies de animales, o la reunion de ellos en determinadas circunstancias o para ciertos usos. Así *piara* es la manada de cerdos, i a veces tambien de mulas, *torada* de toros, *vacada* de vacas, etc; así *jauría* es el agregado de perros que cazan juntos, *lechigada* el conjunto de animalitos que han nacido de un mismo parto, o de pajarillos que han roto las cáscaras de la misma nidada.

En este último sentido decimos nosotros *parvada,* sobre todo hablando de los polluelos que siguen a la gallina.

"... i aun parece que ayer era
Cuando ufana te via
Ir i tornar lijera
Por estos mismos sitios, coronada
De bulliciosa e infantil *parvada!*"
(Z. RODRÍGUEZ.- *Últimas huellas.*)

PASABLE. [+ PASABLEMENTE]

El señor don Rufino José Cuervo, que tiene mui buenas narices, dice que este vocablo *huele a francés,* i que lo castizo es *pasadero.* Tanto huele que el señor Baralt, que no se anda con chicas, declara en su *Diccionario de galicismos,* que, por *pasadero, regular, tal cual,* solo lo emplean *los mas desaforados galiparlistas.*

Tampoco merece ser absuelto *pasablemente,* por *mediana* o *razonablemente.*

"Bordo *razonablemente*
Broca, cañamazo i gasa."
(CALDERON DE LA BARCA.- No siempre lo peor es cierto.)

PASMO.

Llama así el vulgo cualquiera enfermedad que produzca una inflamacion difusa de los tejidos subcutáneos. Se atribuye por lo comun al frio o a alguna mojada.

PASOSO, A.

Dice sobre esta voz el señor Cuervo:

"Al papel que *se pasa* llamamos *pasoso,* adjetivo derivado de verbo, como resbaloso, guardoso, i nos parece útil."

PATAS.

Ser, salir o *quedar patas,* en una suerte o votacion, por quedar iguales, es frase castiza, aunque poco usada ya, segun advierte el Diccionario de la Academia.

No lo estimaba sin duda así el señor Vicuña Mackenna, que en su empeño por encontrar curiosas i nacionales etimolojías, creyó ver la de nuestra frase en un fallo de la Real Audiencia "quien", dice, "dió por *patas* una carrera mandándola repetir en iguales condiciones. I de estas *patas* viene que aun cuando no se hable de caballos sino de damas o de exámenes, dícese tambien con gran frescura que se ha salido *patas.*" (*Historia de Santiago.*)

PATRIOTERO.

Voz bastante usada en la polémica política. Es mui expresiva i hace relacion a patriota, como coplero a poeta, discursista a orador, escribidor (que trae el Diccionario como anticuado i que si mal no recordamos, usa el señor de Campoamor en sus *Polémicas* en son de desprecio), i *escriborroteador,* (que no aparece en el Diccionario, pero que es felicísimo i está en el de sinónimos de Bárcia) a escritor, etc.

Hemos dicho que *patriotero* nos parece expresivo; i en efecto, la terminacion *ero* que se aplica casi siempre en castellano a los fabricantes, o vendedores, trae a la mente la idea de negocio, especulacion, granjería, que tan mal se avienen con el verdadero patriotismo.

> "Negros idiotas, chinos catecúmenos,
> I blancos *patrioteros,* mas sin fé,
> Que invocan a los pueblos energúmenos
> Para darles despues un punta pié."

(JUAN DE ARONA.- *Poesías peruanas.*)

PATULECO, A.

Llamamos así al que por tener las piernas torcidas o desiguales es desgraciado al andar. En español a los tales se llama *patojos.*

Patuleques, dicen en Cuba a los rencos o rengos.

PAVA (HACER LA), PAVEAR.

Hacer la pava o *pavear* a alguno por *burlarlo, zaherirlo, fisgarlo,* con palabras o morisquetas, es chilenismo de los mas corrientes i molientes.

Una de las mas frecuentes maneras de *hacer la pava* es formando con los dedos la figura que en español se llama *higa* i cuya explicacion puede verse en los diccionarios.

> "Acabado que hubo el ladron de decir estas palabras, levantó las manos, i haciendo con cada cual de ellas una *higa,* gritó: ¡Tómalas, Dios, que a tí te las dedico!" (DANTE- *Divina Comedia.- Infierno.-* Traduccion de D. Caye- Rosell.)

El traductor explica el pasaje con la siguiente nota:

> "Señal de menosprecio (la *higa*) que se ejecuta metiendo el dedo pulgar entre el índice i el medio. Parece que en lo antiguo era mui usual, pues en el siglo XIII se veian sobre una torre del castillo de Carmiñano dos brazos de mármol que estaban haciendo una *higa* a Florencia."

Lo que en dialecto chileno significa que los dichos dos brazos estaban *haciendo la pava* a Florencia.

PAVESA

En español, la persona débil, extenuada. A la chilena, nombre despreciativo que las muchachas solteras suelen dar a los hombres que han hecho lo que ellas apetecen, esto es, casarse.

> "Esto cuando los tertulios son solteros, que cuando son *pavesas*......el Señor del Milagro nos favorezca!" (Jotabeche.- *El Puerto de Copiapó.*)

PAYACO, PAYAQUERO, [PAYAQU]EAR.

Los mineros de las provincias del Norte llaman *payaco* el mineral que recojen de los desmontes. El que se ocupa en *payaquear* (recojer i vender aquél) es el *payaquero*.

PAYAR, [PAY]ADOR, [PAY]ADURA. [+ PAYA]

El pobre campesino que recibe de la Providencia, no diremos el fuego sagrado de los vates, pero sí buen oido i facilidad para versificar improvisando, suele, i mas exactamente solia, acompañado de su guitarra o solo, trovador de *poncho* [→] i a lo mas de chaqueta burda, andar de villorrio en villorrio, de *bodegon* en *bodegon*, de *mingaco* [→] en *mingaco*, i de velorio en velorio, dando muestras de su habilidad, ora asociándose a los pesares o alegrías de los que le brindaban un plato de comida, un trago para remojar el polvo del camino i una silla, ora buscando un competidor con quien medir su injenio en tosca parodia de las justas poéticas que allá en la Edad Media justaban los maestros de la gaya ciencia.

Tales son los *payadores* en Chile y principalmente del otro lado de la Cordillera.

La accion i efecto de *payar* es la *paya* o *payadura*.

¿Cuál es la etimolojía de estas voces? No nos atrevemos a afirmar ninguna, si bien nos inclinamos a creer que ellas sean una aplicacion a estos rústicos trovadores de la palabra *ppaclla* que en quichua es el *campesino pobre*.

Sobre los *payadores* i sus versos, dice el señor Valderrama en su *Bosquejo histórico de la poesía chilena*:

> ..."Tienen una literatura especial que vamos a tratar de esponer en pocas palabras. No conocen mas que tres clases de composiciones, que son la *tonada, el corrido* i la *palla*."
>
> "La *palla*, en fin, es una composicion de cuartetas en que se pregunta i se responde: composicion eminentemente agresiva, siempre improvisada, lucha intelectual que tiene lugar entre dos *palladores* i que hace la delicia (dispense Ud. señor Baralt) de la *chingana*."
>
> "Tuvo tambien el placer de asistir a un rodeo i oyó los gritos de los

huasos i los dichos con pretensiones de graciosos de los *palladores* de la comarca." (A. Blest Gana.- *La Aritmética en el amor.*)

> "Tal fué por San Borombon
> La madrugada del dia
> En que el *pallador* debia
> Hacer la continuacion
> Del cuento aquél que sabia."
> (Ascásubi.- *La Madrugada.*)

¿Tiene la palabra *paya* un equivalente castellano? La que mas se le aproxima de cuantas están en nuestro conocimiento es *trova;* pero trova no trae a la imajinacion la idea de una composicion poética i dialogada, que es lo que distingue a las *payas* de las trovas.

Los franceses tienen la voz, al parecer provenzal, *terson*, si bien ella no se encuentre en el Diccionario de Noel i Chapsal.

¿Podríamos traducirla por *tension*? Creemos que sí. No viene ella, es cierto, en los diccionarios de la lengua; pero no faltan apreciables escritores que la hayan usado, sobre todo en verso.

> "I aquellas dulces *tensiones*
> Llenas de amorosas sales
> Serventesios i canciones,
> I aquellos juegos florales
> Con premios i distinciones."
> (Juan Arólas.- *Poesías*).

PEAL O PIAL.

Por acá, donde no se usan los *peales* (especie de médias sin pié, o polainas) usamos sinembargo de la palabra para denotar la correhuela o tira de tela que, formando como estribos en las bocas de las piernas de los pantalones, impiden que éstos se suban, en español *trabillas.*

Llaman los *guasos* [→] echar un *pial* arrojar el *lazo* [→] a las patas de un animal para manearlo i tumbarlo.

PEBRE.

Pebre es en España una salsa que se hace para sazonar algunas viandas i que se compone de pimienta i otras especias.

En Chile el plato de papas molidas.

PECADERO.

Lugar o diversion en que hai costumbre de mirar como tablas rasas las de Moises, i de pecar a roso i velloso:

"Convendria que se suprimiesen las procesiones nocturnas porque léjos de avivar la piedad no son ya mas que *pecaderos*" leemos en un diario.

> "Desde entónces no he querido traer mas vino porque es causa de *pecaderos*, i yo soi hombre que tengo temor de Dios i mucha relijion." (*Huérfano.*)

Pecadero es, aunque vulgar, palabra de gran significanza i de la misma formacion que *bebedero*, *comedero*, etc.

PECHA, PECHAR.

Pechar tiene en la práctica del vulgo una significacion semejante a *topear*, con la diferencia de que, miéntras este último solo se aplica a los jinetes que arrancan sus caballos i arremeten unos contra otros procurando derribar al contrario, aquél se dice tambien de la jente de a pié que, en las procesiones i otras fiestas a que asiste una grande i desordenada concurrencia, tratan de penetrarla abriéndose camino a fuerza de codazos i empellones.

Pecha es la accion de *pechar*. Así dice una abuela a su nieto: "Vé a la Noche Buena; pero ¡cuidado con que vayas a meterte a la *pecha*!"

En castellano *pecha* es anticuado por *tributo*, i *pechar* significa pagar el tributo o *pecho*.

PECHOÑO, A. [+ PECHOÑERÍA; + PECHOÑISMO]

Orijinariamente se llamó *pechoños* a los miembros de la hermandad o cofradía del Corazon de Jesus, instituida no hace muchos años en Santiago por un padre de la recoleccion franciscana.

Mas tarde, por extension i en sentido burlesco i despreciativo, se convirtió aquella voz en un apodo que se aplica a las personas piadosas. Su equivalente español es *santurron*.

"Sintió un *pechoño* de morrudos brazos
Que la mano de un pillo
Le andaba registrando los bolsillos,
etc."

(Epigrama publicado en *La Estrella de Chile*).

Pechoñismo, es el sistema que tiene por principios los de los *pechoños*, i por objeto que éstos se multipliquen.

Pechoñería, es la conducta propia de los afiliados en la Hermandad del Corazon de Jesus.

PECHUGA, [PECHUG]ON, [PECHUG]ONAZO.

Pechuga es entre nosotros *desvergüenza*, *desenfado*, *desuello*; *pechugon*, el *desvergonzado*, el que anda siempre dispuesto a abusar de la bondad del prójimo. *Pechugonazo* el que posee esa cualidad en grado superlativo.

Pechuga, *pechugon*, *pechugonazo*, corren en las acepciones indicadas por toda la América latina. El señor Cuervo los trae entre sus provincialismos bogotanos, i en la página 99 de las *Poesías peruanas* de Juan de Arona leemos:

"I como el amor no es nuevo
Pechugonazo el mancebo
No en ser puntual se molesta,
Diciéndose el inhumano:
"Que llegue tarde o temprano
He de hallar la cena puesta."

PEDRO URDEMALES. [+ PEDRO URDIMALES]

Es así como deberia pronunciarse segun advierte el señor Gormaz en sus *Correcciones lexigráficas*, i no *Pedro Urdimales*, como dicen tambien algunos.

Lo correcto no es, empero, ni lo uno ni lo otro, sino Pedro *Urdemalas*, como escribe el señor Salvá, o *Pedro de Urdemalas*, como quiere la Academia.

Cervántes tiene una comedia, *Pedro de Urde-malas*; i Quevedo en su *Visita de los Chistes* dice, *Urdemalas*; esto es *urde malas artes*.

PEGAR, PEGA (ESTAR EN LA)

Es chileno el uso de *pegar* en la acepcion de *convenir*, venir bien una cosa con otra, asentar.

> – "No hai, (castilla muja); pero hai rosada.
> – No *le pega* ese color a las viejas." (*Huérfano*.)

Estar alguno en *la pega* o en *toda la pega*, es estar en su punto, sazon, como la mujer a los 15, (mejor seria a los 18 o 20) i el hombre a los 25.

PEGUAL.

Especie de cincha de cuero con una argolla metálica que sirve para amarrar el *lazo* [→], i sujetar con él a los animales enlazados.

> "Te pelo (desuello) como animal
> I despues hago a mi idea
> De tu *guata* una correa
> I del lomo un buen *pegual*."
> (GUAJARDO.- *Un lazo de verijas*.)

PEINADOR.

Es *el que peina* i tambien la *toalla* o *sabanilla* que se suele poner el que se peina o afeita.

En Chile llamamos así el *tocador*.

PEINE, PEINETA.

Estas dos voces suelen confundirse con frecuencia por aquellos (i no son pocos) que ignoran que *peine* es el instrumento que sirve para arreglar el cabello; miéntras que *peineta* es el peine, jeneralmente calado i arqueado, que usan las mujeres por adorno en la cabeza.

El *peine* es instrumento de utilidad estricta; la *peineta* es de exornacion i casi siempre de lujo.

PELADA (LA)

La pelada, llaman vulgarmente a *la muerte*, aludiendo sin duda a la circunstancia de carecer de pelo las calaveras, emblemas de aquélla.

PELADERO.

Es en español el lugar en que se escaldan las aves i marranos para pelarlos.

Entre nosotros el sitio o campo árido, que carece totalmente de vejetacion. Por exajeracion, la hacienda o campo poco productivos, sobre todo por carecer de agua.

Peladero eterno, es un *peladero* superlativo.

PELADO, O PELAO.

El peon que se embriaga todos los lúnes, si es un tantico *pechugon* [→ *pechuga*] dirá que tiene la costumbre de *agarrar* todos los lúnes *un pelao.*

> "¡Ah! Si cuando agarra una tuna (¿turca?) está con el *pelao* ocho dias." (*Huérfano*.)

PELAR, PELAMBRE. [+ PELADO, A]

En lenguaje familiar chileno *se pela* a álguien cuando se murmura de él, se descubren sus faltas o vicios, se le desacredita. El *pelambre* es la accion de desacreditar i la misma calumnia o malévolo rumor con que se desacredita.

Un pelado es el que no tiene blanca, o como suele decirse, ni donde *caerse muerto*.

PELEADO, A.

O muchos nos engañamos o debe reputarse chilenismo el uso de *peleado* en frases del tenor siguiente:

> "Salude Ud. a todos los de la familia, ménos al tio Roque, por supuesto: ya sé que va para un año que están Udes. *peleados*."

Lo propio seria *reñidos* o *tronados*.

PELUCON.

Es mui probable que el oríjen de este apodo con que se designaba a los prohombres del partido conservador ántes de que estuviese en boga el disparatado epíteto de *ultramontanos* con que al presente los designan sus enemigos, esté en la circunstancia de ser los ancianos por lo general apegados a la tradicion i enemigos de novedades. Tambien pudo suceder, como cree el señor Vicuña Mackenna (*Diego Portáles*, tomo I, páj. 12) que el llamarse *pelucones* a los conservadores viniese de usar éstos, cuando ya habia sido abandonada por los liberales, la peluca empolvada que estuvo de moda a fines del último siglo.

Sea de ello lo que fuere, lo cierto es que la idea que trae a la mente la palabra de que tratamos es compleja: un *pelucon*, no es un conservador así no mas; es un conservador de edad provecta, por lo jeneral piadoso, de cuño antiguo, noble i acaudalado.

PELUQUERÍA.

Hemos dado en la flor de llamar lo que en castellano se dice *barbería*, reservado este nombre a las tiendas de los fígaros de la jente pobre i a las *carpas* [→] de los rapistas del Tajamar i la Alameda abajo.

PELLINGAJO.

Lo usamos como sinónimo de estropajo.

El sucio, cascarriento i desarrapado.

PELLON.

Una de las pellejas de carnero, *guanaco* [→], zorro, etc. de que se compone el *avío* [→] o *montura*.

Es probablemente una corruptela de *vellon* o una síncopa de *pellejon*, metaplasmo mui de la índole del castellano.

> ... "Solia mi madre sacar su alfombra i algunos *pellones* i banquillos de *paja* al patio, i colocándolos bajo el gran naranjo que en medio de él habia, nos sentábamos todos, vuelta la cara hácia la luna." (Z. Rodríguez.- *Loco Eustaquio*.)

PENCA.

Por *látigo, zurriago* es castellano, aun cuando lo que llamamos *penca* no es propiamente el látigo, sino la como palmeta, tejo o disco de suela que tiene en la punta.

Quedar de la penca, por quedar chasqueado, o *dejar a alguno de la penca*, por dejarlo con un palmo de narices, son frases provinciales de Chile.

PÉNDULA.

Dice el señor Cuervo:

> "*Péndulo* es adjetivo i significa pendiente (v. gr. cuerpos *péndulos*;) sustantívase en la forma *péndulo* para denotar en la estática cualquier cuerpo grave pendiente de un hilo o cadenilla de modo que pueda oscilar libremente. El *péndulo* aplicado, con las convenientes modificaciones a reglar el movimiento de un reloj, toma el nombre de *péndola*; i es grosero error, por mas que corra en letra de molde, llamarle *péndula*."

PENSAMIENTO.

Por *trinitaria* no aparece en el Diccionario de la Academia. Es bastante usado, sin embargo, por buenos escritores, no solo americanos, sino tambien peninsulares.

> "Frescos, gallardos siempre se mecian
> En mi jardin, el mirto i la amapola,
> I temblantes alzaban su corola
> Mil bellos *pensamientos* con primor."
> (Ensayos poéticos de Pia Rigan.- Agripina Samper de Ancízar.)

> "I el triste *pensamiento*, i el morado
> Alelí, con la púdica azucena."
> (Heriberto García de Quevedo.- *El proscrito*.)

> "Pensamiento. Bot. Flor pequeña del jénero de la violeta que no tiene mas que cinco pétalos, jeneralmente de amarillo violáceo." (Domínguez.- *Diccionario*.)

PEPA.

Acerca de esta palabra dice el señor Cuervo:

> "*Pepita* es voz mui castellana por la simiente de ciertas frutas, como naranjas, manzanas, etc. Hé aquí comprobantes:

"De una *pepita* de melon nace una mata de melones i en cada melon tanta abundancia de *pepitas* para separar i conservar esta especie. ¿Pues qué diré de la *pepita* del naranjo sembrado? ¡Cuántas otras naranjas i *pepitas* lleva, i esto cada un año!"

(FRAI LUIS DE GRANADA.- *Símbolo de la Fé.*)

"Si tomásemos agora la *pepita* de un melocoton o de otro árbol cualquiera....."

(FRAI LUIS DE LEON.- *Nombres de Cristo.*)

Los españoles dicen tambien *pipa*, *hueso* o *cuesco*, pero no *pepa* como los bogotanos: estos nos parecen mas consecuentes que estos otros; sin embargo, es de advertirse que *pepita* i *pipa* no se aplican generalmente sino a las simientes planas i mas largas; el aguacate, el durazno, etc., tienen *hueso* o *cuesco*.

"Aunque los duraznos se pueden plantar de rama o de algunos pimpollos de los que suelen echar al pié, pocas veces aciertan, ni aun salen buenos; i por esto es mejor, pues tiene mui granada simiente en los *cuescos*, ponerlos dellos." (HERRERA.- *Agricultura jeneral.*)

"El aguacate da un fruto del grandor de una pera grande, cuya carne, así como el *hueso* son un manjar agradable." (ACADEMIA.- *Diccionario.*)

El uso peruano de la voz que tratamos puede verse en el articulillo que Juan de Arona le dedica en sus *Apuntes*, i que es como sigue:

"PEPA.- No es en español sino el familiar de Josefa i hablan pésimamente los que la toman como sinónimo de *cuesco* o *hueso* de fruta. Cuando la simiente o semilla es pequeña como la de la uva, melón, sandía, o como la de los lavaderos de oro (por analojía) entónces sí, se dice *pepita*; pero no *pepa*."

"Mas claro: hai muchas frutas que tienen *pepita*; no se conoce ninguna con pepa."

Para no gastar mas palabras en tan menudas cosas, diremos que en Chile estamos inocentes del pecado de calumniar a los melocotones, i lúcumas, suponiendo que tengan *pepa*, aunque a la verdad cometemos sin escrúpulo el ménos grave de atribuírsela a las uvas, *chirimoyas*, melones, calabazas, etc., que segun se ha probado, para los españoles tienen solo *pipas* o *pepitas*.

Tambien llamamos *pepa* a la enfermedad de gallinas que consiste en una escrescencia a modo de lenteja que sale a las tales debajo de la lengua, i que en castellano es *pepita*.

PEQUEN.

Si hacemos mencion de este avechucho[50] (*noctua canicularia*) es solo con el fin de recordar la decidora

50 Véase el "Prólogo", donde Rodríguez dice que no incluirá voces de flora y fauna de origen indígena [NdE].

frase: *Como el pequen, o como, la del pequen*, para dar a entender que la persona de quien se dice, es tibia, sin principios, ni voluntad, ni carácter, ni enerjía para nada.

PERCALA.

El nombre español de la tela de algodon que llaman *percala*, es *percal*.

> "No es fuerza que en violar ponga su ahinco
> Lo que suelen llamar buena crianza....
> O si es mujer con estudiado brinco
> Arremangue el *percal* i la cotanza."
> (BRETON.- *Desvergüenza*.)

PERCAN.

Percan es voz de la lengua araucana en la cual tiene la significacion de *moho*, que es tambien la que muchos le atribuyen en nuestro pais.

El queso, la ropa, el dulce, etc., se *apercancan* [→] cuando aparecen cubiertos de los pequeños hongos que constituyen el *moho*.

PESCADOR, PESCADERO.

Es común llamar *pescadores* a los *pescaderos*, i en prueba vaya el siguiente ejemplo sacado de un documento oficial:

> "No son comprendidos en el artículo anterior los cargadores i enfardeladores del comercio, carniceros, *pescadores*, verduleros i toda persona cuyo ejercicio necesite precisamente usar alguna de dichas armas; i esta no la podrán llevar a la cinta sino como una herramienta de que tienen que servirse en su ejercicio i deben usarlas solamente para el caso de abrir i retobar fardos en los almacenes o tiendas, de vender carne y *pescado* o verduras para lo cual solo se servirán de cuchillo o navaja sin punta." (*Bando jeneral de policía para el departamento de Santiago, 1853*.)

PESCUEZETE.

Cuando era de moda (ya va siendo cosa de provincianos i de jente de medio pelo) que los caballeros i damas anduviesen en los paseos i en las calles de bracero (vulgo *bracete* [→]) los rotos, para no quedarse atras, máxime estando un tanto achispados, se tomaban por el pescuezo, i el andar así llamaban andar de *pescuezete*.

> "Grandes cuadrillas de mineros a pié, de *pescuezete* con su cada una i fuertes pelotones de caballería armados de odres de agua, etc." (JOTABECHE.- *El Carnaval*.)

PETACA.

Es voz de oríjen haitiano, que se encuentra ya en todos los diccionarios de la lengua, el de la Academia inclusive. Arca o caja de cuero, hacia en lo antiguo los oficios de baul en las alcobas i de maleta en los viajes. Hoi las que se conservan (porque ni *petacas* ni tinajas creemos que se trabajen nuevas) sirven para el envase i acarreo de la uva, i otras frutas.

"Pasó luego un hombre arreando dos mulas cargadas de *petacas* vacías que seguian el mismo camino que yo."
(Z. Rodríguez.- *Loco Eustaquio.*)

PETARDEARSE.

No recordamos haber visto en buen autor empleado como reflejo el verbo *petardear* en el sentido de *engañarse*, sufrir un *petardo.*

"Esta era mui elegante
I de cara nada fea;
Por cierto se *petardea*
Quien de la mujer se fia."
(Guajardo.- *Los Rempujadores.*)

PETATE.

En español, el hombre *embustero, estafador, despreciable.*

Indicando cierta especie de *estera fina*, es un chilenismo, o mas exactamente, un provincialismo americano, tan feliz que ha sido adoptado ya por la Academia.

Sobre esta voz dice el señor de Arona:

"Petate.- Así llamamos constantemente lo que en Madrid no se conoce sino con el nombre de *estera.*"

"La estera nuestra, es una pequeñísima pieza hecha de *totora* (junco o enea) que la jente pobre emplea (o empleaba, pues ya entre nosotros no hai jente pobre i todo el mundo calza botin de Preville, rueda coche de plaza i duerme catre) que la jente pobre emplea para tender delante de su cama i a veces por toda cama (allá en los buenos tiempos)."

"Hai tambien esteras de carrizo que sirven exclusivamente para cubrir techos con la respectiva *torta de barro.*"

"Hé aquí todas nuestras *esteras.* En cuanto a las de Madrid, ya lo hemos dicho, no es conocida aquí con otro nombre que el de *petate.*"

PETIPIEZA.

Es un galicismo que espeluzna. Dígase *sainete.*

PICACENA, PICARSE.

Picarse por *ofenderse, enfadarse*, provocado de alguna palabra o accion injuriosa, es castellano, i por consiguiente *picado, a*, para designar al que está enojado. No puede decirse, en verdad, otro tanto de *picacena* que, como equivalente de *pique*, es un chilenismo de tomo i lomo.

Un uso de *picarse* que no nos atrevemos a señalar como provincial de Chile, pero que nos parece oportuno recordar aquí, es el que nos muestran estos versos de Guajardo:

"*Se picó a norte* la mar
I tanto se enfureció
Que en breve rato creció
I hacia al pueblo temblar."
(*Gran temporal en Valparaiso.*)

PICADA (O GRANO).

Llaman así en los campos la *pústula i carbunclo maligno*, sin duda por haber observado que el desarrollo de esta enfermedad se debe a la picadura de insectos que la llevan consigo por haberse infestado *picando* a animales atacados de aquel mal [→ *grano*]

PICANA, [PIC]ANAZO, [PIC]ANEAR.

Picana, picanazo i *picanear* son provincialismos chilenos.

El equivalente castizo de la primera es *aijada* "la vara, segun el Diccionario de la Academia, que en un extremo tiene una punta de hierro con que los boyeros i labradores pican a los bueyes i a las mulas."

Picanazo, es en castellano *aguijonazo.*

Picanear, tiene los equivalentes *aguijar* i *aguijonear.*

Equivocóse por lo tanto el señor Gormaz cuando en sus *Correcciones* propuso a *pica* i *picada* como propias para reemplazar a *picana*, bien así como erró tambien proponiendo el jenérico *picar* por *picanear.*

> "I viendoque no entraba
> El arado en el suelo
> Daba de *picanazos*
> Al buei sin agotar su sufrimiento."
> (Daniel Barros Grez.- *Fábulas orijinales.*)

> "I yo arando en el campo, mi tarea
> ¿Habia de sacar de mejor gana
> Si no me estimulase la *picana*?"
> (Simon Cordovés.- *El Asno i el Buei.*)

> "Para animar o aguijonear los animales de tiro o carguío solo será permitido hacer uso de látigo o de aijada o *pica* con punta de hierro." (*Decreto del intendente S. Lira, 23 de abril de 1858.*)

PICARON, [PICARON] ERO, A.

Picaron llamamos, a la chilena, una especie de fruta de sarten que se asemeja a lo que en España llaman *buñuelos* como un huevo a otro huevo.

Picaronero es el que hace o vende *picarones.*

PIC-NIC.

Palabra inglesa que emplean algunos que ignoran su idioma. Su equivalente castizo es *jira.*

> "Es un concurrente habitual a las *jiras* que con frecuencia disponemos." (Baralt.- *Diccionario de Galicismos.*)

PICOTON.

El golpe que dan las aves con el pico se llama *picotazo.*

PICHOLEO, PICHOLEAR.

Picholeo es chilenismo de uso frecuente entre la jente de medio pelo. Equivalente a *zambra, holgorio* (Campoamor escribe *jolgorio*) en que se baila, canta i bebe sin respeto alguno a las leyes de la etiqueta i aun a veces con mui poco a las de la moral.

Picholeo se diferencia de *remolienda* [→ *remoler*] solo en que ésta parece indicar un grado mayor de familiaridad i descoco.

La *remolienda* es prima hermana de la *orjía*: i el *picholeo* es mas próximo pariente del *bureo* que ésta.

PICHUNCHA.

Jeneralmente mujer pública, i a veces tambien *manceba*.

PIDUYES.

Del araucano *pidillui, lombriz*.

Nombre vulgar de los oxiuros vermiculares, ascárides: pequeñas lombrices que viven en la parte inferior del tubo dijestivo.

Estar con piduyes o *tenerlos*, se dice figuradamente de los que no se están quietos en el asiento.

PIÉ.

Acerca de esta voz hace el señor Cuervo las siguientes apuntaciones, perfectamente aplicables a nuestro lenguaje:

> "Tratándose de árboles i plantas, *pié* es el tronco i muchas veces se toma por todo el árbol entero (?) segun se observa en este ejemplo: "Cierto que no es fácil, en cortijos de veinte o treinta mil *piés* de olivo reolectar el fruto con mucho primor." (OCHOA.- *Paris, Lóndres i Madrid*, páj. 175); no significa empero la parte de una planta que se toma para obtener otra semejante; esto lleva distintos nombres segun las especies; *barbados* o *sierpes* son los renuevos o hijuelos que nacen de las raíces de otros árboles a mayor o menor distancia de sus troncos; *esqueje, pimpollo, planton* o *rampollo* es el cogollo, vástago o rama desgajada; *estaca* es un tronco de rama nueva, verde i jugoza, cortada por ámbos extremos i a la parte inferior o raigal con una punta a manera de pluma de escribir; *acodo* (i en las vides *mugron, revuelto*) es un cogollo, vástago o rana que, sin separársele de la planta madre, se le dobla i cubre de tierra i por la porcion soterrada brota raices."

Véase *bajo* [→].

PIFIA, [PIFI]AR.

Son castizos *pifia* por el golpe falso que se da con el taco a la bola en el juego de billar, i *pifiar* por el acto de herir a la bola de esa suerte. En este último sentido decimos en Chile *dar pifia*.

Debe tenerse por provincial de toda la América española, segun Salvá, el uso de *pifia* por burla, silbos, manifestaciones de disgusto en los que oyen o miran, i *pifiar* por burlarse de alguno, silbarlo, darle vaya.

> "¡-Hombre! ¿a quién *pifias* así
> Con tanta furia i teson?
> -El razonar baladí, etc."
> (Z. RODRÍGUEZ.- *En la barra*.)

PIJE

Véase *futre* [→].

PILA

El aparato que en plazas, paseos o jardines da salida al agua conducida por cañerías i que se compone las mas de las veces de alguna estatua i de uno o de varios pilones, no se llama, como nosotros acostumbramos, *pila*, sino *fuente*, segun lo comprueban los ejemplos que van en seguida:

> "Acullá ve una artificiosa *fuente* de jaspe variado i de liso mármol compuesta." (CERVÁNTES.- *Quijote.*)

> "Aquella bellísima *fuente* de lapislázuli i alabastro es la del Buen Suceso en donde, como en pleito de acreedores, están los aguadores (*no aguateros*) gallegos i coritos gozando de sus antelaciones para henchir de agua sus cántaros." (GUEVARA.- *Diablo Cojuelo.*)

> "Delante de la iglesia hai un terraplen que da vuelta, i por cuyo costado se puede asomar el que lo pasea, i ver una *fuente* con su pilon que se apoya en el muro, etc." (FERNAN CABALLERO.- *La Estrella de Vandalia.*)

> "En la parte central del jardin (de la plaza de Concepcion) i dejando a su pié una extensa avenida circular, se alza una soberbia *pila*, cuya majestuosa columna soporta la estátua de la diosa Céres, etc." (RECAREDO S. TORNERO.- *Chile Ilustrado.*)

PILILO.

Ménos usado que *roto* [→], que es el calificativo que sirve de ordinario para designar a los individuos de la última clase, a los mas pobres desaliñados i zaparrastrosos, tiene una significacion mui semejante.

El provincialismo mejicano equivalente a *pililo* es *lépero.*

En cuanto a *roto* no es un chilenismo como muchos creen, sino voz mui castiza que, en la acepcion mas usual en Chile, empleó Cervántes i en su tiempo i despues muchos notables escritores.

> "Voi al enganche i me engancho,
> Iba un *pililo* diciendo:
> En siete pesos me vendo
> No he de valer mas que un chanco."
> (GUAJARDO.- *Los Enganchados.*)

PILON, ONA.

De la voz araucana *pilun, oreja,* hemos formado *pilon, ona*, palabra de que nos servimos para expresar que la persona o animal a que la aplicamos no tienen mas que una sola oreja.

Ignoramos si hai en castellano algun adjetivo de significacion equivalente a *pilon.* Solo sabemos que a los tales se les llama *muengos* en la isla de Cuba.

> "El Tenorio por lo pronto no siente el dolor ni sabe que queda *pilon*; pero un momento despues se ve con una oreja ménos i marcha en persecusion de la dama." (*El Chilote.*- Núm. de 13 de marzo de 1874.)

PILLO.

Del araucano *pillu*, especie de cigüeña.

Por extrension se aplica a las personas flacas i zancudas.

En la acepcion de *pícaro*, *bellaco*, *bribon*, es castellano.

PINGANILLA.

Relamido, *pisaverde*, *lechuguino*. Aplícase especialmente a los hombres delgados i de pequeña estatura.

También se usa en el Perú:

> "¡Qué ño este! ¡Qué *pinganilla*
> Tan *liso*! Se me atraviesa
> En la garganta el muñeco!
> (Felipe Pardo.- *Una huérfana en Chorrillos.*)

PININO.

Del niño que empieza a sostenerse sobre los piés, decimos nosotros que hace *pininos*, i decimos mal, pues lo castizo es *pinos*, *pinicos*, *pinillos*, *pinitos*.

Los cubanos, segun Salvá, dicen *peninos*.

PINTA. [+ DESPINTE]

El mineral *chancado* [→ *chanca*] suele calificarse de tres maneras segun su clase. *Pinta* es el mas rico, *despinte* un poco inferior, *granzas* el mas pobre.

Pintador se llama al *panizo* [→] o criadero de metal que promete minerales abundantes i de buena clase.

PINTAR, PINTOR.

Pintor es el *pisaverde*, la persona afectada en sus maneras, especialmente en el vestir, el *pinturero*.

Pintar, alabarse a sí mismo, *pavonearse*, lucir sus trajes con afectacion.

Estos dos provincialismos son también corrientes en la República Arjentina.

> "Ah! Hembra linda, crealó
> I tan *pintora*, eso sí,
> Toda se *sangolotió*......"
> (Ascásubi.)

PIPIOLO, [PIPIOL]ISMO, [PIPIOL]AJE.

Miéntras los conservadores fueron apodados de *pelucones* [→] por sus enemigos políticos, éstos fueron llamados *pipiolos* por aquéllos; lo que equivale a decir que *pipiolos* fué en la historia de nuestras antiguas luchas políticas el nombre vulgar i despreciativo de los que así mismo se llamaban *liberales*.

El señor Vicuña Mackenna explica así el origen de este apodo en su *Diego Portalés*:

> "El nombre de *pipiolos* se atribuye a los concurrentes de segundo i de tercer órden que asistian al café del español Bárrios, situado en la calle Ahumada. Acostumbraban jugar allí malilla los hombres de alguna consideracion, i a los mirones o a los que pedian barato les habian puesto por apodo el nombre de *pipiolos*, por relacion al grito de *pio*, *pio*, con que los pollos parecen solicitar su grano."

> "En aquellos tiempos en que una gran parte de la vida pública se gastaba en los cafés, donde se reunian numerosos círculos, hubo un chusco

> que acostumbraba caracterizar a los *pipiolos* i *pelucones* por lo que pedian en el meson. Cuando el que llegaba ordenaba al mozo alguna cosa de sustancia como jamon, chocolate o coñac, era *pelucon*; pero si pedia ponche o *chicha* no podía ser sino *pipiolo*."

Aun cuando lo mejor en materia de apodos es no usarlos, ya que la mala costumbre subsiste, es preciso reconocer que los de *pipiolo* i *pelucon*, tenían sobre los que en la actualidad usan los guerrilleros de la política la doble ventaja de ser nacionales i expresivos.

Pipiolaje es la reunión de muchos *pipiolos*; *pipiolismo*, sus principios considerados como sistema de gobierno.

El señor Cuervo dice que *pipiolo* "ocurre en el libro intitulado *Doce españoles de brocha gorda* i vale *novato, bisoño, motolito*."

PIPIRIPAVO.

Revesada i bárbaramente decimos que son de *pipiripavo* las comidas, bailes, obras, discursos, etc., de escasa importancia, insignificantes.

Bárbaramente, porque la palabra no es *pipiripavo*, sino *pipiripao*; i revesadamente porque ella significa lo contrario de lo que con ella damos a entender.

> "PIPIRIPAO.- Convite espléndido i magnífico." (*Diccionario de la Academia*.)
>
> "¿Qué es *pipiripaos*?- Así
> Lo llaman cuando por rueda
> Se van haciendo convites."
> (TIRSO DE MOLINA.- *El rei Enrique el enfermo*.)

PIQUERA.

Vasija de greda, angosta de asiento i ancha de boca, que enterrada debajo de uno de los *picos* del lagar, servia i aun sirve en algunas vendimias para recibir el mosto.

> "Cojen la uva del sarmiento,
> Cae el jugo a la *piquera*,
> Lo cuecen, a la enfriadera,
> I lo empiezan a beber."
> (Z. RODRÍGUEZ.- *La Parra i el Podador*.)

PIRÁMIDE.

El señor Bello advierte en una nota de su gramática que en Chile se usa esta voz impropiamente como masculina. Cierto que se usa; pero habria sido justo añadir que solo entre el vulgo, el cual por otra parte, si fuese capaz de mezclarse en gramatiquerías, podria alegar en su abono mas de una respetable autoridad.

> "Que lo que ser solia
> Un medio celemin con ataujía
> *Un pirámide* es hoi de tela de oro
> I cuestan sus adornos un tesoro."
> (*La Gatomaquia, Silva* 5.ª)
>
> "Cuando mas el *pirámide* se pinta."
>
> (BURGUÍLLOS.- *Soneto* 83.)

PIRCA. [+ PIRCAR]

En quichua i araucano *pirca* significa *pared*.

Nosotros la hemos adoptado para denotar la pared que se hace colocando piedras brutas unas sobre otras, sin ligarlas con nada; o ligándolas a lo mas toscamente con barro, hasta una altura de metro o metro i medio.

Es voz útil, si como creemos, no tiene exacto equivalente en castellano.

Pircar es levantar *pircas,* trabajar en construirlas.

PIRCO.

Del araucano *pidco* o *pidcu*, guiso de frejoles cocidos con maiz i *zapallo.*

PIRIHUIN. [+ APIRIHUINARSE]

Del araucano *pudhuin*, la sanguijuela indíjena, que suele ser bebida por el ganado i ocasionarle la enfermedad que se llama *el pirihuin.*

Matar el pirihuin, es entre los adoradores del Dios de las vendimias, beber por la mañana el primer trago para entonar el estómago; lo mismo que los franceses llaman *tuer le ver.*

Apirihuinarse un animal, es enfermarse de *pirihuin.*

PIRQUEN, [PIRQU]ENEAR, [PIRQU]ENERO, A.

Probablemente *pirquen* es el araucano *pilquen, trapos, andrajos.*

Pirquenero es en rigor el que trabaja las minas agotadas, como puede, sin método, i con escasos elementos.

Dar una mina a alguno por contrato para que sea trabajada de esa suerte, es *darla a pirquen.*

Pirquenear es trabajar de la manera indicada.

Por extension se llama *pirquenero* al que trabaja en cualquiera industria o negocio con escasos capitales, al pequeño comerciante, al abogado que no tiene mas pleitos que los que desechan por insignificantes los de mas crédito, etc.

PITAR.

No faltan pretendidos puristas que, rechazando por sospechoso el usual *fumar*, se sirven exclusivamente del disparatado *humar.*

Tanto este como el vulgarísimo *pitar* deben ser tenidos por chilenismos.

> "Unos salen a las fiestas
> A *bolsear* i a *codear puchos,*
> No compran tabaco ni *hoja*
> I el *pitar* les gusta mucho."
> (Guajardo.- *Tiro a los bolseros de puchos.*)

PITILLA.

Como nombre de una planta es palabra castellana.

Téngase, empero, por chilena la significacion que le damos de cierta clase de hilo o cuerda hecha de cáñamo.

PIZCOIRO.

Del niño pequeño, garboso, que se muestra mas ájil e inteligente de lo que corresponde a su edad, se dice por elojio i cariño: "¡Es un *pizcoiro!*"

Forma i significado indican a las claras que este *pizcoiro* es de procedencia quichua, en cuyo idioma *pizccoynu*, es el *trompo* i *pizcoyta*, la *peonza*.

PLANAZO.

Advertimos a los señores oficiales del ejército i de la guardia civil, que el golpe dado de plano con la espada, no se llama *planazo* sino *cintarazo*.

PLATA.

Lo empleamos malamente en Chile i en otros paises de América como si fuese sinónimo de *dinero*.

> "¿I qué pierdo yo en que se haga
> Este casamiento? Mi hijo
> Quiere: el hombre tiene *plata*."
> (Felipe Pardo.- *Frutos de la educacion.*)

PLATAFORMA.

Es voz militar (fuerte interior que se levanta sobre el terraplen de la plaza, i sirve para defender una parte de la fortificacion) que usamos en Chile malamente por *tribuna*, *tablado*, i afrancesadamente por *terrado*.

No seguiríamos nosotros en consecuencia el uso que de la voz aquélla hizo el duque de Rívas en los versos siguientes:

> "De este olvidado convento
> Ante la portada misma
> En la llana *plataforma*
> Sitio de admirable vista."
> (*Recuerdos de un hombre grande.*)

PLATAL, [PLAT]UDO, A.

Decimos cada vez que se ofrece: "El fundo ese produce un *platal*. Su dueño es uno de los hombres mas *platudos* del pueblo."

Debiéramos decir: "El fundo ése produce un *dineral* o un *caudal*; su dueño es uno de los hombres mas *adinerados* o *acaudalados* del pueblo."

POCHO, A.

Damos a este adjetivo, cuya propia significacion es *descolorido, quebrado de color*, una que seria difícil explicar. Si mal no recordamos hemos oido aplicarlo a los objetos pequeños, recojidos, mas o ménos redondos, aparrados, etc. Un *guaso* [→] decia "que los jardineros *gringos* [→] tienen la *maña* de criar todos los árboles *pochitos*." Queria decir que acostumbraba criarlos, no mui altos ni con muchas ramas, i con un copo mas o ménos redondo.

PODER.

> "Algunos dan al verbo *poder* un acusativo o réjimen directo, diciendo:

tú no me puedes; *yo no te puedo*, expresiones con que se quiere significar que una persona no tiene tanta *fuerza* o *poder* como otra." (Como para levantar en brazos a otra habria sido mas exacto.) "Se comete en estas locuciones un solecismo porque el verbo castellano *poder* siempre es neutro, o por lo ménos no tiene otro réjimen directo que los infinitivos: *Yo no puedo escribir; usted pudiera haberme avisado.*" (ANDRES BELLO, artículo publicado en *El Araucano* en enero de 1834.)

POLOLO, POLOLEAR.

Del araucano *pulomen*, especie de *moscardon*.

Usámoslo ya en ese sentido, ya figuradamente para designar a los mozos que acosan a las niñas casaderas galanteándolas, i que carecen de los medios, o con mas frecuencia de la voluntad de llegar al casorio.

Ejemplo del sentido recto:

> "... A la hora en que, alejándose las golondrinas en bandadas, comienzan a salir de entre las tejas los murciélagos i a revolotear los *pololos* en torno de los naranjos nuevos." (Z. RODRÍGUEZ.- *Loco Eustaquio*.)

Del sentido figurado:

> "Sucedió que un viejo *cholo*
> A una niña pretendia:
> I la madre le decia:
> ¡Cuenta con ese *pololo*!"
> (GUAJARDO.- *El Viejo lacho*.)

Pololear es andar en las tertulias i saraos de una a otra niña requebrándolas, no mui a su gusto i con un tantico de impertinencia.

Nuestros *pololos* son pequeños *abejorros*.

POLVO.

No recordamos haber visto empleada por ningun buen escritor español la frase *no vérsele el polvo*, o *el polvillo a alguno*, para indicar que ha desaparecido o huido con extraordinaria lijereza.

Véase un ejemplo en la palabra *largar* [→].

PONCHO.

Del araucano *pontho*, manta de tela burda de lana, cuadrangular i con una abertura en el medio para meter por ella la cabeza.

El *poncho* se diferencia de la manta en que aquél es mas tosco casi siempre i siempre mas grueso que ésta.

Juan de Arona tiene a *poncho* por peruanismo, i lo escribe constantemente con bastardilla en sus *Poesías peruanas*.

> "Entre las ondas de niebla
> Un *poncho* se ve flotar,
> Que anuncia jinete rápido
> Sobre un caballo marcial."

Otros ejemplos pueden verse en las pájinas 201, 203 i 309 de la obra citada.

En Chile el *poncho* es, entre la jente pobre i campesina, de uso mucho mas comun que en el Perú; pero

¿se usa el *poncho* en España? desde cuándo? i con qué nombre? I si allá se usa, ¿el *poncho* castellano es un derivado del *pontho* araucano, o bien esta voz no es mas que una corrupcion de aquélla?

Buscamos alguna luz en el Diccionario de la Academia i él no hace mas que aumentar nuestras dudas explicando así una de las acepciones de *poncho*: "Sayo sin mangas que se pone por la cabeza a modo de casulla."

> "Sigamos i veremos que se reunen en una pieza apartada con el tio Jerundio i con otros cinco individuos todos de *poncho* i *chupalla*." (Antonio Espiñeira.- *La Casa maldita*.)

POPELINA.

Como derivada de la misma raiz que *papel*, del cual no es mas que una imitacion, debe ser i es *papelina*. No lo echen en saco roto los señores comerciantes que hacen imprimir listas de *baraturas*, ni los señores correctores que revisen las pruebas de éllas.

PORONGO.

Cantarito cuellilargo de barro. En quichua *purunccu* en araucano *puruncu*.

Porongo úsase tambien en el Perú, segun se vé en este pasaje de Juan de Arona:

> "I a pesar de esto me he llevado chasco
> Pues botella o redoma no es, ni frasco,
> Sino largo *porongo*;
> Lo que en este momento de su dueño
> El paladar remoja i tranquiliza
> Con el ardiente liquido *pisqueño*."
> (*Poesías peruanas*.)

POROTO.

Reina la mas completa anarquía entre nosotros acerca de la mejor manera de designar la legumbre que los botánicos llaman *phaseolus vulgaris*.

El vulgo no habla ni quiere oir hablar mas que de *porotos*; i no faltan algunos que temerosos de ser tildados de zafios, nos hablen mui seriamente de *habichuelas* i de *judías*.

Entre aquél i éstos la generalidad de las personas ilustradas opta por *frejol*; pero son mui pocos los que no dudan sobre su recta pronunciacion i ortografía.

Hemos oido i leido *frejol* i *fréjol*, *frijol* i *frisol*. ¿Con cuál de ellos seria mas conveniente nos quedáramos?

Prescindiremos de *judía* i *habichuela* mui castizas, pero que parecen definitivamente abandonadas por el uso de instruidos e ignorantes.

Quédannos en consecuencia *poroto* i *frejol*.

El primero es un provincialismo del Perú, Bolivia, Chile i la República Arjentina, i viene del quichua *purutu*.

Anda en los labios de la jente mazorral como en sus propios dominios, i allí estaria bien que se quedase, pues la ilustrada no la necesita.

Siendo uniforme la pronunciacion de esta voz i estando ademas ella conforme con la de la primitiva *purutu,* no podemos explicarnos la causa del error en que cayó el señor Gay que escribe *porroto* en su *Historia de Chile.*

En cuanto a *frejol,* debe tenerse presente que la Academia, que lo tilda de provincial, lo hace grave, i escribe *fréjol.* Lo mismo Domínguez.

En Colombia, si hemos de atenernos al vocabulario que viene al fin de la *María* de Jorje Isaacs, se dice *frisol.*

Covarrúbias en su *Tesoro de la lengua castellana,* escribe *pesoles* "por otro nombre *frisoles* o *judiguelos.*"

En Chile lo corriente entre la jente educada es pronunciar *frejol.* No vemos razon para aconsejar que se abandone esta acentuacion i se siga la que nos indica la Academia. En efecto, contra la autoridad de tan respetable corporacion podemos invocar, no solo el uso general en Chile, sino tambien la etimolojía, pues *frejol* viene del griego *phasiolo,* por el intermedio del latin *phaselus* o *phasiolus,* si no mienten Dioscórides (el ilustrado por el doctor Laguna) i Covarrúbias.

Vamos a los ejemplos:

> "El valle de Purutum es todavía famoso por el excelente cultivo de sus *porotos.*" (Vicuña Mackenna.- *Historia de Santiago.*)
>
> "Adelante (dia 6) *fexoes,* por frejolos o judías. En portugues *feijoes.*" (*Varnhagen,* lugar citado en la voz cacique.)
>
> "Recibí mi racion de *frisoles.*" (Jorje Isaacs.- *María.*)

PORUÑA.

Utensilio que no es por lo general mas que un cuerpo de buei partido longitudinalmente por la mitad, i que sirve a los *bodegoneros* (en español *lonjistas*) para sacar de los cajones i poner en la balanza el arroz, la *yerbamate,* el azúcar, etc.

Talvez viene de la misma raiz que *porongo* [→].

Hombre de poruña, de poca importancia, plebeyo, mercachifle.

> "The Earth or sand is put into a vessel of wood or horn called *poruña* wich is placed in a running stream." (Molina.- *History of Chile.*)

> "Verás, pues, con otros nombres
> Los guisos que conocemos
> I en platos como *puruñas*
> Conducir los alimentos"
> (*Lima por dentro i fuera.*)

POSTRERO, A.

No hai necesidad de advertir que este adjetivo es castellano i que como tal tiene dos terminaciones: "El suspiro *postrero,* la *postrera* mirada del moribundo."

En Chile úsase tambien esta voz, vulgar aunque frecuentemente, como adverbio i cual si fuese sinónima de *despues.*

"Mi madre murió *prostrero*
I cuando a la muerte estaba
Me decia en lo que hablaba:
Hijo si me lleva Dios
Te quedará para vos
La *callana* en que tostaba"
(GUAJARDO.- *La herencia de Don Cristóval.*)

POTRERO.

Acerca de esta voz dice el señor Vicuña en su *Historia de Santiago*:

"Valdivia hizo un gran cercado en los alrededores de la ciudad, que se llamó *potrero,* por los potros que echó en su recinto bajo el cuidado de un albéitar pagado por la ciudad, i es curioso saber que de allí vino el nombre que se dió despues a los cercados de nuestros campos, bien que el hecho de llamarse *potreros* los sitios de cultivo, es una lójica fácil de comprender en nuestro suelo en que hai tantas cosas, tantos nombres i tanto hombres al reves."

Sin salir en defensa de las cosas, nombres i hombres que pueden existir patas arriba en nuestro suelo, aunque seguramente no en mayor abundancia que en cualquier otro, americano o europeo, nos limitaremos a poner en duda la exactitud de la relacion de causa a efecto que el señor Vicuña señala entre la idea, no mui rara por cierto, de don Pedro de Valdivia i el hecho de haberse llamado *potreros* aquí, en la República Arjentina i en las de Bolivia i el Perú, los recintos mas o ménos grandes i bien cerrados que se destinan en las haciendas a la crianza de los ganados.

El equivalente español de *potrero* es *potril* i tambien *dehesa,* segun puede deducirse del título de la comedia de Breton: *El pelo de la dehesa.* Los diccionarios de la lengua hablan de *dehesas de potros* i de *dehesas* de *yeguas.*

"Talvez nace en Paita, talvez en Europa
Talvez en la *puna,* talvez en Ocopa,
Talvez en *potrero,* talvez en *jardin.*"
(JUAN DE ARONA.- *Poesías peruanas.*)

PRESTAMISTA.

La misma variedad de acepciones en que se usa *prestar* [→] (véase *emprestar* [→]) existe en el sustantivo *prestamista,* del cual nos servimos para denotar, ya la persona que da, ya la que toma prestado. La primera significacion prevalece en la práctica; la segunda es la que le atribuye nuestro Código de Comercio.

"*El señor Vice- presidente.*- Quisiera que se me explicara por los miembros de la Comision, lo que significan estas palabras *prestamistas a interes o descuento.*"

"*El señor Claro.*- El señor ministro de Hacienda ha manifestado ya cual es la significacion precisa de las palabras *banco* i *prestamista. Banco* nos ha dicho, es el establecimiento que da a interes capitales propios i ajenos que ha recibido en depósito, i *prestamista* el que presta o descuenta con capitales propios." (Sesion extraordinaria de la cámara de diputados de Chile de 20 de enero de 1866.)

"El que entrega la cantidad se denomina *prestador* o *dador*; el que la recibe *prestamista* o *tomador*." (*Código de Comercio*, art. 1168.)

"PRESTAMISTA.- El que da dinero a préstamo." (*Diccionario de la Academia*.)

"PRESTAMISTA.- El que da o toma dinero a préstamo: (se entiende mas de ordinario por el que lo da.) (*Diccionario de Salvá*.)

"PRESTAMISTA.- El que toma, i mas bien el que da, dinero a préstamo." (*Diccionario de Domínguez*.)

PRESTAR.

Véase *emprestar* [→].

PRETENSIOSO.

Los diccionarios autorizados no traen este adjetivo, mui usado en Chile i tambien en España, como se ve por los ejemplos siguientes de correctísimos escritores:

"He aquí otra muestra de las frivolidades que el señor Martínez de la Rosa nos ha dado bajo el nombre *pretensioso* de poesías." (J. M. VILLÉRGAS.- *Juicio crítico*.)

.... "siquiera el estilo sencillo i castizo de éste (Rivadeneira) sea superior al de aquél (Cienfuégos) algun tanto hinchado i que se resiente de la época *pretensiosa* en que fué escrita." (VICENTE DE LA FUENTE.- *Introduccion a la vida del P. Laínez*.)

Es adjetivo bien formado i útil, si bien no del gusto del señor Baralt, quien quiere se diga *presuntuoso, afectado, vanaglorioso*; i aplicado al estilo, tono, etc., *afectado, amanerado, laborioso, pedantesco, altisonante* "i mil otras cosas que seria prolijo enumerar."

PREVENIR.

Entre la jente mazorral este verbo se usa por su semejante en forma, aunque mui diverso de significado, *provenir*.

"I aquel mal que adolecia
Previno segun decia
De tomar agua bendita."
(GUAJARDO.- *La Beata empachada*.)

PREVER.

Los verbos compuestos de *ver* se conjugan como él. Hai por lo tanto una *e* demas en los siguientes pasajes:

"La ciencia observa las relaciones de causa i efecto que existen entre los hechos i se esfuerza por deducir de esta observacion fórmulas que le permitan *preveer* los fenómenos futuros." (DIEGO BÁRROS ARANA.- Traduccion de un artículo de M. Courcelle, publicado en *La Revista del Pacífico*.)

.... "puede *preveer* las consecuencias de tal i tal acto o *preveer* los hechos venideros." (ID. ID.)

PRODUCIDO.

El caudal que se saca de alguna cosa que se vende o explota no es el *producido* de ella, como muchos dicen, sino su *producto*.

PROPIO (LO.)

La locucion, tan usada entre el vulgo, *lo propio*, por *lo mismo, igual cosa, otro tanto*, no es castiza.

> "En la Francia fué Calvino
> Quien a la Iglesia dió guerra
> *Lo propio* hizo en Inglaterra
> Enrique VIII, etc."
> (GUAJARDO.- *El Protestantismo*.)

¿Debe reputarse tambien como un provincialismo el uso, tan corriente en varios paises de América, de *propio* por *correo*?- Si, hablando en rigor, porque en castellano *propio* es solamente "el correo de a pié que se despacha para llevar cartas de importancia;" i nó, porque sin mucho esfuerzo ni violencia, ha podido pasar a denotar al correo de a caballo que se despacha extraordinariamente para dar una noticia, llevar comunicaciones con gran rapidez, que es lo que entendemos cuando decimos: "Ha llegado un *propio* de Mendoza trayendo noticias de importancia al señor Ministro plenipotenciario de la República Arjentina en Santiago."

El señor Paz Soldan i Unánue (Juan de Arona) cree que *propio* es el último caso es un peruanismo, como lo da a entender la bastardilla con que lo hizo imprimir en este pasaje:

> "Las espuelas le arrima
> I parte como un cohete
> Que el singular jinete
> Iba de *propio* a Lima.
> (*Poesías peruanas*.)

PROVISORIO, A.

Acerca de esta voz, que usamos como si *provisional* no existiese en los diccionarios i buenos autores, escribe el señor Cuervo:

> "Si se compara *provisorio* con los demas adjetivos de igual formacion, como *oratorio, atestatorio, infamatorio, consolatorio, adulatorio*, etc., se colije que el significado que le corresponde es el de *propio del provisor, que le pertenece*, o *que conduce a proveer*, sirve para ello; de suerte que sin pisca de razon se le atribuye el de *provisional* por americanos i españoles. Es tomado del frances i la Academia no le ha dado el pase. Con razon, pues en los recientes alborotos de España dijeron *gobierno provisional*, que no *provisorio*."

> "La nacion huérfana i privada de su buen Rei, erijia un gobierno *provisional*." (JOVELLÁNOS.- *Memoria que dirijió a sus compatriotas, pte. I, art. I*.)

La opinion anterior, mui respetable en sí misma, lo es tanto mas cuanto que se desprende de la doctrina que establece Monlau en su *Diccionario etimolójico*, páj. 117.

PUCHAS. [+ PUCHA]

Antes de tener conocimiento de los apuntes con que algunos amigos han tenido la bondad de ayudarnos a completar i rectificar lo que vamos escribiendo, teníamos a la interjeccion vulgar *¡pucha!* o *¡puchas!* señalada como un provincialismo chileno i advertíamos que ella se empleaba unas veces para denotar alegría o entusiasmo i otras enfado.

Del primer uso habíamos copiado el siguiente ejemplo de Ascásubi:

"*¡Eh pucha!* si es un encanto
Ver los diferentes lances, etc."
(*La Hierra.*)

Del segundo, este otro:

"Sintió en la cara entónces el tunante
Llover con furia, i al sentirlo dijo:
- *¡Eh puchas hoo!* con el gotear prolijo,
Oiga Ud. que me lluevo, *vijilante.*"
(Z. Rodríguez.- *El Borracho.*)

Mas antojósele por malos de nuestros pecados a un amigo aconsejarnos leyésemos la escena V, acto II de la comedia de Tirso de Molina *La Villana de Vallecas,* i ved ahí por tierra el edificio que impremeditadamente habíamos levantado sobre un cimiento de arena.

Dice doña Violante en el lugar citado:

"¡Oh hí de *pucha!*
¿I qué quereis ver con ella?"

¡Pucha! no es en resúmen un provincialismo americano, sino un vocablo castizo aunque tan bajo i grosero del otro como de este lado del Océano.

PUCHO.

Es voz tomada del quichua en cuyo idioma *puchu* significa *sobras, desperdicios, residuo.*

Úsase por toda clase de personas en Chile, las repúblicas del Plata, Bolivia i Perú, ya para denotar la cola que queda i se tira despues de fumado el cigarro, ya para ponderar lo poco en que se estima una persona o cosa.

Juan de Arona, que la trae entre sus peruanismos i que se ha servido de ella en sus *Poesías,* la declara una voz útil para evitar los rodeos que su eliminacion haria inevitables (*punta, cabo, cola, colilla* de cigarro.)

.... "Una sonrisa
De mi desden es mucho
Para tí que no vales ni aun el *pucho*
De un pésimo cigarro."

Así cierto pinche de cocina, elevado sucesivamente a municipal, diputado, senador, apostrofa en una comedia de Segura a su antiguo amo.

Tambien nos atrevimos nosotros a emplear la palabra de que tratamos, en la traduccion que publicamos en *La Estrella de Chile* de algunas de las sentencias o máximas del poeta latino Publio Siro:

"Ser bueno importa mucho,
Ser tenido por tal importa un *pucho.*"

Audacia grande sin duda, pero no tanto como la que necesitó nuestro compatriota don Guillermo Matta para hacer un ensayo semejante con el bárbaro *chivateo* [→] (véase esta voz); ni con mucho comparable al feliz desenfado con que un vate arjentino dió hospedaje en el *Parnaso* al humilde *pucho* ennobleciéndolo en su afamada cancion *El Cigarro*, cuya penúltima estrofa es así:

> "¿Qué nos dejan en sus huellas
> La grandeza i los honores?
> Por la paz hondas querellas,
> Los abrojos por las flores;
> La patria al que ha perecido
> Desprecia como a un zamarro......
> Como yo arrojo i olvido
> El *pucho* de mi cigarro."

PULPERÍA, [PULP]ERO.

Consignamos aquí estas dos voces, no embargante que ellas se encuentren adoptadas ya por la Academia, significando la primera *venta, ventorrillo, lonja,* i la segunda, *ventero, lonjista,* tanto por ser orijinarias de la América Meridional, cuanto para poner a la vista del lector la curiosa etimolojía que de ellas trae Garcilaso en sus *Comentarios reales,* (libro 6.º cap. 20 de la segunda parte) donde dice: "Que cada dia habia muchas pendencias singulares, no solamente de soldados principales, sino tambien de mercaderes i otros tratantes, hasta los que llaman *pulperos*; nombre impuesto a los mas pobres vendedores, porque en la tienda de uno de ellos hallaron vendiéndose un *pulpo.*"

PUNA.

En quichua *puna* es la sierra, *tierra fria, páramo.*

Usámosla i mas que nosotros los peruanos en esa acepcion, pero principalmente para denotar la incomodidad (hielo, sofocacion con dolores en las piernas) que experimentan los viajeros en los lugares mui altos de la Cordillera.

> "En las altas rejiones de la *puna*
> Do el albo o *cúntur* silencioso reina
> De estos hilos de plata está la cuna."
> (Juan de Arona.- *Poesías peruanas.*)

> "Pocas sus frases son, pero oportunas
> I su rostro descuella con el brio
> I con el no aprendido señorío
> De la ájil señorita de las *punas*;
> Lo que quiere decir que la tal dama
> Se parece a una *llama.*"
> (Id. id.)

Véase *apunarse* [→].

PUNTADA.

Decimos mal por *punzada,* que es dolor agudo i fijo en alguna parte interior del cuerpo.

PUQUIO.

Dice Juan de Arona que esta voz es quichua (*puqiu, manantial*) i así debe de ser, por mas que no venga en los diccionarios de esa lengua que tenemos a la mano.

> "La materia remota de este sacramento (el bautismo) es el agua natural, bien sea del mar, rio, pozos, fuentes, *puquios* o de lluvia, etc." (Donoso.- *Manual del Párroco americano.*)

Tambien se usa en el Perú *puquiales.*

PURO.

Por no fijarse lo bastante en que cuando *puro* modifica a adjetivo, es adverbio, i por consiguiente invariable, caen algunos en el grosero error de escribir i decir: "La mayoría que tiene el gobierno es grande; pero se ha hecho derrotar de *pura* indisciplinada", i cosas por el estilo.

La misma falta, en casos análogos, suele cometerse en el uso de *medio.*

> "Entre mis faltas tenia ésta, que sabia poco de rezado i de lo que habia de hacer en el coro de *puro* descuidada." (Santa Teresa.- *Vida.*)

PUYA.

Por expresion *aguda i picante* dicha con prontitud, es castellano.

Tengo, empero, por chilena la locucion *dar puya*, que usa la plebe, ya como una interjeccion para animar a los que riñen, ya para expresar el acto mismo de reñir.

> "Despues llegó la patrulla
> Haciendo parar el canto
> I ellos se enojaron tanto
> Que se formó una gran bulla:
> Comenzaron a *dar puya*
> Quebrando hasta las clavijas, etc."
> (Guajardo.- *Un Lazo de verijas.*)

Talvez *dar puya* no es mas que *dar pua*, ya que llamamos *puya* a la *pua* del trompo.

Q

QUEBRADA.

No acertamos a adivinar la razon que el autor de las *Poesias Peruanas* habrá tenido para incluir esta voz entre las provinciales del Perú, en la acepcion de hendedura o abertura de la tierra, ora sea en los valles ora en las montañas. Cierto que en esta acepcion parece mas propia la palabra *quiebra*; pero entre ella i *quebrada* hai tanta semejanza que no nos creemos autorizados a calificar ésta de chilenismo, bien que la usemos nosotros mas o ménos como aparece en los siguientes pasajes de Juan de Arona:

> "Ábrese allá una *quebrada*
> Que mi vista errante fija
> I es una triste morada
> Desde donde la mirada
> Ve el sol por una rendija."

> "De la *quebrada* en el fondo
> Serpeando el rio va
> Con pausada, perezosa
> I estridente majestad."

> "Cuando en gárrulas bandadas,
> Al arreciar el verano,
> Deja por el fresco llano
> Las sofocantes *quebradas*."

"*Quebrada*" dice Covarrúbias "es tierra desigual;" si bien la Academia agrega "i abierta entre montañas, que forma algunos valles estrechos" i el señor Cuervo advierte tomarse "tambien por lo mismo que *quiebra* o *hendedura* de la tierra."

> "En aquel mesmo instante pareció por entre una *quebrada* de una sierra, que salia donde ellos estaban, el mancebo que buscaba." (CERVÁNTES.- *Quijote.*)

> "Por una espesa i áspera *quebrada*
> Que en medio de dos lomas se hacia
> La bárbara canalla etc."
> (ERCILLA.- *La Araucana.*)

> "El sueño áspero en unas partes i en otras cerrado de árboles i de maleza, no se dejaba hollar sino por las *quebradas* que los arroyos hacian." (QUINTANA.- *Vida de Francisco Pizarro.*)

En el sentido de este último ejemplo oimos usar en Arequipa la palabra quichua *lloclla* (segun la pronunciacion *yoglia*) que es onamatópica i remeda el ruido que for[ma] el agua al bajar por la *quebrada* golpeándose entre las piedras de su lecho.

Salvá dice que *quebrada* es provincialismo de la América Meridional equivalente a *rambla*, pero se equivoca. Ni en el Perú ni en Chile la hemos oido usar en tal sentido.

QUILTRO.

Provincialismo chileno cuya etimolojía no hemos podido averiguar, si bien es de sospecharse nos venga de Arauco. Sírvenos para designar al perro pequeño, bullicioso i de mala raza, al mismo que en español se llama *gozgue* i *gozquejo.*

"El rei de España es un jenerosísimo lebrel que pasa acaso solo por una calle i no hai *gozque* en ella que a ladrarle no salga." (Vélez de Guevara.- *El Diablo cojuelo.*)

Don Francisco de Quevedo dice en alguna parte:

"Si *gozques* todos me ladran
Yo quiero ladrar a todos;
Pues me tienen por perro,
Mas yo los tengo por porros."

QUIMBA.

Muchísimo mas usada en el Perú que en Chile, por *pirueta, cabriola,* movimientos exajerados que se hacen en el baile doblando el cuerpo, *guara* [→], *guaragua.*

"Mas no es bella cabriola,
No es elegante *quimba* lo que veo,
Sino respingo innoble i deslucido,
Sino corcovo desairado i feo."

(Juan de Arona.- *Poesías peruanas.*)

QUINCALLERÍA.

Asegura el señor Gormaz en sus *Correcciones lexigráficas* que esta voz no existe i debe reemplazarse por *quinquillería,* i cierto que se engaña.

"quincaillerie.- S. f;- *Quincalleria,* el comercio de quincalla." (*Diccionario frances español i español frances de Martínez López.*)

"quincalla, quincallería, quincallero.- Del frances *quincaille, quincaillerie, quincaillier,* que algunos escriben *clincaille, clincaillerie, clincaillier,* formados del verbo anticuado *clinquer,* como *trincar,* sonar, hacer ruido, un ruido parecido al que hacen los utensilios de hierro o pedazos de metal revueltos dentro de un saco, i al que hacen tambien los artículos de *quincalla. Clinquer* se formó del aleman *kleingen,* que significa lo mismo, i uno i otro verbo tienen mucho de onomatopeya." (Monlau.- *Diccionario etimolójico.*)

QUINCHA, [QUINCH]AR.

En quichua *khincha, carrizo, seto, barrera, cerca.*

Palabras de uso mui jeneral en los campos, donde se denota con la primera la pared delgada o tabique de *colihues* [→], vardascas, ramas, etc., ya sea que se amarren o claven en el suelo, ya que ademas se unan i cubran con barro; i por *quinchar* la accion de trabajar *quinchas* o de cerrar con ellas.

La *quincha* es la pared ordinaria de los ranchos de los *inquilinos* [→] i de las *rucas* [→] de los indios. Sobre la solidez de tales paredes i su eficacia para impedir que entren i salgan el viento, las ratas, los perros, i aun los bípedos, pueden dar una idea los siguientes versos del poeta popular Guajardo, en que describe una chamusquina de arrabal:

"Comenzaron a *dar pulla*
Quebrando hasta las clavijas:
Las niñas por las endijas
De la *quincha* se libraron,
I al *guaso* me le robaron
Hasta el lazo de *verijas.*"

Este provincialismo nuestro, como casi todos los que traen su oríjen del quichua, es tambien usado en Perú.

"Hecho de peruana *quincha*
Que es pared de barro i caña,
Entiéndase, no la dulce,
Sino la que llaman *brava*
I *Gynerium sagittatum*
En términos de botánica,
Un rústico *rancho* surje," etc.
(Juan de Arona.- *Poesías Peruanas.*)

De pata en quincha, es frase mui significativa i decidora. *Una diversion de pata en quincha* es una zambra, jarana, *remolienda* [→ *remoler*] en que se gasta gran desenvoltura, o por lo ménos en que se echan las reglas de la etiqueta, cuando no de la buena educacion, debajo de la mesa. *Una tonada de pata en quincha,* es una de aquellas que por el tono en que se canta i por el asunto de sus versos es propia de las ya bosquejadas jaranas. Probablemente esta singular frase se orijinó de la costumbre que tienen los *lachos* [→] que asisten como espectadores a las *chinganas* [→], de pasar por sobre el pescuezo del caballo una de las piernas para quedar sentados a mujeriegas i afirmar en seguida los piés en los atravesaños de la *quincha*, a fin de oir así con mas comodidad i atencion, las tonadas que son mas de su agrado.

Los tejidos de varillas semejantes a las *quinchas* de nuestras carretas se llaman en España *adrales*; las parecidas a las *quinchas* de nuestros ranchos, *zarzos,* cuando no llevan barro.

QUINTRAL. [+ AQUINTRALARSE]

Llamamos así a las plantas parásitas que los botánicos designan con el nombre de *lorantáceas,* especialmente al *loranthus verticillatus.*

Su nombre castizo es *muérdago* o *liga.*

Aquintralarse un árbol, cubrirse de *quintral.*

QUIÑO, [QUIÑ]AR, [QUIÑ]ADO, [QUIÑ]ADURA. [+ QUIÑAZO]

Del quichua *kquiñuni, horadar, agujerear.*

Quiño es uno de los muchos juegos en que se divierten los niños con el trompo. Consiste en que el trompo del que pierde reciba cierto número de puazos (*quiñazos*) del ganancioso. Se divide el *quiño* en *bravo* i *manso.* El trompo, despues de haber soportado tan dura prueba, queda lleno de pequeños agujeros, o a la chilena *quiñado,* lleno de *quiñaduras.* Tambien se llaman *quiñadas* las caras de los que han sufrido la viruela.

QUIRQUINCHO. [COMO UN]

Del quichua *quirquinchu*, el *armadillo*.

Como un quirquincho, hemos oido decir para ponderar el carácter violento o la bravura de alguna persona; i es a todas luces disparatada locucion, pues tenemos al bicho cuyo nombre hemos puesto al frente de este párrafo por uno de los mas pacíficos e inofensivos cuadrúpedos.

QUISCO, [QUISC]UDO, A, QUISCA.

Nombre el primero probablemente quichua, con que designamos a multitud de plantas indíjenas de la familia de las cácteas, (*cereus quisco, cereus peruvianus, cereus eburneus, cereus chilensis*, etc.

Quiscas son las espinas agudas, rectas, de dos a tres pulgadas de lonjitud, de que estos arbustos estan cubiertos.

Quiscudo, se dice del hombre de cabellos gruesos i tiesos, a semejanza de *quiscas*.

R

RABON, [RAB]ONA.

Es castellano cuando indica por antífrasis al animal que teniendo rabo se lo han cortado.

Es chilenismo cuando se usa para indicar al hombre o mujer que está sin calzones ni otro vestido que camisa. Equivale entónces a *con el rabo al aire.*

La palabra *rabona* suele emplearse tambien como sustantivo, i es entónces apodo con que se nombra a las mujeres o mancebas de los soldados, que los siguen en sus campañas, i en esta acepcion es de uso mas frecuente en Bolivia que entre nosotros, donde lo comun es llamar a las dichas mujeres *machucadas,* aludiendo a lo que se maltratan i machucan en los viajes.

> "En los cuerpos bolivianos," dice don José D. Cortés, "es la mujer del soldado, aunque no siempre lejítima, pues hai muchos que dejan a ésta en sus pueblos i toman a la *rabona* que viene a ser la mujer en campaña."

> "En los cuerpos bolivianos no hai cantineras ni son precisas, desde que cada soldado tiene una sirvienta que le prepara la comida en marcha, en los campamentos i cuarteles."

> "La *rabona* es tan sufrida como el soldado; lo sigue a todas partes i lo acompaña en sus marchas por largas i penosas que sean; el soldado que soporta con paciencia toda fatiga no soporta la falta de su *rabona*; cuando algunas veces los jefes han querido impedir la compañía de esas mujeres han notado que el soldado estaba violento i que las deserciones eran considerables." (*La República de Bolivia.*)

Por lo demas *rabona* viene sin duda de *rabo,* i no es mas que el adjetivo *rabon, a,* sustantivado en la acepcion chilena de *desnudo, en camisa,* con el *rabo al aire.* Se engaña en consecuencia, el señor Vicuña Mackenna, cuando da a entender que el vocablo de que tratamos trae su oríjen de *robar,* en las siguientes líneas de su *Historia de Santiago*: "Cuando los soldados volvian a las fronteras despues de invernar en Santiago, se llevaban muchas indias robadas i seducidas, i de aquí las *rabonas.*"

RAJAR.

Tenémoslo por chilenismo en la acepcion de *hablar mal de alguno, desacreditarlo,* censurar acremente su conducta.

> "Pero si hai algo contra mí, échenlo a la calle, tírenme o rájenme con justicia o sin ella; mas ¿por qué la ha de pagar la cosa pública?" (Carta de

Portáles en el *D. Diego Portáles* de Vicuña Mackenna.)

RAMADA. [+ ENRAMADA]

Esta voz tiene en el Diccionario de la Academia la nota de anticuada. Lo usual en España es llamar *enramada* el cobertizo hecho de ramas de árboles para sombra o abrigo.

En Chile no conocemos otra acepcion de *enramada* que el conjunto de ramas de árboles, espesas i entrelazadas *naturalmente*; a las construcciones de ramas cualquiera que sea su objeto (secar los duraznos, servir de albergue a los *chacareros* [→ *chacra*] durante la época de las cosechas, de rustica tienda para vender licores o comestibles, para cantar i bailar en las fiestas cívicas, para matar a los animales i beneficiar la carne en las haciendas) las llamamos invariablemente *ramadas,* i así las llaman tambien peruanos i arjentinos.

"O que te agarre la noche
En el despoblado siempre
I sin techo ni *ramada*
La pases a la intemperie,
I ni el lejano ladrido
De los perros te consuele."
(Juan de Arona.- *Poesías Peruanas.*)

"Venia *clariando* al cielo
La luz de la madrugada
I las gallinas al vuelo
Se dejaban *cair* al suelo
De encima de la *ramada.*"
(Ascásubi.- *La Madrugada.*)

Ramada es voz castiza, útil, i por consiguiente digna del rejuvenecimiento que ha experimentado en América.

RAMO.

Ramo de flores, por *ramillete,* parece a primera vista un chilenismo, pues los diccionarios no lo traen en esa acepcion. Empero, si nuestra práctica no aparece autorizada por la Academia, lo está por el ejemplo de mui correctos escritores.

"I un *ramo* quise hacer, i fuí escojiendo
En el gayo pensil las mas hermosas,
El clavel i el jazmin entretejiendo
Con jacintos, ranúnculos i rosas."
. . .
I como el *ramo* espléndido tejia, etc."
(García de Quevedo. - *El Proscrito.*)

"Llevaré de camino un *ramo* de flores para la reina; lo mejor de mi estofa. Voi a cojerlas." (Hartzenbusch.- *Juan de las Viñas.*)

RANCHO, [RANCH]ERÍA.

Jeneralmente se cree que *rancho,* en la acepcion de *choza, cabaña pajiza,* es un provincialismo americano.

El señor Vicuña Mackenna, que no participa de esa opinion comun, dice, a propósito de la voz de que tratamos, lo siguiente en su *Historia de Santiago*:

"No es esta una expresion americana como pudiera creerse, sino una aplicacion de la palabra *rancho* que

> los militares españoles usaban por comida, i como ésta la encontraban los conquistadores o la preparaban en las habitaciones de los indíjenas, le dieron este nombre. *Ranchear*, por esto, en los historiadores antiguos es sinónimo de forrajear."

En el caso presente, como en otros varios que hemos considerado, el señor Vicuña da pruebas sin duda de su fecunda inventiva para explicarse la etimolojía de nuestros provincialismos con hipótesis cuya verosimilitud no negaremos; pero de que no es lícito echar mano sino a falta de todo dato positivo. En efecto, que la comida de los soldados se llamase *rancho* i que ésta la encontrasen o la preparasen aquéllos en las *rucas* de los indios, no es razon bastante para afirmar que nuestra acepcion de *rancho* es solo una traslacion a las cabañas del nombre de la comida que en ellas se encontraba o preparaba.

Lo mas seguro es que el llamar *ranchos* a las chozas no sea una invencion americana, sino simplemente la conservacion de una palabra que en España hace ya mucho tiempo que ha dejado de usarse en la acepcion de cabaña, i cuyo uso parece que nunca llegó tampoco a ser jeneral en la Península.

Si así no hubiese sido, no leeríamos en Cervántes:

> "Luego, hallando esta verdad, habeis de dejar la casa de vuestros padres i la habeis de trocar con nuestros *ranchos*." (*La Jitanilla*.)

> "Desembarazaron luego un *rancho* de los mejores del aduar." (*Id*.)

Otro ejemplo de *rancho*, tomado por aposento, vivienda de jente ruin, trabajada toscamente, mal i por mal cabo, encontramos en el capítulo XVI del tomo I de *El Quijote:*

> "Retiróse el ventero a su aposento, el arriero a sus enjalmas, la moza a su *rancho*; solo los desventurados D. Quijote i Sancho no se pudieron mover de donde estaban."

Es verdad que el Diccionario de la Academia no trae entre las diversas acepciones de nuestra voz la que parece tener en los anteriores ejemplos; pero explicando el sentido del verbo *ranchear* dice: "Formar *ranchos* en alguna parte o acomodarse en ellos."

En resúmen, parece que en la lengua jitanesca *rancho* equivalia a barraca, choza o habitacion rustica, que es lo mismo que significa entre nosotros.

Ranchería es el conjunto de ranchos, que en español se llama *aduar*, debiendo sí notarse que *aduar* lleva envuelta la idea de un establecimiento movible, idea no expresada por *ranchería*.

> "He mandado que me tomen un *rancho* que me costará doce pesos anuales i allí estaré contento: me mantendré con 30 pesos al mes (lo que tambien entra en el cálculo), viviré sano, concluiré todas mis cuentas atrasadas i sobre todo

dirijiré i veré todo lo que haya que hacer en el Rayado." (Carta de Portáles, en el *D. Diego Portáles* por Benjamin Vicuña Mackenna).

Se apronta para inundar
A toda la *ranchería*
A ver si la policía
Lo impide o lo va a estorbar."
(GUAJARDO.- *El rio Mapocho.*)

"Ya los *ranchos* do vivieron
Presa de las llamas fueron."
(ESTÉBAN ECHEVERRÍA.
- *La Cautiva.*)

"La *huaca* antigua que en silencio ahora
Corona humilde *rancho* de totora", etc.
(JUAN DE ARONA.- *Poesías peruanas.*)

RASCARSE. [+ RASCA]

Otro verbo que agregar a los muchos con que caprichosamente designa el vulgo la accion de *embriagarse, emborracharse, (apuntarse, tiznarse, picarse, encufifarse, mamarse* [→ *mamado*], *curarse* [→], *alegrarse,* etc.)

El sustantivo correspondiente a *rascarse* es *rasca*, embriaguez.

"Síguenle unos cuatro amigos,
Compañeros de sus *rascas*,
A media rienda", etc.
(*Huérfano.*)

"Despertó como sintiendo
Que le estaban dando *guasca*:
¡Maldita sea la *rasca*!
Iba un *pililo* diciendo."
(GUAJARDO.- *Los Enganchados.*)

RASPA, [RASP]EAR, [RASP]ON, [RASP]AZO.

Úsase familar i vulgarmente *raspear* por *reconvenir, reñir, increpar, reprender,* con lo cual casi hemos declarado que *raspa* será *reconvencion,* i *raspon* o *raspazo* una violenta o acerba reprimenda.

Sobre el sentido de la locucion *raspar el cacho,* véase esta voz en el lugar correspondiente [→ *cacho*].

"Por eso amigo, aunque te enfades
I me eches una tras otra *raspa,*
En todo tiempo i a todas horas,
Llueva o no llueva, ando con capa."
(Z. RODRÍGUEZ.- *Ando con capa.*)

"I cuando frunza el profesor el ceño
I me eche un buen *raspon*
Tu rizo besaré con mas empeño
Henchido de emocion."
(ID.- *Adios del colejial a las vacaciones.*)

RASTROJO.

¿Qué llaman en el Perú *rastrojo*? No lo sabemos de cierto, aunque estándonos al sentido que muestran los versos del señor Paz Soldan que copiaremos en seguida, parece que lo mismo que en Chile, por allá llaman así, tanto los resíduos que quedan de una sementera despues de cosechada, como el terreno mismo en que quedan esos rastros.

Si nuestra presuncion concordase con la realidad de las cosas, no habria tenido razon el ilustrado autor de las *Poesías peruanas* para incluir la voz de que tratamos en la lista de peruanismos que puso al fin de su obra. En efecto, que *rastrojo* significa castizamente "el resíduo de las cañas de la miés que queda en la tierra despues de segar" es cosa que certifica el Diccionario de la Academia; i si eso es *rastrojo* en su primitiva significacion, ¿cómo calificar de provincialismo el aplicarla al campo que, despues de la siega, queda cubierto con los resíduos de las mieses? Para que ello fuese acertado en el caso presente seria preciso sostener que no podemos los americanos usar de la figura que llaman los retóricos sinécdoque, ni de ninguna otra, sin dar oríjen a un provincialismo.

> "¡Oh inevitable i anüal despojo
> Del mas bello i feraz cañaveral
> ¡Cuán despoblado, estás, pobre *rastrojo*
> Desnudo, calvo, sin color trivial!"

Por otra parte, no faltan buenas autoridades que lejitimen la acepcion que damos a *rastrojo*. Prescindiendo de que la etimolojía la abona, pues *rastro* es la señal que deja en el suelo la cosa que se lleva *arrastrando*, Covarrúbias dice expresamente: "RASTROJO.- La tierra despues de segada la mies."

RATA.

Véase *laucha* [→].

RAUDAL.

Raras veces aciertan los viajeros a dar su nombre castellano a la corriente rápida e impetuosa de los rios, o a los puntos de su curso en que la corriente presenta esos caractéres. Lo comun es emplear en casos tales la palabra *raudal*, significacion mui diversa. A las veces suelen los tales, máxime siendo ingleses o franceses, servirse de la *rápida*, que si se parece bastante a la que en las lenguas de Shakespeare i de Molière indica el objeto de que se trata, tiene el inconveniente de no ser castellana.

En cualquier buen diccionario frances-español puede verse que la palabra castiza equivalente a *rapide* es *recial*, i que esta es por lo tanto la que traduce con propiedad el *rapid* de los ingleses.

> "Sans les nombreux *rapides* du Rio de Madeiras." (D' ORBIGNY.- *Vogage dans l' Amérique méridionale.*)
> "En este punto el rio era mas ancho, la corriente entre seis i ocho millas; en los *rápidos* era incalculable, porque solo nos ocupábamos en la maniobra cuando pasábamos." (G. E. COX.- *Viaje en las rejiones setentrionales de la Patagonia.*)

Parece que en Centro América llaman a los *reciales chiflones*.

> "The river, however, above the coast alluvions has a powerful current and is interrupted by *rapids* called *chiflones*." (E. G. SQUIER.- *The States of Central América.*)

REALENGO, A.

Parece que *realengo* significó en lo antiguo lo perteneciente al rei; i que andando el tiempo pasó a denotar aquellas propiedades que por ser del patrimonio real o de ciertas órdenes privilejiadas estaban exentas del pago de contribuciones.

Entre nosotros *una hacienda realenga* es aquélla sobre la cual no pesa, ni censo, ni hipoteca, ni ningun otro gravámen.

REASUMIR, RESUMIR.

Cansados estamos de observar el uso impropio que aun las personas ilustradas suelen hacer de los verbos puestos al frente de este párrafo.

Casi no hai diputado ni senador que ántes de dejar la palabra, no crea del caso *reasumir* su discurso. Es un error grosero que prueba la utilidad del estudio de la lexicolojía, completamente descuidado en nuestros colejios, solo porque el señor Bello prescindió de ella en su Gramática.

Reasumir (re-asumir) es, como los elementos lo indican, volver a tomar lo que ántes se tenia o se habia dejado.

Resumir (del latin *resumere*) es recopilar, hacer resúmen, reducir a comependio.

Equivocóse, pues, sin duda por distraccion, el erudito don Agustin Duran cuando en la pájina doce del prólogo que puso a su *Coleccion de romances castellanos* tomo I escribió: "En este sentido i con estos modelos escribieron los italianos, con mas o ménos felicidad, aquella multitud de poemas caballerescos, precursores del *Orlando furioso,* en el cual se *reasumieron* todos los elementos compatibles de la poesía clásica con la romántica, hija del estado social de los siglos medios."

¿Que mucho que el señor Vicuña Mackenna, cuya pluma corre siempre a galope, escribiera en la páj. 358 del tomo II de su *Diego Portáles*: "*Reasumiendo,* pues, para concluir, i apartando a un lado el criterio minucioso de sus virtudes," etc.?

Pongamos ahora dos ejemplos que muestren el propio i castizo uso de los dos verbos que consideramos:

> "Enciso, a quien, por el título de alcalde mayor que tenia de Ojeda, competia el mando en su ausencia, lo *reasumió*, i ordenó dar la vela para Urabá." (QUINTANA.- *Vida de Balboa.*)

> "Pido que atenta oreja me sea dada,
> Que el cuento es grave i atencion requiere,
> Para que con curiosa i fácil pluma
> Los hechos de estos bárbaros *resuma.*"
> (ERCILLA.- *Araucana.*)

REBOSADERO.

Es en castellano el paraje por donde rebosa algun líquido.

Nuestros mineros designan con esta palabra el mineral que existe en depósitos mas o ménos grandes, sin rumbo ni forma de veta. El llamarlos así provino sin duda de que se imajinaron ver en cada uno de esos depósitos un manantial inagotable en que el codiciado metal salia a borbotones; lo que es audacia propia de una imajinacion de minero.

RECAUDO, [RECAUD]ERO, A.

Recaudo llaman las verduleras i fregonas a las legumbres que se ofrecen en venta en los mercados.

Las vendedoras de éstas son las *recauderas.*

> "Pasemos al *recaudero,*
> Fruteros i *pescadores,*
> Polleros i vendedores
> De perdices," etc.
> (GUAJARDO.- *De todas artes.*)

RECIEN.

> "Recientemente se apocopa en *recien* ántes de participios un pais *recien* poblado, un niño *recien* nacido, los *recien* llegados."
> "Es una corrupcion emplear esta apócope con verbos como hacen algunos, diciendo v. gr. "*recien* habíamos llegado;" "*recien* estaba yo despierto;" "*recien* se descubrió el Nuevo Mundo, etc." En este último ejemplo hai ademas la impropiedad de emplear a *recientemente* en el significado de *apénas.*" (BELLO.- *Gramática castellana.*)

Véanse aquí ejemplos que muestran lo comun que es incurrir en la falta que el señor Bello censura:

> "La fria urbanidad de las primeras relaciones entre hombres que *recien* se conocen." (A. BLEST GANA.- *El ideal de un calavera.*)

> "Manuela *recien* entró a la Iglesia." (MOISES VÁRGAS.- *Lances de Noche Buena.*)

> "Sola quieres marchar! ... Pobre paloma
> Que *recien* dejas el materno nido."
> (C. WÁLKER MARTÍNEZ.- *Manuel Rodríguez.*)

> "*Recien* la aurora serena
> Refleja en el horizonte."
> (FLORENCIO BALCARCE.)

> "*Recien* alzando el nacarado velo
> De vuestra juventud ¿llorar sabias?"
> (JOSÉ MÁRMOL.)

Tomemos ahora de las Apuntaciones del señor Cuervo algunos ejemplos que indicarán el camino para expresar la idea sin pecar contra la Gramática.

> "Si tan trabajoso se te hace arrancar agora las plantas de los vicios, que están en tu ánimo *recien* plantadas; ¡cuánto mas lo será adelante cuando hayan echado mas hondas raices!" (F. LUIS DE GRANADA.- *Guia de pecadores.*)

> "A *poco* de haber vuelto Narváez a Baracoa, ellos llegaron tambien." (QUINTANA.- *Vida de Las Casas.*)

RECILLA.

El señor Gormaz quiere que se diga *redilla* en vez de *recilla*; i su consejo no estaria fuera de propósito si se tratase del diminutivo de *red* i no del adorno que se ponen las mujeres en la cabeza.

Hase pasado ya la moda de tales adornos; pero por si volviera bueno es que sepan nuestras damas que el nombre castizo de ellos es *redecillas.*

"La cofia o *redecilla* que usaban las mujeres para recojer el pelo i adornar la cabeza." (Diccionario de la Academia.- Voz Crespina.)

"Salieron luego de traves seis ninfas... puestos sus cabellos en torno de la cabeza cojidos con unas *redes* anchas de hilo de Arabia." (Gil Polo.- *Diana enamorada.*)

RECORDAR.

Cree el señor Salvá que en el sentido de *despertar,* interrumpir el sueño al que está durmiendo, es un provincialismo de Chile i otros paises de la América Meridional.

El señor Cuervo observa "es raro que a este intelijente investigador se le haya pasado achacarnos esa invencion, cuando sus abuelos tenian la patente de ella" i prueba su aserto con los tres ejemplos que en seguida trascribimos:

"A la sombra de mis cabellos
Mi querido se adurmió:
¿Si *lo recordaré* o nó?"
(*Floresta de Bohl de Faber.*)

"Hasta el último pencanzo
No desperté; de manera
Que cuando sueño doblones
Al primero me recuerdan,
I cuando azotes me obligan
Que hasta el cuatrocientos duerma."
(Tirso de Molina.- *Amar por señas.*)

"¡Ai! a la media noche muda i fria
Solo, jemí del bosque entre las sombras,
I de su sueño recordé a los sauces
Que inclinaron de lástima sus copas."
(E. Florentino Sanz.)

RECOTIN.

¿Cuántas madres al salir de la iglesia no riñen a sus hijos pequeños que las acompañan, por haberse llevado durante toda la santa misa *como recotines*? Las tales difícilmente darán fé a nuestra palabra cuando les hagamos saber que un *recotin* no es ni mas ni ménos que lo que es para los franceses un *coquin.*

En efecto, *recotin* es manifiesta corrupcion de *recoquin,* "el hombre mui pequeño i gordo" segun se explica el Diccionario de la Academia; contra la opinion de un amigo nuestro, hombre esperimentado si los hai, que, fundándose en la práctica de su larga vida, asegura que un grande abdómen es en los hombres el mas seguro indicio de honradez.

Pues bien, si *recotin* viene de *recoquin,* solo nos falta saber de donde viene este último, curiosidad que hace la nonada de dos siglos i medio satisfizo el buen Covarrúbias cuando escribió. "Recoquin.- El hombre pequeño i gordillo; es palabra tomada del frances *coquin.*"

REDOMON.

El caballo que ha principiado a amansarse; pero que aun no está completamente acostumbrado al freno i a la silla.

Mui usado en la República Arjentina.

> "En teniendo *redomones*
> I *bolas* como tenemos
> I que nos mande don Frutos
> Ya ni *chiripá* queremos."
> (ASCÁSUBI.- *Cielito gaucho.*)

REFACCION, [REFACCI]ONAR.

Casi no usamos de otra palabra para espresar la idea de *componer* o *reparar* los edificios, maneras de expresarse que es tanto mas necesario tener presente cuanto que *refaccionar* no existe en castellano.

Refaccion sí existe; pero nada tiene que ver con la accion o efecto de *reparar* o *componer*.

> "Mandó Abderahman *reparar* la aljama de Medina Segovia i la adornó con mui bellas columnas." (CONDE.- *Historia de la dominacion de los Árabes en España.*)

> "Estaba encargado de los *reparos* de la grande aljama por órden del hagib Almanzor." (*Id. Id*)

El significado propio de *refaccion* es alimento moderado que se toma para reparar las fuerzas.

REGALÍA.

Las niñas santiaguinas llevan en los meses mas crudos del invierno metidas en *regalías* las manos para preservarlas del frio: las madrileñas las han llevado siempre en *manguitos* o *regalillos.*

La prueba puede verse en la conocida fábula de Iriarte, *El Manguito el Abanico i el Quitasol.*

REGATEADOR.

Regatear por altercar o porfiar para obtener una rebaja en el precio de alguna mercadería puesta de venta es mui castellano. No así *regateador, ora* por el o la que tiene el hábito de *regatear,* porque su nombre propio es *regaton, ona* i tambien *regatero, era.*

> "En lo que mas nos hemos entretenido esta mañana es en verse dar la batalla dos *regatonas* o placeras de las que allí venden sobre que una de ellas habia llamado a un aldeano que estaba en la tienda de la otra *regateando* unas berenjenas." (CERVÁNTES.- *Entremes de los mirones.*)

REGODEARSE, [REGOD]EON, ONA.

> "REGODEARSE; r. fam.- Deleitarse o complacerse en lo que gusta o se goza, deteniéndose en ello. Hablar o estar de chacota." (*Diccionario de la Academia.*)

REGODEARSE; mostrarse alguno delicado, esquilimoso, descontentadizo. (*El uso corriente de Chile.*)

Con lo cual queda ya tácitamente notado que el difícil de ser contentado no se llama *regodeon,* sino *regalon, esquilimoso, descontentadizo.*

"Siempre lidiando con amas, que si una es mala otra es peor, *regalonas,* entremetidas, habladoras, llenas de histérico, viejas, feas como demonios." (MORATIN.- *El Sí de las niñas.*)

REGRESARSE.

Advierte el señor Cuervo que con *regresar* no se juntan los pronombres *me, te, se, nos, os*; de suerte que no se dice mañana *me regreso,* sino *mañana regreso.*

"Es de presumir, conociendo el carácter e inclinacion de monseñor Aquaviva, que hallándose en Madrid cuando se hicieron las excequias de la Reina i al tiempo que Cervántes dedicaba la elejía al cardenal Espinosa, prendado de su injenio i penetracion, i acaso compadecido de su escasa suerte le admitió en su familia i comitiva al *regresar* a Italia." (NAVARRETE.- *Vida de Cervántes.*)

"REGRESAR; a.- Volver al lugar de donde se salió." (*Diccionario de la Academia.*)

REMATE.

Por *almoneda* es chilenismo tan corriente como excusado.

"Si no se pidiese la renovacion del plazo del depósito al vencimiento de cada trienio, se rematarán las mercaderías en pública subasta en el primer *remate* de los que deben verificarse" etc. (*Ordenanza de aduanas de la República de Chile.*- Octubre 31 de 1864.)

REMEZON.

Enseña el señor Gormaz (páj. 16 de sus *Correcciones*) que debe decirse *remocion* en lugar de *remeson* como es costumbre en Chile; i se equivoca, porque lo que en Chile significa *remezon* (no remeson) no es la accion i efecto de *remover,* como el señor Gormaz pretende, sino la accion i efecto de *remecer.*

Tambien se equivoca en la nota correspondiente a la voz de que vamos tratando al aseverar que la accion i efecto de *remover,* es *remocion, estremecimiento,* ya que hai entre el significado de estos dos últimos sustantivos la distancia suficiente para que nadie sea osado de considerarlos como sinónimos.

Puesto que *remezon* no viene en el Diccionario de la Academia, i se dice casi siempre en Chile por *temblor de tierra,* pueden los mas tímidos i escrupulosos servirse de *sacudimiento.*

REMOJO.

El dinero que suelen dar voluntariamente los gananciosos en el juego, se llama en España i en Chile *barato.* Pero ¿cuál es el nombre de la dádiva o agasajo que suelen hacer a sus amigos las personas que han recibido algun beneficio, experimentado un gusto, encontrado algun objeto perdido, etc? Aquí nos separamos de la madre patria que llama a las dádivas hechas por tales causas *estrenas*; miéntras que nosotros (bien que en estilo familiar solamente) las llamamos *remojos,* máxime si el motivo en que el demandante funda su demanda es haberse puesto el demandado vestidos nuevos.

> "Atraviésase luego Magdalena,
> Pide para chapines o una toca
> I tu paje de lanza pide *estrena.*"
> (LUP. DE ARJENSOLA.- *Sátira.*)

REMOLER, [REMOL]EDOR, [REMOL]EDORA, [REMOL]IENDA.

Andar en holgorios, bureos, *parrandas*, es *remoler.*

El que tiene la costumbre de andar en esas diversiones es *remoledor*; i bien se está viendo que las tales son las que llamamos en Chile *remoliendas.*

> "Vamos *remoliendo mialmas*
> Que el infierno se ha vuelto agua,
> Los diablos se han vuelto pejes
> I los condenados *taguas!*"
> (*Copla popular.*)

Dice Salvá que los mejicanos llaman a las *remoliendas mitotes* i a los remoledores *mitoteros.* Mas nos gusta nuestro provincialismo; pero los dos juntos no valen dos higas.

RENGO, RENGUEAR.

Rengo, a, por el que está cojo a causa de lesion en las caderas es castellano; aunque lo comun en España sea llamar a los que cojean de semejante cojera, *rencos.*

Lo que parece un fruto del descuido con que pronunciamos nuestro idioma es el verbo *renguear.* Para expresar la accion de andar como los *rencos* se dice en España *renquear,* voz que nunca hemos oido en Chile ni aun a las personas mas ilustradas.

> "Un *rengo* llegó pidiendo
> La plata con mucho arrojo
> I dijo: Yo por ser cojo
> En siete pesos me vendo."
> (GUAJARDO.- *Los Enganchados.*)

Hacerse el zorro rengo, por disimular astutamente, encubrir con achaques de vejez, enfermedad u otros semejantes las miras que se tienen, es frase tan usada como expresiva.

RENOVAL.

Llamamos así el sitio poblado de retoños o *renuevos* de los troncos de árboles cortados con anterioridad.

No conociendo nosotros una palabra castiza equivalente, mal podriamos condenar el uso de nuestro provincialismo, tanto ménos cuanto que él es de una formacion irreprochable.

Véase *papal* [→ *papa*].

> "I un pobre que arrienda un pedacito de *renoval* (así se llama el terreno donde hai troncos retoñados.) (*El Ferrocarril,* marzo 15 de 1864.)

REPLANTIGARSE.

Se dice con frecuencia. Lo correcto es *repantigarse.*

RESEDÁ.

El Diccionario de la Academia trae esta palabra como grave.

Salvá la hace aguda.

El uso es vario; pero siendo *reseda* una voz tomada del latin (*reseda*) la etimolojía da la razon a la Academia contra Salvá.

> "Entre verde i amarilla
> Te alzas alegre *reseda,*
> En tu cáliz mucho queda
> De tu perfume oriental."
> (TORRES CAICEDO.)

> "I la cristalina fuente,
> Trasparente,
> Bañe tu pié *resedá*
> I parias rindan las flores
> A los divinos olores
> Que tu lindo seno dá."
> (EUSEBIO LILLO.)

RESENTIRSE. [+ RESENTIDO, A]

El señor Baralt tacha de galicismo el uso de este verbo "por experimentar las malas consecuencias o la dañina influencia de alguna cosa;" pero tal uso se haya autorizado por mui doctos i castizos escritores.

> "Su lenguaje se *resiente* de su provincia." (PUIGBLANCH.- *Opúsculos gramático satíricos contra Villanueva.*)

> "La oda al nacimiento de don Antonio Castilla i la otra al capitan Alava *se resienten* de la edad en que se escribian." (HERMOSILLA.- *Juicio crítico.*)

> "El testamento de Alfonso *se resintió* de su carácter inconstante i vário." (JERÓNIMO DE LA ESCOSURA.- *Compendio de la Historia de España.*)

> "Resultando de aquí que la primera no *se resienta* del golpe o caida del acento sobre su inmediata." (SICILIA.- *Ortografía i Prosodia.*)

Tampoco faltarian ejemplos que alegar en defensa del uso que hacemos de *resentido* por *reñido, malquisto.*

> "Prescindiendo de la natural incomodidad de toda sinrazon, mas bien que *resentido,* debo estarle agradecido al canónigo." (PUIGBLANCH.- Opúsculos citados.)

RESOLANA.

Resolana es el sitio resguardado del viento donde se toma el sol; mas no la reverberacion de éste o el calor causado por ella.

El nombre castizo de la sobredicha reverberacion es *resol;* i el del lugar en que la reverberacion se percibe *resistero.*

> "Como se precipita el fruto de la planta exótica por la *resolana* de un conservatorio." (VICUÑA MACKENNA.- *Historia de Santiago.*)

> "Como quien a la nieve está mirando
> Desde cerca en un alto ventisquero
> Gran rato cuando el sol reverberando
> Hace con ella fuerte *resistero.*"
> (VIRUES.- *Monserrate.*)

En la edad de oro de la literatura española díjose tambien *solana* por *resolana.*

> "Sin tener mas apetito ni deseo (el campesino) que de lo que tiene presente, ni darle otra cosa cuidado mas que llevar su ganado al pasto mas cercano i que sabe es mas fértil i abundante, i buscar lugar fresco i de arboledas donde sestear en verano, con agua para abrevar su manada i *solanas* reparadas de los helados vientos para el invierno." (CERVÁNTES.- *Diálogo entre Sillena i Selanio.*)

RESUMIDERO.

No existen en ninguna tierra en que se hable la lengua de Castilla como Dios manda. Pero ¿cuál es su nombre propio? *Hic opus!*

El señor Gormaz en sus *Correcciones lexigráficas* dice *rezumadero.*

El señor Cuervo, despues de explicar el recto sentido del verbo *rezumarse,* agrega: "Dicho se está que no hai *resumideros,* sino *rezumaderos.*"

Ambos parece que se engañan; lo cual si no es de extrañarse en el señor Gormaz, cuyas *Correcciones* merecen ser correjidas en cada pájina, es un caso raro en el erudito i atinado autor de las *Apuntaciones sobre el lenguaje bogotano.*

Para probar nuestro aserto recordaremos que, segun el Diccionario de la Academia, *rezumadero* es: 1.° El sitio o lugar por donde *se rezuma* alguna cosa. 2.° *Lo que se ha rezumado.* 3.° *El sitio* donde se junta *lo rezumado.*

Ahora que las definiciones de esos *rezumaderos* no cuadran a nuestros *resumideros,* es cosa que se patentiza con copiar las diversas acepciones de *rezumarse,* que son: 1.ª Recalarse o traspirarse algun líquido por los poros; i 2.ª met. Traslucirse i susurrarse alguna especie."

Luego, pues, si *rezumadero* es el sitio o lugar por donde se *rezuma* el agua, i si *rezumarse* algun líquido es *recalarse* o *traspirarse por los poros,* es evidente que no es aquél el nombre castizo que tienen nuestros llamados *resumideros.*

Si el agua que cae a éstos no se *rezuma,* sino que *se sume* (sumirse es hundirse o meterse debajo de la tierra o del agua) lo natural es que el pozo que se hace para recibirla se llame *sumidero.*

Es lo que confirma el Diccionario de la Academia.

> "SUMIDERO- m. Cueva o concavidad en la tierra que sirve para que en ella se suman las aguas."

En Toledo dicen *buzonera.*

> "BUZONERA- f. "En Toledo el *sumidero* que hai en los patios i que es en forma de alcantarilla."

Si se quisieran mas pruebas podriamos agregar que la correspondencia latina de *rezumadero* es *locus resudans!*

RETACO, A.

Parece deducirse de lo que dice el Diccionario, al explicar la última acepcion de esta voz, que en España solo los hombres tienen el poco envidiable privilejio de ser *retacos* o rechonchos.

En Chile a nadie se le prohibe serlo, i quien lo dude váyase la primera Noche Buena a la Alameda de Santiago i oirá:

> "¡Claveles i albahacas
> Para las niñas *retacas*!"

REVENTON.

El lugar en que una veta se manifiesta en la superficie del suelo.

> "La sorpresa contiene su ira... la piedra que tiene en la mano es mui pesada... la examina i encuentra que es un *rodado!* (el autor subraya, pero *rodado* es castellano). Plata pura! A poco rejistra el cerro i descubre el *reventon* de donde se despegó el *rodado*." (JOTABECHE.- *La mina Candeleros.*)

REVOLETEAR.

Suelen decir los ignorantes i descuidados. Debe decirse, *revolotear* o *voltear* segun los casos.

RICO.

En el campo cuando los *guasos* [→] hablan *del rico* debe entenderse que hablan del hacendado.

> "Si de un *adulon* se prenda
> El mayordomo o *el rico*,
> Allí viven grande i chico
> Como madeja sin cuenda."
> (GUAJARDO.- *Los Adulones.*)

RINGLETE.

"Puede ser corrupcion de *rehilete*" observa el señor Cuervo.

Segun la Academia es "flechilla con su pluma o papel para clavarla en puertas o animales"; en la primera edicion agrega: "i poque es velosísima i camina mui derecha, del que anda mui aprisa o mui vivo se dice que va como un *rehilete*."

Aquella flechilla, puesto que viene al caso, es llamada por los muchachos de nuestra tierra *garrocha*.

RIPIO. [+ ENRIPIAR]

Es un chilenismo en sentido de cascajo menudo i natural, o arena gruesa, que es el que jeneralmente le atribuimos. *Enripiar* es llenar, emparejar con *ripio*.

RITO.

Del araucano *rùthú* o *rhito*, manta gruesa, (poncho) de hilo burdo.

> "El mueblaje se componia de una mesa cubierta con un *rito* que servia de tapiz, seis sillas de madera, un lavatorio, etc." (BLEST GANA.- *La Aritmética en el amor.*)

RITORNELO.

El señor Gormáz lo condena i quiere se diga *retornelo*, que es como dice la Academia.

Nuestra práctica no es, sin embargo, tan infundada que no

pudiera alegar algunas razones i ejemplos en su abono.

Ritornelo es voz italiana (*ritornello*) i en la duda, no pudiéndose alegar ninguna consideracion ni aun de eufonía para cambiar la *i* en *e*, lo mas seguro es conservar la pronunciacion de la lengua de oríjen. Si no decimos *aire* sino *aria* ¿por qué tendríamos escrúpulos para decir *ritornelo* como los italianos?

Los franceses, acomodando la desinencia a la índole de su lengua han conservado la *i* de la primera sílaba (*ritournelle*).

> "La orquesta con el previo *ritornelo*
> De aire, compas i tono da el modelo."
> (IRIARTE.- *La Música.*)

ROBLERIA.

No es vocablo español. En Chile significa el sitio o monte poblado de robles, que en castellano se llama *robledal* i tambien *robledo.*

> "Non son heredadas, non,
> Sino en batallas tenidas,
> De entre lanzas i con sangre
> Mis armas todas teñidas.
> En los *robledos* de Tórmes
> Me la dejades vertida," etc.
> (ESCOBAR.- *Romancero del Cid.*)

ROCAMBOR.

Un juego de naipes cuyo nombre castizo ignoramos. *Rocambor* parece que se usa en todas las repúblicas latino-americanas.

> "Si hoi de toros te arrastra una corrida,
> Luego de *rocambor* una partida,
> I los gallos mañana,
> I a la noche jarana," etc.
> (JUAN DE ARONA.- *Poesías peruanas.*)

RODAJA.

No la trae el Diccionario en la acepcion de ruedecitas con rayos que tienen las espuelas; si bien en la voz ESPUELA dice *rodajita.*

Tambien cuentan las crónicas que el Marques de la Pezuela al cubrirse como grande de España dijo: "Pezuela o rodaja de espuela."

> "Al caballo arrimaba
> La *estrella* de la espuela."
> (*La Gatomaquia.*)

> "Sonoro el *roseton* de sus espuelas
> Talvez por caballero le acusaba."
> (ZORRILLA.- *Granada.*)

El siguiente ejemplo de Quevedo abona nuestro uso:

> "¿Quién tiene talle de abrojo
> U de *rodaja* de espuela?"
> (*Sátira contra D. Juan R. de Alarcon.*- Prólogo a las comedias de éste en la Biblioteca de Rivadeneira, páj. 32.)

RONCEAR.

Es provincial el uso de este verbo en el sentido de mover alguna cosa, verbigracia tinajas, toneles a uno i otro lado alternativamente, para llevarla de una parte a otra.

ROTO.

Esta palabra no es propiamente un chilenismo, porque una de sus acepciones castizas es andrajoso, zarrapastroso.

Téngase, sí, como una peculiaridad de nuestro uso el servirnos de aquella voz para designar a la jente de última clase, a la misma cuyos individuos son llamados *cholos* [→] en el Perú, i *léperos* en Méjico.

RUCA.

El nombre que dan los araucanos a las chozas en que moran.

Un minero de profesion nos asegura que en las minas del Cajon de Maipo, de las Condes, i en otras situadas a mucha altura, llaman los trabajadores *rucas* las covachas que forman en el cerro para defenderse de la nieve.

RUEDECILLA.

Por la rueda llena de cohetes que, dando vuelta a la redonda, los va disparando, es provincialismo chileno.

En Colombia llaman a las tales *rodachinas*.

El nombre español es *jirándula*.

> "Se ven i oyen por infinitas ventanas que tiene el edificio, coronadas de luminarias i flechando *jirándulas* i cohetes voladores." (Vélez de Guevara.- *El Diablo Cojuelo.*)

RULO.

Por un procedimiento que no es difícil imajinar la voz *rulo*, que en araucano significa las vegas o parajes húmedos, ha venido a significar entre nosotros los terrenos secanos.

Puede presumirse que los indios convertidos i conquistados llamarian primeramente sementeras de *rulo* aquéllas que, por hacerse en lugares húmedos, no se regaban *porque no habia necesidad de regarlas*; i que andando el tiempo, sus descendientes llamarian así las siembras i los terrenos mismos que no se regaban, *porque no podian regarse.*

Nuestras *tierras de rulo*, son en español *secanos*; i nuestros trigos de id, trigos *de tempero.*

> "Se producen en los riscos i tierras *de secano* las higueras mas grandes que hemos visto en ninguna parte." (V. Alcalde Espejo.- *Una escursion a la sierra de Córdova.*)
> "A trigo i maiz *de tempero* 2.000
> A maiz de riego 4.000
> A trigo idem. 3.000" (*Id Id.*)

RUMBA O RUMA.

Chilenismo con que se denominan los montones de cualquier clase de objetos, especialmente de maderas i de fardos. Es corrupcion de sonido i de sentido del término náutico *arrumazon, arrumar.*

La palabra española es *rimero.*

"Nó, dijo la sobrina, no hai para qué perdonar a ninguno (de los libros de D. Quijote) porque todos han sido los dañadores: mejor será arrojarlos por las ventanas al patio i hacer un *rimero* de ellos i pegarlos fuego" etc. (Cervántes.- *Quijote.*)

S

SACA, SACO, COSTAL, BOLSA.

Todas estas palabras son castizas; pero hai que notar acerca de la manera como las usamos las siguientes peculiaridades:

1. : Que miéntras *saca* significa en español *un saco grande,* significa entre nosotros el costal de cuero sin curtir en que se importa del Paraguai i República Arjentina *la yerba mate.*
2. : Que *saco*, que es en castellano *cualquier costal de cáñamo, lana o algodon,* solo se dice en Chile de los que sirven para el envase (este *envase* no lo traen los Diccionarios pero es voz mui útil) i acarreo del trigo, frejoles, etc.
3. : Que no conocemos otros *costales* [→] que los de cuero, miéntras que en España lo corriente es que se hagan de jénero burdo.
4. : Que el nombre de *bolsa* lo hemos reservado para las pequeñas en que se guarda el dinero i algunas otras que sirven para varios usos, no dándoselo nunca las que sirven para exportar el trigo o la harina.

El sustantivo *saca*, que denota la accion de sacar, i que hemos visto en alguna parte en bastardilla como si fuese chilenismo, no lo es, siendo por lo tanto correcta la frase, *una saca de papas,* i otras de su especie.

SANCO O ZANCO.

La masamorra espesa, el lodo que va camino de hacerse sólido. Es un chilenismo que trae oríjen del quichua, en cuya lengua *zancu* es masamorra, guiso espeso i sin caldo.

SANGRADERA.

Llamamos así, a la chilena, la parte interior del brazo opuesta al codo, la misma que en español se llama *sangradura.*

Sangradera es el instrumento con que se sangra, la lanceta.

SANTO (PASAR EL.)

Vulgarmente *se pasa el santo* a alguno (¿habrá capricho?) cuando se le golpea, zurra o maltrata.

> "Pocos son los que le chistan
> Aunque todos tienen ganas
> De que álguien *le pase el santo.*"
>
> (Huérfano.)

SATISFACCION.

En el significado de confianza, intimidad, es de frecuente uso en Chile.

No lo trae en esa acepcion el Diccionario de la Academia, por olvido sin duda, como quiera que buenos escritores peninsulares lo han usado a nuestra manera.

> "... ¿Cuando suelo
> *Tener yo satisfaccion*
> De tí ni de otro criado?
> ¿Comunico yo secreto
> Contigo?
> (Tirso de Molina.- *Amar por señas.*)

SE (OBLICUO.)

Dice D. Andres Bello en su Gramática:

> "Un uso extraño i bárbaro se ha introducido en algunas partes de América, relativamente al *se* obliquo. Cuando este dativo es singular decimos como debe decirse *se le, se la, se lo.* Pero cuando es plural se pone en plural el acusativo que sigue, aunque designe un solo objeto: Aguardaban ellos *el libro* i un mensajero *se los* trajo." Es preciso evitar cuidadosamente esta práctica."

Los ejemplos siguientes prueban el poco caso que se ha hecho de la advertencia del ilustre maestro i la necesidad que hai de repetirla:

> "Como los señores Irizarri (*Irizarris* habria sido lo correcto) aparentan no comprender *el cargo* que se les hace, se *los* explicaré." (Melchor Concha i Toro.- El Ferrocarril *de* 11 *de mayo de* 1863.)

> "I si *lo* saben todo ¿para qué quieren que *se los* cuente?" (A. Blest Gana.- *El Ideal de un Calavera.*)

> "Talvez el del *silencio*
> Anjel, tu sombra amiga
> Busca, i allí a los muertos
> Con el dedo en los labios se *los dicta.*"
> (A. Wálker Martínez.- *A un sauce lloron.*)

> "Pero como *esto lo* saben i *lo* han visto todos es inútil repetírse*los.*" (Luis Rodríguez Velazco.- *La Voz de Chile,* 18 de abril de 1863.)

SECADOR.

No lo trae el Diccionario de la Academia. Especie de *enjugador, mundillo.*

> "I hasta las polleras, que este nombre se dió a la figura del traje femenino por la de las jaulas de mimbres en que (a manera de nuestros *secadores*) solian criar pollos en España." (Vicuña Mackenna.- *Historia de Santiago.*)

SECRETEO.

La accion de hablar en secreto unas personas con otras. No encontramos esta voz en los diccionarios de la lengua.

SEDOSO, A.

El adjetivo *sedoso* no aparece en el Diccionario de la Academia; pero se equivocaría quien, apoyándose en esa omision, como el señor Gormaz, sostuviese que el dicho adjetivo es un provincialismo nuestro i que debe reemplazarse por *sedeño.*

> "Sus cabellos, aunque enmarañados por descuido, se comprendia que eran brillantes i *sedosos* i sobre

todo negrísimos, como sus ojos, sus cejas i su barba." (MANUEL FERNÁNDEZ I GONZÁLEZ.- *Los siete Infantes de Lara.*)

"Pelo, no de azabache que es mui duro, sino negro abundante i *sedoso.*" (JOSÉ ALCALÁ GALIANO.- *La Hermosura.*)

SEGURAMENTE.

Copiamos el siguiente parrafito del señor Cuervo que puede venir como de molde a muchos de nuestros paisanos: "¿Por qué no habrá venido nuestro amigo?- *Seguramente* está enfermo.- ¿Con que Ud. *asegura* que está enfermo?- Yo no lo afirmo, sino me lo figuro." Medrados estamos: orijinal cosa es que para denotar cálculo, sospecha, arrimemos a *acaso, quizá, talvez,* i echemos mano de *seguramente*, esto es de la palabra que *asegura*, afirma i excluye toda duda."

SENTAZON.

Hai en Chile una propension mui marcada a formar de los verbos en *ar* que indican movimiento, sustantivos que indiquen el hecho o efecto de verificarse aquél con fuerza, rapidez o violencia. Así, despues de los recios temblores o de los bailes en que el licor i el entusiasmo abundan es frecuente oir: "Hubo una espantosa *quebrazon* de cristales." Despues de un récio temporal: "La *varazon* de lanchas i buques daba horror" etc.

Formados segun el procedimiento indicado están los sustantivos *reventazon, quemazon, salazon*, i varios otros que aparecen en el Diccionario de la Academia.

No han andado, pues, mui fuera de camino nuestros mineros que, entendiendo por *sentarse una labor* el caer sobre ella el cerro i obstruirla, designan con el nombre de *sentazon* el hecho de un grande i súbito desmoronamiento.

SENTIDO.

Cada una de las partes de la cabeza que están detras de las cejas, como camino de las orejas, se llama *sien.*

Don Roque Barcia, que asegura en su Diccionario de sinónimos que el llamarse así esas partes proviene de ser las primeras que se encanecen anunciando la *senectud,* agrega que en buen castellano aquéllas se llaman tambien *pulsos,* porque es el sitio en que la arteria *pulsa* o late, acepcion que no consta en el Diccionario de la Academia.

En Chile, donde nunca llamamos *pulsos* a las *sienes*, solemos llamarlas *sentidos.* "¡Matarlo de una pedrada!- I como nó, si se la dió en el *sentido!*"

SEÑA.

Si bien no absolutamente desconocida en España esta voz, única de que nos servimos nosotros para indicar la parte de precio que se anticipa en cualquier concierto, como prenda de seguridad de que se estará a él, lo comun por allá es servirse con ese objeto de la palabra *señal.*

El vulgo da tambien el nombre de seña a la moneda de vellon, i a ciertas señales de diversas especies que en los campos usan los *bodegoneros* para suplir la falta de moneda menuda.

"Antes de su introduccion (de la moneda llamada *de cruz* o *macuquina* [→]) se palpaba la necesidad de hacerlo en el arbitrio de que usaban los bodegoneros, forjando unas monedas de plomo, de suela i de madera, que llaman *señas,* para dar a los compradores que llevaban de sus tiendas alguna especie que importaba ménos de medio real, que era la moneda menor que habia entónces" (Artículo publicado en *La Aurora de Chile,* 14 de enero de 1873, suscrito, *Horacio i Salustio,* Camilo Henríquez i Manuel Salas.)

SEÑORA.

"Os mandé participar el dichoso suceso de hallarse preñada la Reina, mi mui cara i amada *mujer.*" (Real cédula del Rei al presidente i oidores de Chile, 4 mayo de 1707.)

"Del feliz parto de la reina mi mui cara i amada *esposa.*"

"Un dia en que mi *mujer* leia los cuentos fantásticos de Hoffman." (ZORRILLA.- *La Pasionaria.*)

En Chile hasta los peones dicen ya, *mi señora.*

SEÑORITA.

"En Chile, como en algunos otros paises de América, se abusa de los diminutivos. Se llama *señorita,* no solo a toda señora soltera, de cualquier tamaño i edad, sino a toda señora casada o viuda, i casi nunca se les nombra sino con los diminutivos *Pepita, Conchita,* por mas ancianas, i corpulentas que sean. Esta práctica debiera desterrarse, no solo porque tiene algo de chocante i ridículo, sino porque confunde diferencias esenciales en el trato social. En el abuso de las terminaciones diminutivas hai algo de empalagoso." (BELLO.- *Gramática castellana.*)

"Casarse para el vulgo de los hombres es un negocio como cualquier otro; casarse para el vulgo de las mujeres es adquirir un marido i tener derecho de salir sola a la calle i cambiar por el de *señora* su título de *señorita.*" (SEVERO CATALINA.- *La Mujer.*)

"*Señorita* veut dire en espagnol *demoiselle.* C' est un diminutif de *señora* (dame); mais à Buenos Aires on ne doit pas se servir du mot *señora* même pour les dames âgées; elles aiment qu'on les appelle *señorita* à tout âge; celui qui ne le ferait pas, serait regardé comme impolí." (D' ORBIGNY.- *Voyage dans l' Amérique Méridionale.*)

SERENO.

Por la persona destinada para decir en voz alta el tiempo que hace i la hora que es i para rondar de noche por las calles con el objeto de evitar desórdenes, robor, etc., es voz mui usada en España.

No tuvo, por lo tanto, razon el señor de Arona para incluirla en la lista de voces peruanas que puso al fin de sus *Poesías*.

¿Para qué mozo de cordel, pinche de cocina o destripaterrones de España seria un misterio el sentido de estos versos del señor de Arona?

> "No turba aquí mi sueño con su grito
> *Sereno* atroz que por cantar maulla;
> Ni me crispa los nervios el maldito
> Silvido horripilante de su pito."
> (*Poesías peruanas.*)

SILENCIARSE.

No existe ni puede alegar ningun título a la existencia, ya que el único oficio que podría venir a ejercer está mui bien desempeñado por *callarse*.

SILLA DE MANO.

Es en Chile lo que en España *silla de la reina*. Lo que en la Península llaman *silla de mano* llamamos nosotros impropiamente *litera*.

> "García se resuelve a sacarla de su casa en una *silla de manos*; lo que da lugar" etc. (JUAN EUJENIO DE HARTZENBUSCH.- *Introduccion a las comedias de D. Juan Ruiz de Alarcon.*)

SÍLGUERO O JÍLGUERO. [+ SIRGUERO]

Dicen en Chile los mas por *jilguero*.

Téngase entendido, sinembargo, que *sirguero* por *jilguero*, mas que un provincialismo es un arcaismo, como se comprueba por este lugar de Granada:

> "Cuando oimos deshacerse la golondrina, i el ruiseñor, i el *sirguerito* i el canario cantando," etc. (*Símbolo de la Fé.*)

SIÚTICO.

Caprichosa voz, aunque no tanto que hasta cierto punto no refleje en sus sonidos silbosos i estructura ridícula, la risible catadura de los pajarracos que con ella designamos; que son los mismos que en Madrid llaman *cursis*: la jente *cursi*, es una *cursi*, un *cursi*, etc.

SO.

So es en castellano una preposicion que significa *debajo* (*sub*;) pero que solo se usa delante de ciertos nombres, como capa, color, pretexto.

Usamos ademas esta palabra con frecuencia, anteponiéndola a algunos nombres despectivos en el vocativo; i en tales casos (olvidados en el Diccionario de la Academia, apesar de ocurrir en buenos autores peninsulares) el *so* es contraccion i síncopa de *seó*, que a su vez lo es de *señor*; o mas exactamente *seó* es apócope de *seor* i este sincopa de *señor*.

"*So* borrico, *so* insolente, *so* puerco."

"Pus mienta osté como yo
So estampa de Satanas."
(José 2. ° Flores.- *Mentir por caridad.*)

"*So* alferez ¿no me paga?" (Juan Perez de Montalvan.- *La monja alférez.*)
"*So,* partícula proclítica, insultativa." (Isaacs.- *María.*)

SOBADO.

Sobado, a, es un adjetivo vulgar cuya propia significacion es la de *grande, terrible, extraordinario.* "*¡Sobada* fué la zurra que le dieron! *¡Sobado* el susto que se llevó el ladron! *¡Sobadas* las espuelas que lleva ese *guaso!*"

SOBERADO.

El señor Gormaz asegura en sus *Correcciones* que esta voz no existe en castellano i que debe reemplazarse por *desvan.*

Mas exacto habria andado nuestro autor si se hubiera limitado a decir que lo que no existe es solo la *e* que intercalamos sin motivo entre la *b* i la *r*; pues con esa pequeña supresion quien quiera saber lo que *sobrado* significa, no tiene mas que buscarlo en los diccionarios de la lengua.

En dos palabras, dígase *sobrado.*

SOBRE.

Quien desee evitar los usos galicanos de esta preposicion, que son muchos i están mui de moda, véala en el Diccionario de Galicismos de Baralt.

... "por el comedor que, como se sabe, tenia una puerta *sobre* el pasadizo que comunicaba, etc." (A. Blest Gana.- *El Ideal de un calavera.*)

Una puerta *que daba al pasadizo,* es como se dice en castellano.

No deben confundirse construcciones como la interior, con otras perfectamente conformes a la índole de nuestra lengua, en que *sobre* equivale tambien a la preposicion *a.*

"Ya en este tiempo estaban el duque i la duquesa puestos en una galería que caia *sobre* la estacada." (Cervántes.- *Quijote.*)

Véase Garces, *Fundamento del vigor i elegancia de la lengua castellana,* voz sobre.

"Puede otrosí usarse correctamente nuestra preposicion en lugar de "hácia, poco mas o ménos, o cerca v. gr.: "Vino *sobre* las ocho; Se encaminó *sobre* la derecha; Me costó *sobre* cien reales; estaba *sobre* los cincuenta (años.)" (Vicente Salvá.- *Gramática.*)

¿Qué significa "tengo *sobre* cien reales?" ¿Qué los tengo, *poco mas o ménos,* o que tengo *mas* de esa suma? El autor que acabamos de citar se inclina a lo primero. El siguiente ejemplo podria servir de apoyo a lo segundo:

"Puestos tantos rimeros de calaveras de muertos que se podian contar, segun el concierto con que estaban puestas, que me parece que eran mas de cien mil, i digo otra vez *sobre* cien mil." (Bernal Diaz.- *Historia de la conquista.*)

En Chile acostumbramos llamar *sobre* el letrero que se pone en la cubierta de las cartas para indicar el nombre de la persona a quien van dirijidas i su residencia, i tambien la *cubierta* misma. En nombre propio de ésta queda dicho; el del letrero es *sobrescrito*.

> "TEODORO.- Ya el papel está cerrado
> Solo el *sobrescrito* resta.
> DIANA.- Pon Teodoro para tí;
> I no lo entienda Marcela."
> (LOPE DE VEGA.- *El Perro del Hortelano.*)

Cierro [→], por *cubierta*, no existe.

SOCUCHO, O SUCUCHO.

"El que se ha criado en el campo difícilmente podrá acostumbrarse a vivir en un *sucucho*;" equivale a "difícilmente podrá acostumbrarse a vivir en casa chica, angosta, estrecha, en un tabuco."

Lo probable es que nuestro *socucho* o *sucucho* sea el mismo *ccuchu* que en quichua significa *angosto*.

> "Llegué a un aposento *en forma de cañuto* donde estaba otro estudiante tan largo, tan angosto i tan hueco como una cerbatana." (Notas a la Introduccion de las obras dramáticas de D. Juan Ruiz de Alarcon.)

Esos aposentos *en forma de cañutos* son exactamente los que llamamos *socuchos* en casi toda la América hispana.

Véanse, Cuervo, i Diccionario de Salvá, voz SOCUCHO.

SOLIDARIDAD.

Escabrosísimo vocablo, como lo califica don Rafael María Baralt, que por una perversion del gusto hemos dado en preferir al castizo i suave *mancomunidad* que significa lo mismo.

SOLO.

Cuando *solo* modifica a varios sustantivos ¿deberá concodar con ellos? ¿Será preferible decir: "*En solo los Estados Unidos* de Norte América se han hecho mas descubrimientos útiles durante los últimos cincuenta años que en Francia e Inglaterra juntas, a en *solos los Estados Unidos" etc*?

Lo mas usual en Chile en casos análogos al interior es considerar a *solo* como invariable. Lo mas correcto, sin embargo, i autorizado por los buenos escritores peninsulares, es poner a *solo* en concordancia con los sustantivos que modifique.

> "I de aquí vengo a condenar por yerro mui reprobado decir como muchos afirman que en *solas* las ciudades i cortes está la viveza de los injenios." (GIL POLO.- *Diana enamorada.*)

> "La villa de Illescas i sus aldeas se poblaron de *solos gascones*." (MONLAU.- *Diccionario etimolójico.*)

> "La flor sumamente olorosa i *solas* cuatro hojas mui gruesas." (*Diccionario de la Academia,* voz CHIRIMOYO.)

El señor Sicilia en sus Lecciones de Ortolojía i Prosodia hace a *solo* invariable.

> "Alguna otra voz compuesta de *solo* las dos vocales, como el modo adverbial pian-pian" (Tom. IV páj. 54.)

La práctica del S. D. Gregorio Garcés es vária:

> "Son por extremo propios (los diminutivos en eto, eta, ejo, eja) de nuestra lengua i que miran a *solos* sustantivos." (*Fundamento del vigor i elegancia de la lengua castellana.*)

> "Participando solamente de los dos jéneros masculino i femenino que *solo* reciben nuestros plurales." (*Id. Id.*)

SOMBRERO DE PELO.

Al sombrero que nosotros llamamos *de pelo,* llaman los españoles *redondo,* de *copa alta* o *de copa.*

SONGA.

Véase, *a la songa, songa* [→ *a*].

SOPLARSE.

Soplarse a alguno, equivale entre el vulgo a saltearlo, dejarlo gravemente herido, asesinarlo.

Tambien se dice *trajinarse* [→ *trajinar*], *mamarse* [→ *mamar*], *merendarse* [→] a alguno, en la misma acepcion i mas propiamente en la de engañarlo, perjudicarlo.

> "Si me lo dejan otro ratito me lo habia *trajinao pues.*" (Huérfano.)

SORBER.

No faltan quienes digan *suerbo, suerba,* etc., i sinembargo todos dicen *absorbo, absorva, etc.*

¿A qué atribuir, sino a descuido, tan chocante contradiccion? Ambos verbos son regulares, como que ámbos tienen por sustantivo correspondiente a *sorbo.*

SOROCHE.

Véase *asorocharse* [→].

SOTACURA.

La palabra *sota* antepuesta a sustantivos que denoten oficio o empleo, indica al subalterno inmediato o sustituto. *Sota-cura* está por lo tanto bien formado, tan bien como *vice-párroco.* Empero mas castizo, simple i autorizado nos parece *coadjutor.*

> "Los párrocos son elejidos por el obispo: no son perpétuos hasta pasados tres años: los *coadjutores* son siempre amovibles a voluntad del prelado." (Villanueva.- *Vida literaria.*)

SUASAR.

Dígase *soasar.*

SUAVE.

Es curioso el significado que damos a *suave* en frases como las que pusimos por ejemplo al ocuparnos de *sobado* [→], con el cual, en casos tales, lo usa el vulgo promiscuamente.

SUCHE.

La jente zafia usa esta voz como sinónima de rufian, alcahuete, tercero.

SUFRIMIENTO.

Es en español la *paciencia, conformidad* o *tolerancia* con que se sufre alguna cosa. No lo entienden así nuestros paisanos para quienes *sufrimiento* es sinónimo de *padecimiento,* dolor, pesar, pena.

SUNCO.

Llama sunco la plebe al que no tiene mas que un brazo, al *manco*; i mas propia i comunmente al que de nacimiento o a consecuencia de alguna amputacion no tiene mas que el muñon de uno de sus brazos.

SUNCHO.

Los círculos de hierro o madera con que se aprietan los toneles se llaman en castellano *flejes,* i tambien *arcos, aros* i *cercos* en las pipas i cubas.

> "I si me he puesto en cuentas de tanto mas cuantos acerca de mi salario, ha sido por complacer a mi mujer, la cual cuando toma a la mano a persuadir una cosa no hai mazo que tanto apriete los *aros* de una cuba como ella aprieta a que se haga lo que quiere." (CERVÁNTES.- *Quijote*.)

SUPERLATIVOS.

El doctor don Bernardo Aldrete, dice, en su obra *Del oríjen i principio de la lengua castellana*:

> "Aquel tiempo no conoció los superlativos, los cuales con ponerse tantos en latin no los hai en el romance por que entónces no los admitia sino solo añidian al positivo *mui* o *mas.*"

El tiempo a que Aldrete se refiere es el siglo XIII.

Clemencin cree que empezaron a introducirse por los doctos algunos superlativos tomados del latin a principios del siglo XV, circunstancia esta última que hasta cierto punto abona la opinion del señor Cuervo, quien quiere, siguiendo a Monlau, sea mas correcta i culta la forma latina de aquellos adjetivos que tienen dos para el superlativo, *ciertísimo* i *certísimo, diestrísimo* i *destrísimo, fervientísimo* i *ferventísimo, gruesísimo* i *grosísimo.*

Viejo i *reciente* carecen de forma latina en el superlativo. El de *paciente* es *pacientísimo,* no *pacentísimo.*

SUSPENSORES.

El señor Gormaz en sus *Correcciones* dice que no existen, i tiene razon. Donde le falta por completo es en indicar como su equivalente castizo a *suspensorios*; i ¡cuenta que de estos *suspensorios* no puede hablarse así no mas, siendo como son una especie de bragueros cuyo uso ha de ser secreto! Seria divertido que algun muchacho rapagon, fiado en la autoridad del señor Gormaz, se llegase a su mamá a pedirle un par de *suspensorios!*

Los individuos que hablan bien la lengua de Castilla suspenden de los hombros el pantalon con un par de *tirantes.*

SUTIL (LIMON).

Dice Salvá que *sutil,* árbol o fruto, es un provincialismo americano, cuyo equivalente español es *seutil.* Pero ¿qué es *seutil*? "Un árbol de América Meridional," contesta el mismo autor en su Diccionario "parecido al limonero, aunque mucho menor i de hoja mas lisa. Su fruto, que tiene el mismo nombre, es del tamaño de un huevo, contiene mas sumo que el limon, i es mas ácido que éste."

La Academia, sin embargo, no ha dado a *seutil* entrada a su Diccionario, i ha hecho bien, porque con *ceutí* basta.

> "*Ceutí* se aplica a una especie de limon mui oloroso, cuya planta vino de Ceuta." (*Diccionario de la Academia.*)

T

TABLERO.

Hai pocos que llaman así a los cuadros, tan usados en las escuelas i colejios, que sirven para que los alumnos escriban operaciones artiméticas, ejercicios de gramática, etc., i ojalá que esos pocos fuesen los mas, porque *tablero* nos parece mejor que *pizarra,* como comunmente llamamos aquellos cuadros, i mas propio que *encerado,* que es como se llaman en España.

TACO.

La pieza en figura de medio círculo que se pone por debajo de la suela del zapato en la parte que corresponde al calcañar del pié se llama *tacon.* En el Perú, Bolivia, la República Arjentina i Chile la llamamos *taco.*

> "A toda prisa se sacó una bota
> I al rostro de Aniceta que salia
> Despachóla, con tanta puntería,
> De parte del bellaco
> Que yendo adar el *taco*" etc.
> (Juan de Arona.- *Poesías peruanas.*)

Echar un taco, beber un vaso de licor.

En Arequipa dicen *tomar un bebe.*

TACHO.

Es chilenismo i significa un tiesto de cobre, fierro o greda en que se calienta el agua al fuego para varios usos i especialmente para el *mate.*

Estar como un tacho, fundido como un tacho [→ *fundirse*], son frases con que se quiere dar a entender que la persona a quien se aplican está excesivamente mimada.

> "Delante de nosotros la cocinera, cruzada de piernas a orilla del brasero, cabeceando, arrullada por el ruido del agua que hervia en el *tacho* i por los ronquidos del gato" etc. (Z. Rodríguez.- *Loco Eustaquio.*)

En Cuba, segun Salvá, se llama *tacho* "la gran paila en que acaba de cocerse el melado i se le da el punto de azúcar."

TAJAMAR.

Es como se llama en Santiago desde la época colonial, la muralla de ladrillos que defiende a la ciudad de las inundaciones que la amenazaban en las crecidas del Mapocho. ¿Porque? Talvez porque el alarife que dirijió la obra i la bautizó ignoraba que el nombre que le correspondia era el de *malecon.*

TALABARTERO.

Es en español el que hace *talabartes* (la pretina de que cuelgan los tiros en que se trae pendiente la espada.)

El que hace arreos para caballos i mulas es *guarnicionero.*

A todos ellos los llamamos en Chile *talabarteros.*

> "*Falsear.*- Entre los *guarnicioneros* es dejar en las sillas algun hueco i anchura para que los asientos de ellas no hieran i maltraten." (ACADEMIA.- *Diccionario.*)

Sillero i silletero, no son los que fabrican sillas *de montar* i, sí, sillas *para sentarse,* como lo prueban los diccionarios (Academia i Salvá) que dicen mui claro en la correspondencia latina *sellarum venditor, artifex.* Equivocóse pues el señor Cuervo al creer que podia llamarse *silletero* al que hace arreos para caballos i mulas, i el señor Isaacs al escribir en el vocabulario de su *Maria*:

> "TALABARTERO.- El que fabrica sillas de *montar* i arreos para lo mismo; *sillero.*"

TALCA, TALQUINA (LA)

Talca es una voz araucana (*tralca*) que significa *trueno,* sentido en que la usan los campesinos de las provincias meridionales.

Jugar a alguno la talquina es una frase mui chilena, que equivale a *traicionarlo, engañarlo,* abusar de su confianza.

> "Al fin si el hombre abomina
> A la mujer sin razon
> No le cause admiracion
> Si le juega *la talquina.*"
> (GUAJARDO.- *El mal marido.*)

TAMAL.

El *tamal* es una de las muchas comidas que se hacen con el maiz; i se diferencia de la *umita* [→] solo en que se prepara con maiz seco.

En Lima llaman *tamal,* segun el señor Salvá, la carne de cerdo que venden cocida por las calles.

En Arequipa oimos nosotros llamar *tamales* a nuestras *umitas* las pocas veces que las hicieron de maiz fresco, pues lo comun es hacerlas de maiz seco, que se remoja ántes de moler.

TAMBORA.

Tambora es para nuestra plebe como un aumentativo de *tambor,* pues llama así a los bombos, grandes tambores que sirven de bajo en las músicas militares.

TARDE PIACHE.

Véase una explicacion del oríjen de la locucion que hemos puesto al frente de estas líneas.

> "¿Era el tontiloco *Pollo crudo* aficionado a versos? ¿Iban por este desaguadero sus disparates? ¿Provino de haberse tragado algun empollado huevo, como aquel italiano que dió oríjen al refran de *tarde piache*?" (A. FERNÁNDEZ G. I ORBE, nota a la *Perinola* de Quevedo.)

TARJETERA.

Tarjetero es como quieren se diga los diccionarios de la lengua.

TASCADOR.

Ciertas máquinas presentadas a la exposicion agrícola de 1869 con este nombre, son propiamente *agramadoras*. *Tascador* es el instrumento con que se separa la arista o agramiza del cáñamo agramado; o lo que se llama tambien *espadilla*.

TEJEDOR. [+ TEJER]

El Diccionario de la Academia no lo trae en la acepcion de intrigante, hombre de dos caras; el de Salvá, sí, pero como provincialismo americano. Puede que lo sea; mas es lo cierto que los españoles lo usaron en América desde los primeros años de la conquista. De *tejedores* hablaba ya don Francisco de Carvajal, como puede verse en Garcilaso de la Vega.

> "Acercóse un periodista
> A una vieja *tejedora*:
> – ¿Me hace unas calzas, señora?
> – Con gusto i… hasta la vista.
> – Pero ¿cuánto vale cada…
> – Por ser del oficio, nada."
> (Z. Rodríguez.)

Tejer es *intrigar*, andar al mismo tiempo en tratos con dos bandos contrarios.

TELENQUE.

Por *temblador, trémulo, enclenque*, es chilenismo i mui antiguo, porque no es sin duda de ayer la socarrona copla:

> – "A mi me llaman *telenque*,
> Señor alcalde ¿qué haré?
> – ¡Vaya Ud. con Dios *telenque*,
> Que yo lo remediaré"

> "Tenia don Diego de Porras *Telenque*,
> Perdone su amigo, sobrada razon;
> Que injuriosas palabras ofenden
> Amables que lleven dañada intencion."
> (Z. Rodríguez.- *El Cura de Petorca*.)

TELERA.

Llaman así los mineros de Atacama i Coquimbo al pan ordinario, grande como de un pié de largo, con que diariamente se les raciona. Es un provincialismo andaluz adoptado en Chile.

TEMBLADERA.

Suele decirse en lugar de *tembladero, tremedal*.

> "Je traversai la plage de sable nu du rio de *Tembladeros*.
> – Nota.- *Tembladeras* se dit des sables mouvans." (D'Orbigny.- *Voyage dans l'Amérique Méridionale*.)

TEMBLEQUE.

Por *trémulo*, como lo usamos, no existe en castellano.

TENDALADA.

Chilenismo, de significacion mui semejante a la voz española *tendalera*, "descompostura i desórden de las cosas que se dejan tendidas por el suelo."

> "Dejando la *tendalada*
> De godos en esos llanos, (los de Maipo:)

Los que libraron huyeron
Con su jefe don Mariano
Para nunca mas volver,
I Chile quedó en descanso."
(GUAJARDO.- *Romance de su vida.*)

TEODOLITO.

Asevera el señor Gormaz que debe decirse *teodolita.* Efectivamente, así lo trae Salvá; Domínguez trae, empero, *teodolito*: en cuanto a la Academia se lo dejó en el tintero.

Entre Salvá i Domínguez optamos por el último: 1.° porque el uso de la jente instruida está de su parte; i 2.° porque, siendo *teodolito* una palabra griega (*theodolichos,* miro léjos) no hai motivo alguno para alterar su forma cambiando en *a* la *os* final.

TERRADO.

Véase *mojinete* [→].

TESTAMENTERÍA.[51]

Testamentaría es como debe decirse.

TETERA.

En español *tetera* es el vaso en que se hace la infusion de té.

Nosotros llamamos tambien de esa suerte el tiesto, jeneralmente de cobre o fierro, mas o ménos redondo, con asa encima i con pico por uno de sus lados, que sirve para calentar agua.

TIEMPLE, TEMPLAR, TEMPLADO, A.

Conviene advertir acerca del uso de estos vocablos:

1. Que *templar* es regular, como que tiene por afin al sustantivo *temple*; i que otro tanto debe decirse de su compuesto *destemplar.* No se diga, pues: "Estas niñas no saben tocar la guitarra, pero la *tiemplan* admirablemente o el ácido me *destiempla* los dientes; sino, *templan* la guitarra, *destempla* los dientes.
2. Que *tiemple* es un provincialismo chileno que significa *amante, querido, galan,* i a las veces el *amor* o *aficion* que dos amantes se tienen, en cuyo caso es casi sinónimo de *camote* [→].- "¡Bravo capitan! toda la noche ha bailado con la hija del gobernador.- ¡Fina observacion, mi señor don Simplicio! ¿no sabe

51 En el impreso original el lema es *testamentaría*, lo que evidentemente es una errata. *Testamentería* por *testamentaría* aparece señalado como americanismo, por influencia del *DiCh*, en el *Diccionario enciclopédico de la lengua castellana* de Elías Zerolo, Miguel de Toro y Gómez y Emiliano Isaza (2 vols., París, Garnier Hermanos, 1895) y en el *Diccionario de la lengua española* de José Alemany y Bolufer (Barcelona, Ramón Sopena, 1917). Cf. Rojas y Avilés (2021), para la relación entre el *DiCh* y estos dos diccionarios [NdE].

Ud. que están de *tiemples?* o no sabe Ud. que hai entre ellos un *tiemple* furioso?"

3. Que *templado, a,* equivale a *enamorado,* i tambien a *propenso a enamorarse.* "Don Alonso no deja salir sus niñas ni a la puerta de la casa; i hace bien. ¡Si son tan *templadas!*"

Parece que este *templado* fuese un provincialismo andaluz, en cuyo caso deberia creerse lo mismo de *tiemple.*

> "*Asina* te quiero perla
> *Mu* corriente i *mu templá!*"
> (Ramon Franquelo.- *Cuentos, mentiras i exajeraciones andaluces.- Un Juramento.*)

TIENDERO.

La persona que tiene *tienda* o vende en ella por menor, no es *tiendero,* como dicen tantos, sino *tendero,* como quieren las reglas de la derivacion.

TIMBIRIMBA.

Chilenismo, por *juego de azar,* especialmente con los naipes.

> "A una comida se seguia un baile, al baile las muchachas, a las muchachas el almuerzo, el almuerzo la *timbirimba,* hasta que al fin i al cabo el aceite faltó a la lámpara, que por cierto no era la maravillosa de *Las mil i una noches.*" (Jotabeche.- *Los descubridores de Chañarcillo.*)

Tambien es usado en el Perú.

> "Frai Norberto que en estas materias no estaba por lo relijioso, exclamó: No señor! ¡estudios mayores! la *timbirimba!* ¡un montecito!" (Felipe Pardo.- *El Espejo de mi tierra.*)

TINTERILLO.

Provincialismo chileno, o mas exactamente americano, que, sin ningun mérito de su parte, ha venido a suplantar a los vocablos tan expresivos *rábula* i *leguleyo,* que sirven en español para designar a los abogados *de guardilla,* como los llaman en España, i a los que sin título oficial se ocupan en defender pleitos.

TIRANTEAR, TIRANTEO.

Es tirar el hilo con que se sujetan las cometas para que se remonten. La accion i efecto de *tirantear* se llama *tiranteo.*

> "Entónces con precaucion
> Le doi un buen *tiranteo.*"
> (*Décimas del Volantin.*)

En castellano, *tirantear* es *tirar,* i *tiranteo, tirada.*

TIRILLENTO. [+ TIRILLA]

Chilenismo que significa el que anda vestido de *tiras* o *andrajos.* Es derivado de *tirilla,* palabra que en los labios del vulgo es a poco mas o ménos, *chilpe, trapo viejo, roto* i comunmente *sucio.*

TIROS.

Las correas asidas a las guarniciones, con que los caballos tiran el coche, se llaman *tirantes,* que no *tiros* como se dice en Chile.

TOCAYO.

El señor Vicuña Mackenna dice en su *Historia de Santiago* que esta voz no es mas que la mejicana indíjena *tocalt* castellanizada; i su equivocacion es de marca mayor, como que basta abrir el Diccionario de la Academia para leer: "TOCAYO, YA: m. i f. Cualquiera persona respecto de otra u otras que tienen su mismo nombre."

El error del señor Vicuña provino sin duda de haber visto en el Diccionario de Salvá que *tecale* i *tecali* son provincialismos mejicanos, i olvidando despues que lo que ellos significan es "una especie de mármol blanco mui trasparente de que se hacen vidrieras para las ventanas como de la alabastrina."

Nuestro *tocayo* nada tiene que ver con eso; es de buena cepa vascuense, como puede verse en el *Diccionario etimolójico* de Monlau, páj. 61.

TOCINO.

Llaman en Chile el *lardo,* lo gordo del *tocino*; pero no *la carne del puerco* que tambien se llama *tocino* en español, i que nosotros decimos *carne de chancho.*

Lo castizo i lo mas claro seria llamar a la gordura *lardo,* i a la carne de puerco, salada o nó, *tocino.*

TOCUYO.

Por la tela burda de algodon es un americanismo que trae su oríjen de la villa del mismo nombre de Venezuela en la cual se hacia el *tocuyo.*

TODAVIA.

> "Tita Cusi era *todavía* hermano de Sairi Tupac, sucesor inmediato de Manco." (MIGUEL L. AMUNÁTEGUI.- *Un Mártir, Ferrocarril,* marzo 15 de 1864.)

En este ejemplo está *todavia* por *ademas,* acepcion que le han dado últimamente los galiparlistas, traduciendo el *encore* frances; i es palabra socorridísima en tal sentido en los editoriales de algunos diarios i en los discursos de ciertos diputados.

TODO.

La locucion tan comun en Chile, *son tantos en todo,* no es castiza. El uso de la jente ilustrada exije que se diga *son tantos por todo.*

> "¿Cuánto por fin?- Cien onzas *en todo,* leo en una novela, no siendo sino cien onzas *por todo.*" (BARALT.- *Diccionario de Galicismos,* voz EN.)

> "*Cent ecus en tout.*- Cien escudos *por todo.*" (CAPMANY.- *Arte de traducir.*)

> "Pero advertid que en sujeto de numerar suélese conservar la

preposicion *por* (en lugar de la *en*) si fuere con la palabra *todos*: v. gr. "son *por todos* ochocientos i veinticinco reales." (Garcés.- *Fundamento del vigor i elegancia de la lengua castellana.*)

TOLDO.

No llamamos de otra manera el *fuelle* de algunos carruajes.

TOMAR, [TOM]ADURA, [TOM]ADOR.

Tomar en una de sus acepciones equivale a *beber.*

Tomador es el que toma.

Tomadura es la accion de tomar o porcion que se ha tomado.

En Chile el vulgo i algunos que se considerarian agraviados si en el vulgo los incluyésemos, no lo entienden así. Para ellos *tomar,* es beber algun licor fermentado, alcohólico; *tomador* el bebedor, i *tomadura,* borrachera, embriaguez.

> "Llegaron los indios i principió la *tomadura.*" (G. E. Cox.- *Viaje a la Patagonia.*)

Tomadura está aquí *por borrachera.*

Tener buena o *mala tomadura,* es tener blanda o terrible condicion el borracho bajo la influencia del licor.

> "Es cierto tambien que, cuando aquel desgraciado (Florin) exitaba su sangre con el alcohol, como sucede a muchos, lo que se designa con la expresion indíjena de *mala tomadura,* se convertia en una fiera." (Vicuña Mackenna.- *Diego Portáles.*)

> "Cuando estábamos en el Calenfú los pehuenches, esperaban con impaciencia la llegada de estos insaciables *tomadores.*" (G. E. Cox.- *Viaje a la Patagonia.*)

TOME.

Es una especie de *totora* [→] ménos flexible que la que se designa con este nombre; por eso es que miéntras la primera sirve para techar ranchos i hacer los aparejos de las mulas, la segunda se emplea en amarrar las viñas, en trabajar esteras, *sopladores,* (a la española *aventadores*) asientos de sillas, etc.

Las voces castellanas correspondientes a nuestros chilenismos, son *juncia* i *espadaña.*

> "De ella resulta que el rancho o *tome* de los temblores (i este último nombre venia de la especie de paja con que se cubria) estaba completamente, etc." (Vicuña Mackenna- *Historia de Santiago.*)

> "Subí, pues, pensando esto a la carreta, contentísimo, despues de las niñas, i me coloqué en la boca posterior del carro sobre una banquilla de *totora.*" (Z. Rodríguez.- *Loco Eustaquio.*)

Totora [→] viene del quichua *tutura, junquillo,* i es de uso corriente en el Perú i en la Arjentina:

> "De playas sobre todo moradora
> Pues pueblas su pelada superficie

Anidada talvez en la molicie
De sus ralos mechones de *totora.*"
(Juan de Arona.- *Poesías peruanas.*)

Juncos, espadañas, *totoras,* cardas.....

(Sastre.- *El Temple Arjentino.*)

"Quien el desierto albergue trastornado
En término mas breve que una hora
Cargado vuelve i crespo de *totora*
Do están los camaradas aguardando."
(Oña.- *Arauco domado.*)

TOPEAR. [+ TOPAR; + TOPADA]

En castellano hai *topar* i *topetar,* pero no *topear.*

Topar por *encontrar, hallar,* es mui usado en Chile entre la jente intonsa, que lo emplea bien, sin embargo, porque así lo han usado desde Cervántes abajo los mejores escritores peninsulares.

Topear es entre *guasos* [→] i *lachos* [→] de a caballo, sinónimo de *pechar*[→ *pecha*] (véase este verbo.)

Topada es en español *topetada, morocada,* (de los carneros) *amurco* (de los toros.)

"Pero sobretodo estaba bien con Reynaldos de Montalvan i mas cuando le veia salir de su castillo i robar cuantos *topaba.*" (Cervántes.- *Quijote.*)

El capítulo XV de la primera parte de la obra citada tiene por título: "Donde se cuenta la desgraciada aventura que se topó D. Quijote en topar con unos desalmados yangüenses."

"A la entrada de Alcalá el primero con quien *topó* fué un estudiantico de Victoria." (Rivadeneira.- *Vida de San Ignacio.*)

Erró por tanto el señor de Arona al subrayar *topes* en el siguiente pasaje de sus *Poesías peruanas:*

"¡Anda con Dios! Ojalá
Que en trabajar te desveles,
I que por mas que trabajes
Nunca *topes* con la suerte!"

Lo mas que podria sostenerse, apoyándose en la autoridad de Hermosilla, es que *topar* en el dia, en la acepcion de *encontrar,* es voz poco culta.

TORO O TORITO.

Es chilenismo que usa el vulgo para nombrar una especie de bastidor de lona u otra tela que sirve a los vendedores de las faenas, minerales i otros lugares para resguardarse del sol.

TORREJA.

Llaman así en Chile lo que en España se llama *luquete.* El señor Gormaz corrije *torrija;* pero corrije mal, porque esta voz significa *rebanada de pan con vino* i no es esa la acepcion chilena de *torreja.*

TOTORA.

Véase *tome* [→]. Salvá dice equivocadamente *tortora.*

TRACALADA.

"Ocurren en autores antiguos" dice el señor Cuervo, "voces que no aparecen en los diccionarios i podria asegurarse que no están vijentes en España, i sinembargo por acá se oyen a cada paso... Hemos llegado a sospechar que nuestro *tracalada* (nuestro tambien,) muchedumbre, cáfila, es, cercenada la primera sílaba, el *matracalada* de que usa Quevedo en el lugar siguiente, i que no hallamos en ningun diccionario:

> "Solo para vencer a Cárlos Magno
> Con tal *matracalada* a Paris baja."
> (*Necedades de Orlando.*)

TRAICIONERO, A.

El señor Cuervo incluye esta voz entre las muchas que, habiendo caido en desuetud en España, son mui usadas en América; i parece aconsejar que la reemplacemos por *traidor.* A nuestro humilde juicio seria lástima, porque, no siendo indéntica la significacion de ámbas con suprimir una empobreceríamos la lengua. En efecto, *traidor* es el que comete traicion en un caso dado, i *traicionero* el que tiene el hábito de ofender traidoramente, con alevosía; *traidor* es el que traiciona a su patria, a su partido; *traicionero* el que asecha oculto a su enemigo i lo ataca por la espalda.

Si pues las dos voces son castizas i útiles lo mas acetado parece conservarlas a las dos.

TRAJINAR.

Véase *soplarse* [→].

TRANCA.

Es provincialismo chileno i arjentino por *embriaguez, borrachera.*

> "Es decir los que no tienen
> Mujer, desgracia que vienen
> Con la *tranca* lamentando."
> (ASCÁSUBI.- *La Indiada.*)

TRANQUERO.

Llamamos una especie de rústicas puertas que se hacen clavando dos postes, con agujeros equidistantes, por los cuales se pasan tres o cuatro trancas para impedir la entrada i salida a los animales en las dehesas.

En el Perú se dice *tranquera,* que es voz española, aunque no en nuestra acepcion.

> "Aunque en su curso desigual la acequia
> Con el bebedor sauce
> Que vive de su cauce
> Mucho utensilio rústico te obsequia,
> Pues este amigo del acuátil jugo
> Presta al arado yugo,
> *Tranqueras* al potrero
> I *garabatos* i ásperos *sillones*
> Al animal carguero," etc.
> (JUAN DE ARONA.- *Poesías peruanas.*)

TRANSAR. [+ TRANSACION]

Este verbo que anda en boca de todos los habitantes de nuestra tierra no existe en castellano; ni los que lo inventaron tuvieron en su abono aquello de que la necesidad carece de lei, pues maldita la falta que hacia existiendo ya *transijir.*

Transaccion sí que existe; pero como acabamos de escribirlo con dos *cc,* i no con una, que es como escriben algunos i pronunciamos casi todos.

> "Participó tambien que con el fin de *transijir* los asuntos de Venezuela habia propuesto a Páez una entrevista en la ciudad de Mérida." (BARALT I DIAZ.- *Resúmen de la Historia de Venezuela.*)

TRAPICHE.

Segun el Diccionario de la Academia, *trapiche* es el injenio pequeño donde se trabaja el azúcar.

Parece que en el Perú llaman *trapiches* a los molinos para moler la caña de azúcar. Leemos en una nota de las *Poesías Peruanas* tantas veces citadas:

> "Suspendida la *molienda* en las haciendas de Cañete durante dos o tres meses del invierno, mas por atender a reparaciones del fundo i en particular de las oficinas, i mas que nada por limpiar el cauce de la acequia conductora del motor de casi todos sus *trapiches."* etc.

En Chile, donde no tenemos cañas que moler, llamamos *trapiche* el molino destinado a pulverizar los minerales. Dichos molinos se componen de dos piedras jiratorias i una firme nombrada *solera,* si bien los hai tambien con una sola piedra jiratoria i la *solera.*

TRAPOS.

Comerciar en *trapos* es una frase que los que en eso se ocupan, por decoro propio i de la lengua, debieran sostituir por *comerciar en jéneros.*

TRASBOCAR.

Acerca de este verbo, tan de moda en Chile, dice el señor Cuervo:

> "Innecesario sobre poco analójico nos parece *trasbocar* por *vomitar, revesar.* No habria inconveniente, ya que lo han formado nuestros paisanos, en que significase comer; todo está en el lado por donde se considere la cosa."

TRASTABILLAR.

Provincialismo que, si no nos engañamos, es corriente en toda la América española, i que equivale a *tartalear, titubear, tropezar* hasta casi caer, hacer *eses,* etc.

> "De suerte que se enredó
> De las polleras tan fiero
> Que medio *trastabilló.*"
>
> (ASCÁSUBI.)

TRASTE.

Dígase *trastos* por los muebles o utensilios que sirven para el adorno i servicio de las casas; como sillas, espejos, etc. Dícese especialmente de los viejos o inútiles.

TRASTORNAR.

En Chile todo lo *botamos* [→ *botarse*] i *volteamos,* olvidándonos de los modos mas propios de decir: así *botamos* una botella, un salero, una mesa, etc., teniendo, a mas de *trastornar,* a *volcar* i *tumbar.*

> "I diciendo i haciendo subió por la redoma i la *trastornó* i salió fuera." (QUEVEDO.- *Visita de los chistes.*)

> "Un salero *volcó* sin repararlo." (EL DUQUE DE RÍVAS.- *El Moro Expósito.*)

TRAVESES DE DEDO.

Es una expresion que apuntamos porque puede ser útil a aquéllos que, acostumbrando medir por dedos, no aciertan a darse a entender sino por señas, pues el que oye ignora si los dedos han de tomarse a lo largo o al traves.

> "Sea (la corbata) por otra parte mui estrecha o baja, como de dos o tres *traveses de dedo* a lo mas." (MONLAU.- *Elementos de Hijiene privada.*)

TRENZARSE.

Por tomarse cuerpo a cuerpo, a brazo partido, es provincialismo chileno, si bien solo usado del vulgo.

> "Una condena vieja
> Se *trenzó* con un *maldito,*
> I otro diablo pequeñito
> Se le pegó de una oreja."
> (GUAJARDO.- *Los grandes diablos.*)

TRINCA.

Es chilenismo denotando un juego de muchachos que consiste en meter en un hoyo abierto en el suelo, nueces, bolitas de piedra, botones, etc. Su nombre español es *hoyuelo.*

Véase *a la trinca* [→ *a*].

TRINCHE.

Dígase *trinchante* por el tenedor que usámos para afianzar el asado a fin de cortarlo.

TRINTRE.

En araucano *thinthi* es *crespo. Trintre* en el uso del vulgo tambien lo es, aunque se aplica solamente a las aves domésticas que tienen las plumas crespas.

Juan *Trintre* es el nombre de uno de los principales caciques que existen actualmente en la Araucanía.

TRIPA GORDA.

Es como la jente que sabe poco de castellano i de anatomia llama al *intestino recto* o simplemente al *recto.*

TRIPULINA.

No existe. Por la bulla o riña dígase *tremolina.*

TROMPON, TROMPEAR.

Es aumentativo de *trompo,* no como se imajinan muchos de nuestros paisanos, *bofetada, puñada, bofeton.*

> "A persona no pregunté que no me socorriese con una *puñada* o *bofeton.*" (*Guzman de Alfarache.*)

El Diccionario de Salvá trae *trompada* (puñada) i *trompear* (dar de bofetadas) como provincialismos mejicanos.

TROPA.

Es provincialismo chileno-arjentino en la acepcion de *recua.*

TRUMAO.

Llaman así en las provincias del Sur una tierra mui delgada i arenisca. Es la misma explicacion que da el padre Febres en su Calepino de la voz araucana *thumaugh.*

TRUTRO.

El muslo de las aves, especialmente despues de muertas i guisadas. Tambien esta voz es de oríjen indíjena, pues en araucano *tute* es el *cuadril.*

TULA.

Ignoramos si fuera de Chile hai algun pais de habla castellana en que familiar i cariñosamente se llame *Tulas* a las mujeres que en la pila bautismal recibieron el nombre de Jertrúdis.

TUNANTEAR.

No existe; su equivalente castizo es *tunar.*

TUPIDO.

Se usa entre el vulgo como adverbio, i entónces lleva el valor de, *frecuentemente, con insistencia* o *abundancia.*

> "Bebia con todo el mundo
> Pues jamás llenó de vino
> La panza grande i sedienta
> Aunque le echaba *tupido.*"
> (HUÉRFANO.)

TUSA. [+ TUSAR]

Por la crin del caballo recortada con tijera es chilenismo. *Tusar* es anticuado en España donde se dice *atusar.* Por acá solo uno que otro lechuguino se *atusa* los bigotes, o se los deja *atusar* por el barbero (en estilo corriente, *peluquero.*)

TUTURUTU.

Sin duda ninguna que esta palabra es de oríjen quichua. Desgraciadamente no hemos podido hallarla en los diccionarios que tenemos a la mano. Se usa entre el vulgo por *tercero, alcahuete.*

U

ULERO.

Llaman así las cocineras de nuestra tierra un palito labrado, de forma cilíndrica, que les sirve para reducir a hojas la masa de las empanadas i otras frutas de sarten.

¿De dónde se deriva *ulero*? Indudablemente de *lulo* [→] (véase esta voz) la cual, segun queda dicho, viene del quichua *llullu, pimpollo, varilla.*

Ulero en español es *rodillo de pastelero* o simplemente *rodillo.*

ULPO. [+ HULPO]

Véase *chércan* [→].

Algunos que la echan de conocedores de la lengua araucana escriben *hulpo*; i escriben mal, porque la *h* no tiene sonido alguno, i porque los autores de vocabularios de ese idioma han escrito siempre *ulpu, ulpud, ullpud.*

> "I dice entónces, no hemos cenado,
> Tengo hambre, padre, i mucho frio
> Mi madre dice que no hai *zapallo*
> I *ulpo* no ha hecho porque no hai trigo."
>
> (Z. Rodríguez.- *La Manta del Jornalero.*)

UMBRALADO.

La tabla de madera o escalon de piedra contrapuestos al dintel sobre los cuales se cierran las puertas se llama en español *umbral.* Entre albañiles i arquitectos tambien la viga que se pone encima de puertas i ventanas para afianzar éstas i asentar encima los adobes o ladrillos de la pared. En esta última acepcion dicen en Chile i en varios otros paises americanos *umbralado.*

Dintel [→] por *umbral,* especialmente en sentido figurado, es un disparate que se oye a cada triquitraque.

UMITA.

Del quichua *hummita,* bollito de harina de maiz, envuelto en hojas de *choclo* [→] (*chalas* [→]) i cocido en agua o asado en el rescoldo.

Entre las comidas con que la cocina indíjena enriqueció a la española criolla ninguna hai que aventaje a las *umitas* (pues en este diminutivo hemos transformado el orijinal *hummita*) ni por su exquisito sabor, ni por la antigüedad de su oríjen. Las *umitas,* aunque sin el azúcar de las nuestras, eran el pan de los indíjenas en Tierra Firme a la llegada de los españoles, si hemos de creer al famoso historiador Oviedo i Valdes, quien en el capítulo IV del *Sumario de la natural historia de las Indias*, da sobre aquéllas la siguiente curiosa noticia: "Las indias especialmente lo muelen (el maiz) en una piedra algo concavada con otra redonda que en las manos traen, a fuerza de brazos, como suelen los pintores moler las colores i echando de poco en poco, poca agua, la cual así moliendo se mezcla con el maiz i sale de allí una manera de pasta como masa, i toman un poco de aquello i envuélvenlo en una hoja de yerba que ya ellos tienen para esto o en una hoja de la caña del propio maiz u otra semejante, i échanlo en las brasas, i ásase i endurécese i tórnase como pan blanco, i hace su corteza por desuso, i dentro de este bollo está la miga algo mas tierna que la corteza; i hase de comer caliente porque estando frio ni tiene tan buen sabor ni es tan bueno de mascar, porque está mas seco i áspero. Tambien estos bollos se cuecen, pero no tienen tan buen gusto; i este pan despues de cocido o asado no se sostiene sino mui pocos dias, i luego desde a cuatro o cinco dias, se mohece i no está de comer."

USTEDES.

Curiosísimo provincialismo chileno (o americano) es el plural del pronombre personal *tú*. Los padres llaman a sus hijos i los amos a sus criados (tuteándolos) *ustedes*. Los hermanos i amigos de mayor confianza, que en singular se dicen *tú*, en plural serán siempre *ustedes*. En España ese *ustedes* es naturalmente *vosotros*.

UTOPIA.

Del griego *u* (no) i *topos*, (lugar), *en ninguna parte, imajinario.*

¿Donde lleva el acento esta palabra? El Diccionario de la Academia autoriza *utopia* i *utopía*. Tambien el uso es vario.

> "... El alma crea
> De la belleza la divina idea
> En los objetos que la mente acopia
> I hace del mundo una encantada *utópia*."
> (Bello.- *En el Album de D.ª Josefa Reyes.*)

> "El artesano aquí sin esa embrolla
> Que exalta i fanatiza al de Lutecia
> Su pitanza asegura, i no en su cholla
> Hierve tanta *utopía* horrible i necia."
> (Breton.- *Desvergüenza.*)

V

VACIAR.

Por ser tantos los que yerran al usar este verbo en la conversacion familiar, advertimos que se conjuga yo *vácio,* tú *vácias,* él *vácia* etc. i no yo *vaceo,* tú *vaceas,* él *vacea.*

VAGOROSO.

El uso de este adjetivo es achaque de los poetas recien sacados por Minerva de mantillas. Acudir a él lo ménos posible seria lo mejor; pero si no se puede resistir a la tentacion dígase al ménos como manda el Diccionario, *vagaroso.*

Véase, para muestra este pasaje que no es ni de un coplero ni de un americano; pero en el cual el pecado puede ser mui bien del cajista:

> "Al pasar por los límpidos espejos
> Como los sueños en tropel vistoso
> Las imájenes doblan los reflejos,
> Arrebolando el aire *vagoroso.*"
> (Campoamor.- *El Baile.*)

VALDIVIANO.

Nombre de una comida chilena que se hace de *charqui* [→] machacado, i agua caliente. Suele añadírsele cuando se encuentran a la mano un poco de cebolla picada i otro poco de ácido de naranja.

Véase como explica el señor Vicuña Mackenna en su *Historia de Santiago* el oríjen del guisado i de la palabra. "El uso del *valdiviano* proviene del rancho que se daba a la guarnicion de Valdivia i que hacia parte del *real situado.* Como no habia carne en aquellas localidades, el primero de cada mes se distribuia a la guarnicion i hasta a los empleados superiores su racion de *charqui* traido de Valparaiso, i como el modo mas sencillo de prepararlo fuera el cocerlo, los soldados lo condimentaban de esa suerte. De aquí el nombre de *valdiviano* que está hoi desterrado de Valdivia, donde se le conoce solo de nombre, pues ha sido un hijo pródigo de la provincia."

VALORIZAR.

Ni lo traen los diccionarios de la lengua ni recordamos haberlo visto usado por algun escritor de nota. Sinembargo, el Diccionario español-inglés e inglés-español de Seoanne, correjido i aumentado por Velázquez de la Cadena, lo trae como provincialismo mejicano i como sinónimo de *valorar* i *valuar*; tambien segun los casos podrá reemplazarse por *tasar* o *justipreciar.*

VALSE.

Dice el señor Gormaz que no existe i que debe pronunciarse i escribirse *vals.*

No hai duda que *vals* es como escribe la Academia con la mayoría de los buenos escritores españoles. Con todo, no nos atreveríamos nosotros a reprobar la práctica, casi jeneral en América, de acomodar la voz a la índole de la lengua, agregándole una *e* final.

> "Lola en la festiva tropa
> Va, viene, revuelve, jira;
> *Valse!* cuadrilla! galopa!"
> No descansa, no respira."
> (Bello.- *Las Fantasmas.*)

VAQUEANO.

Véase *baqueano* [→].

VAREJON, VAREJONAZO.

Llamamos *varejones* las varillas de los árboles, (en español *verguetas*) i *varejonazos* los golpes dados con ellas. Tal modo de expresarse es impropio: las varitas o ramos delgados se llaman en castellano *vardascas* i los golpes dados con ellas *vardascazos.*

Varejon es la vara larga i gruesa, i *varejonazo* el golpe que se da con ella.

> "Emparejó con él un hombre que venia de hácia Ochandiano, arreando con una *verdasca* un cerdo mui gordo i hermoso." (Trueba.- *Las Changas.*)

VEGA.

Llamamos en Chile *vegas* los terrenos pantanosos que, por su excesiva humedad, son impropios para el cultivo; terrenos que se llaman, si no estamos engañados, *puquiales* en el Perú, i *marjales* en España.

Lo que llaman *vega* en la Península no hai necesidad de declararlo; bástanos con recordar la tan famosa *vega de Granada.*

VELAI.

Contraccion de *vedlo ahí.* Es usado en algunas de las provincias del Sur de Chile i mucho mas en la República Arjentina.

En el Perú dicen *catai* en el mismo sentido.

En Colombia, segun el vocabulario agregado por el señor Isaacs a su novela *Maria, velai* es interjec[c]ion de extrañeza.

> "*Velai* mate, apúrelo,
> *Velai* otro *cimarron...*"
> (Ascásubi.)

> "*¡Catai* el Misti! exclamó el mozo, señalando con el dedo hácia el Norte i saludando en seguida al *tambero.*" (Z. Rodríguez.- *Arequipa.*)

VELAS ESTERINAS.

¿Cómo se llaman las velas que conocemos con el nombre de *esterinas* o *estearinas*? Ninguno de estos dos adjetivos viene en los diccionarios. Talvez provenga ello de la circunstancia de haberse introducido mui recientemente el uso de las dichas velas en España.

Miéntras no tengamos mas luz sobre el asunto nos atendremos a la autoridad de Monlau, quien escribió en sus *Elementos de hijiene privada*:

> "Sinembargo, el sebo en cierto estado (velas *eteáricas*) no tiene ninguno de los inconvenientes que acabamos de enumerar."

VELON.

Decimos por la vela grande, i decimos mal, por que lo que *velon* significa es una especie de candelero para las luces de aceite.

> "Un *velon* puesto en una palmatoria cuya base se baña en el agua de una palangana colocada en el medio del comedor." (BLEST GANA.- *El ideal de un calavera.*)

VELORIO.

Como sinónimo de *velacion*, es un provincialismo americano.

Tambien se usa entre el pueblo ignorante para denotar la accion de poner luces, flores i otros adornos a los cadáveres de los párvulos, costumbre que si por una parte da testimonio de la fé viva que lo anima, por otra es pretexto i ocasion de holgorios i borracheras que son un signo de barbarie.

> "Por aquí hai la costumbre de solemnizar con una fiesta el *velorio* de un niño que muere ántes de dos años; i muchas veces estos velorios suelen servir de pretexto a los aficionados para *remoler* i jaranear tres o cuatro dias." (*Huérfano.*)

VENIR.

Venir de, por *acabar de* es un galicismo tan grosero que el señor Baralt no creyó de utilidad mencionarlo en su Diccionario. Entre nosotros ha empezado ya a asomar las orejas i no estará de mas en consecuencia dar el alerta a los incautos i noveleros.

> "Pero un dia el jeneral Castilla se encuentra con el jeneral Vivanco al frente del pais conmovido i mimado i sin ministros porque todos *venian de* renunciar." (MANUEL BILBAO.- *El Ferrocarril de* 28 *de junio de* 1863.)

Verdad que ningun disparate debiera causarnos extrañeza en el escriborroteador que escribió en la introduccion a las obras de su hermano Francisco: "San Francisco de Sáles era su modelo *a imitar*." "Bilbao *venia de ser condenado*;" i mas adelante este otro que no es ya galicismo sino *pehuenchismo*; "los amigos de Bilbao *vasean* sus bolsillos, i aun los artesanos."

VEREDA.

Vereda, dice la Academia, "es camino angosto, distinto i separado del real." No queremos entenderlo así en Chile, donde nombramos con la dicha palabra la orilla enlosada de la calle, por donde va la jente de a pié, que es justamente lo que en español se llama *acera.*

> "Las casas de las *veredas* del sol i las opuestas de la sombra." (Vicuña Mackenna.- *Historia de Santiago.*)

VERIJA.

Cualquiera de las dos cavidades que hai entre las costillas falsas i el vientre inferior del cuerpo animal, se llama en castellano *ijada* o *ijar.*

En Chile (i en Colombia tambien segun lo atestigua el señor Cuervo) dice la jente intonsa *verija*; voz que es, a no dudarlo, una corrupcion de *vedija.*

El señor Bello escribió *hijadas,* al trascribir en su Arte métrica aquel romance que comienza:

> "Batiéndole las *hijadas*
> Con los duros acicates."

El ejemplo no debe imitarse. La Academia escribe *ijada* conformándose con la ortografía de *ilia,* que es la voz latina de que se deriva.

> "I al *guaso* me le robaron
> Hasta el lazo de *verijas.*"
> (Guajardo.- *El Lazo de verijas.*)

VIEJA.

Es el nombre con que se conocen en Chile los cohetes sin varilla que corren caracoleando por entre los piés de los espectadores de los fuegos artificiales. En español se llaman *buscapiés.* En el Perú *buscapiques,* i en Colombia *buscaniguas.*

> "¡Ai la *vieja*! esconde a Diamela, gritó doña Engracia." (Blest Gana.- *Martín Rivas.*)

VIEJÍSIMO.

Es como debe decirse, por haberlo establecido así el uso de la jente ilustrada que es el árbitro del lenguaje; i no *vejísimo* como suelen escribir algunos afectando un culteranismo intolerable.

VILOTE.

Mui usado entre la jente zafia por *tímido, cobarde,* la cual suele dar tambien a *vil* ese mismo sentido.

> "No seas tan *vilote*
> Hombre que bailas,
> No temas a esa niña,
> Ríndele el alma."
> (*Zamacueca.*)

VINAGRERA.

Por *acidez* del estómago, es chilenismo. En español se llama *acedia.*

Los bogotanos dicen *agriera.*

> "Mas por ciertas *vinagreras*
> Paralizó sus trabajos."
> (Guajardo.- *¡A las calduditas mi alma!*)

VINCHA.

A la chilena se llama así la cinta con que las mujeres suelen recojer i sostener el cabello.

El nombre castellano es *apretador* i tambien *cintillo.*

"Llamaban éste (el lazo que recojia las trenzas sobre las sienes) *valaca* las limeñas i *jaque* o *vincha* las hijas del Mapocho." (VICUÑA MACKENNA.- *Historia de Santiago.*)

No hemos oido *jaque.*

VIÑATERO.

El señor Gormaz dice bien que no existe; pero no anduvo mui feliz al señalarle por equivalentes *viñatero, viñadero* i *viñador.* Pudo tambien agregar a la lista *viñero*; mas no sin advertir que están léjos de tener una significacion idéntica.

Viñero es el dueño de viñas.

Vinatero el que vende i compra vinos.

Viñadero el que guarda alguna viña.

Viñador el que la cultiva.

VIVO, A.

Por *travieso* es un chilenismo, o mas exactamente, un provincialismo americano.

VOLADOR.

Llamamos así lo que en España llaman *cohete.*

En Bolivia dicen *volantines.*

"Mira los *voladores.* Hoi hai casamiento en la casa." (Z. RODRÍGUEZ.- *Loco Eustaquio.*)

VOLANTIN.

Véanse *comision* [→] i *alargada* [→].

En Colombia *volantin* se usa por *volteta* o *voltereta.* Entre nosotros por *cometa.*

"Pero no me gustaria que los gobiernos, tomando a la letra la ficcion de la *cometa,* trataran a los ciudadanos, esto es, a seres racionales i dueños de sus acciones como a *pandorgas* i quisieran manejarlos con un hilo, cual los muchachos a sus *volantines.*" (M. L. AMUNÁTEGUI.- *Juicio de las Poesías de don Andres Bello.*)

VOLATIN.

Es segun el Diccionario la persona que con habilidad i arte anda i voltea por el aire en una maroma haciendo otras habilidades i ejercicios semejantes. Tambien los tales se llaman en español *volatineros.*

En Chile llamamos simplemente *volatin* al espectáculo mismo, i al que hace las suertes *maromero* [→ *maroma*]. Nuestro uso es castizo, por mas que la Academia no dé expresamente a *volatin* esa acepcion, puesto que se la da en la voz *payaso,* que define: "El que en los *volatines* i fiestas semejantes hace el papel de gracioso con ademanes, trajes i jestos ridículos."

"*Volatines,* nacimientos,
Sombras chinas i otras farsas
El primerito..."
(T. DE IRIARTE.- *La Señorita mal criada.*)

VOLIDO.

Que a cada paso oimos i leemos, como *el volido de una mosca,* no lo trae ningun diccionario.

"No se oye sin embargo en las galerías el *volido* de una mosca." (Vicuña Mackenna.- *Carta del Guadalarce.*)

"Te asustas del *volido* de una mosca." (M. Blanco Cuartin.- *Soneto.*)

VOLVERSE HACHES I CUES.

Es *volverse sal i agua.*

"... Un trapalon malvado
Lo engañó con artimañas
I le empeñó en un proyecto
Que se le volvió *sal i agua.*"
(T. de Iriarte.- La Señorita mal criada)

Y

Y

Dice el señor Bello en su Ortolojía: "Es un vicio confundir estos dos sonidos (el de la *Ll* i el de la *Y*) como lo suelen hacer los americanos i andaluces, pronunciando v. gr *Seviya*; de que resulta que se empobrece la lengua i desaparece la diferencia de ciertos vocablos como *vaya* i *valla, halla* i *haya,* etc."

En fuerza de la observacion anterior nos hemos decidido a escribir con *y* todas las palabras de oríjen quichua o araucano en que aparezca la *ll*, v. gr. *yol,* de *llolle*, *yampo,* de *llamppu* etc.

YAMPO.

Probablemente esta voz, que usan nuestros mineros para denotar el mineral molido que sale de las labores, viene del quichua *llamppu*, lo que es blando, suave, molido como harina.

> "De la *desdeñosa* aseguran (los jóvenes copiapinos) que es un *metal frio* que necesita *calcinccion* o *majistral*; de la que no lo es confiesan ser *barra pura,* plata a la vista, lei 6,000 márcos, mui *metalera,* un *llampo* riquísimo." (Jotabeche - *El derrotero de la veta de los tres portezuelos.*)

YAPA.

Del quichua *yapana, añadidura.*

Lo usamos para indicar lo que el vendedor da graciosamente ademas de la cantidad u objetos comprados.

> "Podia comprarse una sandía enorme con otra mas chica de *yapa* o *ñapa* (lo último decia en sus bandos don Mariano Egaña.)" (Vicuña Mackenna.- *Historia de Santiago.*)

En español se dice *añadidura* o *adehala.*

> "Tambien iré con vosotros.
> Que a este lobo carnicero
> Vosotros dareis la queja.
> De la pierna, yo del hueso
> Que dan por *añadidura.*"
> (Moreto.- *El Valiente justiciero.*)

> "Adehala: Lo que se da de gracia sobre el precio principal en lo que se compra o vende." (*Diccionario de la Academia.*)

YAYI.

Harina de yayi es la que se hace de una especie particular de maiz pequeño i esponjoso, llamado *curagua.*

Hacer yayi una cosa, es hacerla trizas, despedazarla.

YO SOI EL QUE, ETC.

¿Debe decirse: *yo soi el que digo o yo soi el que dice: nosotros somos los que aseguramos o nosotros somos lo que aseguran*? ¿Sería censurable *yo soi quien dice* o *digo*? I qué pensar de *yo soi que dice* o *yo soi que digo?*

Los señores don Andres Bello, don Francisco Merino Ballesteros, en las notas a la Gramática de aquél i don Rufino J. Cuervo en sus *Apuntaciones*, discuten extensamente el punto, i de sus razones i mas aún, de los ejemplos que aducen, hemos sacado en limpio que en oraciones como *yo soi el que digo,* puede ponerse el verbo en primera o en tercera persona, segun mejor cuadre al gusto o intencion del que habla o escribe. Otro tanto decimos de la frase *yo soi quien,* equivalente a la anterior.

Creemos sin embargo que lo mas ajustado a la filosofía del lenguaje es hacer concordar el verbo que sigue al relativo con el sujeto de *ser*, diciendo: *yo soi el que digo, tú eres quien dices,* etc.

A este respecto dice el señor prebendado Saavedra en su mui filosófica *Gramática elemental de la lengua española*: "*El que* i *quien* son voces relativas, es decir que reproducen un antecedente. Nada mas natural que estas palabras revistan el carácter de su antecedente en la concordancia con el verbo: de suerte que se hagan primera o segunda persona segun el antecedente sea primera o segunda. El idioma latino observaba esa regla: *ego sum qui peccavi* (yo soi quien *pequé,* traduce un libro impreso en Madrid a principios de este siglo, i yo soi el que *he pecado,* traduce el padre Scio) leemos en el libro 2.º de los Reyes; i *tu est qui extraxisti me de ventre,* se dice en el salmo 21, i no sonaria bien *tu est qui extraxit me de ventre.* Nuestro *quien* i *el que* son el *qui* latino."

Cuando el sujeto de *ser* es plural no hai duda, pues es preciso concordar con aquél el verbo que sigue al relativo: *nosotros somos los que aseguramos.*

El *yo soi que,* ocurre en Cervántes, pero no debe imitarse.

YOL.

Del araucano *llolle,* especie de *espuerta* o *sera* de cuero, que se mantiene abierta por medio de vardascas colocadas en lo interior. Los *yoles* sirven para el acarreo de las frutas, legumbres, granos, etc.

Z

ZAGUAL.

Zagual (con *z* porque parece de oríjen árabe) decimos a las *atarjeas* o *alcantarillas.*

ZAHUMADOR.

No es en rigor chilenismo; sin embargo, lo corriente en España para designar la vasija de plata o de otro material, cuya tapa está llena de agujeros para que por ellos salga el humo del zahumerio, es *perfumador* o *pebetero.*

ZAMBARDO.

Zambardo, (lo escribimos con *z* por que parece derivado de *zambo*) es provincialismo mui expresivo i que segun los casos se asemeja en su significado a *torpeza, avería, estropicio,* disparate ejecutado o hablado. Derramar el tintero en vez de la salvadera sobre lo que se acaba de escribir para secarlo, es un *zambardo.* Otro seria que la costurera, trastrocando las piezas de un vestido, pegase la fimbria en la pretina i dejase para afuera el reves de la tela.

ZANCO.

Véase *sanco* [→].

ZANDUNGA.

Suelen emplear algunos esta voz, que en castellano significa *garbo, gracia, donaire,* como equivalente de *zambra, bureo.*

> "I sin andar el que esto escribe metido en la *zandunga.*" (MOISES VÁRGAS.- *Lances de Noche Buena.*)

ZANGUANGO.

El hombre corpulento i simple, en castellano *bausan, zamacuco.*

El señor Vicuña Mackenna dice que esta voz nos ha venido de Manila.

En la lengua de Tidoré, segun el vocabulario que trae la Historia de las Indias de Oviedo, *zanguago,* significa, magnate, hombre de copete.

Ambas etimolojías nos parecen dudosas.

ZAÑARTU.

Se dice de alguno que *es un Zañartu* cuando se quiere dar a entender que es colérico, de carácter duro, de condiccion terrible.

Volverse un Zañartu, es volverse un tigre, una fiera, salir de las casillas.

Un activo, empecinado i duro correjidor i justicia mayor que tuvo Santiago por los años de 1762 a 1780 i que dirijió la costruccion del puente *de cal i canto* haciendo trabajar a los presos con mas látigo que salario, de apellido Zañartu, fué el que dió oríjen a las locuciones anotadas.

ZORZALEAR, [ZORZAL]ERO, A.

Del mismo significado que *bolsear, bolsero* [→ *bolsear*] i que *codear, codeador, ora* [→ *codear*]. ¿La abundancia del nombre no podria ser un indicio de la abundancia que hai de la especie en nuestra tierra?

"Al fin es bueno señores
Que *haigan* hartos *zorzaleros*
Porque no habiendo *bolseros*
No *correrán* los licores."
(Guajardo.- *Los Bolseros.*)

ZUMBA.

Chilenismo equivalente a *zurra, azotaina, tanda.*

"Mi madre me dió una *zumba*
Porque le pedí marido;
Mamita deme otra *zumba*
I despues lo que le pido."
(*Tonada popular.*)

III. Índices

Índice 1: Unidades léxicas usadas en Chile

1.1. Unidades léxicas de uso general en el territorio chileno

1.2. Unidades léxicas de uso regional en Chile

Las unidades que están lematizadas en el diccionario no llevan remisión a lema ("[...]").

1.2.1. Norte

1.2.2. Centro

1.2.3. Sur

Índice 2: Unidades léxicas usadas en otras partes de América

2.1. América (americanismos generales)

2.2. América Central

2.3. América del Sur

2.4. Antillas

2.5. Argentina

2.6. Bolivia

2.7. Colombia

2.8. Cuba

2.9. México

2.10. Perú

2.11. Uruguay

2.12. Venezuela

Índice 3: Unidades léxicas usadas en España

Índice 4: Equivalentes “correctos”

Índice 5: Lengua o variedad de procedencia

5.1. Lenguas extranjeras/ "modernas"

5.1.1. Francés

5.1.2. Inglés

5.1.3. Italiano

5.2. Lenguas indígenas americanas (y africanas)

5.2.1. Aimara

5.2.2. Mapuzugun ["araucano"]

5.2.3. Náhuatl ["azteca", "mejicano-indíjena"]

5.2.4. "Origen africano"

5.2.5. Quechua ["quichua"]

5.2.6. Taíno ("lucayo", "antillano", "origen haitiano")

5.3. Lenguas o variedades de la península ibérica

5.3.1. Castellano andaluz

5.3.2. Aragonés

5.3.3. "Dialecto de los jitanos", "lengua jitanesca"

5.3.4. Euskera ("provincialismo vascongado", "vascuence")

Índice 6: Marcaciones socioculturales, socioestilísticas y diacrónicas

6.1. Variación sociocultural
6.1.1. Población “culta”

6.1.2. Delincuentes

6.1.3. Grupos subalternos („vulgo“, „pueblo“, „rotos“, etc.)

6.1.4. Población rural

6.1.5. Uso común (“vulgar”)

6.3.2. Voces anticuadas

6.3.3. Voces "históricas"

6.3.4. Neologismos

Índice 7: Términos técnicos

Índice 8: *Realia*

Historia y contacto en textos indorrománicos

Edited by / Editada por
Martina Schrader-Kniffki and José Carlos Huisa Téllez

Vol. 1 Luis Andrade Ciudad, Álvaro Ezcurra Rivero y Carlos Garatea Grau (eds.): Léxico y contacto de lenguas en los Andes. 2019.

Vol. 2 Julia Montemayor Gracia / Martina Schrader-Kniffki (eds.): Espacios de contacto en la hispanofonía. Español y lenguas indígenas en el mundo globalizado. 2021.

Vol. 3 José Carlos Huisa Téllez (ed.): Fuentes lexicográficas del estudio histórico del léxico hispanoamericano. 2021.

Vol. 4 Darío Rojas (ed.): Zorobabel Rodríguez: Diccionario de chilenismos. Edición crítica. 2024.

www.peterlang.com

www.ingramcontent.com/pod-product-compliance
Ingram Content Group UK Ltd.
Pitfield, Milton Keynes, MK11 3LW, UK
UKHW021828290926
8980IPUK00004B/315

9 783631 909935